하운의

유식이십론술기 한글역

이 저서는 2020년 대한민국 교육부와 한국연구재단의 지원을 받아 수행된 연구임
(NRF-2020S1A5B5A16082201).

하운의 유식이십론술기 한글역

이규완 편저

씨아이알

머리말

역사의 과정에는 변곡점들이 있다. 살아 있는 유기체들은 혼돈의 무질서를 통과하면서 몸과 환경 사이에 생명의 새로운 질서를 확립한다. 문화와 역사 또한 지적 유기체들의 집단적 행위와 그것의 누적으로 형성된다는 점에서 유기체적이며, 통과의례와 같은 변곡점들을 관통하여 새로운 변화와 창조의 단계로 이행한다.

서기 5세기 전후의 인도불교사상은 충돌과 갈등, 해체와 재정립의 혼돈 속에서 다양한 창조적 사유가 제시되고 검증의 제단에 올려졌다. 이는 실로 서력기원 전후에 폭발하였던 아비달마불교 여러 학파들의 철학적 사유를 더욱 정교화하는 변화와 창조, 성장의 시기였다. 인식의 주체인 동시에 고통의 주체인 자아自我가 비실재한다는 인무아人無我, pudgalanairātmya의 개념은 이제 인식의 대상, 즉 인식 주체를 둘러싸고 있는 주변 세계도 항구불변하는 실재성이 없다는 법무아法無我, dharmanairātmya의 확립으로 확장되었다.

당대의 주류 학파였던 설일체유부說一切有部, Sarvāstivādin는, 우리가 경험하는 현상세계는 그것을 구성하는 다르마들의 실재성으로 인해 존재의 기반을 확보한다고 보았다. 물론 이들의 현상적 실재론은 생멸의 찰나에 한정되어 있기 때문에, 니야야-바이셰시카와 같은 인도 정통철학파들에게는 대상의 실재성을 부정하는 반실재론 혹은 현상주의로 보일 뿐이었지만, 불교 내부적으로는 제법무아諸法無我와 제행무상諸行無常을 부정하는 실재론적 이탈로 비판되었다. 이에 경량부는 현상세계와 세계를 구성하는 다르마를 구분하는 이원론적 세계관을 정립하였다. 존재의 세계는 실재하지만 인식의 너머에 있을 뿐이다. 반면 인식 차원에서 경험되는 세계는 그 자체로 안정성을 지니며, 직접지각에 의한 무분별의 진실성을 담보하는 현상세계이다. 이 안정성과 진실성은 그것이 인식의 최초 찰나 이전에 존재하였던 다르마의 실재성에 의존하고 있기 때문이다. 그리고 이 다르마의 실재성은 다시 인식이라는 결과물은 반드시 어떤 실재하는 원인을 가져야 한다는 추론적 지식에 의해 정당화된다.

유심唯心사상은 이러한 경량부적 사고방식에 근본적인 의문을 제기한다. 경험의 불확실성, 무상함, 고통은 너무나 분명하고, 깊은 명상 가운데 경험하게 되는 선정의 체험과 명상 속에 떠오른 영상들은 너무도 선명하였다. 현상적 경험에 대한 근거를 추론에 의존하여 불확실한 외계대상에서 찾기 보다는, 직접적으로 경험되는 '오직 마음'의 상태에 대한 체험 그 자체에서 찾으려는 시도들이 증가하였다.

이 유심唯心사상이 유식唯識철학으로 전환되는 변곡점에 세친世親, Vasubandhu이 있다. 역사적 바수반두Vasubandhu의 실체성에 대해서는 논란이 계속되고 있음에도 불구하고, 그의 삶과 사상의 영향력은 불교철학은 물론 신화적 전설傳說을 통해서도 불교사상사를 관통하고 있다.[1] 그의 삶이 '신화적'이라는 것은, 그의 생몰연대나 삶의 행장과 관련된 구체

1) 바수반두의 신화적 색채를 탈각하고, 그의 저술을 통해 사상의 변이과정을 정밀하게 탐색한 연구서로는 이종철(2001)의 『석궤론』 연구가 있다. 李鍾徹(2001) 『世親思想の 研究: 釋軌論を中心として』. 東京: 山喜房佛書林. 특히 바수반두의 확정적 저술과 내용에 대한 개괄적인 해명을 위해서는 3-60쪽 참고

적인 정보가 부족하고 신비적인 색채가 가미되어 있다는 점을 의미할 뿐만 아니라, 이미 알려진 그의 학문적인 성취가 가히 일반인의 상상조차 뛰어넘는 초인간적인 면모를 과시한다는 점에서 더욱 그렇다.

바수반두의 전기傳記를 담고 있는 역사문헌으로는 진제眞諦, Paramārtha, 499-546-569의 『婆藪槃豆法師傳바수반두법사전』,[2] 현장玄奘, 602-664의 『大唐西域記대당서역기』[3]와 티베트에서 전하는 타라나타Tāranātha (Kun-dGah sNying-Po, 1575-1615?)의 『불교사』[4]가 현존한다.[5]

바수반두는 모두 삼형제로 첫째는 아상가Asanga, 셋째는 비린치밧사Virincivatsa라는 별명을 가진 바수반두였고, 둘째였던 바수반두는 Vasubandhu를 자신의 이름으로 삼았다. 진제는 바수반두Vasubandhu의 vasu를 인드라를 수식하는 말인 '빛나다, 밝다, 훌륭하다'의 의미로 해석하여 천친天親으로 번역한 반면, 현장은 베다적인 성격을 씻어내고 세친世親이라고 번역하였다.

바수반두의 생몰연도에 대해서는, 1) '불멸 후 900년', 즉 300년대와 '불멸 후 천년', 즉 400년대로 보는 두 가지 설로 요약할 수 있는데, 1)은 진제의 『바수반두법사전』에 의에 주장되는 설이고, 2)는 현장의 『대당서역기』나 규기의 『성유식론술기』에서 전하는 설이다. 푸라우월너Frauwallner는 이러한 시대적 격차의 문제를 두 명의 바수반두를 가정함으로써 해결하고자 하였다. 즉, 앞선 바수반두는 320년경에 출생한

2) 『婆藪槃豆法師傳』 卷1. 陳天竺三藏法師真諦 譯. T50, No. 2049, 188,a6-9.

3) 『大唐西域記』 12卷. 三藏法師玄奘 奉 詔譯. 大總持寺沙門辯機 撰. T51, No. 2087.

4) Tāranātha (1608) *History of Buddhism in India*, trans. by Chattopadhyaya, Chimpa, Alaka, (2000) Motilal Books UK

5) 대체로 현장의 『대당서역기』에 실려 있는 전기는 학파적 편향이 강하고, 인물에 대한 주관적인 평가가 많이 삽입된 것으로 알려져 있으며 타라나타의 전기는 무려 천년의 시간차를 감안해야 하는 문제가 있다. 따라서 여기에서는 다소 '신화적' 색채를 띠는 전승들이 포함되어 있음에도 불구하고, 진제의 『바수반두법사전』을 중심으로 두고 역사적으로 개괄하면서 다른 기록들을 참조하기로 한다.

아상가의 동생이며, 처음에는 유부의 논사였다가 이후 대승으로 전향한 인물로 380년경에 사망한 것으로 추정하였다. 반면, 젊은 바수반두는 경량부적인 색채를 지녔으며, 『아비달마구사론』과 『유식이십론』, 『유식삼십송』을 저술하였던 인물이라고 보았다.[6)]

바수반두는 북인도의 푸루샤푸라Puruṣapura 출신으로, 오늘날의 파키스탄 간다라 지방에 해당하는 페샤와르 왕국의 사람이다. 『바수반두법사전』은 고대 근동지역의 창조신화적인 에피소드와 유사한 지역의 기원신화를 함께 전하고 있다. 바수반두는 바라문 출신이고 국사國師의 지위에 있었던 인물의 자식으로 태어났다. 또한 『바수반두법사전』은 어떻게 『대비바사론』을 비롯한 매우 복잡하고 정교한 논서들이 카슈미르에서 완성, 보존되었으며 배우려는 사람들이 오직 카슈미르에 가야했던 상황과 논서의 유출이 엄격히 금지되었다는 등의 아비달마 전통과 관련된 배경 정보를 제공한다. 매우 엄격하게 관리되었던 『대비바사론』이 어떻게 유출되었는지를 보여주는 기사는 전승의 오염과 파손에 대한 현실적인 염려와 위험이 존재하였으며, 실제로 다른 전승이 존재하였다는 사실을 암시한다. 각종의 종론이 다투던 정치·문화의 중심 아요댜Ayodhyā, 중인도의 북쪽가 그 지역적 배경으로 설정되었으며, 바수반두는 올바른 가르침이 변질되거나 논쟁에서 무너지는 위기의 상황에서 외도들의 공격을 막아내고, 정법의 권위와 명예를 지킨 인물로 묘사된다. 바수반두의 논파에 무너진 외도들(실은 정통 카슈미르 유부논사들)은 상가바드라Sanghabhadra를 초빙하여 바수반두를 논파하고자 하였지만, 바수반두는 연로함을 이유로 논쟁을 피한다.

『바수반두법사전』에서는 또 바수반두가 일찍이 '대승비불설'론을 주장한 논사였음을 전한다. 이는 경량부 전통에 기울어 있는 바수반두

6) 세친2인설에 대한 요약과 참고문헌을 위해서는 이규완(2018) 5-7쪽 참고

의 사상적 입장을 고려하면 쉽게 이해될 수 있는 대목이다. 그러나 그는 형 아상가의 설득에 의해 대승으로 전향하여, 많은 대승 경론을 저술하고, 주석을 하였다. 바수반두는 아요댜국에서 80세를 일기로 인생을 마감하였다. 타라나타의 전기에는 바수반두의 대승 전향과 대승 포교에 대한 언급이 보다 강조되어 나타난다.

이상의 역사 구성은 모두 직접 당대의 목소리를 전하고 있지 못하다는 한계를 지닌다. 때문에 바수반두 혹은 상가바드라의 저술에서 직접 시대적 상황이나 양자의 관계를 알 수 있는 힌트를 발견할 수 있다면, 논의는 훨씬 구체성을 띨 수 있을 것이다.

> "또한 경주는 ['이것이 있으므로 저것이 있고, 이것이 생겨나므로 저것이 생겨난다'는] 2구의 뜻에 대한 자신의 궤범사軌範師의 해석을 서술하면서 자신의 인효仁孝를 나타내고 있다. 즉 그에게 비록 허물이 있을지라도 분명하게 드러내지 않았으니, 스승과 제자師資의 도리는 실로 마땅히 그러해야 하는 것이다. 그러나 나중현는 그 스승으로부터 배워 계승한 바가 없으니, 설혹 탄핵하고 배척한다고 할지라도 크게 거리낄 것이 없다. 따라서 나는 여기서 그의 그릇됨을 여실如實히 드러낼 것이다."[7]

권오민은 이 본문과 티베트 전승에 의지하여, 바수반두는 유부학설에 대해서는 중현을, 경량부설에 대해서는 궤범사를 스승으로 두었을 것이라고 주장한다.[8] 여기서 그 정체가 불분명한 선대궤범사를 누구로 보느냐에 따라서 바수반두의 전기 사상에 대한 평가가 확연히 갈라지게 된다. 하카마야(1986)와 그 뒤를 이은 크리처Kritzer [9]와 하라다

7) T29.483a.7-10. 권오민 미간행『아비달마순정리론』

8) 권오민 (2008)「Pūrvācārya(先代 軌範師) 再考」.『불교학연구』No.20. 243-288쪽; (2012)『上座 슈리라타와 經量部』. 890-959쪽

9) Kritzer, Robert. (2005) *Vasubandhu and the Yoācārabhūmi: Yogācāra Elements in the Abhidharmakośabhāṣya*. Studia Philologica Buddhica Monograph Series XVIII Tokyo: The International Institute fro Buddhist Studies.

는, 선대궤범사는 유가행파에 속하였으며 바수반두는 『구사론』을 저술하기 전에 이미 유식학자였다는 논쟁적인 가설을 제시하였다.[10]

이상의 논의를 배경으로 몇 가지 중요한 사실들을 간단히 나열해 보면, 첫째, 우선 바수반두가 간다라 출신이었다는 점에 주목하여야 한다. 당시 간다라는 헬레니즘과 불교문화의 융합이 성숙한 단계에 이르러 있었고, 사상적으로는 대승경전이 널리 유포되고 있었다. 다양한 문화와 새로운 사상이 활발하게 교류하고, 그것을 중국을 포함하여 각지로 전파하는 데 열정적이었던 지역적 특성을 바수반두에게서만 제외해야 할 이유가 없다. 즉, 그의 사상을 단일한 사상적 입장 하에서 파악하려는 것 자체가 문제일 수 있다는 것이다.

둘째, 그가 유부의 『비바사론』을 깊이 공부하였다는 점이다. 아마도 카슈미르에서 설일체유부의 사상을 공부하고, 이후 아요댜로 이동한 후, 다양한 사상과 해석들을 접하였을 것이다. 셋째, 바수반두는 아요댜로 유학하여, 그곳의 학문을 두루 섭렵하면서 저술 활동을 하였으며, 그곳에서 일생을 마쳤다는 점이다.

간다라에서 아요댜로의 이전移轉이 어떤 의미를 갖는지는 좀더 구체적인 탐구가 필요하겠지만, 가설적으로 말하자면, 풍부한 영감과 아이디어가 세련되고 엄격한 사상으로 발전하는 과정이 되었을 것이라는 추측이 가능하다. 학문적으로 기초적이고 선결적인 『비바사론』 연구가 전기에 이루어지고, 이후 유식 등 다른 사상에 대한 탐구가 이루어졌다고 보는 것은 매우 자연스러운 과정으로 설명될 수 있다. 여기서 고정적인 어떤 하나의 사상이나 학파의 영향을 가정할 필요는 없다. 오히려 바수반두 사상의 전개 과정은, 그의 핵심적인 개념을 빌려서 표현하자면, 상속전변차별saṃtatipariṇāmaviśeṣa의 연속이었다고 볼 수 있

10) Kritzer-Harada 가설에 대한 상세한 비판적 검토는 Park(2007), 10-23쪽 참고

을 것이다. 정교한 학문을 접할 때마다, 초기 사상의 관념들은 잠재적 종자로 남겨지면서 다양한 철학적 지층을 형성하고, 그 위에 새롭게 정리된 사상이 출현하였다.

여기서 바수반두 사상의 연속과 단절에 대한 질문이 제기된다. 아마도 초기에 바수반두는 설일체유부의 아비달마철학에서 유식사상으로 철학적 지평을 확장하면서 스스로는 학파적 '전향'(소승 → 대승)으로 의식하지 않았을지도 모른다. 이전에는 별다른 구분이 없이 다양한 학파적 전통에서 하나의 입장으로 수용되었던 철학 체계들에서 점차 근본적이고 타협할 수 없는 차별점들이 명확해지면서 유식철학의 사상적 정체성이 새롭게 인식되었다고 볼 수 있다. 바수반두의 철학적 전이philosophical turn를 통해 가로지른 유부 / 경량부-유식 사이의 경계선은 바수반두 자신이 유식철학을 정립함으로써 선명하게 그어진 것처럼 보인다. 바수반두의 철학적 전이로 인해 모호하던 중간지대는 사라지고, 전후의 학문적 차이와 구분이 학파적 혹은 대소승적 차이의 인식으로 확대되어 갔다.

바수반두의 저술들도 그에게 이 같은 철학적 전이轉移가 이루어지는 과정을 반영하여 보여준다. 『구사론』의 저자 바수반두는 차례로 『석궤론Vyākhyāyukti』, 『성업론Karmasiddhi-prakaraṇa』, 『연기경석Pratītyasamutpāda-vyākhyā』, 『유식이십론Viṃśikā』, 『유식삼십송Triṃśikā』을 저술하면서 유식철학자로서의 면모를 확립해 간다.

바수반두가 이전의 학파들과 결별을 선언하고, 철학적 쟁점들을 부각하여 여타의 학파들을 논파하는 바로 그 변곡점에서 이루어진 저술이 『유식이십론』이다. 이 논서는 자신의 새로운 철학적 입장에 대한 변론이자 과거 자신의 오류에 대한 파사破邪의 고백이기도 하다. 이를 통해 바수반두는 자신의 삶과 사상에서의 변곡점을 불교철학사적 변곡점과 일치시킨다. 유심唯心사상은 바수반두를 통과하면서 유식철학으로 정체성을 확고하게 정립할 수 있었다. 또한 이후 바수반두 사상의 경량부적인 해석은 다르마키르티Dharmakīrti의 불교인식논리학 계통으로 계승 발전되어 갔으며, 보다 설일체유부적 경향의 사상은 다르마팔라Dharmapāla를 거쳐 동아시아 유식사상으로 전개되어 갔다.

『유식이십론술기』는 바로 이 바수반두 만년晩年의 사상을 동아시아 유식가들이 어떻게 이해하였는지 보여주는 대표적인 저술이다. 규기는 『유식삼십송』의 주석서인 『성유식론』의 편찬과 그것에 대한 주석 『성유식론술기』의 저술이 완결되고 나서야 이 『유식이십론술기』를 집필하였다. 『유식이십론』이 두 갈래의 선택이 가능한 열린 텍스트였다면, 『술기』는 하나의 갈래를 선택한 후 멀리 동아시아로 흘러가는 강줄기의 흐름을 조망하는 저술인 셈이다. 『유식이십론』이 『성유식론』보다 더 직접적으로 바수반두의 목소리를 들려준다는 점에서, 또한 『유식이십론술기』가 『성유식론술기』보다 더 완숙한 규기의 목소리를 들려준다는 점에서 이 두 논서의 위상과 의미는 독특한 지위를 가진다.

『유식이십론술기』는 아직 전문全文이 한글로 번역된 적이 없는 문헌이다.[11] 이 한글 번역은 유식철학의 확립 과정에 제기되었던 철학적 쟁점들에 대해 관심을 가지고 있거나, 동아시아 유식사상의 원류를 탐색하고자 하는 이들을 위해 기획되었다. 이를 통해 인도불교철학 전통에서 설일체유부, 경량부, 유식으로 지평을 넓혀 갔던 승려 철학자 바수반두의 탐구 과정을 추적하고, 또 『이십론』에 대한 7세기 동아시아 학승 규기窺基의 주석 『술기』를 통해 동아시아 교학불교의 황금기에 펼쳐진 유식사상의 일단을 들여다볼 수 있을 것이다.

---

11) 『국역일체경』에는 현대어와 고어의 중간 정도에 해당하는 강한 문어체(文語體) 일본어로 번역된 『유식이십론』이 수록되어 있다. 『唯識二十論述記』. 窺基(唐) 撰, 富貴原章信 譯. 『國譯一切經: 和漢撰述部』. 岩野眞雄 編. 3, 論疏部17. 東京: 大東出版社, (1929-1938)

이 번역서가 지성적 불교전통에 입문하고자 하는 현대의 독자들에게 좋은 지침서가 되고, 동아시아 유식사상과 인도의 유식철학으로까지 사유의 지평을 확장해 가는 데 좋은 동반자가 되었으면 하는 바람이다.

본
문
목
차

표 목차

제1부

『유식이십론술기』 해제

I. 서론: 『유식이십론』과 『술기』 해제

1. 들어가는 말

본론에 들어가기 전에, 미리 번역과 관련하여 몇 가지 원칙과 빈번히 그 원칙을 배반하였던 고충(苦衷)들에 대해 첨언해 두고자 한다.

먼저 독자의 편의와 번역의 범위를 명확히 하기 위하여, 지면을 좌우로 분할하고 『유식이십론』 산스크리트 본문과 현장(玄奘)의 한역본을 좌면(左面)에, 『술기』 번역을 우면(右面)에 배치하였다. 『술기』는 본문에 이미 『유식이십론』의 게송과 바수반두의 자주(自註)를 포함하고 있기 때문에, 『술기』 번역만 따라가며 일독하는 것으로도 충분하겠지만, 주석에 대응하는 원문을 대조해 보고자 하는 독자들의 이해를 돕고 독서를 용이하게 하기 위한 방편으로 『이십론』의 산스크리트와 한역을 제시하였으며, 『유식이십론』의 원텍스트에 상응하는 단락의 『술기』 번역이 끝나는 지점에서 다시 좌우 분할하여 『이십론』의 본문과 『술기』의 번역 진도(進度)를 일치시켰다.

불교철학에 기초적인 지식이 있는 독자라면 누구나 읽을 수 있도록 최대한 현대 우리말 단어를 채택하여 가독성을 높이고자 하였다. 불교전통의 한자 개념어들을 가능한 현재의 일반 용어로 표현하고자 하였으며, 그것이 어려운 경우는 설명을 제시하였다. 불교철학서적들의 개념적 난해함을 극복하고, 이 번역서 안에서 자기 완결적인 독서와 이해가 가능하도록 전후의 맥락을 고려하고 주석을 붙이는 등 최대한 노력하였다.

한자 용어나 전문적 개념어들의 번역어 선택에서 가급적이면 현대인들의 언어 감각에 맞고 직관적으로 의미를 알 수 있는 어휘를 선택하고자 하였다. 그러나 완전한 현대어로의 번역이나 새로운 개념어의 조어(造語)는 피하고, 기존의 단어들과 의미 연관 관계가 있거나 형식적 연결고리를 찾을 수 있는 선에서 과도기적 번역을 채택하였다.

다른 한편으로, 현대의 저술과는 매우 상이한 원문의 구조와 내용 전개, 사례의 사용 등에서 원문의 형태와 구조를 최대한 살리고자 노력하였으며, 본문 자체에서 기인하는 표현이나 사유의 어색함 등은 그대로 노출하는 방식으로 번역하고자 하였다. 본문의 문투나 표현 등에 대한 감각이나 연상을 위하여 한자 번역에서 가능한 본문의 한자를 포함하는 번역어를 찾고자 하였다. 이를테면, '詰'은 '힐난(詰難)', '難'은 '비난(非難)', '破'는 '논파(論破)', '論'은 '논(論)하다, 논의(論意)하다' 등과 같은 방식이다.

개념어인 한자(漢字) 단어들, 특히 외자(字) 단어들[1]의 현대 번역어를 찾는 일은 매우 힘들지만 반드시 해결해야 하는 과제이다. 지수화풍이나 유(有), 무(無)와 같이 일상어로 잘 알려진 단어들은 한자(漢字)를 병기하거나 문맥이 분명한 경우 한 글자 단어를 채택하였다. 그렇지 않은 경우에는 가능한 두 글자 혹은 그 이상의 단어를 찾아 한글 번역어 자체로 의미가 전달될 수 있도록 주의하였다. '有'의 경우 예를 들자면, 무(無)에 대립하는 개념으로서 '유(有)' 혹은 복합어 등에서는 '유(有)'로 번역하였지만, 문맥에 따라 '있음', '존재', '실유' 등으로 풀이하였으며, '온(蘊)'은 '더

---

1) 대표적으로 75법(法)의 상당수 다르마들에 대한 한자 번역어는 한 글자로 되어 있으며, 현재까지 대부분 번역 없이 한자어를 그대로 사용하고 있다. 이는 산스크리트어 원래의 개념이 한자어에 포획되는 문제와 함께 현대 독자들에게 접근이 매우 어려운, 불명료한 개념의 장벽을 쌓는 기능을 한다.

미', '처(處)'는 '입처(入處)' 등으로 번역한 것이 그 예이다. 또한 '색(色, rūpa)'이나 '의(義, artha)' 등과 같이 한역(漢譯)이나 산스크리트 개념 자체가 중첩된 다중의미를 가지는 경우에는 맥락에 따라 '물질(색)'이나 '색깔', 혹은 '대상, 의미, 목적' 등과 같이 의미를 분할하여 번역하고자 하였다.

의미의 중첩성이 클수록 이해와 해석에 차이가 발생하고, 전통과 해석 사이에 괴리가 커질 뿐만 아니라, 수신자들 간의 의사소통에 문제를 야기할 수 있다.[2] 번역된 사상들 사이에 논쟁들이 종종 실제로는 동음이의어(homonym)나 다중의미의 해석 문제에서 촉발된 매개념 부주연의 오류에 떨어지는 것도 개념어의 모호성과 애매성에 기인하는 경우가 빈번하다. 따라서 모든 논의와 논쟁을 유의미하고 생산적인 과정으로 이끌어가기 위해서는, 의미의 외연을 한정하고, 개념을 분리하여 모호함과 애매함을 제거하는 등 명료하면서도 대중의 언어 속에 뿌리내린 철학적 언어를 확립해 가야 할 것이다.

물론 그 같은 시도들은 대부분 실망스러운 실패로 끝나기 십상이고, 이 번역서도 예외는 아니다. 이 책이 진정으로 보여주는 것은 번역상의 문제의 해결이 아니라, 번역 과정을 통해 더욱 절감하게 된 문제들을 재인식하고 새로운 모색의 필요성을 역설하고자 하는 것이라는 차원에서

---

2) 물론 이통현의 『신화엄경론』에 보이는 바와 같이 언어, 문자 체계, 문화적 배경이 전혀 상이한 인도불교 문헌들의 한역본들은 다시 한자어 번역과 그 번역문에 대한 한문 해석의 과정을 거치면서 다양한 오해, 본의로부터의 탈선, 나아가 창조적 오역을 산출하고, 이를 통해 그 시대에 주목하였던 개념과 의미를 중심한 해석과 철학적 사유를 만들어내기도 하였다. 이통현(李通玄)의 불교해석은 인도불교의 철학적 맥락과 개념 정의에서는 자주 과격한 이탈을 보이지만, 번역 한문에 기초하여 유학은 물론 『주역』 등 도가적이고 창의적인 접근으로 자유롭고 창조적이면서 동아시아 사상을 통합하는 해석의 사례를 잘 보여준다. cf. 고승학(2013) "『신화엄경론』에 나타난 이통현의 『화엄경』 해석의 특징-중국 고유사상과의 연관성을 중심으로", 『불교학연구』 제34호, 113~145쪽

이해해 주면 좋겠다.

2015년 가을학기 『유식이십론』 강독시간에 준비하였던 초벌번역을 폴더 한쪽에 세워두고 몇 해를 곁눈질하며, 마치 맛난 식사 도중에 음식을 남기고 자리를 떠나야 했던 마음처럼 아쉬움과 허기진 느낌을 떨치지 못하고 있었다. 공부가 일천(日淺)하여 미진한 부분이 허다하고 제대로 이해하지 못하는 부분도 한둘이 아니었지만, 조금 한적한 시골에 눌러앉아 번역을 다듬고 설명하는 글을 덧붙여 보았다. 겨우 원고를 마무리하고 나니, 이젠 잘 소화되지 않는 거친 음식을 먹은 후의 묵직한 느낌을 지울 수 없다. 약간의 위로와 변명을 삼는다면, 『술기』의 저자 규기(窺基) 또한 같은 심정을 토로하였다는 점이다.

> 집필(執筆)을 함에 따라 감히 [스승 현장의] 지휘(指麾)를 받아, 간략히 이 주석(疏)을 조술하였다. 그 사이에 문장과 내용에 부족하거나 서툰 점(虧拙)이 있다면, 그것은 나의 배움이 부족하고 지혜가 둔하여 생각이 궁한 탓이니, 훗날 여러 학인들이 더욱 상세하게 [읽고 허물을] 다듬는다면 다행일 것이다.[3]

2. 『유식이십론』의 의미

1) 개요

『유식이십론』은 설일체유부의 외계실재론과 경량부의 이원론적 인

---

3) 『唯識二十論述記』 卷2: 「已隨執筆敢受指麾. 略述斯疏. 其間文義. 有所虧拙. 是已寡學. 拙智窮思. 幸諸學者. 詳而靡尤.」 (T43,1009,c12-14). 이 책 471쪽

식존재론을 거친 후 유식철학에 도달한 바수반두의 철학적 전향서이다. 바수반두는 두 학파의 실재론적 관점을 서로 교차시켜 비판하면서, 의식의 밖에 실재하는 물리적 세계의 존재를 부정한 후, 논리적 귀결로서 '유식(唯識)', 즉 삼계(三界)에 속하는 모든 현상세계는 '오직 표상일 뿐(vijñaptimātra)'임을 확립한다.

파사현정(破邪顯正)의 관점에서 본다면, 『유식이십론』은 잘못된 실재론적 관점을 논파하는 파사(破邪)에, 『유식삼십송』은 유식의 철학체계를 확립하는 현정(顯正)에 해당한다고 하겠다. 적대자의 논파라는 『이십론』의 목적에 부응하여, 바수반두는 논쟁적인 대론의 형식과 언어로 주석을 기술한다. 때문에 『이십론』은 양적인 측면에서 소략한 논서에 해당하지만, 그 논의 내용에서는 유부 아비달마의 실재론적 논거들과 경량부의 존재와 인식에 관한 이원적이고 이시(異時)적인 관점에 대한 이해를 전제하는 만큼, 간단하게 취급할 수 있는 논서가 아니다.

특히, 유식철학에서 유상(有相)과 무상(無相)을 주장하는 학파적 분기의 갈림길이 학문적 정향 과정에 저술된 바수반두의 저술들, 특히 『유식이십론』에 놓여 있다는 저자의 관점에서 본다면,[4] 『유식이십론』의 중요성은 불교철학사 전통에서 뿐만 아니라 현대 불교학에서도 부당하게 저평가되어 왔다는 생각이다. 또한 『유식이십론』의 주석 부분은 바수반두 만년(晩年)의 원숙한 사상과 관심을 직접적으로 보여주는 아마도 최후의 작품이라는 점에서 그 자체로 중요성을 지닌다.

---

4) 이규완(2018), 282-331

그러나 불교철학사에서 『유식이십론』은 티베트와 동아시아에서 학계와 수행자들 모두에게 다소 부차적인 논서로 취급되어 왔다. 티베트에서는 디그나가(Dignāga)가 유식의 관점에서 불교인식논리학을 집대성한 『집량론(Pramāṇasamuccaya)』과 다르마키르티(Dharmakīrti)의 『양평석(Pramāṇavārttika)』으로 우뚝 솟은 유식철학의 그늘에 가려졌으며, 동아시아에서는 『유식삼십송』의 주석서 『성유식론』이라는 봉우리에 가려 빛을 잃고 말았다.

근대불교학의 태동 이후 새롭게 발견된 『유식이십론』에 대한 연구는 두 번째 단계를 지나고 있다. 첫 번째 단계는 푸생(Poussin)[5]이 티베트역 판본과 프랑스어 번역을 출간한 1912년부터 1989년 미마키 등[6]에 의해 산스크리트 사본의 사진이 출간되기까지의 연구 성과를 포함한다. 이 시기 『유식이십론』 연구는 산스크리트어, 티베트어, 한문 등 각종 사본이나 번역 판본들에 대한 일차적 대조를 통해 각기 기준 텍스트와 번역을 시도한 기초연구의 단계로서, 산스크리트어 사본을 보충하고 원문을 확정하기 위한 대조작업이 활발히 이루어졌다. 야마구치 스스무(山口益), 사사키 겟쇼(佐佐木月樵), 우이 하쿠주(宇井伯壽) 등에 의한 대역(對譯) 연구와 현대어 번역이 주로 이루어졌다.[7]

---

5) Louis de La Vallee Poussin, "*Vimsakakarikaprakarana, Traite des Vingt Slokas, avec le commentaire de l'auteur*," Le Museon 13 (1912): 53-90

6) Mimaki, Katsumi, Musashi Tachikawa, and Akira Yuyama (eds.) (1989): *Three Works of Vasubandhu in Sanskrit manuscript*. The *Trisvabhavanirdesa*, the *Vimsatika* with its *Vrtti*, and the *Trimsika* with Sthiramati's Commentary. Tokyo: Centre for East Asian Cultural Studies.

7) 山口益 (1931) 「唯識二十釋論注記」 in 『唯識二十論の對譯硏究』. 佐佐木月樵; 山口益 共譯. 東京: 國書刊行會, (再刊, 1977), 1 - 25. 佐佐木月樵 (1931) 『唯識二十論の對譯硏究』. 佐佐木月樵; 山口益 共譯. 東京: 國書刊行會, [1977]. 宇井伯壽 (1953) 『(四譯對照)唯識二十論硏究』. 東京: 岩波書

두 번째 단계는 미마키 등 산스크리트 사본들의 사진이 출간, 공개되면서 원문의 확정이나 불일치의 해소가 사본의 판독 자체보다는 본문 내용의 해석적 문제로 전개되는 시기를 의미한다. 이는 필연적으로 『유식이십론』의 판본들뿐만 아니라 주석서들이 전하고 있는 내용과 그것에 대한 철학적 해석으로 관심의 확대를 요구하게 되었다. 하라다 와쇼(原田和宗)의 '「유식이십론 노트(『唯識二十論』ノート 1, 2, 3)」 시리즈[8]나 효도 가즈오(兵藤一夫)[9], 켈너 & 테이버(Kellner & Taber)[10] 등의 연구가 이에 포함된다. 실크(Silk)[11]는 서구학계의 경향을 반영하여 산스크리트어와 티베트어 사본을 중심으로 한 『유식이십론』 텍스트의 확정과 번역을 제공하면서, 논서의 한역과 한문 주석을 반영한 번역과 철학적 연구를 차후의 과제로 넘기고 있다.[12]

한국의 학계에서도 근래에 『이십론』에 대한 관심이 확대되면서 『이십론』 텍스트와 번역본들, 그리고 주석서들에 대한 문헌적 검토뿐만 아니라 철학적 고찰의 시도가 이루어지고 있다. 이지수는 범본으로부터 『유

店, (再刊, 1990) 등

8) 原田和宗 (1999) 「『唯識二十論』ノート (1)—そのテクスト校訂と 解釈学上の 諸問題—」. 『仏教文化』 9; (2000) 「『唯識二十論』 ノート (2)」. 『九州竜谷短期大学紀要』. 通号 46, 173-190.; (2003) 「『唯識二十論』 ノート (3)」. 『九州龍谷短期大学紀要』, 通号 49, 131-188(L)

9) 兵藤一夫 (2006) 『唯識ということ: 『唯識二十論』を讀む』. 東京: 春秋社. 김명우 역(2011) 『유식불교, 『유식이십론』을 읽다』

10) Kellner, Birgit, and John Taber (2014) "Studies in Yogācāra-Vijñānavāda Idealism I: The Interpretation of Vasubandhu's *Viṃśikā*." *Asiatische Studien / Etudes Asiatiques* 68.3, 709-756.

11) Silk, Jonathan A. (2016) *Materials Toward the Study of Vasubandhu's Viṁśikā (I): Sanskrit and Tibetan Critical Editions of the Verses and Autocommentary, An English Translation and Annotations.* Harvard Oriental Series; v. 81. MA: Harvard University Press.

12) Silk (2016), v-vi

식이십론』의 번역을 발표하였으며[13], 관련된 세계학계의 선행연구들을 모아 자료집을 편집하여 연구를 자극하였다(2007). 권오민은 '외계대상 비판'이라는 철학적 주제에 집중하여 『관소연연론』, 『구사론』 등 실재론과 유식설 사이의 논쟁의 쟁점과 맥락을 심도 깊게 추적하였다.[14] 이규완은 『유식이십론』에 나타난 바수반두의 철학적 관점과 극미해석을 통해 바수반두의 철학적 전이 과정을 탐색하였으며[15], 이길산은 『유식이십론』에 대한 문헌학적 검토와 함께 그 성격을 관념론적으로 판단하는 논문을 발표하였다.[16]

2) 텍스트와 『이십론』의 구조분석

바수반두 자신의 언어로 된 『이십론』의 산스크리트본은 오랜 시간 전승의 풍화를 거친 사본의 결함으로 정본(正本)을 확인할 수는 없었으나 현재 정본(定本)의 확정에 대한 일정한 합의에 도달해 가고 있는 중이다. 기간의 많은 텍스트 연구와 번역 가운데 가장 주목할 만한 것은 역시 레비(Levi)의 산스크리트본 출간, 미마키 등의 사본 사진 공개, 실크의 산스크리트-티베트어 교정본과 번역을 들 수 있다. 레비의 것이 최초의 연구 토대를 놓은 것이라면 실크의 저술은 가장 최근의 연구 성과라는 점에서

---

13) 이지수 (2003) 「유외경론자(有外境論者)와 유식론자(唯識論者)의 대론(對論): 『유식이십론(唯識二十論)』(Viṁśatikā)의 이해를 위하여」. 『인도철학』 Vol.23, 277-314

14) 권오민 (2010a) 「불교철학에 있어 학파적 복합성과 독단성(I): 세친의 『유식이십론』에서의 외계대상 비판의 경우. 『인도철학』 제28집, 139-170

15) 이규완(2018) 『세친의 극미론』 282-331

16) 이길산 (2021) 『유식이십론연구-관념론적 해석을 중심으로』. 서울대학교 박사학위논문

학인들의 공부와 연구자료로 가치를 지닌다. 미마키 등의 사진자료는 문헌학적 훈련과 연구를 위한 소중한 자료이다.

Sylvain Levi. (1925) *Vijñaptimātratāsiddhi, Deux Trites de Vasubandhu: Viṃśatikā et Triṃśikā*. Paris (Bibliotheque des Hautes Etudes, Sciences historiques et philologiques, fasc. 245).

Mimaki, Katsumi, Musashi Tachikawa, and Akira Yuyama (eds.) (1989) *Three Works of Vasubandhu in Sanskrit manuscript. The Trisvabhavanirdesa, the Vimsatika with its Vrtti, and the Trimsika with Sthiramati's Commentary*. Tokyo: Centre for East Asian Cultural Studies.

Silk, Jonathan A. (2016) *Materials Toward the Study of Vasubandhu's Viṁśikā (I): Sanskrit and Tibetan Critical Editions of the Verses and Autocommentary, An English Translation and Annotations*. Harvard Oriental Series; v. 81. MA: Harvard University Press.

산스크리트어 사본의 첫 부분이 소실되었기 때문에 초기부터 『이십론』의 산스크리트어 제명(題名)에 대한 논란이 있어 왔다. 레비(Levi)는 산스크리트본을 출간하면서 『유식이십론』의 산스크리트 제목을 하나로 확정하지 않고 Viṁśatikā 혹은 Viṃśikā 둘 중에 하나일 가능성을 열어두었으며, 통상 Viṁśatikā를 주로 사용해 왔는데, 최근 카노(Kano)에 의해 원제목이 Viṁśikā로 확정되면서 이 문제에 대한 논란이 종결되었다.[17] 근래에 역사적 철학적 측면에서 뿐만 아니라 문헌학적인 측면에서도 점차 한역경전이나 논서들의 중요성이 새롭게 평가되고 있는데, 『이십론』의 명칭 문제도 하나의 좋은 사례가 된다. 규기는 『술기』의 서문에서,

> 산스크리트어 제목은 순서대로 '비약저'(毘若底, vijñapti), '마달라다'(摩咀喇多, mātrata), '빙시가'(憑始迦, viṁśikā), '사살저라'(奢薩咀羅, śāstra)이며, [한역으로는] 『유식이십론唯識二十論』이라고 한다.[18]

고 『유식이십론』의 산스크리트어 제목을 전하고 있다. 이에 근거하면, 현장이 번역 원본으로 삼은 『이십론』의 산스크리트 제목은 *vijñaptimātratavimśikāśāstra이며, 이를 줄이면 viṃśikā로 최근의 연구 결과와 일치하는 것을 확인할 수 있다.[19]

『이십론』의 산스크리트본에 대한 번역은 티베트 대장경에 포함된 5종의 번역이 있으며[20], 한역(漢譯)에도 3종의 번역이 현존한다.

『唯識論』 (一名破色心論). 天親菩薩 造. 後魏瞿曇般若流支譯. T31, No. 1588.

---

17) Kano, Kazuo (2008) "Two Short Glosses on Yogācāra texts by Vairocanarakṣita: *Viṁśikāṭīkavivṛti* and **Dharmadharmatvāvibhāgavivṛti*." In Francesco Sferra, ed., *Sanskrit Texts from Giuseppe Tucci's Collection*. Part I. Manuscripta Buddhica 1. Serie Orientale Roma 104. Rome: Istituto Italiano per l'Africa e l'Oriente, 343-380

18) T43.978,c29-979,a2. 이 책 55쪽

19) Kano도 viṃśikā라는 제명의 근거로 제시한 3종의 문헌 가운데 규기의 『술기』를 포함하고 있다. Kano (2008), esp. 345, 350

20) 티베트 장경의 Tanjur에 포함된 '이십송(nyi shu pa'i tshig le'ur byas pa)'과 '이십론(nyi shu pa'i 'grel pa)'는 Cone, Derge, Ganden, Narthang, Peking판 사본이 현존하며, 이 가운데 Cone와 Derge판은 매우 일관적인 유사성을 보인다. Silk (2016), iii. 『유식이십론』의 상세한 문헌정보와 최신연구에 의거한 티베트어와 산스크리트어 교정본과 영어번역을 위해서는 실크(Silk)의 연구를 참고하기 바란다. Silk, Jonathan A. (2016)

『大乘唯識論』. 天親菩薩 造. 陳天竺三藏真諦譯. T31, No. 1589.

『唯識二十論』. 世親菩薩 造. 大唐三藏法師玄奘奉 詔譯. T31, No. 1590.

『이십론』의 첫 번째 한역은 6세기 초중반에 위(魏)나라에서 활약하였던 구담 반야유지(瞿曇般若流支, Gautama Prajñāruci) 혹은 보리유지(菩提流支, Bodhiruci)[21]가 번역한 『유식론』이다. 이 번역은 이후의 다른 한역에 비해 문의(文義)가 불명료한 부분도 많을 뿐 아니라 역자에 대해서도 상이한 주장이 전해진다. 『대정신수대장경』에서는 저본(底本)인 『고려대장경』을 따라 구담반야유지를 역자로 기록하지만, 그 외 【宋】, 【元】, 【明】본 등은 보리유지(菩提流支)의 한역으로 전하여 전승에 차이가 있음을 알 수 있다.[22] 반야유지의 성(姓)은 고타마(Gautama, 瞿曇)이며, 중인도의 바라문계급 출신으로 538년부터 543년까지 금화사 등에 머물며 14부, 85권의 불전을 한역한 것으로 알려진다. 반면, 보리유지는 북위(北魏, 386-534) 말기에 활약하였으며, 508년에 낙양에 입성하여 역경사업에 종사하였다. 『십지경론』, 『입능가경』, 『심밀해탈경』 등 20여 년간 약 39부, 127권의 불전을 한역하였으며, 특히 유식계통의 대표적인 논서들을 번역함으로써 그의 번역서 출간과 동시에 동아시아불교의 초기 유식학파 지론종(地論宗)이 형성되는 등 유식학 연구와 법상종(法相宗)의 등장에 지

---

21) 이 보리유지는 693년 당나라 장안에 들어가 『대보적경』 등을 번역한 밀교계통의 승려 보리유지와는 다른 인물이다.

22) 『唯識論』 卷1: 「[14]後魏瞿曇般若流支譯」 (T31, No. 1588, 63,c26)
[14](後魏瞿曇般若流支譯)九字＝(天竺三藏法師魏國昭玄沙門統菩提流支譯)十八字【宋】【元】【明】, ＝(天竺三藏法師魏國照玄沙門統菩提流支譯)十八字【宮】

대한 영향을 미쳤다.

『이십론』의 두 번째 한역은 진제(眞諦, Paramārtha, ca.499-569)에 의해 『대승유식론』이라는 이름으로 번역되었다. 그는 구마라집(鳩摩羅什, Kumārajīva, 344-413), 현장(玄奘: 602-664)과 함께 한역(漢譯) 3대 역경사의 하나로 추앙되며, 총 76부 315권의 불전(佛典)을 번역하였다. 그의 번역 가운데 『섭대승론』[23]은 섭론종(攝論宗)의 형성을 촉발하였으며, 그의 한역은 『구사론』의 번역[24]에서 보이듯이 보다 원문의 구조와 내용에 충실한 경향을 보인다.

세 번째 번역인 『유식이십론』은 현장(玄奘, 602-664)에 의해 661년에 번역되었다. 이 번역은 현장의 역경사업 말년에 해당할 뿐 아니라, 그가 진력하였던 유식계통의 번역에서 마지막 작품이라 할 수 있다. 현장은 『유식삼십송』, 『섭대승론』, 『관소연론』, 『성유식론』 등 방대한 유식 계통 경전과 논서의 번역을 모두 마친 후에 최종적으로 이 『유식이십론』을 한역하였다. 현장은 『이십론』의 번역에서도 문의에 충실하면서 독자들을 감안하여 보충적 설명을 추가하는 자신의 번역 스타일을 유지하였다.

『이십론』은 언어와 판본에 따라 게송의 숫자가 서로 달라 게송의 확정 자체가 문헌 연구의 중요 과제로 남아 있다. 산스크리트본은 도입부의 결락으로 인해 티베트역 등을 참고하여 환범한 것으로, 티베트역 「이십송」의 22게송에 따라 22게송으로 재구성하였다. 그러나 바수반두의 주석

---

23) 『攝大乘論』. 無著菩薩造. 真諦三藏譯. T31, No. 1593
『攝大乘論釋』. 世親菩薩釋. 陳天竺三藏真諦譯. T31, No. 1595

24) 『阿毘達磨俱舍釋論』. 婆藪盤豆造. 陳天竺三藏真諦譯. T29, No. 1559

을 포함한 『이십론』의 티베트역, nyi shu pa'i 'grel pa에서는 21게송만이 나타난다. 『이십론』의 한역본들에서도 게송의 숫자는 일치하지 않아서, 반야유지의 『유식론』은 23송, 진제의 『대승유식론』은 24송, 현장의 『유식이십론』은 21송으로 구성된다. 바수반두의 자주(自註)를 포함하는 『이십론』의 현장역과 티베트역이 모두 21게송인 반면, 티베트어 '이십송'이 22게송이라는 사실은 서론부에서 하나의 게송이 추가되었을 가능성을 시사한다.

산스크리트본 『이십론』과 티베트본 「이십송」의 게송1에 해당하는 부분은 『이십론』 전체를 포괄하는 논서의 종지를 드러내는 부분이며, 3지작법의 논증형식으로 구성되어 있고, 한역과 티베트역의 산문 부분과 내용적으로는 차이가 없다. 산문으로 된 서문에 논서의 종지를 부각하기 위하여 3지작법의 게송으로 수정하였다는 가설도, 반대로 「이십송」의 첫 게송을 허물어 주석에서 산문체의 서론을 구성하였다는 주장도 일정한 설득력을 지닌다고 할 수 있다.[25]

산스크리트본 게송1[26]이 『이십론』의 내용 전부를 포괄하는 종지(宗旨)를 드러내며, 그 핵심적인 내용은 잘못된 주장에 대한 파사(破邪)의 관점에서 외계 대상의 존재를 부정하고, 현상세계에 속하는 모든 것은 '오직 식(識)일 뿐'임을 밝히는 것이다. 논서에서 논쟁의 구성은 유식가들이 주장하는 대로 '만약 외계 대상이 존재하지 않는다면' 발생하게 되는 논

---

25) cf. 효도 가즈오 (2011), 94. 각종 사본에 따른 환범(還梵)의 사례와 문헌적 고찰에 대해서는 Silk (2016), 149-152

26) 이하 특별한 언급이 없는 '게송#'는 산스크리트본에 따른다.

리적 모순들 혹은 주장과 배치되는 경험적 사실로부터 촉발된다. 바수반두는 불교 내외의 실재론자들로부터 제기되는 직관적인 반론과 질문으로부터 점차 핵심적인 철학적 주제로 논의를 이끌어간다. 논서에서 각각의 주제는 적대자들의 질문 혹은 비난과 그에 대한 논주의 대답과 논파라는 논쟁의 방식으로 구성되어 있다.

규기(窺基)는 『유식이십론술기』에서 『이십론』 과문(科文)의 구조를 밝히고 있다.[27] 『이십론』을 '1부: 본론'과 '2부: 결론'으로 구분하고, 1부는 다시 1) 종지(宗旨)를 밝히는 부분과 2) 본문의 분석 2장으로 구성한다. 그리고 본문의 분석은 7가지 세부 항목으로 분할하여 자세한 주석을 가하고 있다.

규기의 『이십론』 과문

1부: 근본 종지를 바르게 분별하고 계략을 분쇄하며 난문(難問)을 해명(正辨本宗破計釋難) (vv.1-20)

제1장. 종지의 확립(立論宗大乘三界唯識無境)

제2장. 외도의 주장을 자세히 논파함(廣破外執)

1) [외경비판]: (vv. 1-14)

2) [현량과 기억]: (vv.15-16ab)

3) [꿈과 깸]: (v.16cd)

4) [의식의 한정]: (v.17ab)

---

27) "과문(科文)이란 경론의 해석(解釋)을 위하여 경론의 구조를 장절(章節)로 분석, 트리 구조로 도식화한 도표를 가리킨다." 조은수 외 (2018) 『불교 과문집』 3쪽

5) [꿈의 각성]: (v.17cd)

6) [작용]: (vv.18-19)

7) [타심지]: (v.20)

2부: 조술한 논서의 결론(結已所造) (v.21)

결론(v.21)을 제외한 20게송에 대한 주석 부분에서 규기는 '제2장: 외도의 논파' 가운데 14게송을 '외경비판'에 할애하고, 나머지 6게송에서 6가지 주제를 해설한다. 이처럼 게송의 할당과 분량 모든 면에서 규기의 관심은 '대승에서 삼계에 속하는 것은 오직 식일 뿐 외계대상은 존재하지 않는다(大乘三界唯識無境)'는 명제와 그와 관련된 직접적인 논증인 외계대상 비판에 집중하였다. 이런 경향은 이하 6주제에 대한 논의에서도 발견된다. 규기는 '직접지각(현량)'이나 기억, 꿈 등 게송15 이하의 보다 인식론적 주제에 대해서도 앞서 '외경비판'에서 다루었던 외계대상의 비존재 논증과 같은 맥락에서 논의를 전개하는 경향을 보인다. 이는 궁극적으로 대상과 인식대상 사이에 불연속적 단절을 상정하지 않는 법상유식계열의 관점을 반영하는 것으로 보인다.

그러나 현대적 관점에서 볼 때, 바수반두의 『이십론』은 서론에서 종지(宗旨)를 밝히는 부분과 결론에서 붓다에 귀의(歸依)라는 전후의 표지를 제외하면, 논서의 구조에 있어서 존재론 인식론 수행론적 안배를 한 것으로 보인다.

『유식이십론』 구조:

서론: 주장 명제

본론: 논증

소박실재론 비판	존재론 비판
12처 비판	
원자론 비판	
지각	인식론 비판
꿈	
작용	
타심지	수행론

결론: 귀의(歸依)

바수반두는 '오직 식(識)일 뿐'인 유식(唯識)의 범주를 욕계, 색계, 무색계를 포함하는 삼계(三界)로 한정하여, 출세간의 범주와는 구분한다. 그리고 이 삼계의 범주 안에서 경험하는 현상세계의 존재와 그것에 대한 인식을 모두 표상된 것들(vijñapti)로 해석하고, 이 주장에 반하여 제기되는 질문들에 하나씩 응답한다. 대상의 시공간적 한정, 인식 주체들에게 동일하게 경험되는 세계, 대상의 작용이라는 네 가지 주제에 대한 해명으로 소박실재론자들이 직관적으로 가지게 되는 의문을 해소하고자 한다. 『이십론』에서 12처에 대한 바수반두의 해석은 『구사론』에서의 실재론적 이해를 뒤집는 것이다. 여기에서 그는 종자와 현행이라는 유식적 개념을 내처(內處)와 외처(外處)의 관계로 설명하면서 6식의 체계에 머물러 있어, 아직 알라야식에 기초한 종자와 현행으로의 이행이 이루어지기 이전의 단계를 보여준다. 바수반두의 극미론 비판에서 추론에 의해 확인되는 대상인 경량부적 극미의 존재를 부정하는 대신, 형상에 근거한 인식의 대상은 유식의 영역으로 수용하여 받아들인다.[28] 존재에 대한 분석을 통해 실재론 혹은 실재론적 토대를 허물고, 논의의 초점을 인식존재 혹은 인식 대상에 대한 지각과 기억의 문제로 전환한다. 현장역 게송15에서 다루는 직접지각(현량)의 문제는, 대상의 접촉과 대상에 대한 인식 사이에 찰나의 시간적 틈이 존재하는 경량부적 관점에 대한 실재론자의 비판이고, 게송16에서의 대답은 인식적 측면에 국한해서는 경량부의 주장과 동일하다.[29] 이런 관점에서 기억과 꿈도 경량부의 인식론적 측면과 동일한 맥락에서 실재론자를 논박하고 있다. 다소 과감하게 압축하자면, 『이십론』은 이원론적 경량부의 철학체계에서 실재론적 측면을 제거하고 형상에 대한 인식의 측면만을 수용한다고 볼 수 있다.

바수반두는 『이십론』의 말미에 '오직 식(識)일 뿐'인 세계에서 물리적으로 현상한 세계와 의식세계에서 작용의 연속성을 주장한다. 범부들에게 현실의 물리적 세계는 의식의 세계와 구분되지만, 꿈에서 깨어난 선인들의 차원에서는 궁극적으로 '오직 식일 뿐'인 이 현상세계는 의식과 마찬가지로 또는 의식의 힘만으로 변화를 일으킬 수 있다. 작용과 타심지(他心智)에 관한 논증은 이론적 일관성의 측면에서 뿐만 아니라 수행론적 과제와 동기부여 측면에서도 중요한 의미를 지닌다. 삼계에 속한 범부들에게 세계의 유식성은 불완전하게 드러나며 유식에 대한 궁극적인 이해에 도달할 수도 없다. 그것은 단지 '붓다의 인식의 영역'에 속한다.

---

28) 『이십론』의 게송1-15까지에 나타난 바수반두의 관점에 대해서는 이규완 (2018), 282-331쪽 참고

29) 권오민 (2017) "세친의 '직접지각의 자각(pratyaksabuddhi: 現量覺)' 이해 – 『유식이십론(唯識二十論)』 제16송과 관련하여 – ". 『동아시아불교문화』. 31권, 63-92쪽

본서의 구조 분석	범어 22송	현장역 21송
I. 종지: '삼계유식'의 경증	v.1	
II. '삼계유식'의 이증	vv.2-21	
1. 외계실재론 부정		
1) 시간, 공간, 상속, 작용	vv.2-3	1-2송
2) 지옥중생	vv.4-5	3-4송
3) 식의 상속과 업의 훈습	vv.6-7	5-6송
4) 12처(āyatana)설	vv.8-10	7-9송
2. 극미설: 법무아의 확립		
1) 극미설들	v.11	10송
2) 7극미화합	v.12	11송
3) 극미화합(전체와 부분)	vv.13-14	12-13송
4) 극미의 성질	v.15	14송
3. 인식		
1) 현량	v.16	15송
2) 기억	v.17	16송
4. 타자의 존재		
1) 타상속	vv.18-20	17-19송
2) 타심지	v.21	20송
III. 결어: 유식은 불지(佛智)의 영역	v.22	21송

3. 『유식이십론술기』의 의미

1) 개요

불교철학사에 빛나는 바수반두(Vasubandhu)의 명성에도 불구하고 그의 논서들은 상대적으로 그를 이어받은 두 갈래의 계승자들에 가려진 감이 있다. 아이러니하게도 그런 결과는 아직 미완성의 단계에 있었을 뿐만 아니라, 유식철학의 체계적 확립이 아닌 적대자들에 대한 파사(破邪)의 목적으로 저술된 『유식이십론』과 자신이 직접 주석을 완성하지 못하고 게송으로만 남겨진 『유식삼십송』 사이의 관계에서 기인한다. 철학적으로 자기완결성을 결여한 『이십론』과 단일한 저술로서 미완성으로 남겨진 『삼십송』 사이의 간극이 『이십론』에는 두 가지 해석의 가능성을 열어주었으며, 『삼십송』에는 백가쟁명의 주석이 난무하는 결과를 초래하였다. 이렇게 남겨진 공백이 한편으로는 안혜(Sthiramati) 『유식삼십송석』(*Triṃśikāvijñaptibhāṣya*), 디그나가(Dignāga)의 『집량론』(*Pramāṇasamuccaya*), 다르마키르티(Dharmakirti)의 『양평석』(*Pramāṇavārttika*)을 거치면서 불교인식논리학을 형성하고, 다르마키르티의 그림자 속에 놓이게 된다. 다른 한편으로는 다르마팔라(Dharmapāla, 호법(護法)), 계현(戒賢, Śīlabhadra)을 거쳐 현장에 이르러 『성유식론』이 편찬되고, 이후 동아시아 불교의 교학적 전통으로 『성유식론』을 정점으로 전개되어 간다.

이렇게 유식가 바수반두 말년의 저술이 뒤로 밀려나면서 『이십론』의 주석서들도 후학들의 관심에서 멀어지게 되었으며, 그러한 경향은 천 년의 시간을 가로질러 최근까지도 이어져 왔다고 할 수 있다. 근대불교학의 도입 이후 『이십론』의 주석서에 대한 연구는 대체로 『이십론』 연구에 대한 보조적인 성격으로[30] 한정하거나 부분적으로 이루어져 왔다. 그러나 지난 한 세대에 걸쳐 현대 불교학자들 사이에 『유식이십론』이 일종의 재발견되는 사건이 일어나고, 더불어 『이십론』의 주석서들에 대한 문헌적, 철학적 고찰이 새롭게 이루어지고 있는 현상은 매우 고무적이고 반가운 일이다. 지금 『유식이십론술기』의 번역도 이 같은 학계의 흐름과 궤를 같이 하여, 현대어로 된 최초의 『술기』 번역을 학계와 관심 있는 독자들에게 헌정하는 것을 목적으로 한다.

『유식이십론』 주석서들

규기에 따르면, 『이십론』의 주석서로 10여 논사의 주석서가 있었던 것으로 알려져 있지만, 산스크리트 원본이 현존하는 주석서는 전하지 않는다. 단지 호법(護法, Dharamapāla, ca. 6C)의 주석서가 의정(義淨)에 의해 『성유식보생론』으로 한역되었으며, 비슷한 시기에 쓰인 비니타 데바(Vinītadeva, 調伏天) (ca. 7-8C)의 주석서는 티베트역만이 남아서 전한다. 규기의 『유식이십론술기』는 인도 밖에서 현지 언어로 저술된 유일한 주석서이며 시기적으로는 다르마팔라와 비니타 데바의 중간 즈음(661CE)에 해당한다.

『成唯識寶生論』 (一名二十唯識順釋論). 護法菩薩 造. 大唐三藏法師義淨奉 制譯.

---

30) 이는 주석서의 목적을 고려할 때 지극히 당연한 일이기는 하지만, 여기서 지적은 주석서 저자의 사상과 저술 목적에 따른 일관된 하나의 저술로서 그 사상의 총체적 면모에 대한 독립적인 연구가 부재하였음을 의미한다.

T31, No. 1591.

『唯識二十論述記』. 翻經沙門基 撰. T43, No. 1834, p.978c6-9.

Vinītadeva (dul ba'i lha). *rab tu byed pa nyi shu pa'i 'grel bshad.* P5566, vol. 113. *Prakaraṇaviṃśakāṭīkā*: (Explanation of (Vasubandhu's) Auto Commentary on the "Twenty Stanza Treatise." Derge 171b.7ff (P201b.8ff.)[31]

현대어 번역으로는 아래의 책들이 있다.

加藤精神 譯 (1977)『成唯識寶生論』. in『國譯一切經: 印度撰述部』. 岩野眞雄 編. 71, 瑜伽部 (6) (7). 東京: 大東出版社

富貴原章信 譯 (1929-1938)『唯識二十論述記』. 窺基(唐) 撰『國譯一切經: 和漢撰述部』. 岩野眞雄 編. 3, 論疏部17. 東京: 大東出版社

Hillis, Gregory A. (1993) An Introduction and Translation of Vinitadeva's Explanation of the First Ten Stanzas of [Vasubandhu's] Commentary on His "Twenty Stanzas," with Appended Glossary of Technical Terms. Ann Arbor, Michigan: University. MA Thesis

호법(護法)의 주석을 의정(義淨)이 한역한『성유식보생론』은 1) 의정(義淨)의 번역에 의문이 제기되고 있을 뿐만 아니라, 2) 극미 부분에 대한 주석이 생략되어 있고, 3) 본문을 명확히 구분하여 순서대로 주석하기 보다는 다소 혼란스러운 구성으로 문헌적 해석에 직접적인 도움을 주지 못

31) Peking판 : rab tu byed pa nyi shu pa'i 'grel bshad slob dpon dul ba'i lhas mdzad pa bzhugs so

하는 경우가 있다. 호법이 여기에서 극미 부분에 대한 논의를 생략한 이유는 같은 주제가 보다 명료하고 압축적으로 다루어진 『관소연론석』을 염두에 두고, 중복을 피하여 두 논서를 상보적으로 저술하였다고 추론해 볼 수 있다. 의정(義淨)의 한역저술에 대한 번역작업을 주도하고 있는 일본-대만의 학계에서 『성유식보생론』에 대한 번역과 연구를 진행 중에 있는 것으로 알려져 있다.

Vinītadeva(dul ba'i lha)의 *rab tu byed pa nyi shu pa'i 'grel bshad.*는 힐리스(Hillis)에 의해 게송10까지의 주석이 영어로 번역되어 있다. 또한 몇몇 대학원의 강독에서 비공식적인 번역이 이루어지기도 하였지만, 아직 완역이 출간되지는 못하고 있다.

『술기』에 대해서는 일본 후키하라 쇼신(富貴原章信)의 번역과 2018년 내부 자료용으로 저술한 지민(智敏)의 강해서 『유식이십론술기강기(唯識二十論述記講記)』가 있다. 그러나 후키하라의 번역은 20세기 초에 번역되어 매우 오래되었을 뿐 아니라, 강한 문어체로 자주 문장에 현토를 다는 수준의 본문 읽기에 머무는 경우도 허다하고, 간혹 해석의 오류가 발견되기도 한다. 지민(智敏)의 『강기』는 상세하지만 학술적이기 보다 다소 설법과 같은 강해에 치중하는 서술 방식을 보이고 있다.

『유식이십론술기』에 대한 한글역은 아직 나오지 않았으며, 최근에야 『유식이십론』의 새로운 발견과 더불어 『술기』에 대한 관심이 점증하고 있는 것으로 보인다. 이 번역은 여러 가지 부족함에도 불구하고, 규기의 유식사상과 『이십론』 연구의 빈자리를 채우기 위한 목적에서 시도된 현대어 완역본이다.

이 번역에서 원본으로 삼은『대정신수대장경』의『唯識二十論述記』(T.43, No. 1834)는 승구(承久)[32] 2년(1220년)에 필사된 사본을 저본으로 하였다. 그 외에 갑(甲)본은 원록(元祿) 15년에 필사된 판본과 을(乙)본으로 지은사(知恩院)의 고사본(古寫本)이 있으며, 을(乙)본은 상권이 결락되어 있다.

『술기』의 구조와 본문을 살펴보기에 앞서 저자 규기(窺基)에 대해 간단히 소개해 두고자 한다.

저자 자은 규기

규기(窺基, 632-682)는 자신의 저술에 주로 '승려 기(乘基)' 혹은 사문 기(沙門基)[33]라고 표기하며, 때로 규기(窺基) 혹은 대승기(大乘基) 등의 이명(異名)을 사용하였다. 때문에 최근 그의 이름을 외자 '기(基, Jī)'로 표기하는 경향이 확산되고 있다. 그러나 그 자신이 몇몇 저술에서 '窺基'(규기)를 편찬자의 이름으로 올리기도 하였으며[34], 전통에서 오래 사용되어 왔고[35], 명칭의 혼동을 피할 수 있는 점 등을 고려할 때, '규기(窺基)'를 사용

---

32) 일본의 연호, 1219-1222년. 【原】承久二年校大屋德城氏藏寫本, 【甲】元祿十五年版本, 【乙】知恩院藏古寫本, 乙本上卷缺之. 원록: 1688년-1704년

33) 『유식이십론술기』에서도 규기는 자신의 이름을 '사문 기'라고 표기한다. 『唯識二十論述記』 卷1: 「翻經沙門基撰」(CBETA, T43, no. 1834, p. 978,c9)

34) 자신의 스승인 현장(玄奘)의 행장을 저술하면서 '규기(窺基)'라는 이름을 사용하였다. 『大唐大慈恩寺三藏法師傳』 卷10: 「至十一月二十日, 令弟子[23]窺基奉表奏聞, 請御製經序」(CBETA, T50, no. 2053, p. 276, b21-22). 그러나 【宋】, 【元】, 【明】, 【宮】본에서는 【고려대장경】의 '규(窺)'자를 '승(乘)'으로 고치고 있는 것이 흥미롭다.

35) 송대(宋代) 찬영(贊寧) 등이 저술한『송고승전』에서도 그를 '규기'로 칭한다.
『宋高僧傳』 卷4: 「宋高僧傳卷 第四
宋左街天壽寺 通慧大師賜紫沙門贊寧等奉 勅撰
義解篇第二之一(正傳二十一人附見七人)
唐京兆 大慈恩寺 窺基傳」(CBETA, T50, no. 2061, p. 725, b12-17)

하는 편이 실용적 측면에서 더 장점이 있어 보인다. 원측(圓測)의 경우도 저술에 '沙門 測撰(사문 측(測)의 찬술)'과 같이 기술하고 있지만, 전승에 따라 '원측(圓測)'이라는 명칭을 사용하고 있다.

규기(窺基)는 17세인 649년에 출가하여 현장(玄奘)의 제자가 되었으며, 처음 광복사에 머물다가 이후 자은사(慈恩寺)로 옮겨 수행하였기 때문에 '자은대사(慈恩大師)' 혹은 '자은(慈恩) 규기(窺基)'라는 명칭을 얻었다. 현장이 장기간의 인도유학(627-645)을 마치고 귀국한 이후 출가하였으므로, 규기는 전적으로 현장의 번역에 의해 전해지고 확립된 신유식(新唯識)을 자기 사상의 토대로 삼았다. 그는 현장의 역장(譯場)[36]에서 10여 년의 수습기간을 거친 후, 28세가 되던 559년에 현장의 『유식삼십송』의 10대 주석서 번역작업에 참여하였다. 현장은 『유식삼십송』의 10대 주석서를 번역하고자 하였으나, 다양한 이설(異說)들의 혼란과 충돌, 중복을 피하기 위하여 호법(護法, Dharmapāla)논사의 주석을 중심으로 안혜설을 대비시키고, 나머지 논사들의 견해를 간헐적으로 첨부한 『성유식론』을 편찬하게 되었다. 이때 현장의 강론을 정리, 편집하는 일에 규기가 주도적으로 참여하면서 『유식삼십송』 해석에서 호법설을 제외한 나머지 학설들이 무시되고, 다른 사본들이 물리적으로 폐기되는 사태를 야기하였다. 이는 '오직' 호법계 유식해석 하나에만 집중된 규기의 유식철학적 관점을 상징적으로 보여주는 사건이다.

---

36) 역장(譯場)에는 역주(譯主), 필수(筆受), 증범본(證梵本), 증범의(證梵義), 증의(證義), 교감(校勘) 등 다양한 단계로 세분화하여 전문적인 번역과 교정, 검증의 과정이 이루어졌다. cf. 김중섭 (2017) "중국 고대 역장(驛場) 제도에 대한 고찰 – 번역의 시스템과 방법을 중심으로" 『언어학연구』. 제22권 2호, 39-54

규기의 저술 목록에 따르면, 그는 출가 초기에 대승 아비달마와 『유가사지론』을 중심으로 불교사상에 입문하였으며, 『성유식론』의 저술을 계기로 본격적인 법상(法相)철학을 형성해 간 것으로 보인다. 규기의 유식관계 저술을 현장의 한역(漢譯) 시기별(괄호 안)로 나열해 보면 다음과 같다.

『大乘阿毗達磨雜集論述記』(646) – 『瑜伽師地論略纂』(646) – 『因明入正理論疏』(647) – 『大乘百法明門論註』(648) – <u>『成唯識論述記』, 『成唯識論掌中樞要』, 『成唯識論料簡』(659)</u> – 『辯中邊論述記』(661) – (『大乘法苑義林章』) – 『唯識二十論述記』(661).

실제 규기의 저술 순서와 현장의 한역 순서가 일치하지 않는다고 하더라도, 559년 『성유식론』의 출간이 규기의 사상에 일대 전환기라는 사실은 의문의 여지가 없으며, 현장의 한역과 관련하여 유식계 논서로는 가장 마지막에 이루어진 『유식이십론』(661)과 그에 대한 규기의 『유식이십론술기』(661)가 지니는 의미는 보다 주목할 필요가 있다. 『유식이십론술기』의 저술에서 보는 바와 같이 규기는 한역 역장에서의 강론을 따라 한역이 마무리되는 시점에 뒤이어 자신의 주석서를 발표하고 있는데, 이런 저술 방식은 규기의 초기 다른 주석서에서도 유사하지 않았을까 추측된다.

『유식이십론술기』는 관련 논서들, 『유식삼십송』, 『성유식론』, 『유식이십론』, 『성유식론술기』 보다 후에 저술되었기 때문에, 『유식이십론술기』야말로 규기의 전반기 주석서 저술에서 백미(白眉)라고 할 수 있을 것이다. 이후 규기는 『성유식론』에 기반한 유식학 연구와 저술을 지속하였으며, 그 외에 『법화현찬(法華玄贊)』, 『대승법원의림장(大乘法苑義林章)』 등 50여 부(部)에 달하는 저술을 발표하여, 세인들로부터 '백본소주(百本疏主)', 혹은 '백본론사(百本論師)'라는 별칭을 얻었다.

규기의 『성유식론』 연구와 주석서의 출간은 법상(法相) 중심의 유식철학을 확산시켜 법상종(法相宗)을 성립하였으며, 그가 자은사(慈恩寺)에 오랫동안 주석하였기 때문에 자은교(慈恩教)라고도 칭하였다. 규기는 현장이 구법여행(627-645년)을 마치고 귀국한 이후 출가하였기 때문에, 현장에 의해 새롭게 소개된 유식철학을 기본으로 성장하였으며, 나아가 오직 그것만을 배타적으로 강조하여 논리적 결과를 추론하는 철학적 경향이 강하였다. 애초에 현장은 자신이 배운 유식체계(구유식) 혹은 경론(經論)의 문구들에서 풀리지 않는 문제들을 해결하고자 인도유학을 결행하였다. 구(舊)유식과 신(新)유식철학이 어긋나는 지점에 대해 어떤 비판적 선택이 요구될 때, 규기는 전적으로 신유식의 교학체계를 따르며 새롭게 제기되는 문제에는 신유식의 해석에 따른 추론적 결과를 정론으로 선택하였다.

반면 원측(圓測)은 구유식과 신유식을 대등하게 놓고, 보다 발전된 신유식의 철학적 개념들을 수용하면서도 법상(法相)을 도그마화하는 방식의 해석을 지양하고자 하였다. 원측(圓測, 613-696)은 현장이 인도로 출국하던 무렵인 627년경에 당(唐)으로 유학하여, 불교철학이 만개하던 장안의 분위기에서 20대를 보냈으며, 현장이 귀국할 무렵에는 이미 32세로, 특히 규기가 출가하였을 시기에는 36세의 나이로 유식사상에 대한 독자적인 학문적 견해가 형성되었다고 보아야 한다. 당연히 원측은 진제(眞

諦, Paramārtha)가 한역한 유식계 경론에 근거한 구유식 사상의 기반 위에서 신유식의 보다 발전된 개념과 사상을 수용하고자 하였으며, 그 결과를 규기보다 앞서 『성유식론소』나 『유가사지론소』 등으로 발표하였다.

이러한 양측의 관점의 차이는 현장 문하에 원측(圓測)과 규기(窺基) 사이의 불화설을 낳기에 이른다. 규기와 원측의 차이를 한 문장으로 압축한다면, 원측은 유식(唯識)조차도 중생을 구제하기 위한 방편이라고 보는 반면, 규기(窺基)는 유식(唯識)의 도리는 궁극적 진리이고 유식적 존재는 실재한다고 주장한다. 붓다의 교설을 세 시기로 구분하는 삼시(三時)의 가르침도 궁극적으로 하나의 변주라고 보는 원측과 달리, 규기는 각 시기

왼쪽부터 흥교사 원측탑, 현장탑, 규기탑

의 가르침에는 질적인 차이가 있다고 본다. 따라서 원측은 중생이 타고난 근기나 종성(種性)에 차이가 있을 수 있으나 최종적으로 모두 붓다의 깨달음에 도달할 수 있다고 보는 반면, 규기는 다섯 가지 종성의 차이는 뚜렷하고(五性各別), 그중 일천제(一闡提, icchantika)와 같이 선한 성품(善根)을 가지고 있지 못한 중생은 성불(成佛)할 수 없다고 주장한다.

그러나 후세들은 흥교사(興教寺)의 현장탑 양편에 두 유식가를 함께 모셔, 하나의 완결될 유식세계를 형상화해 보여 준다.

2) 『술기』의 구조와 특징

규기는 바수반두의 『이십론』을 주석함에 있어서 독자적으로 과문(科文)을 나누고, 내용적 중요도에 따라 과단의 깊이를 세분화해 가면서 논의를 심화시킨다. 또한 논의 초반부에 이후 본문의 주석을 이해하는 데 토대가 될 기본적인 정보들을 집중적으로 상술하였다. 서론에서 저술 과정에 대해 간단히 요약한 후, 1단원에서 저술의 인연과 범주를 분별하고, 2단원에서 저술의 종지(宗旨)와 저술 목적을 상세히 논설하였다. 특히 이곳에서는 『성유식론』을 비롯한 다양한 경론에 근거하여 법상유식철학의 기본적인 개념들을 소개하였다.[37)]

규기는 『술기』의 구조를 파악하는 과문(科文)을 상세하게 제시하고 있지만, 목차의 층위를 결정하는 과문의 단계(段階)에 따른 용어를 구분

---

37) 『이십론』에 대한 바수반두의 주석 자체에서도 보이듯이, 인도-티베트 전통에서 주석의 기본구조는 논서의 목적, 경증(經證), 이증(理證), 결론의 형태를 가지며, 이증(理證)의 부분에서 각종 논서와 논리적 추론을 통해 자세한 논증을 전개한다. 『술기』도 『이십론』의 편제에 따라 기본적으로 유사한 형태의 주석 방식을 따른다고 볼 수 있다.

하고 있지는 않다.

이 책에서는 과단(科段)을 구분하여,

I. 단원(대단원)

1부 :

1장 :

1절(본문에는 대단(大段), 대문(大文))

1항 :

1항목 :

으로 세부 목차의 층위를 설정하였다.

『유식이십론술기』 과문 :

0. 서문

I. 가르침의 때, 층위, 포섭의 범위를 명시함(顯教時機教攝分齊)

1. 때의 분별(辨時)

2. 근기의 분별(辨機)

3. 범주의 분별(辨攝)

II. 논서의 종지와 논을 저술한 이유를 밝힘(明論宗體造論所由)

1. 논서의 종지를 변론(辨論宗)

2. 논서의 본체를 변론(辨論體)

3. 논서의 저술목적을 변론(辨造論所由)

III. 논서에 밝혀진 것에 의지하여 문장을 판석함(依論所明判文別釋)

1부 : 근본 종지를 바르게 분별하고 계략을 분쇄하며 난문(難問)을 해명 (正辨本宗破計釋難)

제1장. 종지의 확립(立論宗大乘三界唯識無境) (v.1)

1) 제법유식이라는 논서의 종지를 확립 立論宗諸法唯識

2) 경전에 근거하여 드러냄 顯由經說

3) 외도의 난제를 주석 釋外伏難

4) 유식의 의미를 밝힘 明唯識義

제2장. 외도의 주장을 자세히 논파함(釋外所徵廣破外執)

1) **[외경 비판]** (게송 1-14)

(1) 4사의 비판(四事難) (v.1)

(2) 4사비판에 대한 반론 (vv.2-6)

(3) 인무아 법무아 (vv.7-9)

(4) 외계대상 부정 (vv.10-14)

A. 소승의 질문

－주장의 소개

－자세한 설명

B. 논주의 논파 (v.10)

－소승 외도 논파

－소승을 직접 논파

－외도를 직접 논파

C. 유식의 결론 : 극미의 불성립 (vv.11-14)

－불성립 질문

－불성립 대답

－불성립 결론

2) [현량과 기억] : (vv.15-16ab)

3) [꿈과 깸] : (v.16cd)

4) [의식의 한정] : (v.17ab)

5) [꿈의 각성] : (v.17cd)

6) [작용] : (vv.18-19)

7) [타심지] : (v.20)

2부 : 조술한 논서의 결론(結已所造) (v.21)

『술기』의 주제에 따른 본문과 주석의 배분에서 규기는 초반에 집중하여 논서의 주제와 관련한 다양하고 풍부한 정보를 제공한다. 『이십론』 본문 주석의 5분의 1이 넘는 분량을 할애하여 저술의 배경, 동기, 목적과 핵심적인 주제를 상세히 풀이하고, 나아가 대승 유식사상을 이해하기 위해 필수적인 개념들을 각종 경전과 논서를 인용하여 설명한다. 규기는 산스크리트 게송1, 한역의 산문 서문에 해당하는 I, II.단원에서 『성유식론』에 근거한 유식사상의 틀을 제시하고, 논증의 방법으로 다양한 경론의 제시와 함께 불교인명학(因明學)의 논증과 오류에 대한 소개와 적용 사례들을 보여준다.

주석서의 구성, 분량, 내용 모든 면에서 『술기』의 주제는 '외경비판', 혹은 '유식무경(唯識無境)'으로 요약할 수 있다. 본문을 주석하면서 규기가 제공하는 『성유식론』 등 유식논서의 개념들은 매우 풍부하고 난해한 경론의 정보를 포함하고 있는 반면, 일관하여 전개하고 있는 '유식무경'의 철학적 논제들에 대해서는 『이십론』 자체의 인식범위를 넘어서지 않는다. 이해를 돕기 위한 방편으로 소박실재론적 관점에서 제기되었던 시공간과 상속, 작용의 한정에 관한 네 가지 사례는 『술기』의 처음과 끝을 관통하여 거듭 유비(喩譬)의 테마로 소환된다. 이 같은 논의의 일정한 경향성은 유식적 존재의 실재성을 인정하는 법상(法相)유식의 존재론적 관심을 반영하고 있는 것으로 보인다. 삼계는 오직 식(識)일 뿐이며, 외계대상(境)은 존재하지 않지만, 유식적 존재들은 실재한다.

외계대상의 부정 논증은 『이십론』에서와 마찬가지로 극미(極微)와 극미의 결합에 대한 논쟁으로 모아진다. 극미 개념을 중심으로 한 (4) '외계 대상의 부정(vv.10-14)'은 A. 소승의 질문(v.10) B. 논주의 논파(vv.10ff) C. 유식의 결론(vv.11ff.)의 순서에 따라 기술된다. 그런데 '소승의 질문'에 대해 논주(論主) 바수반두가 의도한 논파와 그 결과 '극미의 불성립'과 '유식의 성립'이라는 핵심적 논쟁 과정은 장절의 범위와 과단(科段)의 층위가 중첩, 중복되는 현상이 발견된다.

(4) 외계대상 부정 (vv.10-14)

A. 소승의 질문 (v.10). B. 논주의 논파 (vv.10ff). C. 유식의 결론(vv.11ff.)

이하 :

A. 소승의 질문 (v.10)

B : <u>1) 소승과 외도의 논파 (v.10)</u>, 2) 소승의 논파(vv.11-13), 3) 외도의 논파 (v.14)

C : <u>1) 극미 불성립 질문 (v.10)</u>, 2) 대답 (vv.11-13), 3) 결론 : 8조목 (v.14)

이는 전체 과문 구조에 따라 별개로 저술된 '외계대상의 부정' 항목을 하나의 과문에 따라 배치하였다거나, 원래 과문의 구조에 따른 저술 과정에 장절을 혼돈하여 전체 범주를 포괄하여 기술하는 실수를 범하였다고도 볼 수 있다. 흥미로운 점은, 분명 비록 의도된 것은 아니었겠지만, 외계에 존재하는 물질적 대상을 부정하는 극미 부정의 논쟁 구조가 '부분이 전체를 포함하고, 전체가 부분을 포함하는' 일종의 화엄적 무의식을 표상하고 있다는 점이다.

『술기』에서 인식론적 혹은 인식대상에 관한 문제들은 상대적으로 소략하며 표층적으로만 다루어진다. 게송15에서 논의되는 직접지각(現量, pratyakṣa)에 대한 논의도 의식, 감관, 대상 사이의 관계와 대상의 접촉과 지각 사이의 시간 지연과 같은 철학적 주제들은 깊이 있게 다루어지지 않고, 대신 유식적 대상의 존재와 특성에 대한 논의로 방향이 전개된다.

타심지(他心智) 논의와 관련해서, 바수반두는 유아론적인 유식(solipsistic mind-only) 혹은 주관적 관념(subjective ideal)을 피하고, 다수의 유식적 개체들이 존재하면서도 여전히 나의 경험세계가 '오직 유식'일 뿐임을 해명하는 인식존재론적인 차원에 보다 초점을 두고 있다. 이는 아직 8식설과 알라야식 개념을 결합하여, 심층적, 잠재적, 보편적인 제8의 알라야식을 확립하지 않은 『이십론』의 철학적 단계를 반영할 수도 있다.

반면 규기는 동일한 타심지(他心智)의 해석에서 작용(력)의 문제를 끌어들여 보다 수행론적이고 교훈적인 해석을 제시한다. 본문에 비해 상대적으로 길고 장황한 선인(仙人)들의 사례를 거듭 소개하면서, 일정 수준 이상의 수행자들은 의력(意力), 즉 의지의 힘(念力)에 의해 범부들이 경험하는 물리적 세계의 현상을 변화시키는 작용력을 가할 수 있다는 점을 크게 강조한다. 이런 사례들은 '유식(唯識)의 관점에서 제기되는 철학적 질문의 해명'이라기보다는 '유식(唯識)일 경우 도달하게 되는 논리적 귀결'에 대한 수행론적 종교적 묘사라고 할 수 있다.

3) 『술기』의 핵심 내용과 특징

규기는 『유식이십론술기』의 사상적 배경을 법상종(法相宗)의 교판에 따라 삼시교(三時教)[38]의 제3시(時)로 설정하고, '오직 식(識)일 뿐'인 존재를 유(有)에도 무(無)에도 치우치지 않은 중도(中道)의 존재로 표명한다. 여기에서 규기는 3시(時)교판을 5시(時)교판 보다 뛰어난 가르침의 분류 체계로 주장한다.

유식(唯識)의 진리가 붓다의 가르침 측면에서 제3시교(時教)에 속한다면, 붓다의 진리를 받아들이는 쪽에는 다섯 종류의 종성이 존재한다. 『성유식론』과 규기의 해석에 따르면, 이 다섯 가지 종성(5種性)[39]은 본질적인 차이를 지니며, 따라서 진리의 깨달음과 수행에 제한된 경로와 결정적

---

38) 삼시교판(三時教判)은 붓다 일생의 세 종류의 가르침의 층위와 시기로 구분하는 법상종의 교판(教判)이다. 제1시(時)는 '존재의 가르침(유교(有教)'으로, '자아(自我)가 존재한다'는 외도들과 범부들의 그릇된 견해를 타파하기 위하여 자아의 비존재와 대상의 존재, 즉 아공법유(我空法有)의 진리를 설파하였다. 제2시(時)는 대상 세계의 실재성을 고집하는 법집(法執)을 타파하기 위하여, 일체의 존재가 모두 공(空)하다는 공성(空性)의 진리를 설파한 시기로, 『반야경』계 경전이 이 시기의 불설에 해당한다. 제3시(時)는 앞서 설해진 법유(法有)와 법공(法空)의 양극단을 배척하고 존재의 진정한 본성인 중도(中道)의 오묘한 이치를 가르친 시기이며, 『해심밀경』, 『유가사지론』, 『화엄경』, 『법화경』 등이 이 시기의 불설(佛說)에 속한다.

39) 5종성(種性)은 성문정성(聲聞定性), 독각정성(獨覺定性), 보살정성(菩薩定性)과 부정성(不定性), 총무성(總無性)을 말한다. 여기서 부정성(不定性)은 선악이 판가름나지 않은 상태를 의미한다. 총무성(總無性)은 무유정성(無有定性)이라고도 하며, 붓다가 될 수 있는 선한 마음의 뿌리(善根)가 존재하지 않는 일천제(一闡提, icchantika)를 뜻한다.

인 한계를 설정한다. 이러한 법상종의 오성각별설(五性各別說)[40]은 특정한 부류의 중생에게는 깨달음의 가능성조차 부정한다는 점에서 매우 배타적이고 교조적인 면모를 보인다.

이 같은 해석은 『법화경』의 등장 이후 비록 악한 성품을 가진 존재들이라 해도 궁극적으로 성불(成佛)할 수 있다는 '일천제성불설(一闡提成佛說)'과 희망의 구제론을 전면적으로 거부한다. 바로 이 다섯 종성(五性)의 성격에 대한 해석에서 규기와 원측은 해석적 관점과 관심의 차이를 드러낸다. 원측은 다섯 종성의 현상적 차별성은 인정하지만, 궁극적으로 모든 종성(種性)은 하나의 불성(佛性)일 뿐이며 모든 중생이 성불(成佛)할 수 있다는 관점을 견지한다.[41]

결론적으로 규기의 법상(法相)유식에 따르면, 붓다의 가르침에도 층위가 있으며, 그것을 받아들이는 중생에게도 근기의 차이와 결정적인 한계들이 존재한다. 비록 그것이 냉정한 진실의 일단을 갖추고 있다 할지라도, 법상철학의 이러한 배타성은 동아시아 전통에서 법상종이 학파로서 단명할 수밖에 없었던 하나의 배경이 되었을 것으로 추측된다.

규기는 『술기』에서 논서의 목적을 문답 형식으로 천명한다.

[문] 이 논서 [『이십론』]과 『삼십송』의 의미에는 어떤 차이가 있기에 이 논서를 따로 지어서 유식을 증명(證明)한다는 것인가?

---

40) 관련 연구사와 연구자료는 다음을 참고하기 바란다. 박인석 (2012) "道倫의 唯識 五種姓說의 이해와 특징", 『철학사상』, Vol.45 (45), esp. 28-35

41) 일성개불설(一性皆佛說)

[답] 그『삼십송』은 [유식] 자체의 종지를 널리 드러내 논하는 것이지만, 『이십론』에서는 외도들의 난문(難問)을 널리 논파하는 것이다.[42)]

『이십론』은『삼십송』과 짝을 이루며, 상보적인 관계에서 해석되어야 한다. 『삼십송』이 유식철학의 종지(宗旨)를 드러내는 현정(顯正)의 임무를 담당하는 저술이라면, 『이십송』은 외도들의 힐난과 제기되는 질문에 대답하고 그것을 논파하는 파사(破邪)의 목적으로 저술된 것이다. 이 두 논서에서 목적하는 파사현정(破邪顯正)의 논쟁에 이론적 토대와 근거를 제공하는 '유식철학의 종지(宗旨)'는 '대승에서 삼계는 오직 식(識)일 뿐임'이며, 이 핵심적인 진리를 확립하는 것이 모든 파사(破邪)와 현정(顯正)이 가리키는 지향점이다.

『유식이십론술기』의 또 다른 특징이자 그것이 특별한 가치를 지니는 이유는『술기』가 전반기 교학적 규기의 완숙한 이론을 보여주는 결정체라는 점이다. 현장이 번역한 유식계 경론들의 순서와 규기의 출가 시기, 그리고 규기의 주석서들을 비교해 볼 때, 규기는 현장의 역장에서 한역되는 논서들을 따라가며 학습하고 자신의 유식철학을 정립해 간 것으로 추측된다. 『성유식론』의 편찬 이전에『유가사지론』,『섭대승론』,『인명입정리론』 등 다양한 유식문헌이 한역되었다는 사실은 일정 정도『성유식론』이 나오기까지 규기의 학습 내용을 반영한다고 할 수 있다.『이십론술기』의 저술은『성유식론』의 번역과 편집이 완료되고, 당연히『유식이십

42) 이 책 64쪽

론』이 한역된 후, 다시 이 『유식이십론』을 인용한 『성유식론술기』를 조술한 이후에야 이루어진다. 이런 점에서 『유식이십론술기』는 규기가 텍스트와 가장 가까운 곳에서 텍스트를 직접적으로 분석하는 주석의 방식을 통해 자신의 사상을 전개한 대표적인 논서이면서, 『성유식론술기』와 함께 이후 자신의 법상철학을 펼쳐가는 토대의 역할을 하는 저술로 간주할 수 있다.

『이십론』과 『술기』 사이에 존재하는 가장 뚜렷한 간극으로는, 『이십론』이 6식(識)설에 기반하여 논쟁을 전개하는 반면 『술기』는 『유식삼십송』과 『성유식론』에서 확립된 8식(識)설을 토대로 삼고 있다는 점이다.[43] 『이십론』에서 바수반두는 식(識)의 종자(種子, bīja)들이 여섯 감관(6根, indriya)에 잠재하고, 그 종자들이 물질(rūpa)로써 현현(顯現, abhāsa)하여 여섯의 인식 대상(6境)을 생기한다고 말한다. 이에 대한 규기의 해명을 요약하면,

> 자아에 대한 논파에 의지하여, 식의 종자를 눈(眼) 등이라고 설한다. 식이 현현할 때에 물질(색)과 유사하게 현행하는 것을 물질(색) 등이라고 이름하는 것이지, 식을 떠나서 별도의 눈(眼) 등이 있는 것이 아니다. 눈(眼) 등은 제8식을 떠나지 않기 때문이다.[44]

이러한 해석적 차이는 물론 『이십론』과 『삼십송』의 철학적 간극에서 발

43) 이 책 86쪽, "**8식(識)**은 모두 네 가지 이름을 가진다." 이하 99쪽까지 참조

44) 이 책 218쪽

생한다. 해석자의 관점에 따라 그것은 『이십론』이 상대하는 설일체유부 등의 6식설에 조응하여 논쟁을 전개하기 위한 목적의 일환이라고 설명할 수도 있을 것이다. 그러나 『구사론』의 저술에서부터 『이십론』 사이에 보이는 바수반두의 철학적 전이 과정을 이해하면, 『이십론』에서 『삼십송』 사이에 이루어진 바수반두의 철학적 전이와 성숙도 받아들여야 할 것이다. 통시적으로는 『삼십송』 이전의 바수반두와 『삼십송』을 주석하였던 안혜(安慧), 호법(護法) 등 바수반두 계승자들 사이의 유식철학의 차이로 대비해 볼 수도 있다.

『이십론』 저술의 목적이 인식 주관과는 독립하여 외계(外界)에 대상이 실재한다는 주장에 대한 논파임은 모두가 동의하는 바이다. 그러나 바수반두가 『이십론』에서 표적으로 삼고 있는 그 실재론자의 정체가 누구인가에 대해서는 의견의 불일치가 있다. 전통적으로는 불교사상사에서 가장 대표적이고 영향력이 막강하였던 실재론자 설일체유부로 보는 관점이 일반적이다. 실제로 『술기』에는 설일체유부를 지칭하는 살바다(薩婆多, Sarvāstivāda)가 총 38회 등장한다. 규기는 이곳에서 설일체유부(說一切有部)나 유부(有部)라는 명칭은 사용하고 있지 않다. 그러나 보다 논쟁적이고 미세한 철학적 차이를 분별해야 하는 지점에서 자주 경량부(經量部)의 학설이 전면에 등장한다. 규기는 경부(經部)라는 명칭으로 총 39회 경량부(經量部)의 학설을 소개하고, 비교하거나 비판한다.

인명(因明)에 따르면, 논쟁 당사자는 공통의 인식에 근거하여 주장명제의 차이점을 논증할 수 있어야 한다. '꿈의 비유'에서 규기는 이 논쟁의 대상이 경량부임을 암시한다.

꿈의 대상이 비존재한다는 것은 경량부와 대승이 모두 공통적으로 인정하는 것이기 때문에 비유로써 성립하는 것이다.[45)]

또한 경량부와 대승, 지금 여기서는 바수반두의 유식철학 사이에 일정한 공통의 지반이 있음을 전제한다는 점이다. 물론 이는 모든 불교철학에 공히 해당하는 사항이겠지만, 여기서는 논쟁과 논증의 맥락에서 명확히 경량부를 언급하여 끌어들이고 있다는 점에 주목할 필요가 있다.

이처럼 경량부와 일정한 동일성을 발견할 수 있다면, 또 일정한 차이점을 발견하는 지점도 제시된다.

> [답] 경부논사 등은 마음이 비존재를 인식 조건으로 하여 일어나지만[46)], 단지 어떤 마음에서 그렇지 일체에 대해 그런 것은 아니라고 하였다. 지금 그것을 논파하기 위해서 '삼계는 오직 유식일 뿐'임을 설한다.[47)]

외계의 대상이 없이 인식이 발생한다는 무소연식(無所緣識) 개념은 경량부철학에서 발전된 개념이지만, 유식철학에서 전면적이고 절대적으로 채택 적용되어 핵심 개념으로 자리잡았다. 인용문에서 규기는 경량

---

45) 이 책 144쪽

46) 이는 경량부의 핵심적인 개념 가운데 하나인 '무소연식(無所緣識)', 즉 대상이 없이 생기하는 인식에 대한 문제이다. 권오민의 『上座 슈리라타의 經量部 사상』, 제8장 : '상좌의 無境覺(無所緣識)論' (2019) 참고

47) 이 책 80쪽

부의 무소연식 개념이 철저하지 못하여 일체(一切)에 대해서는 적용되지 않았다는 미비함을 이 논서에서 거듭 '오직 식(識)일 뿐'임을 주장하는 이유로 설명한다.

한편 경량부가 설일체유부와 유식철학 양자 모두와 견해를 달리하는 지점도 언급된다.

> 그들은 심(心), 심소(心所)가 [실체가] 아니라고 주장하는데, [그것을] 염려하여 '삼계는 모두 오직 마음일 뿐'이라고 설하는 것이다.[48]

경량부는 심(心)과 심소(心所)가 독립적이고 개별적인 실체라는 설일체유부의 주장을 부정한다. 즉, 존재론적인 구조의 측면에서만 본다면 설일체유부와 유식(唯識)은 심(心)에 대해 동일한 견해를 가진다고 할 수 있다. 바수반두는 외계 대상의 존재를 인정하면서도 인식론적 한계를 설정하는 경량부의 이원론적 체계를 부정한다. 유식철학에서 파악하는 존재의 구조는 설일체유부의 다르마체계와 근본적으로는 동일하다. 그러나 설일체유부에게 다르마들은 외계의 물질적 존재를 포함하는 것이라면, 유식에서는 일체가 모두 '오직 마음'에 속하는 것들이라고 일원화한다. 바수반두는 외계 존재의 기본 요소인 극미에 대한 부정논증을 마치고 나서 바로 직접지각 등 인식의 문제로 이행한다. 이 같은 논증의 과정을 통해 바수반두는 경량부의 실재론적 측면을 배척하여, 설일체유부의 실재

---

48) 이 책 81쪽

론적 근거도 함께 허물어 버리는 동시에 경량부의 인식론을 수용하여 '오직 식(識)일 뿐'인 존재의 인식적 메커니즘을 규명한다.[49)]

『술기』에는 다양한 학파들과 논사들이 등장하지만, 규기의 분류에 따르면 일단 유식가, 외인(外人), 외도(外道)의 세 부류로 구분할 수 있다. 유식철학은 물론 『성유식론』에 기초한 법상종을 의미하며, **외인(外人)**은 일반적으로 유식에 속하지 않는 다양한 학파들을 총칭한다. 반면 외도(外道)는 불교에 속하지 않는 인도철학의 상키야나 바이셰시카 학파 등을 지칭한다. 여기서 외인(外人)의 범주는 다소 유동적으로 해석될 수 있는데, 가장 넓게는 법상유식을 제외한 모든 학파를 지칭할 수 있겠으나 일반적으로는 외도(外道)를 제외한 불교 내부의 이설(異說)을 가진 학파들을 의미한다고 할 수 있다. 그러나 불교 내부에도 설일체유부나 경량부, 대중부 등 구체적으로 호명하는 학파들이 있는 점을 감안하면, 좁게는 불교 내부에서 대표적인 학파들에 속하지 않은 학설들을 말한다고도 할 수 있다. 전체적으로 규기는 세 부류의 범주에 준해서 제기되는 비난과 문제제기에 대해 반론과 논리를 제시하는 형식으로 논증을 전개하면서, 불교 내외의 다양한 학파들의 해석과 관점을 그들의 경론을 들어가며 해명한다.

타학파에 대한 비판 논증의 근거를 제시하기 위하여 규기는 매우 다양한 경전과 논서들을 인용하고 있다. 참고문헌에서 볼 수 있듯이 『구사론』, 『대비바사론』, 『아비달마잡집론(大乘阿毘達磨雜集論)』 등 아비달마계 논서들과 『아함경(阿含經)』을 인용하고 있을 뿐만 아니라, 『관소연연

---

49) 이규완(2018), 282-331쪽 참고

론(觀所緣緣論)』, 『대승광백론석론(大乘廣百論釋論)』, 『대승입능가경(大乘入楞伽經)』, 『변중변론(辯中邊論)』, 『섭대승론(攝大乘論)』, 『섭대승론석(攝大乘論釋)』, 『유가사지론(瑜伽師地論)』 등 현장이 한역한 거의 모든 유식계 문헌과 『대방광불화엄경(大方廣佛華嚴經)』과 같은 화엄경전도 『술기』의 논증에서 근거로 언급하였다. 이처럼 방대한 인용문 가운데서도 가장 집중적으로 논증의 근거로 등장하는 논서는 단연 현장 편찬의 『성유식론』과 규기 자신의 『성유식론술기』, 『법원의림장』을 들 수 있다. 이는 『술기』를 저술하는 시점에서 규기는 이미 법상유식철학에 확고히 서 있었으며, 『성유식론술기』와 『법원의림장』[50] 저술을 통해 그의 철학체계에 기본적인 골격과 구체적인 개념이 정립되어 있었다는 사실을 시사한다.

저술의 형식적인 측면에서 특징적인 모습은 반복적인 삼지작법(三支作法)의 사용을 들 수 있다. 앞서 언급하였듯이, 아마도 규기는 출가 초기에 인명론을 학습하였을 것으로 추정되는데, 『술기』의 저술에서는 무려 82회에 걸쳐 삼지작법의 논증형식인 (종), (인), (유) 정형구[51]를 제시하고 있다. 그러나 『술기』에서의 삼지작법의 사용은 이미 알고 있는 지식으로부터의 추론을 통해 새로운 사실을 발견하는 논증의 과정이라기보다는, 이미 알려진 사실에 대한 논리적 해명이나 해설을 위한 논리적 구성의 성격을 강하게 띠고 있다.

---

50) 『大乘法苑義林章』. 基撰. T45, No. 1861

51) 종(宗, 주장명제), 인(因, 근거: '~이므로(故)'), 유(喩, 사례: '예를 들어 ~와 같이(如)'). 불교의 논리구조와 형식에 대해서는 [표6]과 [표7]을 참조하기 바란다.

삼단논법의 논증을 예로 들면,

'모든 사람은 죽는다'는 확립된 사실과
'소크라테스는 사람이다'라는 근거로부터
'소크라테스는 죽는다'는 결론에 도달한다.

여기에서 소크라테스 대신에 어떤 X가 들어가도 논증에는 변함이 없다.

반면 논리적 해명은 '소크라테스는 죽었다'는 알려진 사실로부터 출발한다. '소크라테스는 죽었다' 왜냐하면

모든 사람은 죽는다.
그리고 '소크라테스는 사람이다'라는 사실 때문이다.

이 후자의 논리적 해명에서는 새롭게 알려지는 사실이 없다. 우리 모두는 '소크라테스는 죽었다'는 사실을 알고 있고, 그 사실의 확실성, 논리적 불가피성을 해명하고 있을 뿐이다.

『술기』에서 규기의 삼지작법은 이러한 논리적 해명의 형식으로 이해해야 한다. 그는 다양한 방식으로 경증(經證)을 제시하거나, 이론적 증명(理證)을 열거한 후, 마지막으로 앞의 설명을 논리적 형식으로 요약할 때 삼지작법을 동원한다. 이는 동아시아에서 논리학 발전의 지체가 발생한 원인에 있어서, 언어 / 문자적 한계와 함께 수용자들의 상이한 접근법을 보여주는 좋은 증거라고 생각한다.

마지막으로 '붓다의 인식영역'에 대하여 역시 철학적 이행 단계의 바수반두와 법상유식에서의 해석상의 차이가 발견된다. 바수반두는 '붓다의 인식영역'을 세간의 인식과 구분되는 불가언설의 영역으로 남겨두는 반면, 호법계의 법상유식을 따르는 규기는 삼계(三界)를 초월하는 무루법도 '오직 식(識)일 뿐'임을 분명히 한다.

[문] '번뇌에서 벗어난 다르마(離繫法)'는 유식인가 아닌가?

[답] 그것도 또한 유식(唯識)이다.

[문] 무슨 이유로 여기에서는 오직 삼계(三界)만을 언급하는가?

[답] 이생(異生)에 의해 만들어진 것이 허망한 다르마일 뿐이라는 유식의 이치를 들어 단지 3계(界)만을 거론한 것이지, 무루법이 유식의 뜻이 없다는 것은 아니다. 이것은 이치에 따른 이해이며 가르침에 의해 [입증되기] 때문이다.[52]

이로써 법상유식에서는 세간과 출세간의 유식성이 명백하게 천명된다. 감각적 인식과 분별적 언설을 넘어서는 현상의 지평 너머에 어떤 불가해한 공성(空性)의 유식(唯識)같은 것은 존재하지 않으며, 무루(無漏)인 '붓다의 인식영역'도 또한 '오직 식(識)일 뿐'인 세계에 포함된다.

---

52) 이 책 76쪽 참고

『술기』에서 규기의 『이십론』 과문

Vinitadeva (& 효도 가즈오)		현장역	『술기』 과문
I. 논서의 목적 (삼계유심)		v.1	I. 저술의 인연
II. 경증 – 십지경			II. 논서의 종지
III. 이론적 증명			III. 논서에 대한 주석
1. 실재론 비판			1부: 논서의 분석
1) 장소의 결정 등	1-3송		1. 종지의 확립
2) 지옥의 비유	4-6송		2. 논파
3) 10처	7-9송	vv.1-14	1) 외경비판
			4사 비판
2. 극미설 비판			반론
1) 단일-다수	10송		인법무아
2) 극미부정	11-13송		외경 부정
3) 단일의 부정	14송		
3. 지각 해명		15a-16ab	2) 현량과 기억
1) 직접지각	15송		
2) 기억	16ab송		
3) 꿈	16cd송	16cd	3) 꿈과 깸
4. 타자 논증		17ab	4) 의식의 한정
1) 타자관계	17-19송	17cd	5) 꿈의 각성
2) 타심지	20송	18-19	6) 작용
		20	7) 타심지
IV. 결론	21송	21	2부: 결론

제2부

『유식이십론술기』 한글역

일러두기

1. 『유식이십론술기』의 판본은 『대정신수대장경』, 『唯識二十論述記』. 基撰. T43, No. 1834을 따랐다.
2. 『유식이십론』의 산스크리트 원문은 Sylvain Levi(1925)의 편집을 따르며, 야마구치 스스무(山口益)의 대역본(1931)과 Silk(2016)의 최근 연구를 참고하였다.
3. 『유식이십론술기』에서 『유식이십론』의 게송(頌曰)은 **게송**으로, 세친의 자주(自註)(頌曰) 부분(論曰)은 **논**으로, 본문에 대한 규기의 주석 부분(述曰)은 **술기**로 표기하였다.
4. 문맥을 보충하는 경우 [ ]로 표시하였다.
5. 한글을 원칙으로 하고, 필요한 경우 괄호 안에 한문(漢文, Sanskrit 등)을 부기하였다.
6. 본문의 의미를 밝히는 해설은 ( )로 부기하였다.(예: 본종(법상종))

『유식이십론술기』 상권
(『唯識二十論述記』 卷上)

서 문

『유식이십론』은 바수반두(Vasubandhu, 筏蘇畔徒)보살의 저술이다. 제목에서 본종(법상종)의 『유식이십송』[1]이 있다고 기술한 것은 『유식삼십송』[2]과 구분하기 위하여 [그와 같이] 이름 붙인 것이다. 옛날 각애법사(覺愛法師, bodhiruci)는 위나라 시대(魏朝, 508-535CE)에 처음으로 번역을 하였고, 가의삼장(家依三藏, Kulanātha, =眞諦)이 진나라 때에 다시 번역하였다(ca. 563CE). 이번에 우리 화상 삼장법사 현장 [스님]께서 여러 산스크리트어 본을 가르치시며, 처음과 다음의 두 번역[3]을 살펴보시니, [기존의 번역들이] 그것의 심오한 이치를 [추구하기에] 게을리 하지 않았지만, 많은 뜻을 빠뜨리거나 잘못 이해하였으며, 그 드러낸 뜻을 깨닫지 못하여 글이 매우 난삽한 곳이 무릇 한[두]곳이 아니어서, 함께 자세히 풀어서 설명하기가 어려웠다. 그러므로 예로부터 [학인들이] 두루 배우고 검토해서 들었음에도 제대로 통달하여 아는 이가 없었던 [이유]를 알게 되셨다.

또 당(唐) 제국 용삭원년(龍朔元年), 신유(辛酉, 661년)년 6월 1일에 옥화궁(玉花宮)의 경복전(慶福殿)에서 이 『유식이십론』의 번역을 시작하였다. [나] 규기는 [현장스님의] 지시를 받아서 집필을 하였으며, 그 달 8일에 상세한 번역을 마치는 공을 세웠다. 가지런히 다듬고 잘못된 것을 바

---

1) *Vijñaptimātrasiddhi-Viṃśatikakārika* by Vasubandhu 『唯識二十論』. 世親菩薩造. 大唐三藏法師玄奘奉 詔譯. T1590. 여기서는 Levi의 판본(1925)과 현장의 한역(T1590)을 저본으로 삼고, Silk (2016)의 티베트어, 산스크리트어 교정본과 다른 2종의 한역을 참고하였다.

2) *Triṃśikā* by Vasubandhu, 『唯識三十論頌』. 世親菩薩造. 大唐三藏法師玄奘奉 詔譯. T1586

3) 『唯識論』(일명『破色心論』). 天親菩薩造, 後魏瞿曇般若流支 譯. T1588
『大乘唯識論』. 天親菩薩造. 陳天竺三藏真諦 譯. T1589

로잡았으며, 그릇된 것을 바르게 하고 빠진 부분을 채워 넣었다. 이에 새로운 번역본을 보니 꼭 세친의 성스러운 교시(教示)가 지나(至那, Sina)[4]에 가득하고, 거룩한 용모가 상법[5]의 마지막에 다시 나타난 것과 같았다.

지혜가 밝은 이(哲鑒君子)는 마땅히 스스로 그것을 상세히 알 수 있겠지만, 이 논서가 본래 이치는 풍부하나 문장이 소략하여, 서역에서 10여 논사의 주석이 있었다. 그들은 근본에 있어 세친의 제자들로 논사 고파(Gopā)[6]로부터 마지막의 호법(護法, Dharmapāla)보살까지 포함한다. 호법이 지은 주석은 제명을 『유식도론(唯識導論)』[7]이라고 하였으며, 인도에서 중시되어 어의(語義)의 보고(寶庫)로 삼았다. 이에 외도들에 이르기까지 그 연구와 담론의 맛을 음미하였다.

우리 스승께서는 [나 규기를] 용렬하고 어리석다 하지 않고, 가르쳐 그 취지가 분명히 드러나게 하셨다. [나는 스승의] 번역을 따르고 취지를 받들어 『술기』를 편찬하게 되었다. 매번 얽히고설키어 곤란한 해석 문제에 부딪힐 때면 [이십론의] 종지에 대한 가르침을 주셔서 문장의 깊은 뜻

---

4) 중국, 진(秦)나라의 '진(qin)'에 대한 고대 산스크리트어 표기 cina를 다시 한문으로 지나(支那)로 표기하였다. Cina(혹은 China)는 아랍어를 거쳐 라틴어 Sina로 기록되고 다시 후에 China라는 서구어의 명칭으로 확정된 것으로 알려진다.

5) 정법(正法), 상법(像法), 말법(末法)의 삼법시대 구분. 정법은 붓다의 가르침이 바르게 계승되어 중생을 구제하는 시기, 상법은 정법과 비슷하기는 하지만 진리의 가르침과 실천에 발전이 없는 시기, 말법은 붓다의 가르침은 남아 있으나 수행하고 깨닫는 이가 없는 시기를 지칭한다. 정법과 상법 등은 붓다 이후 각각 500년, 1000년, 1만 년을 단위로 시기를 구분한다. 7세기 동아시아에는 당시를 상법말기로 보는 관점과 말법시대에 진입한 말법초기로 보는 견해가 공존하였다. 규기의 세계관은 전자의 상법시대에 근거하고 있는 반면, 삼계교(三階教)는 종말론적인 신행을 강조하는 말법사상을 대표한다.

6) 구파(瞿波, Gopā)의 주석은 전하지 않지만 『술기』에 네 차례 그의 주장이 언급되어 있다.

7) 이 논서는 710년 의정(義淨)이 한역한 『성유식보생론』, 『成唯識寶生論』 卷1 (일명, 『二十唯識順釋論』, T1591. 護法菩薩造 大唐三藏法師義淨奉 制譯)를 지칭하는 것으로 여겨진다.

으로 돌아가 주석을 수정하였다. 제안과 훈계를 갖추어 다시 다른 때를 기다려 주석을 수정하고자 하였지만, 재주가 미치지 않아 결과를 맺지 못한 채 마무리 짓고 말았다. 마침내 현묘한 근원을 보고 옹호하긴 하였으나 파헤치지 못하였고, 신령이 어리석음을 지켜주었으나 [현묘한 근원은] 영원히 가려지고 말았구나. 감히 말하건대 '연이은 성(城)은 의탁하기가 쉽지만, 진리의 보배는 엿보기 어렵도다.' 변변치 않은 뜻과 거친 문장을 이제 마치려 한다.

산스크리트어 제목은 순서대로 '비약저'(毘若底, vijñapti), '마달라다'(摩呾喇多, mātrata), '빙시가'(憑始迦, viṃśikā), '사살저라'(奢薩呾羅, śāstra)[8)] 이며, [한역으로는] 『유식이십론唯識二十論』이라고 한다. '유(唯)'는 '단지 홀로' '구별'한다는 뜻이고, '식(識)'은 '요별'과 '분별'의 뜻이며, 오직 내적인 마음만이 존재하고 마음 밖의 대상은 존재하지 않기 때문에 '유식(唯識)'이라고 이름한 것이다. 이하에서 마땅히 그와 같이 주석할 것이다. '식(識)'이 바로 '유(唯)'이기 때문에 '유식(唯識)'이라고 말하며, 이것을 '지업석(持業釋)'[9)]이라고 한다. 또 '이십'이라는 말은 게송의 숫자를 나타내는데, 이를 합하여 '유식이십론'이라고 이름하는 것은 '대수석(帶數釋)'[10)]에 해당한다. 논(論)은 한결같이 [모두 순서대로] 주석하며, 의미와 난제에 대한 주석은 해당 본문이 나오는 곳에서 기술한다. 구역에서는 단지 『유식론』이라고 하였는데, 이는 역자가 생략한 것이다. (T43, 978c10-979a08)

---

8) 따라서 『유식이십론』의 산스크리트 제목은 *vijñaptimātratāviṃśikāśāstra이며, 줄여서 viṃśikā로 할 수 있다. 보다 자세한 논의는 앞의 서론을 참고하기 바란다.

9) 육합석(六合釋)의 하나. 육합석은 산스크리트어 합성어를 해석하는 여섯 가지 방법. [표8: 육합석(六合釋)]

10) [표8: 육합석(六合釋)]

1. 종지: '삼계유식'의 경증　V.1

mahāyāne traidhātukaṃ vijñaptimātram vyavasthāpyate |[11]

대승에서 '삼계에 속하는 것은 오직 표상일 뿐'이라고 확립된다.

=

「安立大乘三界唯識」 (T31, 74b27)

---

11) Levi (1925), 1-11. 이하 개별적인 텍스트 인용 위치는 생략하기도 한다.

I. 가르침의 때, 층위, 포섭 범위를 명시함(顯教時機教攝分齊)

논[12] 대승에서 삼계(三界)는 유식이라고 안립한다. [0979a09][13]

술기[14]

본문은 3단원으로 나누어 주석한다.[15]

1. 가르침의 때, 층위, 포섭의 범위를 명시함(顯教時機教攝分齊)
2. 논서의 종지와 논을 저술한 이유를 밝힘(明論宗體造論所由)
3. 논서에 밝혀진 것에 의지하여 문장을 판석하고 개별적으로 주석함 (依論所明判文別釋)

먼저, 제1장: 가르침의 때, 층위, 포섭의 범위를 명시함(顯教時機教攝分齊)은 다시 3절로 구성된다: 1. 때의 분별(辨時), 2. 근기의 분별 (辨機), 3. 범주의 분별(辨攝)

1. 때의 분별(辨時)

여래가 가르침을 설하는 것에는 세 시기(三時)가 있었다. 첫째는 녹야

---

12) 본문의 '論'은 『유식이십론』 본문을 인용하는 부분을 지시한다. 여기서는 이 인용문을 **논**으로 구분하여 표기하였다. 이때 꺽쇠괄호[ ]는 내용의 보충이 아니라, 본문에 있는 '論'을 두드러지게 하는 번역 형식이며, **논**의 내용은 **진하게** 표기하였다.

13) [T43,0979a09], 이하에는 [0979a09]와 같이 표기함.

14) **술기**는 본문의 '述曰'의 번역이다. '述曰'은 의미상으로는 주석자 규기가 '해설하여 말하다' 정도가 되겠지만, 이 『유식이십론술기』에서 규기 자신이 세친의 **논**과 구분하여 기술한 해설 부분에 해당하기 때문에 이 점을 부각하여 **술기**로 표기하였다.

15) 목차에서 제시된 바와 같이, 『술기』의 목차는 I.단원(대단원), 1부, 1장, 1절(본문에는 단(段)), 1항, 1항목으로 세부 목차의 층위를 구분하였다.

원에서 아가마(Āgama)를 설하였으며, 그것은 사제(四諦)가 있다는 가르침으로, 자아가 존재한다는 집착을 파척하였다. 다음은 취령(鷲嶺)[16]에서 대반야(大般若)를 설하였으며, 이는 [능취와 소취의] 이취(二取, grāhadvaya)가 [모두] 공(空)하다는 가르침으로 법이 존재한다는 집착을 파척하였다. 비록 공(空)과 유(有)의 가르침은 단견과 상견을 끊을 수 있긴 하지만 깨달아 앎이 중도에 도달하기에는 미진(未盡)하였다.

그 후에 7처 8회에 걸쳐 '삼계가 오직 마음일 뿐'임을 두루 설하였다. 이는 유(有)와 공(空)을 모두 떠난 중도(中道)에 부합하는 가르침으로, 이것이 바로 『화엄(華嚴)』, 『해심밀경(解深密經)』 등이다. [이에 따르면] 마음(心) 밖의 이취(二取, 능취와 소취)가 공(空)한 것으로, 처음 [아함의 사제교]의 존재에 대한 집착을 파척[할 뿐] 내식(內識) 일심(一心)은 존재한다[고 설하여], 뒤에 설한 공견(空見)을 배척한다. 따라서 지금 이 논서는 올바른 자리에 위치한 중도(中道)이며, 이것이 제3시(時)의 뛰어난(勝義) 가르침으로 『해심밀경』과 『유가사지론』 등에서 설한 바와 같다.

[지금의 3시교와 달리] 이전에 주장된 1시교나 5시교는 모두 경의 가르침[과 부합하지] 않으며, 의지할 만한 것이 못된다. 『의림장』(「총료간장(總料簡章)」)[17]에 이미 자세히 서술한 바와 같다.

2. 근기의 분별(辨機)

유정(有情)의 근기와 성품은 세 가지 정성(定性)[18], 부정성(不定性), 총

---

16) 영취산(靈鷲山, Gṛdhrkūṭa-parvata), 솔개재

17) 『大乘法苑義林章』卷1: 「教但三時. 非一非五. 이하」(T45, No.1861, 249a9- 249b29)

무성(總無性)을 합하여 총 다섯 가지 [종성(種姓)][19]을 가진다. 이 다섯 종성 가운데 오직 대승정(大乘定)과 부정성(不定性)만이 [붓다의 가르침을] 듣고 수지(受持)한 것이며, 나머지 성문, 독각 등의 종성은 의지하고 믿을 바가 아니다.

『성유식론』에 의하면,

"종성을 가지지 못한(無性) 유정은 궁극의 근본을 탐구할 능력이 없으며, [성문 연각의] 이승(二乘)의 종성[20]은 [진리를] 통달할 능력이 없다."[21]

[대승에서] 논변하는 교리는 무상승(無上乘)이기 때문이며, '오직 일심(一心)만이 존재하고 마음 밖에 어떤 대상도 없다'고 설하기 때문이며, 사리불 등은 귀머거리와 눈먼 자와 같기 때문이다. 『성유식의소』에서 설한 바와 같다.[22]

---

18) 성문(聲聞, śrāvaka), 연각(緣覺, pratyeka), 보살(菩薩, bodhisattva)의 세 가지 확정된 종성

19) 5종성(種性)은 성문정성(聲聞定性), 독각정성(獨覺定性), 보살정성(菩薩定性)과 부정성(不定性), 총무성(總無性)을 말한다. 여기서 대승정(大乘定)은 보살정성(菩薩定性)을 말하며, 부정성(不定性)은 선악이 판가름 나지 않은 상태를 의미한다. 총무성(總無性)은 무유정성(無有定性)이라고도 하며, 붓다가 될 수 있는 선한 마음의 뿌리(善根)가 존재하지 않는 일천제(一闡提, icchantika)를 뜻한다.

20) 취적종성(趣寂種姓)은 성문, 연각 2승(乘)으로 확정된 종성(定性)을 말한다.

21) cf. 무성유정(無姓有情)은 그것을 잘 알지 못하기 때문에 '매우 심오하다'고 말한다. 취적종성(趣寂種姓)은 통달할 수 없기 때문에 '매우 미세하다'고 말한다. 이것은 모든 법의 참다운 종자이다. (『성유식론』(김묘주 역)) 『성유식론』 3권(K0614 v17, p.530a05-a07)
『成唯識論』 卷3: 「無性有情不能窮底故說甚深. 趣寂種性不能通達故名甚細. 是一切法真實種子.」 (T31, No.1585. 14,c9-10)

22) 다섯 종성에 대해서는 『成唯識論述記』 卷4: (T43, No.1834, 350c20-351a5)
Cf. 『華嚴經探玄記』 卷1: 「又舍利弗等五百聲聞皆如聾盲不聞不見」 (T35, No. 1733, 116, c20-21)

3. 범주의 분별(辨攝)

삼장에서는 대법장(對法藏, abhidharmapiṭaka)에 포섭되며, 이장(二藏)[23]의 분류에 따르면 보살장(菩薩藏)에 포함된다. 12분교(分敎)[24]에서는 경전에 대한 논의(論議, upadeśa)에 포함되고, 오승(五乘)[25] 가운데는 대승에 포함된다. 이와 같은 교리들은『의림장』[26]에 설한 것과 같다.

II. 종지와 논서를 저술한 이유를 밝힘(明論宗體造論所由)

이 단원은 3장으로 구성되어 있다: 1. 논서의 종지를 변론(辨論宗), 2. 논서의 본체를 변론(辨論體), 3. 논서의 저술 목적을 변론(辨造論所由)

1. 논서의 종지를 변론(辨論宗)

유식(唯識)이 해명되기 때문에 유식을 종지로 삼는다. 스스로 해명하는 것을 떠나서 다른 어떤 종지도 있을 수 없기 때문이다.

---

23) 성문(聲聞)과 연각(緣覺)이 수행(修行)할 교법(敎法)과 증득의 열매(證果)를 설한「성문장(聲聞藏)」과 보살(菩薩)이 행하는 수행법(行法)과 그 증득의 열매를 설한「보살장(菩薩藏)」의 두 가지

24) 12분교(分敎)란 경전의 내용과 형식에 따른 12가지 분류 방식을 말하며, 각 종류의 명칭에 관해서는 [표1]을 참고하기 바란다.

25) 인승(人乘), 천승(天乘), 성문(聲聞), 연각(緣覺), 보살(菩薩)

26)『大乘法苑義林章』卷2: (T45, 271,c2)이하 이장(二藏): 12분교(分敎)는「十二分章」,『大乘法苑義林章』卷2:「第一列名者. 一契經. 二應頌. 三記別. 四諷誦. 五自說. 六緣起. 七譬喻. 八本事. 九本生. 十方廣. 十一希法. 十二論議.」(T45, 276,b9-11) 이하 282,a1까지.『大乘法苑義林章』卷1: 諸乘義林 第四.「乘義略以五門分別」(T45, 264,b2) 이하

2. 논서의 본체를 변론(辨論體)

다른 곳에서 설한 바[27]와 같이 본체에는 네 가지가 있다. 1) 형상을 포섭하여 본성으로 돌아가는 것은 **진여(眞如)**를 본체로 삼고, 2) 대상을 포섭하여 인식으로 돌아가는 것은 **마음(心)**을 본체로 삼으며, 3) 가설을 포섭하여 진실로 돌아가는 것은 **음성(聲)**을 본체로 삼는다. [음성에 대하여] 성상(性相)을 따로 논하는 경우는 두 종류가 있다. 3-1) 첫째는 증상연(增上緣, adhipati-pratyaya)이다. **붓다의 설법(佛說, buddhavacana)**이라고 인정되는 경우에는 붓다의 무루(無漏)의 음성(聲),[28] 단어(名), 문장(句) 등을 그 가르침의 본체로 삼는다. 붓다의 설법이라고 인정되지 않는 경우에는 **대선정(大定), 대지혜(大智), 대자비(大悲)를 가르침**의 본체로 삼는다. 3-2) 두 번째는 친인연(親因緣)[29]이다. 불설과 불설이 아닌 경우 모두 듣는 청자의 이식(耳識)과 의식(意識)에 드러난 [인식 대상으로서의] 소리 등을 가르침의 본체로 삼는다.

본 논서의 핵심은 붓다의 경전이기 때문에 본체를 드러내는 것은 당연히 경전에서 설하는 것과 같다. 그런데 논서의 저자는 단지 설법을 증상연(增上緣)으로 삼고, 듣는 이로 하여금 변화하게 하는 가깝고 먼 소연연(所緣緣)을 논서로 삼아 모든 음성, 음절, 단어, 문장으로 본체를 삼는다.

---

27) 규기는 이 『술기』를 저술하면서, 『성유식론』, 『성유식론술기』, 『법원의림장』을 매우 빈번히 인용하고 있다.

28) 명(名, nāma), 구(句, pada), 문(文, vyañjana)에서 가장 기본적인 요소인 vyañjana를 붓다의 음성(音聲), 즉 śabda로 대치하였다. 붓다의 음성이 음소 단위에서 의미를 가지기 때문에, 그의 음성을 타고 나오는 모든 언설은 진실된 의미를 지닐 수 있게 된다는 해석이다. 이는 언어실재론적 관점과 유사하며, 깨달은 자에게 언어, 지각, 세계는 불연속적 간극이 존재하지 않는 동일성 혹은 일대일 대응성을 갖는다.

29) 직접적인 인연(因緣, hetupratyaya)

『십지론』에 [다음과 같이] 설하였다[30]:

"설법과 청문은 모두 두 가지 궁극적 요소를 갖추고 있는데, 첫째는 음성, 둘째는 바른 문자(善字)[31]이다."

이하의 본문(17송)에서는 '전전증상력(展轉增上力)[32]으로 인해 두 가지 식의 한정이 성립된다'고 설명한다.

『성유식론』에는 "가르침(法)과 말씀(詞)으로 말미암아 두 '장애가 없는 완전한 이해(了解)'[33]에는 대상에 차별이 있다"[34]는 등을 설하였다. 널리 가르침의 이치를 인용하여 이러한 본체의 성질을 밝혔으니, 다른 곳에서 설한 것과 같다.

---

30) 『十地經論』 卷2: 「善字者有二種相. 一隨方言音善隨順故. 二字句圓滿. 不增不減與理相應故言善字.」 (T26, No.1522, 134,b19-21)

31) 『십지경론』에서는 이것을 '문자와 문장(pada)이 완전하다(字句圓滿)'고 풀고 있다.

32) 전전증상력(展轉增上力): anyonyādhipatitva, 실크는 이를 '서로에 대한 영향력'(influence on each other)으로 해석하였다 (Silk, 127).
증상력(增上力, ādhipatya): 지배적인 발현의 힘, 발현의 지배력

33) 『구사론』의 해설에 따르면,
"무애해(無礙解)란 무엇인가? … 온갖 '무애해(無礙解)'를 모두 설하면 네 가지가 있으니, 첫째는 법무애해(法無礙解)이며, 둘째는 의무애해(義無礙解)이며, 셋째는 사무애해(詞無礙解)이며, 넷째는 변무애해(辯無礙解)이다."
또 같은 쪽의 각주에는 다음과 같은 설명을 제공한다.
"무애해라는 말은 여러 가지의 뜻으로 해석된다. 이를테면 이러저러한 경계를 영납하고 깨닫는 데 있어 어떠한 장애도 없는 것을 '무애해'라고 이름한다. 혹은 이러저러한 경계를 결단(決斷)함에 있어 어떠한 장애도 없는 것을 '무애해'라고 이름한다. 혹은 그러그러한 경계에 대해 올바로 설하는 데 장애가 없는 것을 '무애해'라고 이름한다. 그러나 유여사는 경계에 대해 전도됨이 없는 지혜가 현전하는 것을 '무애해'라고 하였다. (『현종론』 권제37, p.534-535)"
권오민 (2002) 『아비달마구사론』 27권, 1241

34) 『成唯識論』 卷2: 「由此法詞二無礙解境有差別」 (T31, 6,b7-8)

3. 논서의 저술 목적을 변론(辨造論所由)

이 논서 [유식이십론]에는 [목적에 대한 저자의] 문장(文章)이 없으므로, 다른 논서들에 준하여 설한다. 진리가 영원히 머무르고 중생이 이익을 얻게 하기 위하여 이 논서를 저술하였다. 혹은 제3시교(時教)[35]가 중도(中道)에 부합하다는 것을 알게 하기 위하여 이 논서를 조술하였다.

[다양한 이설(異說)들 요약]

어떤 이들은 외계의 대상이 마음과 마찬가지로 존재한다고 주장한다. 설일체유부[36] 논사 등이 그러하다. 또 어떤 이들은 공견(空見)에 빠진 외도들처럼 외계대상과 같이 내심(內心)도 존재하지 않는다고 주장한다. 또 어떤 이들은 모든 식(識)의 작용은 다르지만 본체는 동일하다고 하는데 이는 일단의 보살승 등이 주장하는 바이다. 또 어떤 이들은 경량부 등과 같이 마음을 떠난 다른 심작용(心所)은 없다고 주장한다. 또는 대중부(大衆部) 등과 같이 지옥간수 등은 실재하는 유정이라고 주장한다. 또는 설일체유부 등과 같이 지옥간수 등은 실재하는 유정이 아니며 업(業)이 대종(大種)을 생성할 때 그 대종의 특성의 차이[일 뿐이라고] 주장한다. 또는 경량부 등과 같이 지옥간수(獄卒) 등은 비록 유정은 아니지만 훈습에 의해 일어나는 것이며, 식의 전변은 아니라고 주장한다. 또는 바이셰시카[37] 등처럼 외계대상의 본체는 하나의 사물이라고 주장한다. 또는 정

---

35) 제3시(時) 중도교(中道教)

36) 살바다(薩婆多), 이하 '설일체유부'로 통일한다.

37) 폐세사(吠世師)는 산스크리트어 Vaiśeṣika, 즉 승론(勝論)을 음역한 것으로, 폐세사가(吠世師迦), 비세사(毘世師), 위세사(衛世師) 등으로 표기된다.

량부 등처럼 대상은 다 찰나에 존재하며 마음은 오직 한 찰나뿐이라고 주장한다. 또는 중현(衆賢, Sanghabhadra) 논사처럼 극미는 서로 돕는 특징을 지녀 5식(識)의 대상이 된다고 주장한다.

이와 같은 논사들은 모두 그릇된 지식(邪知)이나 무지(無知)의 두 가지로 인해 그 뜻이 완전하지 못하였으며, 결국 이과(二果)를 덮고 장애하여(覆障)[38] [결국 완전한 뜻을] 증득하지 못하였다.

이제 이러한 종종의 상이한 주장들을 차단하기 위하여 유식의 깊고 오묘한 이치 가운데 여실한 이해를 얻도록 하기 위하여 이 논서를 짓는다. 이하의 논파 가운데 하나씩 별도로 증명할 것이다. 그러므로 [여기에서] 미리 주석을 하지는 않는다.

[문] 이 논서 [『이십론』]과 『삼십송』의 의미에는 어떤 차이가 있기에 이 논서를 따로 지어서 유식을 증명(證明)한다는 것인가?

[답] 그 『삼십송』은 [유식] 자체의 종지를 널리 드러내 논하는 것이지만, 『이십론』에서는 외도들의 난문(難問)[39]을 널리 논파하는 것이다. 비록 둘 다 유식을 밝히는 것이긴 하나 두 논서에는 차별이 있다. 또한 『삼십송』은 바른 뜻을 널리 드러내는 것이지만, 『이십론』은 외도의 난문(難問)을 자세히 주석하는 것이다. 또 『삼십송』은 세친(世親)[40]이 나중에 저술하였기 때문에 게송은 있지만 주석이 없는 반면, 이 『이십

---

38) 덮다(覆, pratichanna), 장애하다(障, āvarana)

39) '난문(難問)'은 비판, 비판적 질문, 비난 등의 의미를 포괄한다.

40) Vasubandhu에 대한 한역 표기로는 '婆藪槃豆(바수반두)', 世親(세친), 天親(천친) 등이 있으며, 이곳의 번역문에서는 특별히 구분할 필요가 있는 경우를 제외하고는 세친(世親)으로 통일하여 표기한다.

론』은 세친이 먼저 저술하였으며 게송과 주석이 모두 존재한다. 또한 유식을 밝히는 것에는 두 논서가 비록 동일하지만, 천 개의 문을 개설(開設)하여 한 곳으로 들어가게 하기 때문에 마침내 2부의 논서를 별도로 조술한 것이다. 또한 미묘한 진리와 그윽한 이치[41]는 정령 처음 드러내는 것이므로 종취는 비록 하나이지만 두 논서를 통해 중복하여 밝히는 것이다. 이것을 일컬어 '두 논서의 연기(緣起)적 관계가 각별하다'고 하는 것이다.

III. 논서에 밝혀진 것에 의지하여 문장을 판석하고 개별적으로 주석함(依論所明判文別釋)

이 논서에서는 보디류치(Bodhiruci)[42]를 각애(覺愛)로 번역하지만 이전의 논서에선 각희(覺熹)로 번역하였다. 위(魏)나라 때의 보리유지(菩提流支)법사를 말한다. 또는 위나라 때에 어떤 거사가 있었는데 그의 이름은 반야유지(般若流支, prajñāruci)였으며 혜애(慧愛)라고 불렀다고 한다.[43] [『이십론』을] 번역한 것은 양(梁)나라 말 혹은 진(陳)나라 초 무렵이다. 구나라타[44]는 가의(家依)라고 불렸으며, 또 친의(親依)라고도 하였는

41) 幽玄(유현): 사물의 이치가 헤아릴 수 없이 깊음.

42) 본문에는 '菩提鶻露支(보제골로지)'로 표기하였으며, 이는 Bodhiruci의 음역(音譯)으로 의미에 따라 번역하면 각애(覺愛)나 각희(覺熹)이다. Bodhi는 '깨달음(覺)', ruci는 애(愛), 락(樂), 희(希) 등의 의미를 지닌다. (ruci: f. pleasure, longing for, liking)

43) 『唯識論』(一名 破色心論), 天親菩薩 造, 後魏瞿曇般若流支 譯.

44) 구나라타(拘那羅陀)는 Gunarata의 음역으로 추정하기도 하지만, '가의(家依)'라는 의역에 따르면 Kulanātha로 보아야 하며, 그가 곧 Paramartha(ca. 499～569)이다.

데, 그가 곧 진제(眞諦) 삼장이다.[45)]

각자 이 『유식이십론』을 번역하였는데, 각애법사는 주석문이 많고 게송이 적은 반면, 가의(家依)삼장은 주석문이 간소한 반면 게송이 더 많았다. 지금 이 논서를 번역한 주석문과 게송의 분석 가운데 각애법사와 같은 경우는 23송, 18쪽으로 이루어져 있고, 가의법사 [의 번역]은 24송, 총 9쪽으로 구성되어 있다. 그러나 지금 여기의 신역(新譯)은 21송, 8쪽으로 이루어져 있다.

각애법사의 번역에 있는 제21송은 경전을 인용한 게송이며 다른 번역에는 나타나지 않는다. 가의법사의 번역에서 처음 두 게송은 귀경게로 역시 다른 번역에는 발견되지 않는다. 따라서 이 역자들은 모두 주석문을 증보 취사(取捨)하여 논서의 본문에 그것을 번역해 넣었다는 것을 알아야 한다.[46)] 다음으로 최초로 종지를 확립하는 게송이 구역(舊譯)의 두 논서에는 있지만, 오직 신역에만 보이지 않는다. 세 범본을 비교하고 제목을 헤아려 보면 불일치하는 부분이 있음에도 모두 『유식이십』이라고 제명을 하였는데 어떻게 그 명칭을 얻게 되었을까? 각애법사는 제1송과 제21송을 추가하였으며, 가의법사는 처음 세 게송을 더하였다. 따라서 3종의 논서에 모두 포함되어 있는 나머지 21송이 근본 텍스트임을 알아야 한다. 20게송으로 유식을 현창하기 때문에 제목을 『유식이십』으로 삼는다. 마지막 하나의 게송은 결론적인 찬탄과 회향으로 종지의 대의(大義)를 밝히는 것이 아니다.

---

45) 『大乘唯識論』. 天親菩薩 造, 陳天竺三藏真諦 譯.

46) 이 책 13~14쪽 참조

[유식이십론의 구조]

이로써 볼 때 [본문에는] 총 두 부분이 있는데, 제1부는 '근본 종지를 바르게 분별하고 계략을 분쇄하며 난문(難問)을 해명'하는 것이다. 다음 제2부는 '이미 조술한 논서의 결론을 지으면서, 그것의 심오한 깊이를 찬탄하고 붓다를 우러러 추앙'하는 부분이다.

제1부는 크게 2장으로 구성된다. 제1장은 논서의 종지인 '대승에서 삼계는 오직 식일 뿐이며 외계대상이 존재하지 않는다.'[는 명제를] 확립하는 것이다. 다음 제2장은 "이 뜻에 대해서 제기되는 비판을 들어서 말한다(即於此義有設難言)" 이하에서 '외도들의 비판에 대해 해석하고 다른 주장들을 자세히 논파'한다.

제1부. 근본 종지를 바르게 분별하고 계략을 분쇄하며 난문(難問)을 해명(正辨本宗破計釋難)

제1장. 종지의 확립(立論宗大乘三界唯識無境)

'종지의 확립'은 네 항(項)으로 구성된다. 제1항은 '제법유식이라는 논서의 종지를 확립'하는 것이며, 제2항은 '경설(經說)에 의거해 드러내는 것'이다. 경전을 증명의 근거로 삼아 이제 유식을 밝혀 단지 대승유식의 의미를 확립한다. 또는 논서가 설명한 것은 경전의 의미를 확립하기 위한 것으로, 대승을 성립시키는 것임을 드러낸다. 이것은 붓다가 설한 것으로 유식이며 허망한 것이 아니다. 제3항은 '외도들의 숨겨진 난제(伏難)들을 주석'하고, '오직(唯)'이라는 말[의 의미]를 간택한다. 제4항은 '유식의 의미를 밝히는 것'으로, 비유를 들어서 드러낸다.

또는 세 부분으로 나누기도 한다. 첫째는 논서의 종지를 확립한다. 둘째는 원인을 확립한다. 경전에 [근거하여] 논서를 성립시킨다. 세 번째는 비유를 든다. 앞의 제3항은 [비유를] 포섭하여 들어가 종지의 확립을 간택하여도 과실(過失)이 없다.

제1항. 제법유식이라는 논서의 종지를 확립(立論宗諸法唯識)

이곳에서 언급된 '대승에서 삼계는 오직 식일 뿐임을 바르게 확립함(安立大乘三界唯識)'이 바로 종지를 확립하는 것이다.

여기에서 [**안립(安立)**에는] 세 가지 의미가 있다.[47]

첫째, 대승 가운데 유식의 가르침이 있음을 안립한다. 여러 종파들이 붓다가 설한 것을 불신하기 때문에, 『성유식론』과 같은 교리를 자세히 인용하였지만 이것을 증명하지는 못하였다.

논리적 추론식으로 말한다.

(종) 나는 대승이 붓다가 설한 것이라고 주장한다.

(인) 삼법인(三法印)을 구족하는 계경(契經)에 포함되기 때문에.

(유) 『증일아함』[48] 등과 같이.

여기서 말해진 삼계유식(三界唯識)은, 바로 해명하는 말(能詮)이 '유식의 가르침'이라는 점을 드러내다.

---

47) 1) 安立大乘之中唯識之教, 2) 安立大乘中所說三界唯識理, 3) 安立諸大乘教

48) 본문의 '增一'은 『증일아함(增一阿含)』, 즉 Ekottarāgama를 의미한다.

둘째, 대승 가운데 설해진 삼계유식의 진리를 안립하는 것이다. 여러 종파들은 마음 밖에 대상이 존재한다고 설하기 때문에 '삼계가 오직 마음일 뿐'이라는 진리를 불신한다. 때문에 여기에서 [그 진리를] 확립하는 것이다. 여기서 말하는 '대승에서 삼계는 오직 식일 뿐'이 바로 해명하고자 하는 진리(所詮)인 '유식의 이치'임을 드러낸다.

셋째, 온갖 대승의 가르침과 유식의 진리를 안립한다. 교리에 대해 모두 불신하기 때문에 본문[의 순서]에 따라서 배속하면, 1) '안립(安立)'이란 '성립(成立)'이라는 뜻이다. 이 논서에서는 '대승에서 삼계는 유식(大乘三界唯識)'을 성립시키는 바, [논증식에서] 원인(因과 사례(喩)로서 주장명제(宗)의 뜻을 확립하였다. 그것을 이름하여 '안립(安立)'이라고 한다. 2) 또한 안립(安立)은 시설(施設)이라는 뜻이다. 자세한 도리로써 유식의 간략한 이취(理趣)를 시설하기 때문이다. 3) 또 안립(安立)은 개연(開演)이라는 뜻이다. 아직 설하지 않은 뜻을 지금 설하는 것을 이름하여 '세움(立)'이라 하고, 이미 설한 것을 지금 다시 자세히 상술하는 것을 '편안하게 한다(安)'고 한다. 또 '안(安)'은 가(可)하다는 뜻으로 가르침과 진리가 서로 부합하는 것이다. '립(立)'자는 세운다(建)는 뜻이다. 법성(法性)은 말을 떠난 것이지만 이제 그 말을 이름하여 '립(立)'이라 하고, 진리에 따른 것이기 때문에 '안(安)'에 부합한다.

진나(陳那, Dignāga)의 주석[49]에는 다음과 같이 말한다: 건립하고 파

49) 규기는 자신의 다른 저술『장중추요』에서 진나가 정의한 '안립'은 '삼지작법의 주장명제(宗)가 원인(因)과 사례(喩)에 의해 확립되는 것을 뜻한다'고 설명한다.『成唯識論掌中樞要』卷1:「二十論云. 安立大乘三界唯識. 陳那釋云. 因. 喻成宗名為安立.」(T43, No. 1831, 609,b12-13). 그러나 디그나가의 주석이 무엇을 지시하는지는 확인되지 않는다.

괴하는 것을 모두 이름하여 '안립(安立)'이라 한다. 소위 [건립한다(能立)는 것은] 자신의 '대승유식'을 건립하는 것이고, [파괴한다(能破)는 것은] 다른 종파에서 대상이 존재한다고 주장하는 것을 논파하는 것이기 때문에 안립(安立)이라고 칭한다.

'대승(大乘)'이라는 말은 『변중변론(辨中邊論)』「무상승품(無上乘品)」에서 세 가지 의미에 근거하여 무상승(無上乘)이라고 칭한다: 첫째, 정행(正行)이 으뜸. 둘째, 소연(所緣)이 으뜸. 셋째, 수증(修證)이 으뜸.[50)]

[첫째의] '정행무상(正行無上)'에는 여섯 종류가 있다: 최승(最勝), 작의(作意), 수법(隨法), 이이변(離二邊), 차별(差別), 무차별(無差別). 이것들 하나 하나는 모두 다수의 논의항목(論項)을 가지고 있다.[51)]

[둘째의] '소연(所緣)'에는 12종류가 있다: 안립(安立), 법계(法界), 소능립(所能立), 임지(任持), 인지(印持), 내지(內持), 통달(通達), 증장(增長), 분증(分證), 등운(分證), 최승(最勝).[52)]

---

50) 『辯中邊論』卷3「7 辯無上乘品」:「此大乘中總由三種無上義故名無上乘. 三無上者. 一正行無上. 二所緣無上. 三修證無上」(T31, 473,c10-12)

51) 『辯中邊論』제7「辯無上乘品」에서 각 항목별로 자세한 해설이 이루어진다.
『辯中邊論』卷3「7 辯無上乘品」:
「正行有六種 謂最勝作意 隨法離二邊 差別無差別
論曰. 即於十種波羅蜜多隨修差別有六正行. 一最勝正行. 二作意正行. 三隨法正行. 四離二邊正行. 五差別正行. 六無差別正行.」(T31, 473, c14-18)
MVbh 21a.7: pratipattis tu ṣaḍ-vidhā || v.1 ||
tāsu pāramitāsu |
paramātha manaskāre | anudharmme 'nta-varjane |
viśiṣtā cāviśiṣtā ca |

52) 『辯中邊論』卷3「7 辯無上乘品」:「如是所緣有十二種. 一安立法施設所緣. 二法界所緣. 三所立所緣. 四能立所緣. 五任持所緣六印持所緣. 七內持所緣. 八通達所緣. 九增長所緣. 十分證所緣. 十一等運所緣. 十二最勝所緣.」(T31, 477,a09-15)
MVbh 28a.6: ālambanānuttaryam | katamat |
vyavasthānam tatha dhātuḥ sādhya-sādhana-dhāraṇā || v.27 ||

[셋째] 수증(修證)에는 10종이 있다: 무궐(無闕), 불훼(不毁), 동(動), 만(滿), 기(起), 견고(堅固)와 조유(調柔), 부주(不住), 무이장(無二障), 무식(無息).[53] 이 같은 가르침에 의지하여 이 세 가지 뜻을 분별하는 것을 이름하여 '대승(大乘)'이라고 한다.

『잡집론』[54] 제11장에 설하기를 7대 성질(性)에 상응하는 것을 이름하여 대승의 뜻이라고 하였다. 제1: 경(境), 제2: 행(行), 제3: 지(智), 제4: 정진(精進), 제5: 방편선교(方便善巧), 제6: 증득(證得), 제7: 업(業)의 본성.

경(境)은 광대한 가르침을 '대상'으로 삼기 때문이며, 행(行)은 자리(自利)와 이타(利他)[의 '행위(行)'이기] 때문이며, 지(智)는 인무아와 법무아의 '지혜(智)'이기 때문이며, 정진(精進)은 3대겁(大劫) 가운데 무량한 수의 난행(難行)을 수습하는 '수행(修行)'이기 때문이며, 방편선교(方便善巧)는 머묾이 없는 '도(道)'이기 때문이며, 증득(證得)은 10력(力) 등 여러 공덕을 '증득'하기 때문이며, 업(業)은 생사의 윤회가 다할 때까지 불사(佛事)를 '건립'하기 때문이다. 또한 이 가르침에 의지하여 이 일곱 가지 뜻을 변별하기 때문에 '대승(大乘)'이라고 칭한다.

---

avadhāra-pradhārā ca prativedhaḥ pratānatā |
pragamaḥ prasaṭhatvam ca prakarsālambanam matam || v.28 ||

53) 『辯中邊論』 卷3 「7 辯無上乘品」: 「如是修證總有十種. 一種性修證緣無闕故. 二信解修證. 不謗毁大乘故. 三發心修證. 非下劣乘所擾動故. 四正行修證. 波羅蜜多得圓滿故. 五入離生修證. 起聖道故. 六成熟有情修證. 堅固善根長時集故. 七淨土修證. 心調柔故八得不退地受記修證. 以不住著生死涅槃. 非此二種所退轉故. 九佛地修證. 無二障故. 十示現菩提修證. 無休息故.」 (T31, 477,a26-b6)
MVbh 29a.1: samudāgamaḥ katamaḥ |
avaikalyāpratikṣepo 'vikṣepaś ca prapūraṇā |
samutpādo nirūḍhiś ca karmmaṇyatvāpratiṣṭhitā |
nirāvaraṇtā tasyā 'prasrabdhi-samudāgamaḥ || v.29 ||

54) 『大乘阿毘達磨雜集論』 卷11 「2 法品」: (T31, No. 1606, 743,c27-744,a7)

『섭론』에 설하기를,[55] '어떤 수레의 큰 성질'은 유재석(有財釋)[56]이고, '수레인 동시에 큼'은 지업석(持業釋)[57]이다. [그것을] 이름하여 대승(大乘)이라고 한다.

'**삼계(三界)**'는 욕계(欲界, kāmadhātu), 색계(色界, rūpadhātu), 무색계(無色界, ārūpyadhātu)를 말한다. 세친의 [구사론] 주석에 따르면,[58]

자상(自相, svalakṣaṇa)을 가지기 때문에 이름하여 계(界)라고 한다. 혹은 계(界)는 종족(種族, jāti)의 뜻을 가진다. 욕(欲)은 음식, 수면, 음욕(淫欲)에 기인하는 탐욕을 말한다. 욕(欲)이 포함되어 있는 계(界)이기 때문에 욕계(欲界)라고 칭한다.

변화하고 장애하고 드러나 보이는 것이므로 이름을 색(色, rūpa)이라 한다. 색(色)이 포함된 계(界)이므로 색계(色界)라고 칭한다.

이 3계(界) 가운데 색(色)이 비실재인 영역을 무색(無色)이라고 칭한다. 그 본체가 색(色)이 아니므로 무색(無色)이라는 명칭을 세운다. 그것

---

55) 『攝大乘論釋』 卷1: 「若略釋者. 亦乘亦大故名大乘. 或乘大性故名大乘」 (T31, 380,b4-5)

56) [표9: 육합석(六合釋)]. 대승(大乘, mahāyana)을 '큰 수레'로 풀어서, '큰 수레를 탄 사람'의 의미하는 해석

57) 대승(大乘)을 '수레이면서 곧 큼'으로 해석. '위대한 영웅'과 같이 영웅이면 이미 동시에 본성상 위대함을 함축한다. 지업석의 해석에 따르면 일승 삼승의 크기가 다른 것이 아니라 승(乘) 자체의 본성이 큰 것이다. 유재석과 지업석 두 해석방식은 일승, 삼승에 대한 큰 해석상의 분기를 암시한다. 유재석은 작은 수레에 대한 큰 수레를 의미하는 반면, 지업석은 수레란 본성상 큰 것으로 지금 여기 대승이 진정한 수레이다. 전자는 위계적이지만 일종의 연속성을 지니는 반면, 후자는 단일한 동일성을 지지하여 차이를 배제하게 된다.

58) AKBh 112.21ff: atha kasmād ete kāmarūpārūpyadhātava ity ucyante / svalakṣaṇadhāraṇād dhātuḥ / kāmapratisaṃyukto dhātuḥ (22) kāmadhātuḥ / rūpapratisaṃyukto dhātū rūpadhātur madhyapadalopād vajrabālakavat (23) maricapānakavac ca / nātra rūpam astīty arūpaḥ / arūpasya bhāva ārūpyam / rūpaṇīyo vā rūpyaḥ / (24) na rūpyo 'rūpyas tadbhāva ārūpyam / tatpratisaṃyukto dhātur ārūpyadhātuḥ / kāmāṇāṃ dhātuḥ kāmadhātuḥ (p.113) kāmān yo dadhāti / evaṃ rūpārūpyadhātū veditavyau / ko 'yaṃ kāmo nāma /

은 단지 색(色)이 없는 것을 본체로 하는 것이 아니라 무색(無色)이 포함된 계(界)이며, [그것을] 이름하여 무색계(無色界)라고 한다. 호초음(胡椒飮)[59]이나 금강환(金剛環)[60]에서처럼, 중간의 말 [~에 포함된 / 속박된(所屬)]을 생략하였기 때문에 이와 같이 [무색계(無色界)라고] 설한 것이다.

또 욕망의 계(界)를 욕계(欲界)라고 이름하는데, 이 계(界)에 의해 욕망이 유지되기 때문이다. 색계, 무색계도 역시 그러하다는 것을 알아야 한다. 본체가 오온(五蘊)을 두루 관통하므로 모두 의사석(依士釋)[61]이다. 무성(無性, asvabhava)의 주석에 말하기를, 욕망(欲) 등 갈애와 결부(愛結)[62]되고, 상응하여 삼계(三界)에 떨어진다고 한다.

'유식(唯識)'을 말하자면,

구파(瞿波, Gopā)논사는 삼덕(三德)에 의해 [다음과 같이] 안립한다고 설한다. 제1: 본유덕(本有德)은 본성이 청정하기 때문이며, 식(識)의 본성(識性)을 말하고자 한 것이다. 제2: 중유덕(中有德)은 바로 유식에 의거하며, 만 가지 행(行)을 수행하여 3겁에 걸쳐 피육(皮肉)과 살갗 등 가지고 있는 모든 추중(麁重)[63]을 끊는다. 제3: 미유덕(未有德)은 즉시 불위(佛位)에

---

59) '호초(胡椒)를 포함하는 음료(飮料)'를 '호초음(胡椒飮)'이라고 하는 것과 같다는 의미. 호초(胡椒)는 후추

60) 다이아몬드 고리 / 반지(diamond ring)

61) 의주석(依主釋)의 다른 이름

62) 애결: 구결의 하나로, 사물(事物)을 탐내는 마음에서 비롯하는 얽매임.
『잡아함경』(18-1): "결박에는 9결(結)이 있으니, 이른바 애결(愛結)·에결(恚結)·만결(慢結)·무명결(無明結)·견결(見結)·타취결(他取結)·의결(疑結)·질결(嫉結)·간결(慳結)이 그것이다."
『雜阿含經』卷18:「舍利弗言:「結者, 九結, 謂愛結, 恚結, 慢結, 無明結, 見結, 他取結, 疑結, 嫉結, 慳結.」(T02, No. 99, 127,a21-23)

63) 심신이 무거운 상태. 麁重(dauṣṭhulya). 번뇌장(煩惱障) · 소지장(所知障)의 2장(二障, 산스

이르러 복덕(福德)이 원만하고 지혜(智慧)가 밝아지니, 만나기 어렵고 홀로 출현하는 것이다.

'유(唯)'는 '단 하나'라는 뜻이고, '식(識)'은 '요별(了別)'이라는 의미이며, [유식의] 실체(實體)는 심(心), 심소(心所) 등 다섯 범주(5位)의 다르마들이다. 그 까닭은 무엇인가?

총괄적으로 설명하자면, 제법(諸法)은 **삼성(三性)**으로 요약할 수 있다. 이를테면 변계소집성(遍計所執性)은 허망한 유식(唯識)이다. 의타기성(依他起性)은 비존재(非有)와 유사한 존재(似有)가 인연에 의해 생성하는 것으로, 인연에 의한 유식이며, 바로 그것이 식(識)의 특성 / 형상이다. 원성실성(圓成實性)은 의타기성에서 변계소집이 공(空)한 무(無)의 진리이며, 진실한 유식이다. 바로 그것이 식(識)의 본성이다. 범부(凡夫)[64] 등 [모든 유정은] 원성실성에 대해 미혹하여, 의타기성 등이 동일하다거나 상이하다고 주장한다. 이를테면 마음(心)을 떠나 [마음] 밖에 다르마가 진정으로 실유(實有)한다거나, 그것이 마음에 의해 취해진 것(心所取)라고 주장한다. 무명(無明)이 덮어서 올바른 지혜가 나오지 않는 것이다. 이제 그것을 나타내 보이자면, '마음을 떠났다'고 설해진 것은 변계소집으로 실법(實法)은 존재하지 않으며, 허망한 식(識)이 출현한 것이다. 단지 유위(有爲)인 의타기(依他起)한 식(識)의 형상만이 존재하며, [그것이] 인연에 의한 유식(唯識)이다. 그리고 무위(無爲)인 원성실한 식(識)의 본성이 존재

크리트어: āvaraṇa-dvaya, dvidhā-dauṣṭhulya, 티베트어: sgrib pa gnyis, 영어: two hindrances, two obstructions

64) 이생(異生), pṛthagjana

하는데, [그것이] 진실한 유식(唯識)이다.

따라서 이제 제법(諸法)이 유식(唯識)이라는 것을 총괄적으로 설명하고, [존재의] 유무(有無)를 알아서 전의(轉依)의 열매를 증득하게 하고자 한다. 이것이 바로 형상과 본성이 각기 다른 실체임을 설하는 것이다. 온갖 대상을 다 포함하더라도 [그것이] 모두 마음에 종속(從屬)된다는 것을 이름하여 유식(唯識)이라 한다. 진여(眞如)는 이미 식(識)의 실재(實在)하는 본성이므로 그것도 역시 유식(唯識)이라고 칭한다. 이것으로 삼성(三性)[에 대한 설명]을 줄인다.

'두 층위의 진리(二諦)'에 의해 설하는 경우에도 역시 4종의 각기 다른 차별이 있다. 제1: 공유식(空有識), 제2: 사리식(事理識), 제3: 별총식(別總識), 제4: 전지식(詮旨識). 『성유식론술기』에서 의타기에 대해 '오직 유식(唯有識)'[65][을 논하는] 가운데 그 의미를 설한 것과 같다.

어떤 이는 '오직 유식'의 본체는 자증분(自證分) 하나로, 견분(見分)과 상분(相分)은 존재하지 않는다고 설한다.[66] 성자의 가르침에서 능취(能取)와 소취(所取)[의 분별은] 집착(執着)에 의한 것이라고 설하였기 때문에, 본성(本性)에 있어 모두 비실유라는 것을 설하여 유식(唯識)이라고 칭한다. 어떤 논사가 설하는 바는, 유루(有漏)인 팔식(八識)과 유학(有學), 보살(菩薩), 이승(二乘) 등의 무루심은 모두 견분과 상분을 갖는다. 견분과

---

65) 여기서 '오직 유식(唯有識)'은 '오직 식(識)만이 존재함'으로 번역해야 하겠지만, 의미를 강조하여 전달하기 위하여 '오직 유식(唯識)'으로 압축하였다. 또한 본문의 '唯識'(유식)은 보다 직관적으로 의미를 드러내고자 하는 경우 '오직 식(識)일 뿐'이라고 풀었다.

66) 안혜의 설. 유식 사분설(四分說)에 대해서는 다음을 참고하기 바란다. 이복재 (2017) 『동아시아 法相宗의 四分說 연구』. 서울: 동국대학교. 박사학위 논문

상분을 갖기 때문에 모두 법집(法執)[67]을 갖고 있다. 그러나 붓다는 그렇지 않다. 이하 마땅히 그와 같이 알아야 할 것이다.

혹 어떤 이는 자증분, 견분, 그리고 자신의 상분(相分)만이 존재하며, 그 밖에 집착에 의한 이취(二取)란 없다는 것을 설하여 유식(唯識)이라고 칭한다. 이 견분과 상분은 식을 떠난 것이 아니기 때문이다. 이 논사가 설하고자 하는 바는 오직 제6식과 제7식만이 법집을 일으키며, 다른 식들은 아니라는 것이다. 이하의 사례들에서 상세히 분별할 것이다.

여기에서 설하고자 하는 바는, 이를테면 지금 이 논서에서 '대승에서 건립된 삼계의 다르마는 모두 오직 유식'이라고 시설한다는 점이다.

[문] 번뇌에서 벗어난 다르마(離繫法)[68]는 유식인가 아닌가?

[답] 그것도 또한 유식(唯識)이다.

[문] 무슨 이유로 여기에서는 오직 삼계(三界)만을 언급하는가?

[답] 이생(異生)에 의해 만들어진 것이 허망한 다르마일 뿐이라는 유식의 이치를 들어 단지 3계(界)만을 거론한 것이지, 무루법이 유식의 뜻이 없다는 것은 아니다. 이것은 이치에 따른 이해[69]이며 가르침[70]에 의해 [입증되기] 때문이다.

---

67) 대상(의 존재)에 대한 집착

68) 離繫(이계, visaṃyoga): 번뇌의 속박에서 벗어남

69) 이증(理證): 이치에 따른 논리적 증명

70) 경증(經證): 경전의 가르침에 근거한 논증

표 1 12분교(十二分教)

	장아함경	산스크리트어	의역	음역
1	관경(貫經)	sūtra	계경(契經) 경(經)	수다라(修多羅)
2	기야경 (祇夜經)	geya	중송(重頌) 응송(應頌) 가(歌)	기야(祈夜)
3	수기경 (受記經)	vyākaraṇa	수기(受記) 기답(記答) 기설(記說) 기별(記別) 기별(記莂) 설(說)	화가라(和伽羅) 화가라나(和伽羅那)
4	게경(偈經)	gāthā	고기송(孤起頌) 송(頌)	가타(伽陀) 게타(偈陀)
5	법구경 (法句經)	udāna	무문자설(無問自說) 자설(自說) 자설경(自說經) 감흥게(感興偈) 감흥어(感興語)	우타나(優陀那)
6	천본경 (天本經)	nidāna	인연담(因緣譚) 인연(因緣) 연기(緣起)	니타나(尼陀那)
7	증유경 (證喩經) 비유경 (譬喩經)	avadāna	비유(譬喩) 비유담(譬喩譚)	아파타나(阿波陀那)
8	상응경 (相應經)	itivṛttaka	여시어(如是語) 여시법(如是法) 본사(本事)	이제불다가(伊帝弗多迦) 이제왈다가(伊帝曰多伽) 이제목다가(伊帝目多伽)
9	본연경 (本緣經)	jātaka	본생담(本生譚) 본생(本生)	사다가(闍多伽)
10	광경(廣經)	vaipulya	방광(方廣) 방등(方等) 광박(廣博)	비부략(毗浮略) 비불략(毗佛略) 비부라(毘富羅)
11	미증유경 (未曾有經)	adbhūtadhar ma	미증유법(未曾有法) 희법(稀法)	아부다달마(阿浮多達磨) 아부달마(阿浮達磨)
12	대교경 (大教經)	upadeśa	논의(論議) 축분별소설(逐分別所說)	우파제사(優波提舍)

cittamātram bho jinaputrā yad traidhātukam iti sūtrāt |

승리자의 아들이여! "삼계에 속하는 것은 오직 마음뿐이다"고 경전에 [설하였다].

=

「以契經說三界唯心」 (T31, 74b27)

제2항. 경전에 근거하여 드러냄(顯由經)

논 **계경에서 '삼계는 오직 마음일 뿐이다'고 설한다.** [0981a03]

술기 이제 제2항: 현유경(顯由經, 경전에 근거하여 드러냄)을 설한다. 유식(唯識)을 밝힘에 있어 경전을 근거로 하여 논증을 구성하여, 용이하게 믿음이 생기도록 한다. '~로써(以)'는 제5격(ablative)으로 '~ 때문에'(故)와 동일하다.[71] 이를테면, 『화엄경』 등 여러 경전에서 '삼계의 온갖 다르마들은 오직 마음일 뿐이다'[72]고 설하였기 때문이다. 이 [인용문]은 『십지경』, 제8권, 제6지(地)에서 설한 것이다.

이제 '오직 유식'이라는 의미를 확립한다.

범어로 '수트람'(素呾覽, 소달람, sūtram)을 이 본문에서는 '계경(契經)'이라고 하는데, '계(契)'[73]는 '합(合)'이라는 의미이다. 경전(經典)이란 여상(如常)한 주석(註釋)과 같으며, 올바른 이치(正理)에 합치(合致)하는 것이다. 사물의 기틀에 계합(契合)하고 상응(相應)하기 때문에 '계경(契經)'이라고 칭한다. 불경(佛經)에서 '유심(唯心)'을 설하기 때문에, 여기에서 유식(唯識)을 밝힘에 있어 경전을 근거로 하여 논증을 구성한다는 것이다.

또한 여기에서 밝혀진 '오직 유식'이란 계경에서 설한 '오직 유심(唯心)'이기 때문에, 지금 이 논서가 이치(理)를 세워서 경전(經)을 완성한다.

---

71) 본문의 '囀'(전)은 산스크리트 문법 명사 활용의 '격(格)'을 의미하며, 따라서 第五囀은 제5격, 즉 탈격(ablative)을 뜻한다. 산스크리트어 명사 활용은 8격(格)으로, 주격(Nominative), 목적격(Accusative), 구격(Instrumental), 여격(Dative), 탈격(Ablative), 소유격(Genitive), 처격(Locative), 호격(Vocative)이다. 이 가운데 탈격(ablative)은 '~ 로부터, ~을 근거로' 등의 의미 영역을 가진다. (Cf. ablative proper: from ~, instrumental ablative: by means of~.)

72) 三界諸法唯有心

73) 관계를 맺다, 합치하다, 계합(契合)하다

또는 지금 설해진 '오직 식(識)일 뿐(唯識)'이란 말은 무엇을 논증[의 근거]로 삼는가? 계경(契經)에서는 '오직 유심(唯心)'이라고 설하기 때문이다.

[문] 경에서 무엇 때문에 '삼계는 오직 마음일 뿐(三界唯心)'을 설하였는가?

[답] 경부논사 등은 마음이 비존재를 인식 조건으로 하여 일어나지만[74], 단지 어떤 마음에서 그렇지 일체에 대해 그런 것은 아니라고 하였다. 지금 그것을 논파하기 위해서 '삼계는 오직 유식일 뿐'임을 설한다, [『섭대승론』의] 「무성석(無性釋」[75]에는 다음과 같이 말한다. "이 유식(唯識)이라는 말은 오직 심법(心法)과 심소법(心所法)만이 실유한다고 확립한다. 삼계(三界)는 실재하는 것이 아니며 인식대상을 잘못 생각한 것[에 지나지 않는다]. 이 말이 진여인 인식대상과 의타기(依他起)한 인식대상을 부정하는 것은 아니다. 이를테면 도제(道諦)가 포함하는 근본지(根本智)와 후득지(後得智)[와 같은] 2종의 인식대상들은 애취(愛取)에 집착한 것이 아니기 때문이며, 다스려 조복시켜야 할 번뇌가 아니며, 미란(迷亂)한 것이 아니기 때문이다. 삼계에 속한 것도 아니고 또한 식(識)을 떠난 것도 아니기 때문에 따로 설할 것도 없다." 삼계의 인식주관 가운데 계탁분별하는 주관이 있고, 인식대상 가운데 계탁분별의 대상이 있고 유루(有漏)의 적취(積聚) 가운데 잘

---

74) 이는 경량부의 핵심적인 개념 가운데 하나인 '무소연식(無所緣識)', 즉 대상이 없이 생기하는 인식에 대한 문제이다. 권오민(2019) 『上座 슈리라타의 經量部 사상』. 제8장: '상좌의 無境覺(無所緣識)論' 참고

75) 『攝大乘論釋』 卷4: 「此唯識言成立唯有諸心心法. 無有三界橫計所緣. 此言不遣真如所緣依他所緣. 謂道諦攝. 根本後得二種所緣. 由彼不為愛所執故. 非所治故. 非迷亂故. 非三界攝亦不離識故不待說. [若爾應說如是二界. 無色界中經部唯有心心法故. 此難不然. 識所取義皆無義故非但色無. 說名唯識. 何者亦無. 餘虛空等識所取義.] 經部諸師許無色界. 諸心心法. 是無色相. 無體無實. 所取境義顯現所依. 恐彼執為非心心法. 故說三界皆唯有心.」 (T31, No. 1598, 400,b12-22)

못된 생각이 있기 때문에 이러한 집착을 차단하기 위하여 단지 유심(唯心)을 설한 것이지, 무루법(無漏法)이 유식(唯識)이 아니라는 것이 아니다. 이하에 마땅히 상세히 설할 것이다.

[문][76] 욕계, 색계는 물질계(有色)이므로 이를 차단하기 위하여 유심(唯心)을 설하고, 무색계는 물질이 아니므로 유식(唯識)을 언급할 필요가 없다는 말인가?

[답] 그런 비난은 옳지 않다. 집착된 것들은 모두 비존재이다(無)라는 주장을 차단하여 '유식(唯識)'이라 칭하는 것이다. 또 비단(非但) 물질(색)의 실재성만을 차단하는 것이 아니기 때문에 '삼계는 오직 마음'이라고 설하는 것이다. 집착된 것이 아닌 유식(唯識)과 나머지 허공(虛空) 등 일체의 대상[을 포함하기] 때문에 [삼계유심을 설하는 것이다].

경량부 논사는 '무색계와 심(心), 심소(心所)는 모두 물질(색)의 특성이 없고, 실체(實體)가 아니며 실유하지 않는다. 지각된 대상이라는 것은 현현(顯現)이 의지하는 바, 소의(所依)이다.'라고 설한다. 그들은 심(心), 심소(心所)가 [실체가] 아니라고 주장하는데, [그것을] 염려하여 '삼계는 모두 오직 마음일 뿐'이라고 설하는 것이다. (무성석 인용 끝)

[문] 오직 이 경전에 의해서만 증명되는 것인가?

[답] 충분히 많은 다른 [경전에 의해 증명된]다. 『해심밀경』[77]은 '오직 식

---

76) 여기부터 무성(無性)의 주석을 문답 형식으로 재구성하여 인용한 후 이하 다시 본문 그대로 인용한다.

77) 『解深密經』 卷3「6 分別瑜伽品」:「由彼影像唯是識故. 善男子. 我說識所緣唯識所現故.」(T16,

(識)에 의해 드러난 것'을 설하였고, 또 [능가경에][78] '제법(諸法)은 모두 마음(心)을 떠나지 않는다'고 설하였다. 또 [유마경(維摩經)[79]에] '유정은 마음을 따라 더럽고 청정하게 된다'고 설하였으며, 또는 4지(智)[80]를 성취한 보살은 능히 '유식무경'을 따라 깨달아 들어간다.[81]

또한 『섭대승론』 제4권, 『성유식론』 제7권 등에서 [보는 바]와 같이 자세히 설해져 있다.

또 『화엄경』 제9권에는 다음과 같이 설한다:[82]

No. 676, 698,b1-2)

78) 『大乘入楞伽經』 卷3 「2 集一切法品」: 「大慧! 想受滅三昧, 超自心所見境者不然, 不離心故.」 (T16, No. 672, 605,b2-4)
cf. 『大乘廣百論釋論』 卷7 「5 破根境品」: 「說唯識義. 應信諸法皆不離心」 (T30, No. 1571, 229,a28)

79) 『維摩詰所說經』 卷1 「3 弟子品」: 「如佛所說, 心垢故眾生垢, 心淨故眾生淨.」 (T14, No. 475, 541,b18-19)
cf. 『成唯識論述記』 卷7: 「今無垢稱經. 舊維摩云. 心淨故眾生淨. 心垢故眾生垢. 前第四卷已引證第八訖. 不言隨色等有垢. 淨故是唯心.」 (T43, No. 1830, 488,c1-4)

80) 4지(智)란, 대원경지(大圓鏡智), 평등성지(平等性智), 묘관찰지(妙觀察智), 성소작지(成所作智)를 의미한다.
cf. 『攝大乘論釋』 卷5 「2 釋應知勝相品」: 「釋曰. 四法是智. 菩薩若與四智相應. 在方便中能尋理得正解能入理. 故知一切唯識無塵.」 (T31, 185,c21-23)

81) 『成唯識論』 卷7: 「如契經說三界唯心. 又說所緣唯識所現. 又說諸法皆不離心. 又說有情隨心垢淨. 又說成就四智菩薩能隨悟入唯識無境.」 (T31, 39,a6-9)
cf. 『唯識二十論述記』 卷1: 「問唯有爾所經為證耶. 答更有餘. 解深密說唯識所現. 又說諸法皆不離心. 又說有情隨心垢淨. 又說成就四智. 菩薩能隨. 悟入唯識無境. 乃至廣說. 如攝大乘第四卷中. 及成唯識第七卷說.」 (T43, No. 1834, 981,a29-b4)

82) 인용 권수에 착오가 있다.
『大方廣佛華嚴經』 卷10 「16 夜摩天宮菩薩說偈品」:
「心如工畫師, 畫種種五陰,
一切世界中, 無法而不造.
如心佛亦爾, 如佛眾生然,
心佛及眾生, 是三無差別.」 (T09, 465c26-29)
또한 19권에는 게송에 약간의 차이가 있다.
『大方廣佛華嚴經』 卷19 「20 夜摩宮中偈讚品」:
「心如工畫師, 能畫諸世間,

마음(心)은 화가와 같아서,

갖가지 오온(五蘊)으로 그림을 그려내네.

일체의 세계 중 어느 것 하나

마음이 짓지 않은 것 없네.

붓다 또한 마음과 같이 그러하고,

붓다와 같이 중생도 그러하네.

마음이며, 중생이며, 붓다이며

셋에는 차별이 없다네.

[문] 어째서 이 논증은 오직 하나의 경전에서만 설하는가?

[답] 하나의 경전을 들어서 가르침(教)과 이치(理)를 모두 완성하였는데, 여러 경전에 그 이치를 두루 드러낼 필요가 무엇이 있겠는가?

[문] 무슨 이유로 이 논서에서는 '유식(唯識)'이라 말하고, 여러 경전에서 설하는 것은 '유심(唯心)'이라 칭하는가? '마음(心)'을 들어 '식(識)'을 논증하는 것이 어떻게 성립하는가?

五蘊悉從生, 無法而不造.
如心佛亦爾, 如佛衆生然,
應知佛與心、 體性皆無盡.」 (T10, 102a21-24)

cittaṃ mano vijñānaṃ vijñaptiś ceti paryāyāḥ |

심(心, citta), 의(意, manas), 식(識, vijñāna)과 요별(了別, vijñapti, 표상)은 동의어들이다.

=

「心, 意, 識, 了, 名之差別.」(T31, 74b27-28)

제3항. 외도의 난제를 주석하고 '오직(唯)'을 간택함(釋外伏難簡擇唯言)

논 **심(心), 의(意), 식(識), 요별(了別)은 [단지] 명칭의 차이일 뿐이다.**

[0981b11]

술기 이하 제3항은 외도의 난제를 주석하고 '오직(唯)'이라는 말의 뜻을 간택한다. 이는 두 항목으로 이루어진다. 제1항목은 '비난을 잠재우다(伏難)'를 주석하고, '식(識)' 자를 해석한다. 제2항목은 '오직(唯)'이라는 말을 주석한다.

제1항목: 복난(伏難)과 식(識)의 해석(釋伏難解識字)

이것은 제1항목이다. [외도들의] 비난은 앞에서 설한 바와 같다.

이에 답한다. 제경(諸經)과 논서에서 설한 심(心), 의(意), 식(識), 요별(了別)이라는 네 가지 명칭은 본체에서 차이가 없으며 단지 명칭의 차별이 있을 뿐이다. 심(心)은 적집(積集)의 뜻이고, 의(意)는 사량(思量)의 뜻이며, 식(識)은 요별(了別)의 뜻이며, '요(了)'는 식(識)에 통달한다는 뜻으로 응당 '요별(了別)'이라 해야 할 것이나, 이 말을 축약하여 단지 '요(了)'라고 한 것이다. [진제의] 구역(舊譯)에서 [심의식] '등(等)'이라고 말한 것은 그 '등(等)'이 바로 '요(了)'이기 때문이다.

적집에는 두 종류가 있다.[83)]

---

83) 2종의 적집(積集): 1) 集行相, 2) 集種子; 2종의 사량(思量): 1) 無間覺 2) 現思量, 2종의 요별(了別): 1) 미세함(細), 2) 거칢(麁)

제1: 행상의 적집(集行相), 제2: 종자의 적집(集種子)

첫째는 모든 식(識)에 통하지만, 두 번째는 오직 제8식에만 해당된다. **사량(思量)**에 두 가지 종류가 있다.

제1: 무간각(無間覺: 무간(無間)에 생기하는 인식, 제2: 현행하는 사량(現思量). [여기서] 첫째는 모든 식(識)에 통하지만, 둘째는 오직 제7식에만 해당된다.

요별(了別)에는 두 가지 종류가 있다.

제1: 세(細: 미세함), 제2: 추(麁: 거침). 첫째는 모든 식(識)에 두루 통하지만, 둘째는 오직 전6식에만 해당한다.84)

그러므로 **8식(識)**은 모두 네 가지 이름을 가진다. 만약 모두 포함하지 못할 것을 염려하여 '등(等)'을 말한 것이라면, '팔식(八識)'은 두루 통하는 명칭이 아닌데, 어찌 그것을 '등(等)'이라 하겠는가? 때문에 산스크리트 본문에서와 같이 그것은 마땅히 '요(了)'라고 말해야 한다.

「무성석」에서는 다음과 같이 말한다. "심(心)과 식(識)은 하나이다."85) 8식은 모두 마음을 떠난 대상이 아니며, 각각을 이름하여 '오직 식(識)일

---

84) 미세함(細)과 거침(麁)은 감각기관에 의해 인식가능성을 기준으로 미세한 존재와 인식가능한 크기를 갖는 존재를 구분하는 개념이다. 여기서는 각각을 미세함과 조대함으로 번역하여 구분한다.

85) 『攝大乘論釋』 卷4: 「心識是一」 (T31, 400b5-6)

뿐(唯識)'이라 한다. 따라서 경전에서 설한 마음은 논서에서 설한 것과 상이한 것이 없다. 그것은 단지 다른 이름일 뿐이기 때문이다. 「유식장(唯識章)」[86]에서처럼 또 다른 해석도 존재한다.

[문] 이곳에서 8식이 심의식이라는 명칭을 모두 얻는다면, 무엇 때문에 여러 곳에서 제8식은 심(心)이고, 제7식은 의(意)이며, 나머지 6식은 식(識)이라고 설하는가?

[답] 『성유식론』 제5권[87]에서 다음과 같이 설한다.

"그와 같이 [심의식이라는] 세 가지 뜻은 비록 8식에 모두 통하지만 가장 두드러지게 나타나는 것에 따라 제8식을 심(心)이라 칭한다. 제법(諸法)의 종자(種子)를 취집하여 제법을 일으키기 때문이다. 제7식은 의(意)라고 칭한다. 항상 [8식을] '나' 등으로 사량하기 때문이다. 나머지 6식은 식(識)이라 칭한다. 거친 움직임의 끊어짐과 요별의 이어짐 때문이다."

각기 두드러진 것을 따라 드러나며 각기 별도의 이름을 하나씩 얻는다. 실재에 의거하여 말한 것이므로 모두 통하는 설명이 될 수 있다. 여기에서 두루 통함(通)에 의하여 논서를 짓기 때문에 어긋남이 없다.

[문] 8식의 본체가 각각 '오직(唯)'이라 한다면 무엇 때문에 '일심(一心)이지은 것'이라 설하는가?

[답] 산스크리트 본문에 의거하면 '일(一)' 자가 없고, 단지 '유심(唯心)'이라고 한다. 이제 그 뜻을 풀어서 말해 보면, '유(唯)'는 '단지 홀로(獨

86) 『대승법원의림장』의 「유식장」

87) 『成唯識論』 卷5: 「如是三義雖通八識, 而隨勝顯. 第八名心, 集諸法種起諸法故; 第七名意, 緣藏識等恒審思量為我等故; 餘六名識, 於六別境麁動間斷了別轉故.」 (T31, 24c11-15)

但)'라는 뜻이며, '일(一)'은 '둘이 아니다(無二)'는 뜻이므로 이름은 다르지만 뜻은 동일하다. 이를테면 외계대상이 없고 오직 마음만이 있을 뿐이기 때문에 이름하여 '일심(一心)'이라고 하는 것이지 '마음의 본체가 단지 하나'라고 설하는 것은 아니다.

[문] 실재에 의거하여 설한다면, 식(識)의 본체는 하나인가? 다수인가?

[답] 『섭론(攝論)』[88]에서 설한 바와 같이, 어떤 보살들은 8식의 본체는 단지 하나라고 하며, 어떤 논사들은 다수의 본체가 있다고 한다. 이곳에서는 후자의 뜻을 따른다.

『성유식론』 제7권[89]에는 다음과 같이 설한다.

"8식의 자성은 확정적으로 하나라고 말할 수 없다. 행상(行相), 소의(所依), 소연(所緣), 상응(相應)이 다르기 때문이다. 또 하나가 소멸할 때 다른 것은 소멸하지 않기 때문이다. 능훈(能熏)과 소훈(所熏) 등의 특성이 각기 다르기 때문이다. 그러나 확정적으로 다른 것도 아니다. 경전에 설하기를, 8식은 물결 등과 같이 차별이 없기 때문이며, [만약] 확정적으로 다르다면 비인과성(非因果性)[의 문제가 있기] 때문이다. 환영(幻影) 등에서처럼 확정적인 성질이 없기 때문이다. 세속의 이치에 따라 8식이 각기 별

---

88) 『攝大乘論』 卷2 「2 應知勝相品」: 「復有何義由此一識成一切種種識相貌.」 (T31, 119, c20-21)
『攝大乘論釋』 卷5 「2 釋應知勝相品」: 「釋曰. 此更問復以何道理. 唯是一識或成八識. 或成十一識故. 言一切. 於一一識中. 如眼識分別青黃等差別. 有種種識相貌. 唯是一識復是何識.」 (T31, 188,a19-22)

89) 『成唯識論』 卷7: 「八識自性不可言定一, 行相所依緣相應異故, 又一滅時餘不滅故, 能所熏等相各異故. 亦非定異, 經說八識如水波等無差別故. 定異應非因果性故, 如幻事等無定性故. 如前所說識差別相, 依理世俗, 非真勝義. 真勝義中心言絕故.」 (T31, 38c4-9)
밑줄 친 부분은 '依理世俗. 說有八別' 로 인용하고 있다.

도로 있다고 설하는 것이지 궁극적 의미(眞勝義)[에 따른 것은] 아니다. 궁극적인 의미에서는 마음(心)과 말(言)이 끊어지기 때문이다."

이것은 8식의 본체는 '같은 것도 아니고 다른 것도 아니다(非即非離)'는 것을 드러낸다.

『입능가경(入楞伽經)』의 게송부에 따르면,

> '심의식 8종은 세속에서 차이가 있고 진실에선 차이가 없다.
> 형상의 주관과 객관이[라는 분별이] 없기 때문이다.'[90]

만약 일부에서 설하는 바와 같이 본체가 오직 하나라면, 세속제에서도 본체는 다수가 아니어야 한다. [그러나] 여기서 '세속에서 차이가 있다'는 말은, 작용에 의거하여 이 가운데 8식의 여러 범주를 분별한다고 설하는 것이다.

『성유식론』 제2권, 제3권에 따르면, 제8식을 열 가지 범주로 분별한다. 제4, 제5권에 따르면 제7식 역시 열 가지 범주로 분별한다. 제5, 제6권 등에 따르면 나머지 6식을 아홉 범주로 분별한다.

경부[논사] 등이 묻는다. 이미 유식(唯識)이라고 말했으니, 마땅히 심소(心所)는 [유식(唯識)이] 아니어야 한다. [심소에 대해서는] '오직(唯)'을 말하지 않았기 때문이다.

---

90) 능가경의 가타(伽他, gāthā)
『大乘入楞伽經』卷2「2 集一切法品」:「心意及意識, 為諸相故說;
八識無別相, 無能相所相.」(T16, No. 672, 594, c21-22)
『成唯識論』卷7:「如伽他說:
心意識八種, 俗故相有別,
真故相無別, 相所相無故.」(T31, 38c9-12)

cittam atra sasaṃprayogam abhipretam |

여기서 '심'은 상응하는 것의 포함이 의도되었고,

=

「此中說心, 意兼心所.」 (T31, 74b28)

제2항목. '오직(唯)'의 주석(釋唯言)

논 **이곳에서 설한 마음(心, citta)과 의식(意, mano-vijñāna)은 심소(心所)를 포함한다.** [0981c24]

술기 **이하 제2항목: '오직(唯)'을 간택(簡擇唯)[91]한다.**

논서에 인용된 경전은 '유심(唯心)'을 설한다. 비록 유심(唯心)을 말하지만, 의(意)는 '오직 심소들(唯諸心所)'도 역시 겸하여 설한 것이다. 오직 심소(心所)만이 실유하고, 실재하는 지각대상(所取)은 비존재하기 때문이다.

[문] 무엇 때문에 [심소를 따로] 설하지 않는가?

[답] 「무성석」에는 다음과 같이 설한다.

> "'오직(唯)'이라는 말(聲)로 소취(所取)된 대상의 의미를 배제하는 것이며, 그것이 비존재(無)이기 때문에 능취(能取)도 역시 비존재(無)이다. [그러나] 심소(心所)를 차단하지는 않는데, 그것(심소)과 마음(心)은 서로 분리되지 않기 때문이다. '만약 마음에 속하는 존재(心所有法)가 없다면 마음이 아직 발현하지 않은 것이다'라고 설한 것과 같다."[92]

경량부가 계탁분별을 일으키고, 또한 상좌부도 말한다.

---

91) 앞의 과문에서는 제2항목으로 "'오직(唯)'를 주석함(釋唯言)"이었으나, 지금 여기서는 '오직(唯)을 간택(簡擇唯)'으로 표기되어 있다.

92) 『攝大乘論釋』 卷4: 「唯聲, 為遣所取境義, 由彼無故能取亦無. 不遮心法, 由彼與心不相離故. 如說若無心所有法, 心未曾轉.」 (T31, 400b6-8)

> "만약 멸정(滅定)에 든 경우라면 [그것을] 어떻게 유심(唯心)이라고 할 수 있는가?"

이런 [문제]는 그 학파들의 과실일 뿐이다. 우리 대승에서는 마음이 있는 곳에는 반드시 심소와 온갖 상응법들이 존재한다. 만약 심소와 상응법들이 존재하지 않는다면 마음도 결정코 존재하지 않을 것이다.

『성유식론』[93]에 설하기를,

> "마음(心)이 우세하기 때문에 단지 유심(唯心)이라고 설한 것이다. 심소(心所)는 심(心)의 힘에 의지하여 발생하기 때문이다."

[이것으로] 요약하고 더 설하지는 않겠다.

구파(Gopā)의 주석은 다음과 같이 말한다. 여기에서 '유(唯)'라는 말은 궁극적인 의미(勝義)를 드러내기 위해서지 [표면적으로] 의미하는 것을 나타내기 위함이 아니다. 삼계 가운데 마음(心)이 가장 궁극적인 존재이기 때문이다. 경전에서 '도(道)는 단지 근(根)을 보호하고, 계(戒)는 사문(沙門)의 이름을 보호한다'고 설한 것과 같다.[94] 식(識)에 의해 삼계가 발생하기 때문에 우세함(勝)이라 칭한다. 게송으로 말하면,

> 제법은 마음(心)을 선두로, 우세하기도 현현하기도

---

93) 본문과 인용문에 약간의 차이가 있다: <u>以心勝故. 但說唯心. 心所依心勢力生故</u>. 『成唯識論』 卷7: 「以心勝故說唯識等. 心所依心. 勢力生故」 (T31, 37,a6-7)

94) 본문의 '道唯護根戒[或] 名沙門等'을 '道唯護根 戒[護] 名沙門等'으로 고쳐 읽음.

어떤 이 정심(淨心) 일으켜, 말하거나 일을 지으면
즐거움이 삼선(三善)에 나고, 뒤따름이 그림자 같네
제법은 마음(心)을 선두로, 우세하기도 현현하기도
어떤 이 염오심(染心) 일으켜, 말하거나 일을 지으면
고통이 삼악(三惡)에 나고, 우각(牛脚)을 따르는 바퀴와 같네

마음(心)이 상응하기 때문에 유심(唯心)이라는 말을 설하였으며 역시 심소(心所)도 포함하는 것이다.

[문] 무엇을 **심소(心所)**라고 하는가?

[답] 마음(心)에 의해 생성된 것으로, 항상 마음(心)에 의지하여 일어난다. 마음과 상응하고 마음에 의해 속박되기 때문에 심소(心所)라고 이름한다. 마치 왕이 신하를 갖고, 사람이 재물을 소유하는 것과 같다.

[문] 심소(心所)와 심(心)은 동일한가? 상이한가?

[답] 설일체유부(薩婆多) 등에서는 심(心)과 심소(心所)는 분명히 다르다고 하며, 경량부 등에서는 심(心)과 심소(心所)는 다름이 없다고 한다.

대승[의 관점에 대해]서는 『성유식론』 제7권[95]에서와 같은 자세한 문답이 있다. 그것의 동일성(同一性)과 상이성(相異性)을 분별하여 총의(總意)를 개괄하면, 세속에 의지하는 경우에는, 경량부와 달리, 차별이 있

95) 『成唯識論』 卷7: 「若即是心分位差別. 如何聖教說心相應」 (T31, 36,c29) 이하 「二隨一故如彼能緣. 所緣法故如相應法. 決定不離心及心所.」 (T31, 39,a28-29) 까지

다고 하고, 승의에 의지하는 경우에 심과 심소는, 해와 햇빛처럼, 분리되지도 일치하지도 않다(非離非即)고 한다. [이런 점에서] 설일체유부(薩婆多)와도 같지 않다.

[문] 만약 세속제의 의지하여 [심소(心所)는] 심(心)과 차이가 있다면, 그것이 대상을 조건으로 하였을 때의 마음(心)과는 어떻게 다른가?

[답] 『성유식론』 제5권[96] 등에서 다음과 같이 설한다. "심(心)은 인식대상(所緣)에 대해 단지 총상(總相)만을 취하며, 심소(心所)는 그것(소연)에 대해서 별상(別相)만을 취한다. 마음(心)이 하는 일을 돕기 때문에 '마음작용(心所)'이라는 명칭을 얻은 것이다. 마치 색을 모방하여 채우는 화가의 자질(資質)과 같다."

『변중변론』 제1송에 따르면[97],

삼계의 심(心)과 심소(心所)는 허망분별이라.
총괄하여 대상의 요별은 심(心), 개별로 이름하면 심소(心所)라네.

이 심소(心所)는 총체의 개별상을 취하고, 심왕은 오직 총체를 취한다는 등 자세히 설하였다.

---

96) 『成唯識論』 卷5: 「心於所緣唯取總相, 心所於彼亦取別相, 助成心事得心所名, 如畫師資作模填彩.」(T31, 26c16-18)

97) 『辯中邊論』 卷1 「1 辯相品」: 「三界心心所 是虛妄分別 唯了境名心 亦別名心所」 (T31, 465,a17-18)

[문] 이제 심소(心所)는 몇 가지인가? 어떤 심(心)과 어떤 심소(心所)가 상응하고, 어떤 대상영역(境界)을 조건으로 하는가? 이런 등의 일체의 뜻을 자세히 해설해 보라.

[답] 『성유식론』과 또 다른 단락(章)에서 자세히 분별한 것과 같으며, [여기서] 상세히 인용(引用)할 수는 없다.

[문] 경전에서 단지 '유심(唯心)'이라는 말만 설명하였는데, 어떻게 심소(心所)가 있다는 것을 알 수 있는가?

mātram ity artha pratiṣedhārthām |

'오직'은 [외계] 대상을 배제하는 의미이다.

=

「唯遮外境, 不遣相應.」 (T31, 74b28-29)

논 '유(唯)'는 외계대상을 차단하는 것이지 상응(相應)을 버리는 것이 아니다. [0982b01]

술기 어리석은 범부들이 마음 밖에 실재하는 경계 대상이 없다는 것을 알지 못하고, [대상이] 실유(實有)한다고 잘못 집착하여 온갖 악업과 두 가지 장애(번뇌장, 소지장) 등을 일으킨다는 사실을 [일깨우기] 위하여, 경전에서 유심(唯心)을 설하여 마음을 떠난 밖에 **변계소집(遍計所執)** 한 실재 대상이 존재(有)한다는 [생각을] 차단하는 것이지 그것(심소)을 배제하는 것은 아니다. 의타기성은 마음(心)을 떠나지 않는다. 온갖 심소법은 모두 마음(心)을 주로 하기 때문에 '오직 유심(唯心)'을 설한다. 이치의 실상으로 보면 온갖 심소법들도 '오직 실유(唯有)'하는 것들이다.

[문] 무엇을 '**상응(相應)**'이라 하는가?

[답] 『성유식론』 제3권에 설하였다:[98] 심(心)과 심소(心所)의 행상(行相, ākāra)은 비록 상이하지만, 때(時)와 의지하는 바(依)가 동일하고, 인식대상(所緣)과 실재사태(事)가 동등하기 때문에 상응(相應)이라고 칭한다.

즉, 동일한 행상을 제외하고 사의(四義)를 구족한 것을 상응(相應)이라 부른다.[99] 그것은 『유가론』과 어긋나며 이치에 차이가 있다. 모두 그

---

98) 『成唯識論』 卷3: 「此觸等五與異熟識行相雖異. 而時依同所緣事等. 故名相應.」 (T31, 11, c28-29)

99) 『成唯識論述記』 卷3: 「若事不等不名相應. 如五與意唯依. 事簡 或但四義. 唯除行相. 以各別故.」 (T43, 332, c15-17)
동일자, 즉 자기 자신을 제외하고, 1) 때(時)와 2) 토대(依)의 동일, 3) 인식대상(所緣)과 4)

곳에 설한 바와 같다.

[문] 만일 외계의 대상을 차단하였다면, 어째서 다시 자신의 온갖 식들 각각이 변화된 것(所變)을 또 차단하는가?

[답] 지금 이것은 온갖 식들이 서로를 조건으로 하여 [대상을] 직접 지각하지 못하는 것을 차단하는 것이지, 본체의 실유가 자신의 외계대상을 떠나는 것을 차단하는 것이 아니다. 또한 본체가 완전한 비존재(無)라고 한결같이 차단하는 것도 아니다. 단지 자신의 마음은 [대상을] 직접 취하지 못하며, 마음에 의해 직접 취해지는 것은 확실히 마음(心)을 떠나지 않는다는 것을 설한다. 만약 자신의 마음을 떠난 [대상]이라면 분명히 직접 취해진 것이 아니다.

[문] 그것의 심소법을 '유(唯)'로써 이미 차단하지 못하였다면, 그것의 진여성이 경전에서 설해지지 않은 것이 되며, 마땅히 유식(唯識)이 아니[라고 해야 할 것이]다.

[답] 『성유식론』에서 설한다:[100] 식(識)의 실성은 식을 떠나지 않기 때문에 이름하여 유식이라고 한다. 심소(心所)를 '오직 심소(唯心所)'라고 부르는 것과 달리 '유식(唯識)'이라고는 칭하지 않는다. 진여(眞如)는 역시 심소의 실성(實性)이며, 따라서 '오직 심소법'이라는 명칭을 획득한다. 이런 이치가 적용되기 때문이다.

실재사태(事)가 동일한 것을 상응이라고 한다.

100) cf. 『成唯識論』 卷10: 「真如亦是識之實性. 故除識性無別有法. 此中識言亦說心所. 心與心所定相應故. 此論三分成立唯識.」 (T31, 59,a15-18)

[진제의] 구역(舊譯)에는 달리 설하는 하나의 게송이 있다. 진제는 논서의 종지를 세워 게송으로 말한다:[101)]

"실로 외계의 대상은 존재하지 않는다.
대상과 유사하게 식이 발생하기 때문에
눈병 걸린 사람이 머리카락이나 두 달 등을 보는 것과 같이."

보리류지는 말한다:

"오직 식(識)일 뿐 대상은 없는데, 없는 대상으로부터 허망한 것을 본다.
눈병을 가진 사람이 머리카락이나 달 등의 형상을 보는 것과 같다."

이치에는 비록 어긋남이 없지만 세 개의 산스크리트 원문을 나란히 살펴보면 이 게송은 발견되지 않는다. 단지 번역가들이 첨가한 것이다.[102)]

---

101)『大乘唯識論』:「實無有外塵, 似塵識生故, 猶如瞖眼人, 見毛二月等」(T31, 70c27-28)

102) 이를 통해 현장이 획득한『이십론』사본에는 제1송이 없었음을 알 수 있다. 게송1과 관련된 논의는 제1부 해제의 서론을 참고하기 바란다.

vijñaptimātram evedam[103] asadarthāvabhāsanāt |

yadvat[104] taimirikasyāsatkeśacaṇḍrakādidarśanaṃ[105] || 1 ||

(종) 이것(삼계에 속하는 것)은 오직 표상일 뿐이다.

(인) 실재하지 않는 대상이 비슷하게 현현한 것이기 때문에,

(유) 눈병 걸린 자가 실재하지 않는 머리카락이나 달을 보는 것과 같이.

=

「內識生時似外境現, 如有眩瞖見髮蠅等, 此中都無少分實義.」

(T31, 74b29-c1)

---

103) 이하 山口益의 정오보정표에 따라 고침. Levi (1925), vaitad

104) Levi (1925), yathā

105) Levi (1925)를 따름. 山口益은 keśoṇḍrakādi (현장역을 지지하는 것으로 보임). 이후 Ālambanaparikṣa등의 해석전승에서 달의 비유가 중요하게 등장하기 때문에, Vimśikā에 달의 비유가 포함되어 있었을 개연성은 충분하다고 보았다. Sanskrit kavyā의 metre에 따르면, v.1bc의 山口益의 제안은 문제가 없지만, keśacaṇḍrakādi는 17 strokes으로 16 syllables 규칙을 어기게 된다. 그러나 여기서는 둘을 나열하고 있기 때문에 ādi를 생략하는 대안을 생각해 볼 수 있지만, manuscript의 근거를 찾을 수는 없다.

제4항. 유식의 의미를 드러냄(顯唯識義)106)

논 **내식(內識)이 발생할 때 외계 대상과 유사하게 나타난다. 마치 비문증(飛蚊症) 가진 이가 머리카락이나 파리 등을 보는 것처럼. 그러나 이것에는 조금도 실재성이 없다.** [0982b23]

술기 이하 제4: 유식의 의미를 드러냄.

비유를 들어 [논증을] 확립한다.

구역(舊譯)은 여기서 외도의 난문(難問)을 제시하고 두루 올바른 이치를 드러낸다. 이것은 번역가가 증보(增補)한 것으로 산스크리트 원문에는 발견되지 않는다. "내식(內識)이 발생할 때 외부대상과 유사하게 나타나"지만 "이것에는 조금도 실재성이 없다."는 것이 유식(唯識)의 의미를 드러내는 것이다. "마치 비문증(飛蚊症) 가진 이가 머리카락이나 파리 등을 보는 것과 같다"는 것은 비유를 들어 [논증을] 확립한 것이다.

또 앞에서는 [경전의] 가르침을 인용하여 [논증하였다면] 지금은 이증(理證)으로 [논증을] 확립한다. 안혜(安慧)107) 등 이전의 성자가 이 "내식이 발생할 때 외계대상(外境)과 유사(類似)하게 나타난다"고 한 것은 이를테면 '' 오직 식(識)일 뿐(唯識)' 으로 의타기성은 하나의 자증분이며, 그것이 외계대상과 유사하게 변계소집하여 견분과 상분이라는 이취(二

---

106) 본문의 과문(科文)에는 '유식의 의미를 밝힘'(明唯識義)으로 되어 있다.

107) 산스크리트어로 Sthiramati(혹은 Sāramati), 티베트어로는 blo gros brtan pa라고 하며, 바수반두 이후 유식(唯識) 10대 논사의 한 명에 속한다. 그는 호법(護法)과 같은 6세기경에, 주로 발라비(Valābhi, 오늘날의 구자랏Gujarat)을 중심으로 활동하였으며, 호법의 유상(有相)유식(唯識)에 대응하여 무상(無相)유식을 대표하는 학자였다. 그의 철학적 관점은 바수반두－안혜－진제(眞諦)를 거쳐 원측(圓測)으로 이어진다.

取)[108]의 대상으로 나타난다는 말이다. 변계소집은 비록 [실재에 있어] 무(無)이지만 허망한 의식(妄情)으로 말하자면 유(有)이다. 허망한 의식(妄情)과 유사하기 때문에 지각대상(所取, grāhya)과 유사하다고 하는 것이다.[109]

『성유식론』 제1권에 따르면, 내식(內識)은 외계대상과 유사하게 전변(轉變)한 것이라 하고, 제7권에서는 **전변(轉變)**이란, 내식(內識)들이 전변하여 인식주체(我)나 인식대상(法)과 유사하게 외계대상의 형상으로 나타나는 것을 말한다. 이 논사가 설하고자 하는 바는, 견분과 상분은 변계소집된 것으로 무(無)이고, 오직 자증분과 의타기성만이 유(有)라는 것이다.

『중변분별론』 등에서 능취(能取)와 소취(所取)는 모두 변계소집이라고 설하고 있기 때문에, [그리고] 자증분은 허망한 훈습(薰習)을 인연으로 삼기 때문에, 자체(自體)가 나타날 때 능취(能取), 소취(所取)와 유사하게 외계대상의 형상이 나타난다. 이 가운데 이취(二取)는 전혀 실재성이 없다. 오직 자증분이 그것과 유사하게 현상한다. 오직 자체(自體)를 취하기 때문에 어떤 소법(少法)의 능취도 아니다. 어리석은 자는 이것을 모르고 식(識)의 본체를 떠나서 [능취와 소취] 두 가지가 실재한다고 주장한다. 때문에 유식을 설해서 그것을 깨달아 알도록(了知) 한 것이다.

호법(護法) 등 이후의 성스러운 교설(聖說)[에 따르면], 내식(內識)이

---

108) 이취(二取) = 소취와 능취 = grāhya-grāhaka = 지각되는 대상과 지각하는 주체

109) 안혜는 '보는 자(見分)'와 '보이는 대상(相分)'이 구분되어 드러나는 것은 이미 분별적 사유의 집착(변계소집)의 결과로 본다. 반면 난타, 진나, 호법 등은 의타기 단계에서 이미 견분과 상분이 구분되어 드러난다고 본다. 진나는 여기에 자증분을 추가하고, 호법은 다시 증자증분을 추가하여 4분설을 확립한다. 참고. 吳亨根 (1975) "心識의 四分說에 대한 小考: 심식의 4분설에 대한 소고", 『研究論集』. Vol.5, pp.19-30

발생하여 외계대상과 유사하게 나타나며, 그것은 의타기의 자증(自證), 견분(見分), 상분(相分)의 세 양상으로 현현한다. 식(識)을 떠나지 않기 때문에 유식(唯識)이라고 칭한다. 어리석은 자들은 이 '식을 떠나지 않는다'는 법(法)에 의지하여, '마음을 떠나 실재하는 대상의 형상이 존재하고, 이것이 실재하는 소취(所取)이다'라고 주장한다. [그러나] 마음 밖에 이취(二取)의 실체성은 전혀 존재하지 않는다.

『중변분별론』 등에 따르면, 이취(二取)는 실유(實有)가 아니며, 의타기(依他起)의 이취(二取)는 그 본질에 있어 무(無)도 아니다. 『섭론』 등에서 '오직 두 가지가 동등하다'고 설하였기 때문에, 만약 의타기의 견분과 상분 두 가지가 존재하지 않는다면, 그것은 바로 『후엄경厚嚴經』[110]과 여러 성자들이 '유(唯)'는 '오직 둘(唯二)'이고, 그 능취와 소취가 전개하여(纏) 다양한 현상을 보이는 것이라는 성자의 강설(講說)[111]에 위배되는 것이다. 때문에 지금 여기서는 '오직 유(唯有)', '비유(非有)', '사유(似有)'라는 의타기(依他起)한 내식(內識)의 세 양상(三分)으로 발생한다고 한다. 마음을 떠나 심외(心外)에 변계소집한 실재의 이취(二取)로 나타나는 것은 어떤 것도 없다. 때문에 어떤 작은 소법(少法)이 어떤 작은 소법(少法)도 능히 파악(取)할 수 있는 것이 아니다. 유식(唯識)이라는 말을 설하여, 그것을 깨달아 통달(了達)하게 하고, 그것[능취 소취]를 유(有)라고 말하는 우매한 자들이 나오지 않도록 한 것이다.

---

110) 『大乘密嚴經』 (Mahāyāna-ghana-vyūha-sūtra)의 다른 이름이며, 디바카라(地婆訶羅, Divākara, 日照)와 불공(不空, ca. 705-774)에 의한 2종의 번역이 존재한다. 지금 여기서는 해당 인용문과 일치하는 본문을 찾을 수 없다.

111) 『攝大乘論』 卷1: 「唯有識量, 外塵無所有故; 唯有二, 謂相及見, 識所攝故; 由種種, 生相所攝故.」 (T31, 119a2-4)

『성유식론』 제1권에 따르면,[112)]

"내식(內識)의 본체가 [견분 상분] 두 양태(二分)와 유사하게 전변한다. 상분과 견분은 모두 자증(自證)이 일어남에 의지하기 때문에, 그 두 양태에 의지하여 인식주체(我)와 대상세계(法)를 시설한다. 그 둘 [상분과 견분]은 이 [자증분]을 떠나서 의지하는 바(所依)가 없기 때문이다."

제7권[113)]에는 3**능변식(能變識)**[114)]과 온갖 심소(心所)에 대해 설한다. 모든 [심소는] 견분과 상분 이분(二分)과 유사하게 능히 전변(能變)할 수 있다. 이것이 [호법]논사가 설한 것이다.

진리의 본체(法體)는 비록 그러하지만, 그 이치(理)가 아직 드러나지 않았기 때문에 다음으로 비유를 들어 이 종지를 확립한다. 세간에 어떤 사람이 눈에 눈병이 있으면, 그의 의식(意識)은 텅 빈 허공에서 머리카락이나 파리 등을 보게 된다. 여기서 '등(等)'자는 공화(空花)의 황색이나 두

---

112) 『唯識二十論述記』 卷1: 「謂內識體. 轉似二分. 相. 見俱依自證起故. 依斯二分施設我法. 彼二離此. 無所依故.」 (T43, 982c23-25)
『成唯識論』 卷1: 「變謂識體 轉似二分, 相, 見俱依自證起故. 依斯二分施設我法, 彼二離此無所依故.」 (T31, 1a29-b2)

113) "이 모든 식(識)은 앞에서 설해진 세 능변식과 그것의 심소들을 말한다. 모두 능히 변화를 일으켜 견분(見分), 상분(相分) 2분(分)과 유사하게 나타나므로 '전변(轉變)'이라는 이름을 세운다." 『成唯識論』 卷7: 「是諸識者, 謂前所說三能變識及彼心所, 皆能變似見相二分, 立轉變名.」 (T31, 38c18-19)

114) 능변식(能變識)이란 전변을 일으키는 주체로서 식(識)이며, 3종(種)으로 구분한다. 단순화하면, 제1능변식은 근본식인 제8식, 제2능변식은 제7식인 마나스, 그리고 제3능변식은 인식대상을 인식하는 6종의 대상인식, 즉 전5식과 제6식을 포함한다.
cf. 『成唯識論』 卷5: 「次第三能變, 差別有六種, 了境為性相, 善不善俱非.」 (T31, 26a13-14) "제3능변식은 여섯 종류로 구별되며, 대상의 인식이 본성과 특성이며, 선(善), 불선(不善), 무기(無記)의 성질을 모두 갖는다."

번째 달 등을 지각하는 것 등(等)이다. 현(眩)은 어지러움증이고, 예(翳)는 가로막힘 증세이다. 눈의 질환으로 인하여 의식(意, manovijñāna)이 머리카락 등을 본다. [그러나] 이것들에는 조금도 실재성이 없다. 눈이 병을 얻음으로 인해 눈을 문으로 삼아서 의식(意識)이 파리 등을 보는 것이지 안식이 능히 머리카락이나 파리를 볼 수 있는 것은 아니다. 손 등으로 한쪽 눈을 누를 경우에도 역시 의식이 두 번째 달의 출현을 보는 것이지 안식이 두 번째 달을 보는 것이 아니다. 제6의식이 눈을 문으로 삼아, 마치 눈이 보는 것과 같이 형상을 명료하게 보는 것이지 실제로 눈이 보는 것은 아니다. 5식(識) 중에는 [지각의] 지식을 가지는 기능(慧執)이 없기 때문이다.

『성유식론』에 따르면,115)

"직접지각을 증득하였을 때에는 외계대상이라고 집착하지 않으나, 후에 의식(意)의 분별에 의해 허망한 외계대상의 개념을 일으킨다. 그러므로 [현량의 대상은] 자신의 상분(相分)이며, 식(識)이 전변한 것이므로 또한 유(有)라고 설한다. 의식이 전변하여 집착한 [외계의 물질(색) 등은] 허망하게 헤아려 분별한(計度) 유(有)이므로, 그것은 [본질에 있어] 무(無)라고 설하는 것이다."

호법 등은 오직 제6식과 제7식만이 유(有)에 대한 집착이라고 해석한다.

---

115) 『成唯識論』 卷7: 「現量證時不執為外. 後意分別妄生外想. 故現量境是自相分. 識所變故亦說為有. 意識所執外實色等. 妄計有故說彼為無.」 (T31, 39,b28-c1)

『섭대승론』은 계탁(計度)을 일으키는 것이 의식 때문이라고 설한다. 또 '단지 두 가지 양태만'을 설한다. 내식(內識)이 전변한 형상은 식(識)을 떠나지 않으며 외계대상과 유사하게 나타난다. 여기에는 식을 떠나서 어떤 실재하는 것이 없으며, 그것은 비문증을 가진 이가 머리카락이나 파리를 보는 것과 같다.

안혜(安慧) 등의 경우에는 8식이 모두 존재(有)에 대한 집착이라고 설한다. 이런 주장 등 논서의 여러 글로써 증거로 삼는다. 비문증을 가진 눈이 두 번째 달을 보는 것이고, 눈은 보는 주체(能見)이기 때문에 안식(眼識) 등의 견분과 상분은 모두 취집(聚集)한 것이며, 여기에는 조금도 실재성이 없다.

누가 의식(意識)이 눈에 의지하여 본다고 말하는가?

'오직 의식(意識)'이 헤아려 분별하는(計度) 주체라는 말이 이 논서 [『섭론』]에서 설하고자 하는 바이다. 일체의 대상이 모두 헤아려 분별된 것이라는 말은 오직 의식만이 주체라는 [뜻]이다.

누가 오식(五識)은 변계소집이 없다고 하는가?

만약 그렇지 않다면[116], 여기에서 어떻게 눈이 눈병을 가지며, 머리카락이나 파리 등을 본다고 하겠는가?

이와 같은 논쟁은 『성유식론』에서 자세히 설명한 것과 같다. 구파(瞿波, Gopā)논사의 논증은 호법(護法)의 주석과 동일하다. 눈을 매개로 삼아

---

116) '만약 변계소집이 없다면'. 영어 구문에서 부정의문의 경우와 유사하다. 예를 들어, 한국어의 경우 "이 말 뜻을 아직 모르겠니?" "아니요. 알아들었어요."로 답해, 앞 문장을 전체 부정하는 반면, 영어에서는 "Don't you understand this?" "No, I don't."에서와 같이, 문장의 한 부분인 동사만을 부분부정함으로써, 의문문의 부정을 긍정하는 경우와 같다.

의식이 능히 집취한다. 오식(五識)이 비존재하는 것을 인식 조건으로 삼는다는 것은 이치(道理)상 불가능하다. [오식은] 무분별이기 때문에 늘 실상(實相)을 조건으로 한다.

『아비달마경』의 게송에서 설한 바와 같이, 안식(眼識) 등이 실유하는 대상을 조건으로 하여 일어나지 않는 경우는 없다. 의식(意識)은 두 종류가 있으며, [각각] 실재와 비실재하는 대상을 조건으로 한다.

안혜(安慧)는 이 부분을 해석하여 다음과 같이 말한다. 오식(五識)이 취집을 일으킬 때, 반드시 대상과 유사한 실법(實法)으로 오인하여 물질(색)과 유사한 작용을 일으키기 때문에, 이것은 의식이 거북이 털 등을 조건으로 하는 것과는 다르다. 본래 무(無)이지만 생기하여 작용과 유사한 무(無)이기 때문에, 오식(五識)이 대상에 대한 집착(法執)을 일으키지 않는다고 설하지 않으며, 오직 실재하는 대상을 조건으로 삼고 거짓 훈습이 내적 조건이 되므로 보이는 외계대상은 모두 실유하지 않는다고 설하지도 않는다. 머리카락과 파리가 보이는 것처럼. 파리와 뱀의 비유도 역시 그와 같다.

때문에『성유식론』에서는 [다음과 같이] 말한다:117)

"몽유병 환자가 몽유병의 힘으로 인해, 마음이 각종 외계대상과 유사하게 형상을 현현하고, 이것을 조건으로 해서 외계대상이 실재한다고 주장하는 것과 같다."

117)『成唯識論』卷1:「如患夢者患夢力故心似種種外境相現. 緣此執為實有外境.」(T31, 1,b5-7)

비록 이런 비유가 있긴 하지만, 그 이치가 아직 충분히 드러나지 않았으므로, 마땅히 논리식을 세우고자 한다.

논리식으로 말하면,

(종) 공동승인(極成)[118]의 안식(眼識)은 결코 자신을 떠나 물질대상(色境)을 직접적인 인식조건으로 삼지 않는다.

(인) 오식(五識) 중에 하나를 따라 포섭하기 때문에.

(유) 나머지 네 가지 식(識)들과 같이.

(종) 여기서 나머지 의식(意識)도 자신을 떠난 제법(諸法)을 직접적인 인식조건으로 하지 않는다.

(인) 그것이 식(識)의 성질이기 때문에.

(유) 안식(眼識) 등과 같이.

중간의 네 식(識)에 대한 추론(比量)에 의거하여 생각하면, 마음 밖의 대상은 내심(內心)의 인식대상이 아니라는 점이 성립된다.

다음으로 마음속의 대상은 결코 식을 떠나지 않는다는 것을 성립시킨다.

논리식으로 말하면,[119]

---

118) 극성(極成), prasiddha는 논쟁의 당사자들 사이에 일반적으로 승인된 공통의 사실을 말한다.

119) 『成唯識論』 卷7: 「此親所緣定非離此, 二隨一故, 如彼能緣. 所緣法故. 如相應法, 決定不離心及心所.」 (T31, 39a27-29)

『唯識二十論述記』 卷1: 「此親所緣. 定不離此. 二隨一故. 如彼能緣. 又親所緣. 決定不離心及心所. 所緣法故. 如相應法.」 (T43, 983,b4-6)

규기는 여기서 『성유식론』 인용 본문의 하반부를 재배치하여 삼지작법의 형식에 맞추

(종) "이 [식들]의 직접적인 인식대상은 결코 이 [식들]을 떠나지 않는다.
(인) 둘은 하나를 따르기 때문에.
(유) 그것의 능연(能緣)과 같이.

또한

(종) 직접적인 인식대상은 결정코 심(心)과 심소(心所)를 떠나지 않는다.
(인) 조건 지어진 것이기 때문에.
(유) 상응법과 같이."

또 제2의 [논리식을 세워] 말하자면,

(종) 나머지 집착에 의한 법들이 심(心)심소(心所)와 다른 어떤 실유의 성질을 갖는 것이 아니다.
(인) 지각된 것(所取)이기 때문에.
(유) 심심소와 같이.

(종) 능히 그것에 대한 인식을 취하지만(能取), 그것을 조건으로 하지는 않는다.
(인) 그것은 파악하는 주체(能取)이기 때문에.
(유) 이 인식을 조건으로 하는 것과 같이.

고 있다. 규기는 『술기』에서 불교논리학의 삼지작법 형식을 매우 집중적으로 사용하는 동시에 인용 본문들도 이 형식에 맞추어 재배치 등의 수정을 가하는 특징을 보인다.

[문] 타인의 신식(身識) 등과 같이, 비록 직접적인 조건(親緣)은 아니지만 이미 본체를 가지고 있는 것이라면, 그것들을 어떻게 유식(唯識)이라고 부를 수 있는가?

[답] 『성유식론』 제7권에 [다음과 같이] 설한다.[120]

"유식(唯識)은 단지 '하나의 식(一識)'을 말하는 것이 아니다. 만약 '오직 하나의 식'이고 타자 등이 없다면, 어떻게 시방세계에 범부와 성인, 존귀와 비천, 원인과 결과 등의 차이가 있겠으며, 누가 누구를 위하여 설하겠으며, 어떤 진리를 어떻게 구하겠는가?

따라서 유식(唯識)이라는 말에는 심오한 의미가 있다. 식(識)이라는 말은 총괄하여 일체의 유정은 각기 8식을 가지며, 여섯 범주의 심소, 전변에 의한 견분(見分)과 상분(相分)의 구분, 그것의 공(空)한 이치가 현현한 진여(眞如)를 드러낸다.

식의 자상(自相)이기 때문이고, 식의 상응이기 때문이고, 두 가지 전변된 것이기 때문이고, 세 가지 양태(3分位)[121]이기 때문이고, 네 가지 실재성[122]이기 때문이다. 그와 같이 제법(諸法)은 모두 식(識)을 떠나지 않으며, 총괄하여 식(識)이라는 명칭을 세운다.

'유(唯)'라는 말은 단지 어리석은 범부들이 식(識)을 떠나서 물질(색)들이 실유(實有)한다고 취착하는 것을 차단한다. 만약 그와 같이 유식 교리의 의미를 알게 된다면, 다시는 전도(顚倒)됨이 없을 것이며, 훌

---

120)『成唯識論』卷7:「豈唯識教但說一識. 不爾如何. 汝應諦聽. 若唯一識寧有十方凡聖尊卑因果等別. 誰為誰說. 何法何求. 故唯識言有深意趣. 識言總顯一切有情各有八識. 六位心所. 所變相見. 分位差別及彼空理所顯真如. 識自相故. 識相應故. 二所變故. 三分位故. 四實性故. 如是諸法皆不離識. 總立識名.」(T31, 39, c17-24)

121) 심(心), 심소(心所), 색법(色法)

122) 심(心), 심소(心所), 색법(色法), + 심불상응행법

륭한 자량을 비축하게 될 것이며, 법공(法空)에 속히 들어갈 것이며, 무상의 깨달음을 증득할 것이며, 중생[123]을 생사윤회로부터 구제할 것이다. 그러나 완전한 무(無)를 치켜들어 악취공(惡取空)에 떨어진 자들은 교리(敎理)에 위배되기 때문에 결코 이것을 성취할 수 없다. 따라서 마땅히 일체는 유식(唯識)이라고 바르게 믿어야 한다."

청변(清辨, bhāviveka) 등이 주장한 바는 그렇지 않다는 것을 알아야 한다. [왜냐하면 그들은] 의타기와 원성실성이 모두 무(無)라고 세우기 때문이다.

『중변분별론』에 따르면, 자씨(慈氏)존자는 [다음과 같이] 설하였다.[124]

---

123) '함식(含識)'은 '감정이나 의식을 함유하고 있는 존재, 즉 유정(有情)이나 중생(衆生)을 의미한다.

124) MVbh 1b.3: abhūta-parikalpo 'sti dvayan tatra na vidyate |
śūnyatā vidyate tv atra taṣyām api sa vidyate || I.1 ||
MVbh 1b.6: na śūnyam nāpi cāśūnyam tasmāt sarvam vidyate |
satvād asatvāt satvāc ca madhyamā pratipac ca sā || I.2 ||
『辯中邊論』卷1「1 辯相品」:
「虛妄分別有 於此二都無
此中唯有空 於彼亦有此
論曰. 虛妄分別有者. 謂有所取能取分別. 於此二都無者. 謂即於此虛妄分別. 永無所取能取二性. 此中唯有空者. 謂虛妄分別中. 但有離所取及能取空性. 於彼亦有此者. 謂即於彼二空性中. 亦但有此虛妄分別. 若於此非有. 由彼觀為空. 所餘非無故. 如實知為有. 若如是者則能無倒顯示空相. 復次頌曰.
故說一切法 非空非不空
有無及有故 是則契中道
論曰. 一切法者. 謂諸有為及無為法. 虛妄分別名有為. 二取空性名無為. 依前理故說此一切法非空非不空. 由有空性虛妄分別故說非空. 由無所取能取性故說非不空. 有故者. 謂有空性虛妄分別故. 無故者. 謂無所取能取二性故. 及有故者. 謂虛妄分別中有空性故. 及空性中有虛妄分別故. 是則契中道者. 謂一切法非一向空. 亦非一向不空. 如是理趣妙契中道. 亦善符順般若等經說一切法非空非有. 如是已顯虛妄分別有相無相. 此自相今當說.」(T31, 464,b16-c8)
『中邊分別論』卷1「1 相品」의 번역에는 미세한 차이가 존재한다.
「虛妄分別有 彼處無有二

"허망분별은 유(有)이고, 이곳에 둘(二)은 전혀 비존재(無)라네.
이 가운데 오직 공(空)만이 있으니, 그것에 대해서는 역시 이것이 있네.
고로 설하길 일체법은 공(空)도 아니고 불공(不空)도 아니니,
무(無)와 유(有)가 존재하기(有) 때문에 중도(中道)에 계합한다네."[125]

이런 이유로 유식(唯識)이란 **중도(中道)**의 뜻에 합치한다고 설한다는 것을 알아야 한다. 지금 '유식(唯識)이 단지 삼계(三界)[에 속한다'고] 말하는 것을 우선 요약하면, 단지 염오의 의타기에 의지한다고 설한다는 말이다. 허망한 집착(妄執)에 의한 분별(分別)은 오직 염오이기 때문이다.

진리의 실상도 [역시] 청정한 의타기를 갖는다. 청정한 의타기의 유식(唯識)에 대한 이설(異說)들은 이하에서 서술할 것이므로 번거로이 염려하지 않아도 된다.

또한

(종) 심(心)과 심소(心所)는 세속제에 의지하면 진실한 유(有)가 아니다.
(인) 의타기한 것이기 때문에.
(유) 환술(幻術) 등과 같이.

만약 궁극적 진리(勝義)에 의지하면 실재도 아니고 비실재도 아니다. 마

彼中唯有空 於此亦有彼
故說一切法 非空非不空
有無及有故 是名中道義. (T31, No. 1599, 451,a16-b6)

125) 이곳에는 '是則契中道'로 인용하나, 『중변분별론』의 게송에는 '是名中道義'로 되어 있다.

음과 말(言)이 끊어진 [경지이기] 때문이다.

청변(清辨) 등에 의하면,[126]

(종) 유(有)를 파괴하여 공(空)으로 삼으며, 참된 본성에서 유(有)는 바로 공(空)이다.

(인) 연기적 생성이기 때문에.

(유) 환술과 같이.

이것은 추론(比量)과 유사하긴 하지만 참된 추론은 아니다. 만약 나의 참된 자성이라면 마음과 말(言)을 떠난 것이기 때문에 유위(有爲)를 공(空)[이라고 말할 수 있는 것도] 아니다. 만약 당신의 참된 자성이라면 공통승인의 유(有)가 아니다. 오직 그것이 공(空)하기 때문이다.

따라서 지금 설해진 것에는 이치에 어긋남이 없다. 심(心)과 심소(心所) 외에 실재하는 대상이 있다는 허망한 집착을 배제하고자 하였기 때문에 '오직 식(識)일 뿐(唯識)'을 설한 것이다. 만약 유식(唯識)이 참된 실재의 유(有)라고 집착한다면, 외계대상이 [존재한다고] 집착하는 것과 마찬가지로 그것도 역시 법집(法執)이 될 것이다.

[문] 비록 마음을 떠나 실재하는 대상이 존재하지 않는다고 안다 하더라도, 마음속의 대상은 마음과 같이 실유(實有)한다고 해야 하는가? 다름이 있다고 해야 하는가?

---

126)『大乘掌珍論』卷1:「真性有為空, 如幻緣生故; 無為無有實, 不起似空華」(T30, 268b21-22)

[답] 『성유식론』 제10권에서 세 가지 설을 간략히 소개한다.

제1설: 상분(相分) 등은 식(識)의 전변(轉變)에 의하여 나타난 것으로, 식(識)의 자성이 의타기 가운데 실재하는 것과는 다르다. 그렇지 않다면 유식의 이치가 성립하지 않게 될 것이다. 식(識) 내부의 대상을 모두 실유하는 것으로 인정해야 하[는 문제가 생기기] 때문이다.

제2설: 식(識)의 상분(相分)과 견분(見分) 등은 조건에 따른 생성이고 모두 의타기한 것이다. 그것의 허실은 식(識)과 같으므로 '유(唯)'라는 말은 바깥의 [대상만을] 제거하는 것이지 내부의 대상을 차단하는 것이 아니다. 그렇지 않다면 진여(眞如) 역시 실유(實有)하지 않게 될 것이다.

[문] [그렇다면] 대상이 이미 식(識)과 동일한데 무엇을 칭하여 유식(唯識)이라 하겠는가? 마땅히 '오직 허실이 동일한 대상'이라고 칭해야 할 것이기 때문이다.

[답] 식(識)은 오직 내부에 존재하고 대상(境)은 바깥과 통하기 때문에 그것에 대한 지나친 [분별을] 염려하여 단지 '유식(唯識)'이라고 말한 것뿐이다. 또는 여러 어리석은 범부들이 미혹에 빠져 대상에 집착하여 번뇌의 업(業)을 일으키고 생사[의 늪에] 빠지므로, 그것을 가엾고 불쌍하게 여겨 단지 '유식(唯識)'을 설하는 것이다.

스스로 마음을 살피고 생사에서 해탈하도록, 내부의 대상도 외부의 대상과 같이 모두 무(無)라고 설하지 않은 것이다. 비록 내부의 대상이 존재하지만 그것이 '마음과 같은 것'은 아니다. [때문에] 이곳에서는 단지 '마음이 실재하는 것과 같이'라고 설한 것이다.

제3설: 상분(相分) 등은 모두 식(識)을 자성으로 하지만, 훈습력으로 인해 [견분, 상분 등] 여러 양태와 유사하게 발생한다. 진여(眞如)도 역시 식(識)의 실재성이다. 따라서 식(識)의 자성을 제거하면 각기 다른 존재자(有法)들도 있을 수 없다.

이 제3설은 안혜 등의 주장이며, 앞의 2설은 호법 등의 종지(宗旨)를 뜻한다. 각기 다른 주장들이 있지만 종합하여 논한다면 제2설이 뛰어나다. 어떤 오류도 없기 때문이다. 식자(識者)라면 스스로 알 것이다.

그런데『불지론(佛地論)』[127]에는 단지 하나의 주장만이 있으며, 제1설과 동일하다.

---

127)『불지경론』. 친광(親光)의 저술로 현장이 649-650년에 한역하였다. 그러나 티베트본에는 저자가 tshul bzan po, Śīlabhadra, 즉 계현(戒賢)으로 되어 있다. 이 논서는 사분설(四分說)의 기원에 대한 논란과 관련하여 주목을 받았다. 현장의 한역에는 다음의 본문이 등장하지만, 티베트역에는 그것이 발견되지 않기 때문에 사분설이 현장의 창작인지 혹은 스승 계현(戒賢) 등 인도의 어느 논사로 돌려질 수 있는지에 의문이 남아 있다.
『佛地經論』卷3:「復次如是所說四智相應心品. 為有相分見分等耶. 定有見分照所照境. 有自證分通照見分證自證分. 證自證分照自證分故.」(T26, 303,b29-c2)

2. "삼계유식"의 이증 w.2-21

1) 유식에 대한 논증

(1) 시간, 공간, 상속, 작용 v.2

atra codyate[128)]

여기에 대해서 [외계실재론자가] 반박한다.

=

「即於此義, 有設難言.」(T31, 74c1-2)

---

128) 야마구치(山口益)의 재구성에 따르면, atra codyate [kaścid artho nāsti]: 여기에서 어떠한 대상도 존재하지 않는다고 반박한다.

2장. 외도의 주장을 자세히 논파함(廣破外執)

논 **이 뜻에 대해서 제기되는 비판을 들어서 말한다.** [0983c25]

술기 지금까지 1장에서는 『이십론』의 종지인 "유식무경: 오직 식뿐이고 바깥 대상이 없다"는 의미를 총괄적으로 판별하였다.

이하 제2장에서는 **외도(外道)**[129]들이 비난하는 바를 해석하고, 외도들이 주장하는 바를 자세하게 논파한다.

『유식20송』은 일곱 개의 문단으로 구성된다.

1) **[외경비판]**: 이하 제1항은 14개의 게송을 포함하며, 소승과 외도들의 '네 가지 힐난'에서는 '식은 외계대상이 없다'는 [주장을] 비판하고, 도리어 실재하는 대상이 존재한다고 주장한다. (게송 1-14)
2) **[현량]**: "제법(諸法)은 바른 인식수단에 의해 유무를 확정하며(諸法由量刊定有無)" 이하 하나 반의 게송에서, '현량(現量, pratyakṣa)에 의하면 대상이 존재한다'는 소승 등의 주장을 해석한다. (게송 15-16a)
3) **[꿈]**: "꿈속에서와 같이 비록 실재하는 대상이 없어도(若如夢中雖無實境)"[130] 이하 반(半) 게송에서, 꿈의 예를 들어 깨었을 때에 대상이 없어야 할 것이라는 오류를 알아야 한다는 소승, 외도들의 [주장을] 해석한다. (v.16b)

---

129) 『술기』에서 외도(外道)는 불교가 아닌 인도철학파들을 지칭하며, 외인(外人)은 주로 핵심논쟁 당사자들인 설일체유부, 경량부 등을 포함하지만 명확히 특칭되지 않는 논쟁의 적대자 일반을 지칭하는 것으로 보인다. 본문에서 '외도(外道)' 혹은 '외(外)'는 주로 외도(外道)로 번역하였다.

130) 아래의 본문에서는 '論. 謂如夢中雖無實境.' [0985c03]으로 기술되어 있다.

4) **[의식의 한정]**: "만약 온갖 유정이 자신의 상속과 [전변과 차별]에 의해(若諸有情由自相續)" 이하 반(半) 게송에서, 다시 외도들의 비난, 즉 두 가지 의식이 한정성을 가지며, 외계대상이 없지 않다는 [주장의] 오류를 해석한다. (v.17a)

5) **[꿈의 각성]**: "만약 꿈속에서 대상이 비록 실재하지 않지만(若如夢中境雖無實)" 이하의 다음 반(半) 게송으로, 다시 외도들의 힐난, 즉 꿈과 깨어 있을 때의 마음이 다르지 않다는 [주장의 문제점]과 [두 경우에] 행위의 결과에 차이가 있다는 [주장의] 오류를 해명한다. (v.17b)

6) **[작용]**: "만약 식(識)만이 존재하고, 몸(身)이나 말(語) 등이 없다면(若唯有識無身語等)" 이하 다시 두 게송에서 외도들의 힐난, 즉 '비존재하는 대상을 살해하는 일 등이 있을 수 없다'는 주장을 해석하고, 반대로 타종의 과실을 지적한다. (vv.18-19)

7) **[타심지]**: "만약 '오직 식(識)일 뿐(唯識)'이라면, 다른 마음에 대해 아는 모든 지식(他心智)은 (若唯有識諸他心智)" 이하 하나의 게송에서, 외도들의 힐난, 즉 타심지를 비추어 볼 수 없다는 것과 지(智, jñāna)와 식(識, vijñāna)이 성립하지 않을 것이라는 주장의 과실을 주석한다. (v.20)

제1항: [외경비판]에는 네 항목이 있다.

(1) 첫 번째는 하나의 게송에서 '소승과 외도가 네 가지 사례(四事)에 대해 '외계대상이 비존재(無)'[라는 주장의] 난점(小乘外道四事難境無)'을 비판하고, 유식이 아님을 증명해 보이고자 한다.

(2) 두 번째는 "모두 성립하지 않는 것이 아니다(非皆不成)" 이하 다섯 개

의 게송에서, '네 가지 비난이 이치에 맞지 않는다'는 점을 해석하고, 따라서 '오직 식(識)일 뿐'임을 알게 한다.

(3) 세 번째는 "이 교설은 근거가 되지 못한다(此教非因)" 이하 세 개의 게송으로, 유정(有情)과 법(法)에 대한 인무아와 법무아의 가르침을 해석한다. 그 가르침에 따라서 [네 가지] 문제가 성립하지 않기 때문에 '오직 식(識)일 뿐'임을 알게 한다.

(4) 네 번째는 "어떻게 붓다께서 이와 같은 … (復云何知佛依如是)" 이하의 다섯 게송에서, 반대로 외부의 사람이나 외계의 대상은 실재하는 존재가 아니라고 논파되기 때문에 '오직 식(識)일 뿐'임을 알게 한다.

어떤 이들은 세 항목으로 나누는데, 합하여 앞에 2단을 두고, 총괄하여 1단을 구성한다. 네 가지 문제의 대답은 외계의 대상이 없다는 것이기 때문이다. 처음의 힐난 중에서 먼저 외도들의 비판을 [간단히] 표명하고, 그 후에 비판에 대해 [자세히] 서술한다.

이제 "이 뜻에 대해서 제기되는 어려움을 들어서 말한다(於此義有設難言)"는 것은 외도들의 비판을 표명하는 것이다. 말하자면, 비판된 문제들은 실제로 외도들의 논쟁이 있었던 것이 아니라, 논주께서 경량부의 논사들이 이 질문을 의도하였다고 가정하여 설정하였기 때문에, 힐난을 설정(設定)하였다고 말하는 것이다.

또는 설정하였다는 것은 말하자면 시설(施設)[131]하였다는 것으로, 실제로 경량부가 이러한 비난을 시설하였다[고 할 수도] 있다.

---

131) 시설(施設): prajñapti(paññātti): 불교의 특수한 개념으로 '개념의 정립', '주장이나 가설의 제시' 등을 의미한다.

yadi vijñaptir anarthā niyamo deśakālayoḥ |

saṃtānasyāniyamaśca yuktā kṛtyakriyā na ca ||2||[132)]

만약 식이 대상을 가지지 않는다면, 장소와 시간의 결정성,

그리고 상속의 비결정성과 행위의 작용이 성립하지 않는다.

=

「頌曰:

若識無實境, 則處時決定,

相續不決定, 作用不應成. (1)

(T31, 74c2-4)

---

132) 야마구치(山口益)는 다음과 같이 산스크리트어로 복원하였으며, Silk 또한 이를 따른다.
na deśakālaniyamaḥ santānāniyamo na ca |
na ca kṛtyakriyā yuktā vijñaptir yadi nārthataḥ || 2 ||

제1절: 외경비판

논 **게송 1**

“만약 식이 실재하는 대상을 가지지 않는다면, 공간과 시간의 한정성, 상속의 비한정성, 작용의 한정 결코 성립하지 않을 것이다.” (범2송) [0984a21]

술기 이하 힐난을 있는 그대로 서술한다. 먼저 간략하게 게송이 있고, 그 후에 자세하게 질문한다. 게송 중에 제1구(句)는 대승의 뜻을 지시하는 부분이고, 제4구에서 “성립하지 않는다”까지는 바르게 비판하는 이치이다. 총괄해서 네 가지 힐난이 제기되는데, 말하자면, ‘만약 식(識)은 실재하는 대상이 없다고 설한다면(若說識無實境), 장소의 한정성이 성립하지 않는다’는 등이다. [구체적인 내용은] 이하에서 알게 될 것이다.133)

[진제의] 구역 게송에서는

> “장소와 시간은 모두 확정되어 있지 않고, 상속의 한정성이 없으며, 작용이 성립하지 않는다. 만약 오직 유식(唯識)이고 물질이 없다면”134)

이라고 번역했다. 뜻은 맞지만 문장의 순서는 반대로 서술되었다. 깊이 심사숙고하는 사람은 스스로 알 수 있을 것이다.

---

133) 至下當知: 앎(知)의 시점을 결정하는 ‘당’(當)의 해석에 따라’, ‘이하에서 [~하게] 알게 될 것이다.’ 혹은 ‘이하에는 [그와 같이] 알아야 할 것이다.’는 의미의 중첩이 발생한다.

134) 『大乘唯識論』: 「處時悉無定, 無相續不定, 作事悉不成, 若唯識無塵.」 (T31, 71a7-8)

kim uktaṃ bhavati | yadi vinā rūpādyarthena rūpādivijñaptir utpayate na rūpādyarthāt | kasmāt kvacid deśa utpadyate na sarvatra | tatraiva ca deśe kadācid utpayate na sarvadā | taddeṣakālapratiṣṭhitānām sarveṣāṃ saṃtāna[135] utpadyate na kevalam ekasya |

[논적] 무슨 뜻인가? 만약 물질(색) 등의 대상이 없이 색 등의 식이 발생하는 것이지, 물질(색) 등의 대상으로부터 발생하는 것이 아니라면, 무슨 이유로 어떤 특정한 장소에서만 그것이 발생하고, 모든 장소에서 발생하지는 않는가? 바로 그 장소에서 어떤 특정한 시간에만 발생하고, 모든 시간에 발생하지 않는가? [또한] 그 장소와 시간에 [함께] 있는 모든 이들에게 상속이 발생하지, 단지 하나의 [상속에서만] 발생하는 것이 아닌가?

=

「論曰: 此說何義? 若離識實有色等外法, 色等識生不緣色等, 何因此識有處得生, 非一切處? 何故此處有時識起, 非一切時?」(T31, 74c5-7)

---

135) 山口益, saṃtānāniyama.

논 **이 주장은 무엇을 의미하는가?** [0984a28]

술기 이하에서 자세히 질문하여 바야흐로 게송의 비판을 펼쳐 보인다. 때문에 논주께서는 먼저 이 질문들의 단서(端緖)를 일으켜서 이 게송에서 설해진 것이 어떤 뜻과 이치인지를 분명히 밝힌다.

논 **만약 식을 떠나서 실재하는 물질(색) 등 외부의 존재가 있다면, 물질(색) 등의 인식은 [외부의] 물질(색) 등을 조건으로 하지 않고 발생하는 것이다.** [0984b01]

(1) 4사(事)의 비판(四事難) (v.1)

술기 이하에서 (1) 4사(事)의 비판(四難)을 자세히 해설한다.

그 가운데 두 가지가 있는데, 첫 번째는 '대승의 뜻'을 [설명하는] 부분이다. 개별적으로 네 가지 비판을 한 후에 네 가지 비판을 총괄한다.

첫 번째 [대승의 의미]에는 다시 두 가지가 있는데, 첫째 대승적인 내용을 제시하는 부분이고, 그 후에 비판을 그대로 정확하게 해설한다. 이 자세히 설명하는 첫 구절의 게송이 아래의 네 가지 비판에 공통으로 적용된다.

'만약'이라는 것은 '만약 어떤 경우라면'으로 이를테면 '만약 대승에서[136] '오직 식(識)일 뿐(唯識)'이고, '마음 밖(心外)에 외계대상이 없다'고

---

136) 규기의 해석에 따르면 '식(識)'을 생략하고, '만약 대승에서 실유하는 물질(색) 등 외계의 존재를 떠난다면…'으로 해석해야 한다.

설한다면, 이것은 마음 밖(心外)에 실유(實有)하는 물질(色), 소리(聲) 등의 대상을 떠난 물질(색) 등을 인식조건으로 하여 조건을 인식하는 식(能緣識)이 발생해야 할 것이다. [그리고] 이 식이 발생할 때 마음을 떠난 물질(색) 등을 대상으로 삼는 것이 아니게 될 것이다.

이것은 소승과 외도들이 대승의 뜻을 지시해 설명한 것이다.

이하에서는 힐난을 바르게 기술한다.

논 **무슨 이유로 이 식은 특정한 장소에만 있고 모든 장소에 있지 않은가?** [0984b10]

술기 첫 번째 문제는 장소의 한정성이 성립하지 않는다는 게송의 두 번째 구절이다. 이를테면 실재하는 대상이 없이 이 식이 발생하는 것을 인정한다면, 무슨 이유로 종남산(終南山)[137]을 조건으로 하는 인식이 이 산에 대한 장소에서만 발생하지, 그 외의 장소에서는 발생하지 않는가?

그것은 그 외의 [장소에서는] 대상이 실제로 없기 때문이다.

논리식을 세워 말하자면,

(종) 종남산의 장소를 조건으로 하지 않으면서, '이것'을 인식조건으로 하는 식(識)이 생기하여야 한다.

(인) 대상은 실재하지 않지만, 인식은 발생한다고 주장하기 때문에.

---

137) 당나라 수도였던 서안(西安)의 남쪽에 있는 산으로, 서울에서 남쪽의 관악산처럼 누구나 눈으로 확인할 수 있는 대상을 지칭한다. 당시 융성한 불교의 사찰과 수행처들이 밀집하였던 곳으로, 신라 의상(義相)이 지엄(智嚴) 문하에서 화엄(華嚴)사상을 배운 것도 이곳 종남산의 지상사(至相寺)였다.

(유) 종남산의 장소를 인식조건으로 삼는 것과 같이.

'이것(此)'은 현행하는 식(識)을 말하는 것이지, 견주어 모방한 식(比識)이라고 말하는 것은 아니다. 만약 이것이 견주어 모방한 식이라고 주장한다면, 이 장소가 아니더라도 발생함이 있을 것이다.

그러나 지금 여기서는 '장소가 한정된다'를 추론[의 근거로 삼아], [다른 장소에서는] '이 식이 생기하지 않는 경우가 발생한다'고 추론한다.[138]

뜻에 의거하여 충분히 알 수 있으므로 번거로운 설명을 하지는 않겠다. 이하 모두 이에 준한다. '무슨 이유로' 등의 말은 모두 '성립하지 않는다'를 함축한다.

논 **무슨 이유로 어떤 장소에 특정한 시간에만 식이 발생하고 모든 시간에는 [발생하지] 않는가?** [0984b19]

술기 이 두 번째 힐난은 게송의 두 번째 구절, "시간의 한정성이 성립하지 않는다"는 부분이다. 말하자면 모두 실재하는 대상이 없이 인식이 발생하는 것을 인정한다면, 무슨 이유로 종남산의 장소를 조건으로 하는 것과 같은 특정한 때에만 식이 발생하고, 모든 시간에 발생하지는 않는가?

그것은 이 [특정한] 시각과 다른 시각에 모두 대상이 존재하는 것은 아니기 때문이다.

논리식을 세워 말하자면, [만약 오직 유식이라면]

---

138) 즉, 종남산이 아닌 다른 곳에서는 종남산의 인식이 발생하지 않는다.

(종) 종남산을 인식조건으로 하지 않은 때에 이것을 조건으로 하는 식(識)이 발생해야 한다.

(인) 대상이 실제로는 존재하지 않지만, 이 식이 발생한다고 주장하기 때문에.

(유) 종남산을 인식조건으로 하는 때와 같이.

'이것'은 현행하는 식(識)으로 이미 앞에서 설명한 바와 같다. 장소와 시간에 차이가 있지만, 함축하는 의미는 동일하다고 할 수 있다.

yathā taimirikāṇāṃ saṃtāne keśādyabhāso nānyeṣām | kasmād yat taimirikaiḥ bhramarādi dṛśyate tena keśādikriyā na kriyate na ca tad anyair na kriyate | yad annapānavastraviṣāyudhādi svapne dṛśyate tenānnādi kriyā na kriyate na ca tad anyair na kriyate |

눈병을 가진 자의 상속에서 머리카락 등이 현현하지만, 다른 이들의 [상속에서는] 그렇지 않다.
어째서 눈병을 가진 자에게 보이는 벌 [이나 머리카락] 등에 의해서는 [벌이나] 머리가락 등의 작용이 없지만, 그 외의 다른 사람들에 의해서는 작용이 없는 것이 아닌가? 먹을 것, 마실 것, 입을 것, 독, 무기 등이 꿈속에 보일 때, 그런 것에 의해서는 먹을 것 등의 작용이 없지만, 그 외의 다른 경우에 의해서는 작용이 없는 것은 아니다.

=

「同一處時有多相續, 何不決定隨一識生? 如眩瞖人見髮蠅等, 非無眩瞖有此識生. 復有何因, 諸眩瞖者所見髮等無髮等用, 夢中所得飮食, 刀杖, 毒藥, 衣等無飮等用,」(T31, 74c7-11)

논 **동일한 장소와 시간에 많은 상속이 있을 때, 무슨 이유로 [상속이] 한정되지 않고 한결같이 식이 발생하는가?** [0984b26]

술기 세 번째 힐난은 게송의 제3구(句), [오직 유식을 주장할 경우] '상속이 한정되어 있지 않음'[139]이 성립하지 않는다는 비판이다. [여기서] 상속이라는 말은 유정(有情)과 동의어이다. 앞의 **더미(蘊)**[140]가 사라지기 시작할 때 뒤의 더미(蘊)가 발생하기 때문에 상속이라고 한다. 혹은 항상하는 하나(常一)가 아님을, 외도의 종파와 다르게 간택하여, 상속이라고 말한다. 말하자면 이미 외경이 없는데 이 식의 발생이 있음을 인정한다면, 동일한 산이라는 장소나 또는 동일한 시간에 많은 상속이 모두 공통의 인식대상을 조건으로 하여 보는 것과 같다.

[그렇다면] 무슨 이유로 일정한 하나의 상속이 산을 조건으로 하여 식을 생기하고 다른 유정들은 이 식을 일으키지 않는 것과 같은 [상속의] 한정이 일어나지 않는가?

이것은 비록 힐난을 있는 그대로 서술하였지만, 논리적 증명(理證)과 예시는 아직 드러나지 않았다. 다음에 비유를 들어 [논증을] 성립시킨다.

---

139) '어떤 특정한 대상에 대한 지각이 한 사람 혹은 인식주체에 한정되어 있지 않고 많은 사람들이 동시에 지각할 수 있음'을 의미한다. 만약 관악산이 나의 식일 뿐이라면 다른 사람들은 그 산을 볼 수 없어야 할 것이지만, 모두가 함께 그 산을 본다는 사실을 지적하는 것이다.

140) 이종철은 아비다르마철학 연구에서 산스크리트어와 한역에 적절한 우리말 번역어 찾기에 상당한 노력을 기울였으며, 그 중 온(蘊)에 대응하는 기술적 번역어로 '더미'를 채택하였다. 학계에서 수용되기까지는 시간이 필요하겠지만, 온(蘊)이 함축하는 '무더기'와 '가설적 존재 (dummy)'라는 의미 등을 잘 드러내는 개념어이다. cf. 이종철 (2015) 『구사론: 계품, 근품, 파아품』

논 **눈병(眩翳)을 가진 사람이 머리카락이나 파리(髮蠅) 등을 보지만, 눈병이 없으면 이 식이 발생하지 않는 것과 같다.** [0984c05]

술기 이에 한정을 들어서 한정이 없음의 예로 삼는다. 모든 말은 허망한 분별을 조건으로 삼기 때문에, 외계 대상과 유사하게 발생하지만 실제로는 바깥의 대상이 없다. 눈병을 가진 사람이 머리카락이나 파리 등을 보는 것과 같이, 실재하는 대상은 전혀 없고 오직 식만이 있을 뿐이다. 세인의 눈에 침침함이나 또 중유의 흐릿함을 조건으로 삼기 때문에, 동일한 시간에 허공에 이처럼 한정되어 머리카락, 파리, 꽃 등 다양한 다른 물건이 있다고 보는 것과 같다. 이것은 눈에 눈병이 없는 자가 어떤 특정한 시간과 장소에서 머리카락과 파리 등을 보고 식이 발생하는 일이 있음을 인정하는 것은 아니다.

동일한 산의 장소와 동일한 시간에 많은 상속이 모두 공통으로 산을 볼 때, 무슨 이유로 머리카락 등처럼 [상속이] 한정되지 않고, 한결같이 볼 수 있는가?

허망한 현예(眩翳)와 유식(唯識)은 한가지이다. 확실하게 한결같이 보고, 그 대상은 동일해야 한다. [그런데] 이미 여럿이 보는 것을 인정하기 때문에 이 상속은 한정되지 않는 것이다.

논리식을 세워서 설명한다.

(종) 많은 상속이 동일한 시간에 하나의 장소에 있을 때, 확실히 하나만이 보고 나머지 [그 외의 상속들은] 볼 수 없어야 할 것이다.

(인) 오직 유식(唯識)을 주장하기 때문에.

(유) 많은 상속이 동일한 시간에 하나의 머리카락을 보기도 하고 보지 못하기도 하는 것과 같이.

논 **어떤 이유에서 눈병이 있는 자들이 머리카락 등을 보지만 머리카락 등의 작용이 없는가?** [0984c18]

술기 이하 네 번째 힐난은 게송의 제4구(句), '작용이 성립하지 않는다'이다. 여기에는 세 가지 비판이 있다. 첫 번째는 눈병에 의한 머리카락 등은 실제 작용이 없다는 것이다. '또 어떤 이유에서'라는 말은 세 가지 질문을 관통하며 세 가지 비판의 경계를 자세히 설명한다. 논에서 말하기를 "그 외의 머리카락 등의 물건은 그 작용이 없지 않다(餘髮等物其用非無)"고 하는 것이 위에 언급한 세 가지 비판에 포함된다. 이를테면, 모두 실재하는 대상이 없이, 이 식이 발생하는 것이라고 인정한다. 어떤 이유가 있어서 눈병을 가진 자가 보는 머리카락이나 파리 등은 머리카락이나 파리 등의 작용이 없고, 눈병이 없는 자가 보는 머리카락이나 파리 등은 머리카락이나 파리 등의 작용이 있다고 하는가? 머리카락은 상투 등이 만들어지는 작용이 있으며, 파리는 음식에 달라붙는 등의 작용이 있다.

논리식으로 말한다.

(종) 눈병 걸린 자가 보는 것은 실제의 작용이 없어야 한다.
(인) 실재하지 않는 대상이 이 식을 발생한다고 주장하기 때문에.
(유) 다른 [곳에 있는] 머리카락 등과 같이.

논 **꿈에서 얻어지는 음식, 창칼(刀杖), 독약, 의복 등에는 마시는 등의 작용이 없다.** [0984c27]

술기 작용의 힐난에 대한 것 중에서 이제 두 번째로 꿈에서 마시는 것 등이 실제로는 작용이 없다는 것을 논한다. 몸에 기여하는 네 가지 물건은 1) 음식, 2) 의복, 3) 의약 등을 취하는 것과, 4) 잠자리 도구이다. 이 외에 창칼이나 독약을 추가한다. 약은 두 가지, 즉 독이 있는 것과 독이 없는 것을 포함한다.

이를테면 이미 실재하는 대상이 없이 식이 발생한다는 것을 인정하는데, 무슨 이유로 꿈에서 술을 마시는 일 등에는 취하는 등의 작용이 없고, [꿈에서 깬] 다른 시간에 마시는 등의 경우에 취하는 등의 작용이 있는가?

논리식을 세워 말한다.

(종) 꿈에서 마시는 일 등에는 실제로 작용이 있어야 한다.

(인) 실재하지 않는 대상이 이 식을 발생한다고 주장하기 때문에.

(유) 그 외의 시간에 마시는 등의 일과 같이.

gandharvanagareṇāsattvān nagarakriyā na kriyate na ca tad anyair na kriyate |
tasmād arthābhave[141] deśakālaniyamaḥ saṃtānāniyamaḥ kṛtyakriyā ca na yujyate |

간다르바성은 존재하지 않기 때문에 성의 작용이 없지만, 그 외의 다른 것에 의해서는 작용이 없지 않다.
따라서 대상이 존재하지 않는 경우에, 장소와 시간의 결정, 상속의 비결정, 행위의 작용은 이치에 맞지 않는다.

=

「尋香城等無城等用. 餘髮等物其用非無, 若實同無色等外境, 唯有內識似外境生, 定處, 定時, 不定相續, 有作用物皆不應成. 非皆不成.」

(T31, 74c11-14)

---

141) 야마구치(山口益), asad abhāvāvabhāsane

논 **심향성(尋香城)142) 등은 성(城) 등의 작용이 없다.** [0985a06]

술기 이제 세 번째 힐난은 "심향성(尋香城) 등은 작용이 성립하지 않는다"는 것이다.

[진제의] 번역에서는 "건달바성(乾闥婆城)은 헛소리가 될 것이다"라고 하였다. 범어로 간다르바(健達縛)이고 '향을 찾는다'(尋香)는 말이다. 이를테면 중유는 미래에 태어날 곳의 향기를 찾아서 다시 태어날 수 있다.

또 건달바라는 이름은 서역의 배우를 부르는 것으로 역시 '심향'이라고 한다. 이들은 왕이나 왕비를 섬기는 일을 하지 않고, 생업에 종사하지 않으며, 오직 여러 집의 음식 등의 향기를 맡아서 그 문으로 가서 온갖 재능과 음악을 연주하여 음식을 얻는다. 환술을 할 수 있으며 이 환술로 성을 만들 수도 있다. 그 중에 [하나의] 공연놀이가 심향성이다. 환술은 마치 존재하는 것과 유사하지만 실제 성(城)의 작용이 없다.

또는 양염화성(陽焰化城)143)을 부르는 이름을 건달바성(健達縛城)이라고 칭한다. 온갖 장사꾼들이 여러 산이나 바다를 지나갈 때, 빈번히 아지랑이가 성이나 방처럼 보이게 된다. 그 중에 음악 등의 소리를 듣기도 하기 때문에 서역에서는 '음악을 짓는 자'144)라고 부르고 '심향'이라고 이름한다. 그러므로 이 변화하여 나타난 성(化城)을 지칭하여 심향성이

---

142) 심향성(尋香城): 건달바(乾闥婆)가 거주하는 성. 건달바(gandharva)는 술과 고기를 먹지 않고 향기로 음식을 대신하는 음악의 신. gandharva는 향기(fragrance)를 의미할 수도 있다.

143) 양염화성은 마리지천(摩利支天, marīcideva)의 성(城)을 의미하며, marīci는 한문으로 위광(威光), 양염(陽焰)으로 번역된다. 인도종교에서 자신을 모습을 감추고 이익을 베풀어 주는 신(神)으로 신앙되다가 이후 점차 불교에서도 신적 존재로 받아들여졌다.

144) '作樂者': 문자적으로 '음악을 짓는 자' 또는 '즐거움을 만드는 자'로 번역 가능하다.

라고 이름한다. 이를테면, 아직 실재하는 대상이 없는데 이 식이 발생하는 것을 인정하는 것이다. 무슨 이유로 이 성은 실제로 성의 작용이 없는가? [비교하자면] 심향성이 아닌 것은 실제하는 성의 작용이 있다.

논리식을 세워 말한다.

(종) 이 심향성은 실제로 작용이 있어야 한다.

(인) 실재하는 대상이 없이 이 식이 발생하는 것을 인정하기 때문에.

(유) 그 외의 다른 성들과 같이.

논 **그 외의 다른 머리카락 등과 같은 사물은 작용이 없지 않다.** [0985a20]

술기 앞에서 세 가지 사항을 기술하였다. '실제 작용이 없다'는 이것은 세 가지 사항을 포함하는데 서로의 경우가 상호비판이 된다. 이를테면 이미 실재하는 대상이 없이 이 식이 발생하는 것을 인정하는데, 무슨 이유로 눈병 걸린 사람이 보는 것에는 머리카락 등의 작용이 없고 그 외 [눈병이 없는 사람이 보는] 머리카락이나 파리 등에는 머리카락 등의 작용이 있는가?

세 번째까지는 이미 앞에서 설명한 바와 같다. 이 가운데 처음은 그 외의 다른 머리카락이나 파리 등을 들고, 두 번째는 다른 마시는 것 등의 작용을 동등하게 취하며, 세 번째는 그 외 다른 성(城) 등의 작용도 마찬가지 [라고 설명하였다].

그런데 구역에서는 하나하나의 힐난 아래에 모두 자신의 사례를 제시하였다. 지금은 너무 번거롭고 장황해지는 것을 염려하기 때문에 총괄적으로 그것을 나타내었다.

논 **만약 실제로 동일하게 물질(색) 등의 대상이 없이 오직 내식만이 있고 바깥의 대상과 유사하게 발생한다면,** [0985a27]

술기 앞에서 특별히 '네 가지 사항'(四事)을 묶어서 '네 가지가 성립하지 않는다'[는 주장]을 비판하였다.

이하의 제2항목에서는 하나의 사항(一事) 중에 총괄하여 네 가지 힐난을 제시하고 앞의 글을 결론짓는다. 이것은 곧 대승에서는 대상이 없이 식이 일어난다는 것을 인정한다는 것이다.

논 **장소의 한정, 시간의 한정, 상속의 비한정, 작용은 모두 성립하지 않는다.** [0985b02]

술기 이하의 문장은 힐난의 의미를 있는 그대로 설명한다. '네 가지'라는 말의 뜻은 앞에서와 같다.

총괄적으로 논리식을 세워 말하자면,

(종) 한정된 장소, 시간 등은 모두 성립하지 않는다.

(인) 외계의 물질(색) 등이 없이 식(識)이 발생한다고 인정하기 때문에.

(유) 그 외의 장소와 시간 등과 같이.

이 가운데 논리식의 뜻은 앞의 설명에 준해서 알아야 한다.

(2) 논박: 꿈과 지옥유정 비유 w.3 - 5

na khalu na yujyate yasmāt |

[논주] 결코 이치에 맞지 않는 것이 아니다. 왜냐하면,

deśādiniyamaḥ siddhaḥ svapnavat ||3ab||

장소 등의 결정은 꿈과 같이 입증된다.

svapne iva svapnavat | kathaṃ tāvat | svapne vināpyarthena kvacid eva deśe kimcid bhramarārāmastrīpuruṣādikaṃ dṛṣyate na sarvatra | tatraiva ca deśe kadācid dṛṣyate na sarvakālam iti siddho vināpy arthena deśakālaniyamaḥ |

svapnavat는 '꿈속에서 처럼' 이라는 뜻이다. '어떻게 그와 같은가?' 꿈속에서 바로 대상이 없어도 어떤 특정한 장소에서 어떤 특정한 벌, 정원, 여자, 남자 등에 속하는 것이 보이지만, 모든 곳에서는 아니다. 바로 그 장소에서 어떤 특정한 때에 보이는 것이지 모든 시간에 보이는 것은 아니기 때문에, 대상이 없어도 장소와 시간의 결정이 입증된다.

=

「頌曰:

處時定如夢, 身不定如鬼,

同見膿河等, 如夢損有用. (2)

論曰: 如夢意說如夢所見, 謂如夢中雖無實境, 而或有處見有村園男女等物, 非一切處. 即於是處, 或時見有彼村園等, 非一切時. 由此雖無離識實境, 而處時定非不得成.」(T31, 74c14-20)

논 **모두 성립하지 않는 것이 아니다.** [0985b06]

(2) 4사비판에 대한 반론 (vv.2-6)

술기 이하는 (2) '네 가지 힐난은 이치에 맞지 않다'고 주석한다.

여기에는 두 항목이 있는데, 제1항목은 '성립하지 않는다'에 총괄하여 답하고, 그 후에 개별적으로 '성립하지 않는다'는 것을 드러낸다.

이제 제1항목을 논한다.

어떤 이는 '네 가지 사항'이 모두 성립하지 않는다고 하지만, 지금 [이 논서에서는] 네 가지가 모두 성립한다고 한다. 때문에 논서에서 '모두 성립하지 않는 것이 아니다'고 말하였다. 그래서 이 논서에서는 '함께(俱)'라고 말하고, 혹은 '다소(多少)'라고 한다. 만약 '모두'라고 말하면, 확실히 '셋' 이상을 나란히 겸하는 것이며, '셋 이상'은 많은 요소를 지칭하기 때문이다. 새롭게 번역한 경론은 모두 이것에 준해서 알아야 한다. 이제 여기서는 네 가지 '성립함'에 대해 답하기 때문에 '모두'라고 말하였다.

논 **게송 2**

공간과 시간의 한정은 꿈과 같고, 신체가 한정되어 있지 않음은 아귀가 동일한 농하(膿河) 등을 보는 것과 같고, 꿈에서 손실의 작용이 있는 것과 같다. [0985b12]

술기 이하 개별적으로 '모두 성립하지 않는 것은 아니다'는 뜻을 드러낸다. 총괄해서 다섯 개의 게송(vv.2-6)이 있다. 주석은 다시 두 항목으로 구성되는데, 첫 번째 두 게송(vv.2-3)에서는 '성립하지 않는 것이 아니다'

고 대답하고, 그 후에 "무슨 이유로 인정하지 않는가?" 이하에 다시 세 개의 게송(vv.4-6)에서, 외도들이 추구하는 의미를 논파한다.

첫 번째 단락의 문단에 다시 두 가지가 있다. 처음의 한 게송(v.2)에서 개별적으로 '비판이 성립하지 않는다'고 대답하고 그 후에 하나의 게송(v.3)에서 총괄적으로 '비판이 성립하지 않는다'고 대답한다.

[지금] 이것은 첫 번째에 해당한다.

구역(舊譯)의 글에서는 네 가지 힐난에 대해 개별적으로 논파하였으며, 게송에는 여러 단락의 해석을 지었다. 이하에서 처음 하나의 게송은 앞의 두 가지 힐난에 답하는 것이고, 두 번째의 세 구절은 세 번째의 힐난에 답하는 것이며, 네 번째 게송은 네 번째 힐난에 대해 답하는 것임을 알아야 한다. 이하에서 마땅히 [그와 같이] 알아야 할 것이다. 게송에서 말하는 '몸 / 신체'라는 것은 '상속'과 동의어이다.

논 **'꿈과 같다'는 뜻은 '꿈에서 보이는 것과 같다'는 설명이다.** [0985b21]

술기 이 긴 문단은 세 개의 단락으로 구성된다. 처음은 꿈과 같다는 비유로써 공간과 시간에 관한 두 가지 힐난을 함께 해명한다. 그 다음 세 번째 비판을 해명하고, 그 후에 네 번째 힐난을 해명한다.

첫 번째 문단 중에 다시 세 개의 단락이 있는데, 첫 번째는 게송에서 말한 '꿈과 같다'는 말을 해명한다. 다음에는 공간과 시간이 모두 한정되어 있다는 이치를 해명하고, 그 후에 두 가지 한정이 성립하지 않는 것이 아니라는 것으로 결론짓는다.

이제 첫 번째 단락을 논한다.

구역의 번역가들은 이 의미를 소홀히 하지 않아 끝내 간략(幹略)하나마 번역하지 않[고 범어를 음역하]였다. 범어에서 말하는 'iva'(伊縛)와 'vat'(筏)는 지금 [여기서] '꿈과 같다(如, iva)'는 것을 말한다.[145] 비유를 나타내 보이기 때문에 그 말의 의미는 '꿈에서 보이는 것처럼(如, vat)'이라고 설명한다. 꿈을 꾸는 것 [자체]를 일러 'iva' 혹은 'vat' (伊縛筏)이라고 칭하는 것이 아니다.

또는 다른 해석에서는 꿈이라는 것은 마을이나 사원 등 [대상을] 조건으로 삼으며, 꿈에 보이는 것은 꿈꾸는 마음이 가지고 있는 것이라고 한다.

여기에서 게송에 간략히 '꿈과 같다'는 비유로 말한 것은, 꿈에 보이는 것을 두 가지 확정적인 비유로 삼는다는 것을 나타낸 것이지, 지각주체로서의 꿈꾸는 마음이 공간과 시간을 공통적인 성질로 삼는다는 것은 아니다. 왜냐하면, [그럴 경우] 지각주체의 식(識)을 동일비유(同喩)[146]로

145) 산스크리트어 본문은 svapne iva svapnavat 으로, 'svapnavat는 '꿈속에서처럼' [이라는 뜻이다].'로 번역할 수 있다. 규기의 해설에서 梵云伊縛筏, 즉 '범어에서 말하는 이박벌(伊縛筏)'은 음성(音聲)의 측면에서도 의미론적 측면에서도 번역하기 어려운 문제를 야기한다. 규기 자신의 해석, '꿈과 같다(如夢)'는 문장 전부를 받을 경우, 이박(伊縛)은 svapna, 벌(筏)은 vat로 읽혀야 하지만, 음성학적으로 이박(伊縛)은 ǐ+f / bā, 즉 iva로 읽는 것이 타당해 보인다. 벌(筏)은 해설에서 비유의 의미임을 밝히고 있어 vat(처럼, ~와 같이)로 확인된다. 그러므로 우리는 저자가 '꿈'에 관해 논의하는 본문, (svapne) iva (svapna)vat을 해설하면서, '꿈'에 접속된 부사어를 해석하면서 그 의미가 '~와 같이(여(如)', 즉 '(꿈)과 같이(如夢)'라는 뜻을 드러내고자 하였다고 추정할 수 있다. 이러한 해석은 규기의 본문에서는 모순 없이 받아들여질 수 있으나, 병기된 추가적 해설에서 분명한 충돌이 발생한다.
본문: 梵云伊(上聲呼之)縛(平聲呼之合名夢也)筏(此有二義一是有義二譬喻義)
"범어로는 '이'(상성(上聲)으로 발음한다) '박'(평성(平聲)으로 발음하며, '이'와 합하여 '꿈'을 칭한다.) '벌'(여기에는 두 가지 뜻이 있으며, 하나는 존재의 의미이고 둘은 비유의 뜻이다.)"
본문과 삽입구 사이의 내용적 불일치와 삽입구에서 한자어 성조 발음을 언급하는 등으로 보아 삽입구는 후대에 추가된 해설로 추정된다.

146) 동일비유는 동일한 범주의 다른 사례여야 한다. 동일한 사례일 경우, 새로운 사실을 증명하는 것이 아니라 기존의 사실을 재확인하는 것에 지나지 않게 되어, 논증이 성립하지 않는다.

삼게 될 염려가 있기 때문이다. 지금 여기서는 간단히 요약한다.

논 **이를테면 꿈속에서와 같이 비록 실재하는 대상이 없어도** [0985c03]

술기 다음은 공간과 시간이 모두 한정되는 이치를 해명한다. 하나의 꿈 비유로써 비유의 두 가지 이치가 성립하기 때문이다. 여기에서 가장 먼저 "꿈속에서와 같이 실재하는 대상이 없다"는 것을 설명한다. 그리고 지금 논사는 네 가지 외도들의 힐난은 정당한 비판이 아니라고 해명한다. 외도들의 의문을 세간에 드러난 사례를 들어 제거함으로써 외도들의 질문을 되돌려서 앞의 힐난들을 자세히 해명하였다. 꿈의 대상이 비존재한다는 것은 경량부와 대승이 모두 공통적으로 인정하는 것이기 때문에 비유로써 성립하는 것이다.

논 **혹은 어떤 특정한 장소에서 마을, 사원, 남자, 여자 등의 사물을 보지만 모든 장소에서는 [보이지] 않는다.** [0985c09]

술기 이것은 장소에 한정이 성립한다는 것을 해명한다. 꿈속에서와 같이 어떤 하나의 대상이 비록 실재성이 없고 혹은 그 장소에서 어떤 마을 등을 보지만 그 외의 장소에서는 보지 못한다. 따라서 비록 모든 장소에서 오직 식만이 있을 뿐이지만, 특정한 장소에서 종남산을 보는 것이지 그 외의 장소에서 보는 것은 아니다.

논리식을 세워 말하자면,

(종) 당신이 꿈속의 어떤 장소에서 마을 등을 보는 것은 장소가 한정되어 있지 않아야 한다.
(인) 대상이 실재하지 않기 때문에.
(유) 그 외의 [곳에서는] 그 장소를 보지 못하는 것과 같이.

그 외의 [곳에서] 그 장소를 보지 못하는 것에 대하여, [그런] 장소를 보는 것을 예로 드는 추론식도 있지만, 번거로운 서술을 하지 않고 생략한다. 아래는 이에 준해서 알 수 있다.

그런데 이것은 세간의 지식과 차이점이 있어서 당신의 말과 배치하기 때문에, 종지(주장명제)의 오류를 가려낸다. 서로 간에 이미 확정된 것을 돌이켜 다른 이의 힐난을 해명하는 것이다.

논리식으로 말하자면,

(종) 꿈꾸지 않을 때 대상이 비록 실재하지 않아도 장소는 한정된다.
(인) 대상이 실재하지 않는다는 것을 인정하기 때문에.
(유) 꿈속에서 보이는 것과 같이.

이러한 근거는 인정된다고 말한다. 수일불성(隨一不成, 일방적 전제)의 오류가 없기 때문이다.

논 **즉 어떤 특정한 장소나 시간에 마을, 사원 등을 보지만 모든 시간에 [보는 것은] 아니다.** [0985c20]

술기 이것은 시간의 한정을 해명한다. 꿈속의 대상은 비록 실재성이 없지만, 어떤 장소에서 혹은 어떤 특정한 시간에 마을, 사원 등을 보지만, 모든 시간에 모두 항상 있다고 [보는 것은] 아니다. 마찬가지로 깨어 있을 때에 비록 실재하는 대상이 없어도, 어떤 때에 저 종남산 등을 보고 이 식이 발생하지만, 모든 시간에 항상 [종남산이] 있다고 보이고 이 식이 발생하는 것은 아니다. 추론은 앞의 장소에 관한 [추론]에 준해서 해명할 수 있다.

논 **그러므로 비록 식을 떠나 실재하는 대상이 없다 하더라도 장소와 시간의 한정이 성립하지 않는 것은 아니다.** [0985c26]

술기 이것으로 두 가지 한정이 성립하지 않는 것이 아니라는 것, 즉 이 하나의 비유로써 장소와 시간의 한정이 성립한다고 결론짓는다.

pretavat punaḥ |

또 아귀와 같이

saṃtānāniyamaḥ ||3bc||

상속의 비결정이

siddha iti vartate | pretānām iva pretavat | kathaṃ siddhaḥ | samam

'입증된다'고 이어진다. '아귀와 같이'라는 것은 아귀들의 [심상속]처럼 [이라는 뜻이다].

[논적] 어떻게 입증되는가? [논주] 바로 다음과 같이

=

「說如鬼言, 顯如餓鬼.」 (T31, 74c20-21)

논 "귀신과 같이"라고 한 말은 "아귀(餓鬼)와 같이"를 나타낸다. [0985c29]

술기 이하에서 제2항목의 세 번째 힐난에 대해 해명한다.

여기에 세 가지가 있는데, 첫 번째는 '아귀' 등의 말에 대해 개별적으로 해설하고, 다음에 상속이 한정되어 있지 않음을 설명하고, 그 후에 한정되지 않는다는 뜻이 성립한다는 것으로 결론짓는다.

이제 먼저 '귀신(鬼)과 같이'라는 말을 해설한다. 범어로 'vat(筏)'는 두 가지 뜻이 있으며, 앞에서 이미 설명한 바와 같다. 지금 [여기서는] 비유를 나타내는 것이지 존재하는 대상을 나타내는 것이 아니다. 때문에 '귀신과 같이(如)'라고 말한다.

또는 다른 해석이 있다. '귀신'에는 두 가지 종류가 있는데, 첫 번째는 '복덕귀(福德鬼)'[147]로, 대륙의 서쪽에 거주하며 과보(果報)가 천신(天神)과 마찬가지이다. 두 번째는 '박복덕(薄福德)'[148]으로, 보이는 물 등을 모두 맹렬한 불로 여긴다. 이제 [여기서는] 박복(薄福)으로써 신체가 한정되지 않는 경우를 비유한 것이다. 때문에 '아귀와 같이' [라고 하였다]. 만약 복덕귀라면 비유가 성립하지 않는다. (구역의 논서에서는 이것이 없다. 앞에서 이미 설명한 바와 같다.)

---

147) ghost of blessings, 복을 주는 귀신

148) ghost of no-blessings, 복을 주지 않는 귀신

sarvaiḥ pūyanadyādi darśane ||3cd||

모든 [아귀들이] 고름의 강 등을 보는 경우[와 같다].

pūyapūrṇā nadī pūyanadī | gṛtaghaṭavat | tulyakarmavipākāvasthā hi pretāḥ sarve 'pi pūyapūrṇāṃ nadīṃ paśyanti naika eva | yathā pūyapūrṇām evaṃ mūtrapūriṣādipūrṇāṃ daṇḍāsidharaiśca pūruṣair adhiṣṭhitām ityādigrahaṇena | evaṃ saṃtānāniyamo vijñaptīnām asaty apy arthe siddhaṃ |

농하(膿河)는 고름이 가득한 강이다. 버터 항아리와 같이. 실로 같은 업의 이숙의 상태를 가진 아귀들, [그들] 모두가 고름으로 가득한 강을 보는 것이지 하나[의 아귀]만이 보는 것은 아니다. 고름으로 가득한 것과 같이, 오줌이나 똥 등으로 가득한 것과 창과 검을 가진 사람들이 지키고 서 있는 것 등의 말로 [설해졌다]. 그와 같이 식의 상속의 비결정은 실재하지 않는 대상에 대해서도 입증된다.

=

「河中膿滿故名膿河, 如說酥甁其中酥滿. 謂如餓鬼同業異熟, 多身共集皆見膿河, 非於此中定唯一見. 等言顯示或見糞等, 及見有情執持刀杖遮捍守護不令得食. 由此雖無離識實境, 而多相續不定義成.」

(T31, 74c21-26)

논 강 가운데 고름이 가득하기 때문에 농하(膿河)라고 이름한다. 간장이 가득하기 때문에 간장병(蘇瓶)이라고 말하는 것과 같다. [0986a08]

술기 게송의 농하(膿河)를 해설한다. 강 가운데 고름이 가득하기 때문에 고름강(膿河)라는 이름을 얻었다. 적은 양의 고름이 있어서 농하라고 이름지은 것이 아니다. 서역에서 간장을 파는 사람이 간장병을 판다는 말은 병을 가득 채운 간장과 함께 병도 팔기 때문에 간장병을 판다고 말하는 것과 같다. 소량의 간장이 있는데 간장병을 판다고 말하지는 않는다. 구역에서는 간장독(蘇甕)이라고 말하였다. 고름강[의 비유도] 역시 그러하다.

논 이를테면 동일한 업의 이숙을 가진 아귀들과 같이, 많은 신체들이 함께 모여 모두 농하를 보는 것이지, 그 가운데 한정되어 오직 하나만 보는 것은 아니다. [0986a13]

술기 이하에서 상속이 한정되지 않음에 대해 바르게 해명한다.

많은 수의 아귀(餓鬼)들이 동일한 악업을 짓고 동일한 악과를 얻는 것과 같다. 많은 수가 모두 한곳에 모여 있을 때 동일하게 농하를 보며, 상속이 한정되지 않는다. 농하를 한정하여 오직 하나만 보는 것이 아니다.

[다수가] 볼 수 없는 하나의 사례는 눈병 걸린 자와 같다. [눈병 걸린 자만이] 머리카락과 파리 등을 보기 때문이다.

비록 실재하는 대상이 없지만, 상속은 한정되어 있지 않아서 그 뜻이 성립한다. 외도와 소승, 경량부 논사 등은 모두 아귀가 동일하게 농하를 본다고 믿는다. 때문에 비유가 성립한다.

논리식으로 말하면,

(종) 동일한 특정한 시간과 동일한 장소에서 상속이 한정되지 않는다는 이치가 성립한다.

(인) 실재하는 대상이 없다는 것을 인정하기 때문에.

(유) 아귀에게 농하가 보이는 것과 같이.

그리고 게송에서 '농하'에 '등(等)'이라는 글자가 있다. '등(等)'은 어떤 것 등(等)인가?

논 **'등'이라는 말은 어떤 사람이 '분변(糞)'을 보는 것 등을 나타낸다.**
[0986a23]

술기 악업에 기인하기 때문에 보이는 물 등이 모두 똥 오줌이나 피 '등(等)'으로 보인다.

『섭론』 등에서 이르기를,[149] "아귀(鬼), 방생(傍生)[150], 인간(人), 천신(天)은 각기 그것이 대응하는 것에 따른다. 동등한 사태에 대해 마음이 다르기 때문이다. 대상이 진실로 실재하는 것이 아니라는 뜻을 인정한다"는 것이 그 의미이다.

---

149)『攝大乘論本』卷3:「鬼傍生人天, 各隨其所應, 等事心異故, 許義非眞實」(T31, 148b1-3)

150) 방생(傍生, tiryagyoni): 불교에서는 일반적으로 축생(畜生)과 같은 의미를 가지며, 우리말에서 사전적 의미는 '벌레, 날짐승, 물고기 따위의 몸이 옆으로 되어 있는 생물(生物)'을 뜻한다.

논 **또 유정을 보고, 창과 검을 들고 감시하고, 수호하며, 먹지 못하게 한다.** [0986a27]

술기 앞에서 '등'을 똥, 고름[과 같은] 개별적인 사례로 설명하였다. 지금 여기서는 등(等)을 해명하여 바로 고름강 등(膿等)에서 어떤 유정을 보는 것을 설명한다. 창검을 들고 감시하여 아귀가 고름 등을 수호하고 먹지 못하게 한다. 아귀는 악업으로 인해 극심하게 주리고 갈증을 느껴 비록 고름을 보고도 서둘러 얻기를 원한다. 여러 유정에 대하여 먹지 못하도록 막고, 모두가 동일하게 보며, 오직 하나[의 아귀만]이 보는 것이 아니다. 따라서 비유가 성립한다.

논 **이것으로 인해, 비록 식을 떠나 실재하는 대상이 없어도 다수의 상속이 한정되지 않는다는 뜻이 성립한다.** [0986b04]

술기 이것으로 상속이 한정되지 않는다는 이치가 성립한다고 결론짓는다.

svapnopaghātavat kṛtyakriyā ||4ab||

행위의 작용은 꿈에서 과오를 범하는 것과 같이

siddheti veditavyaṃ | yathā svapne dvayasamāpattim antareṇa śukravisargalakṣaṇaḥ svapnopaghataḥ | evaṃ tāvad anyānyair dṛṣṭāntair deśakālaniyamādi catuṣṭayaṃ siddhaṃ |

'성립한다'고 알아야 한다. 꿈에서 과오는 꿈에서 두 사람이 만나지 않고도 정액을 분출하는 것과 같은 성질을 말한다. 이와 같이 각각의 다른 비유에 의해서 장소와 시간의 결정 등 네 가지가 증명된다.

=

「又如夢中境雖無實, 而有損失精血等用. 由此雖無離識實境, 而有虛妄作用義成. 如是且依別別譬喩, 顯處定等四義得成.」(T31, 74c26-28)

논 **꿈속에서와 같이 대상이 비록 실재하지 않지만, 정액의 손실 등의 작용이 있다.** [0986b06]

술기 이하는 세 번째 단락으로 네 번째의 힐난을 해명한다.

여기에 다시 두 문단이 있으며, 첫 번째는 바른 해설이고, 그 후에 [작용이] 성립한다는 결론을 짓는다.

이것은 첫 번째 문단이다.

'꿈속에서와 같이'라는 말은 이미 앞에서 설명하였다. 비유하자면, '꿈속에서와 같이' 두 사람이 관계를 맺는 꿈을 꿀 때, 대상이 비록 실재하지 않지만 남자는 정액을 손실하고 여자는 출혈 등의 작용이 있다.

'등(等)'이라는 것은 맡은 역할이 피곤하고 싫증이 나거나 땀을 흘리는 등의 작용을 동일하게 가지지만, 꿈에서는 돈을 얻는 등의 작용이 없다. 대상이 비록 실재하지 않지만 눈병을 가진 자가 보는 머리카락 등은 머리카락 등의 작용이 없고, 그 외[의 경우]에 머리카락 등을 보는 때는 머리카락 등의 작용이 있기 때문에 그 이치도 성립한다.

논리식으로 말하면,

(종) 눈병 가진 자나 눈병이 없는 자들이 보는 머리카락 등에 각각 작용이 있거나 없는 것이 성립한다.
(인) 실재하는 대상이 없다고 인정하기 때문에.
(유) 꿈에서 정액을 손실하는 등과 같이.

논 **이것으로 인해 비록 식을 떠나 실재하는 대상이 없지만 특정한 장소에서 허망한 작용이 일어난다는 뜻이 성립한다.** [0986b15]

술기 이것은 허망한 것이지만 작용이 성립한다고 결론짓는다. 앞에서 네 가지 힐난을 각각 해설하여 마쳤다.

논 **이와 같이 각각의 비유에 의거하여 장소의 한정 등 네 가지 뜻이 성립한다는 것을 나타내 보였다.** [0986b18]

술기 [다음으로] 총괄하여 네 가지 힐난을 해명할 것이다. 먼저 앞 부분[의 논의]를 결론짓는다. 네 가지 힐난은 모두 특수하여, 네 가지 답변도 역시 각기 다르다.

표 2 인도불교의 우주 개념도

우주의 층위	삼계(三界)의 우주 개념도
무색계(無色界) 4천 : 4. 비상비비상처 3. 무소유처 2. 식무변처 1. 공무변처 **색계(色界) 4선천(禪天) :** 제4선천*8 제3선천*3 제2선천*3 제1선천*2 or 3 **욕계(欲界) :** 6. 6욕천(欲天) 5. 인간 4. 아수라 3. 축생 2. 아귀 1. 지옥(중생):16지옥	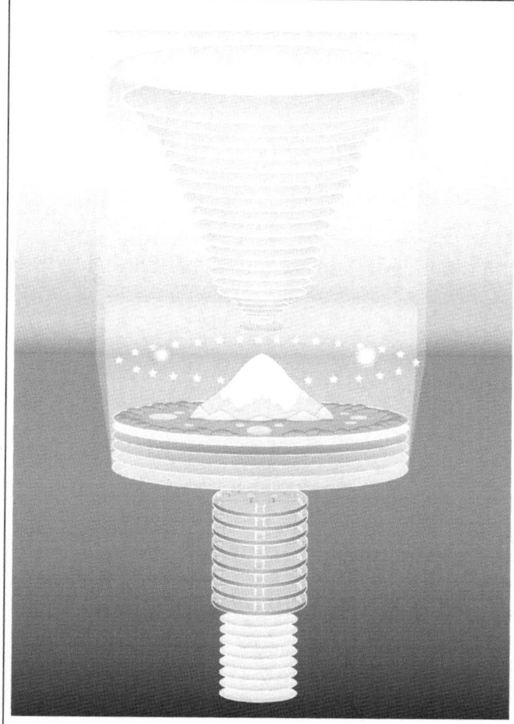

narakavat punaḥ |

sarvaṃ

siddham iti veditavyaṃ | narakeṣviva narakavat | kathaṃ siddhaṃ |

또 지옥과 같이 / 모든 것이 / 성립된다고 알아야 한다. '지옥과 같이'는 '바로 지옥에서처럼' [이라는 뜻이다].

[논적] 어떻게 성립되는가?

narakapālādi darśane taiś ca bādhane ||4cd||

지옥의 간수 등을 본다는 점에서, 그리고 그것(지옥의 간수)에 의해 핍박을 받는다는 점에서 [증명된다].

=

「復次頌曰:

一切如地獄, 同見獄卒等,

能為逼害事, 故四義皆成. (3)

(T31, 74c29-75a2)

논 다시 게송을 인용하면,

게송 3 **일체가 지옥(地獄)에서 지옥간수 등이 능히 박해하는 일을 동일하게 보는 것과 같다. 따라서 네 가지 뜻이 모두 성립한다.** [0986b21]

술기 이하에서 총괄하여 답한다. '일체'라고 말하는 것은 종지에 의해 밝혀지는 것을 표시한다. 총괄해서 네 가지 비난을 해명하기 때문에 '일체'라고 말한다. 때문에 네 가지 뜻이 모두 성립한다.

이것은 총괄적인 결론이며, 나머지 열 세 글자[151]로 비판에 대해 바르게 답한다.

논 **여기에서 하나의 지옥 비유로 장소의 한정 등 일체가 모두 성립한다고 드러냄을 알아야 한다.** [0986b25]

술기 여기에는 세 단락이 있다.

처음에는 게송의 모든 글자를 풀이하고, 다음에는 네 가지 힐난을 그대로 설명하며, 그 후에 총괄해서 네 가지의 뜻이 성립한다는 것으로 결론짓는다.

게송을 세 단락으로 나누는데, 여기에서는 게송의 모든 글자를 풀이하여, 하나의 지옥 비유로써 네 가지 뜻이 성립한다는 것을 해명한다.

논 **'지옥과 같이'라는 말은 지옥에서 박해와 고통을 받는 모든 유정의**

---

151) 게송에서 '一切' 다음의 13글자, 즉 如地獄, 同見獄卒等, 能為逼害事

부류들을 나타낸다. [0986b29]

술기 이하는 두 번째 단락이다. 범어로 vat(筏)[152]는 두 가지 뜻이 있다. 첫째는 '~와 같이(如)'라는 말이고, 두 번째는 '있다(有)'는 뜻이다. 지금 [여기에서는] '~와 같이'를 택하고, '있다'는 뜻은 선택하지 않는다.

'있다'와 간택하여 구별하기 위하여 이 설명을 하는 것이다.

어떤 해석에 따르면, 범어로 **나라카(捺落迦, naraka)**[153]이고, 고통스러운 세계(器世間), 즉 지옥을 말한다. **나라카(那落迦, nāraka, 지옥유정)**와 '같이' 지옥의 고통을 받는다는 사실을 드러내는 것이지, 그들의 세계와 같은 것을 설하여 지옥과 같다고 하는 것이 아니다.[154]

논 **이를테면 지옥 가운데 비록 진실로 실재하는 것은 아니지만, 유정이라 생각되는 존재(有情數)들이 지옥간수 등의 사태를 포섭한다.** [0986c06]

술기 이하 비판을 있는 그대로 해설한다.

---

152) vat: '처럼', '같이' 등을 의미하는 접미사. (an affix added to words to imply likeness or resemblance, and generally translatable by 'as', 'like')

153) 지옥에 관한 논의에서 핵심적인 세 개념을 명확히 구별해야 한다. 고통스러운 장소로서 지옥(地獄)은 나라카(naraka, 捺落迦), 그 지옥에서 고통을 주는 행위를 하는 존재들은 옥졸(獄卒, narakapāla) 혹은 지옥간수, 지옥에서 고통받는 유정들은 지옥유정(nāraka)이며, 규기는 지옥유정을 나라카(那落迦)로 구분하여 번역하였다.

154) 규기는 여기서 지옥(naraka)을 총 5회 나락가(捺落迦)로 음역(音譯)하고 나머지는 지옥(地獄)으로 번역하였다. 반면, 지옥유정(nāraka)은 총 19회 나락가(那落迦)로 구분하여 표기하고, 더불어 지옥취(地獄趣, 4회)로 번역하였다. 지금 이 번역에서는 나라카, 나라카(지옥유정), 혹은 지옥유정으로 번역하였다.
이곳에서 논의하는 문제는 지옥(地獄)이라는 장소, 지옥의 기능을 담당하고 있는 옥졸(獄卒) 등과, 지옥에서 고통을 받는 지옥유정의 관계를 업(業)과 유식(唯識)의 관점에서 해명하는 것으로, '지옥과 같다'는 표현은 기세간의 한 종류로서 지옥과 유사하다는 것이 아니라, '지옥유정이 고통을 받는 것과 같다'는 의미라는 설명이다.

대승에서는 이 지옥간수 등이 지옥에서 박해하는 자이지만 실재하는 유정이 아니다. 이하에서 자세히 설명할 것이다. 죄인을 던져 넣을 지옥을 건립하는 것은 실재하는 유정이 아니다. 『구사론』[에서 설한 바]와 같다. 이것은 설일체유부와 경량부 등에 대해서 그들의 바른 이치를 명확히 하는 것이지, 대중부나 정량부 등에 대해서 그 바른 이치를 밝히는 것은 아니다. 이하에 비난에 대해 있는 그대로 설명한다.

논 **그 유정들은 동일한 업이숙(業異熟)의 강력한 힘에 의하기 때문에**

[0986c12]

술기 그 지옥으로 인해 죄를 받는 유정의 인과가 동일하기 때문이다.

다음은 그 이유를 드러낸다.

yathā hi narakeṣu nārakāṇāṃ narakapālādidarśaṇam deśakālaniyamena siddhaṃ śvavāyasāyasaparvatādy āgamanagamana darśanaṃ cety ādigrahaṇena |

예를 들어 지옥에서 지옥유정들이 지옥간수 등을 장소와 시간의 한정에 의해 보는 것이 증명된다. 게송의 '등ādi'이라는 말에 의해서, 개(狗), 새(鳥), 철산(鐵山) 등이 오고 가는 것과 보이는 것이 [설명된다.]

sarveṣāṃ ca naikasyaiva taiś ca tadbādhanaṃ siddham asatsvāpinarakapālādiṣu | samānasvakarmavipākādhipatyāt | tathānyatrāpi sarvam etaddeṣakālaniyamādi catuṣṭayaṃ siddham iti veditavyaṃ ||

그리고 오직 하나 만이 아니고 모든 이들(지옥유정)이 그것(옥졸)에 의해저 박해를 받는다는 것이, 비록 [옥졸] 자신이 실재하지 않는 경우에도 증명된다. 공통되는 자신의 업이숙의 강력함 / 지배력 때문이다. 바로 그와 같이 다른 경우에도 이 장소와 시간의 한정 등 네 가지 모두가 증명된다고 알아야 한다.

=

「論曰: 應知此中一地獄喻, 顯處定等一切皆成. 如地獄言, 顯在地獄受逼害苦諸有情類. 謂地獄中雖無真實有情數攝獄卒等事, 而彼有情同業異熟增上力故, 同處同時眾多相續, 皆共見有獄卒, 狗, 烏, 鐵山物等來至其所為逼害事. 由此雖無離識實境, 而處定等四義皆成.」(T31, 75a3-9)

논 같은 장소와 같은 시간에 많은 상속이 모두 함께 지옥간수, 개, 까마귀, 철산 등의 사물이 그곳에 이르러 박해하는 일을 동일하게 본다. [0986c14]

술기 '같은 장소'는 장소가 한정되어 있다는 뜻을 드러낸다. 이 장소에서 보는 것과 같은 것이 그 외의 다른 장소에는 없기 때문이다. '같은 시간'은 시간이 한정되어 있다는 뜻을 드러낸다. 이 시간에 보는 것과 같은 것이 그 외의 다른 시간에는 없기 때문이다. '많은 상속' 등은 상속이 한정되어 있지 않음을 드러낸다. 모두 동일하게 보기 때문이다. '그곳에 이르러 박해하는 일'은 작용이 성립한다는 것을 드러낸다. '개'는 오박구(烏駁狗)[155]이고, '까마귀'는 철부리가 눈 등을 쪼는 새이다. '철산'은 많은 무리가 모인 지옥 등이 양이나 소 등의 형상으로 와서 죄인을 박해하는 일을 일으킨다. '~등의 물건'은 강철로 된 숲의 가시 등과 양구타충(蠰狗吒虫)[156] 등을 모두 함께 취한다.

여기에서 의미하는 것은 이를테면 지옥 가운데 대상이 비록 실체가 없지만, 같은 장소 같은 시간에 다수의 죄인이 지옥간수 등이 와서 박해

---

155) 검은 얼룩이 있는 개, 혹은 흑박구(黑駁狗)

156) "어떤 이는 다음과 같이 말한다.
'모든 처소에 두루 퍼져 있기 때문에 방생이라고 한다. 이들은 두루 다섯 가지의 취[五趣]에 모두 다 있다.'
나라카 중에는 발 없는 것이 있는데 양구타충(孃矩吒虫) 등과 같고 두 발 달린 것이 있는데 철취조(鐵嘴鳥) 따위와 같으며, 네 발 달린 것이 있는데 흑박구(黑駁狗) 같고, 여러 발 달린 것이 있는데 백족(百足) 등과 같다."
여기에서 '양구타충'을 현장(玄奘)은 『구사론』에서 낭구타충(娘矩吒虫, nyankuta)이라고 번역했다. 지옥의 열여섯 가지 중에 제2의 시분증(屍糞增)에 산다. 부리가 날카로운 것이 바늘과 같고 몸은 희며 머리는 검은데 침구충(針口虫)이라고도 한다. 유정이 그 곳에 있을 때에 모두 이 벌레가 가죽과 뼈를 깨뜨리고는 그 골수(骨髓)를 빨아먹는다고 한다.
시분증(屍糞增)산: 이 증(增)은 내부가 시체와 분뇨(屍糞)의 진창으로 가득한 곳이다.
『아비달마대비바사론』 172권 (K0952 v27, p.8a01)

하는 일을 동일하게 본다는 네 가지 뜻이 모두 성립한다. 그러므로 그 외의 다른 시간에서 대상은 비록 실체가 없더라도 장소의 한정 등이 모두 성립하지 않는 것은 아니다.

논리식으로 말한다.

(종) 그 외의 다른 상태에서 장소의 한정 등이 성립하지 않는 것이 아니다.
(인) 실재하는 대상이 없이 이 식이 발생하기 때문에.
(유) 지옥인 등에게 이 네 가지 사태가 모두 성립하는 것처럼.

따라서 외도들의 비판에는 모두 오류가 있다. 생각하고 탐구해 보면 알 수 있을 것이다. 때문에 더 이상 번거롭게 풀이하지 않는다.

논 **이런 이유로 비록 식을 떠나 실재하는 대상이 없지만, 장소의 한정 등 네 가지 뜻이 모두 성립한다.** [0986c29]

술기 이하는 세 번째 단락으로, 총괄하여 결론적으로 '네 가지 사태가 모두 성립한다'는 게송의 제4구(句)를 주석한다. 만약 식과 달리 실재하는 대상이 의타기(依他起)한 물질(색) 등을 말하는 것이라면, 대승도 역시 그것은 실재한다고 인정한다. 그러나 식을 떠나 바깥에 실재하는 물질(색) 등이 존재한다고 한다면 [그것은] 대승에서 성립하지 않는다. 그러므로 식을 떠난 대상이 실재성이 없이도 장소의 한정 등 네 가지 사태가 모두 성립하므로, '이런 이유로'라고 말한 것이다.

표 3 지옥의 구조

지옥(地獄, naraka, 捺落迦)	
팔열지옥	팔한지옥
등활지옥(saṃjīva-naraka)	알부타(頞部陀, arbuda)
흑승지옥(kālasūtra-)	니랄부타(尼剌部陀, nirarbuda)
중합지옥(saṃghāta-)	알찰타(頞哳吒, aṭaṭa)
호규환지옥(raurava-)	확확파(臛臛婆, hahava)
대규환지옥(mahāraurava-)	호호파(虎虎婆, huhuva)
염열지옥(tapana-)	올발라(嗢鉢羅, utpala-)
극열지옥(mahātapana-)	발특마(鉢特摩, padma-)
무간지옥(avīci-)	마하발특마(摩訶鉢特摩, mahā-padma-naraka)

팔열지옥(八熱地獄. uṣṇā astau mahānaraka)

AKBh 111.11-12: aṣṭau mahānarakāḥ / saṃjīvaḥ kālasūtraḥ saṃghāto rauravo mahārauravas tapanaḥ pratāpano 'vīciś ceti |

『阿毘達磨俱舍論』 卷8 「3. 分別世品」: 「八大地獄名地獄異. 一等活地獄. 二黑繩地獄. 三衆合地獄. 四號叫地獄. 五大叫地獄. 六炎熱地獄. 七大熱地獄. 八無間地獄」 (T29, No. 1558, 41,a6-9)

팔한지옥(八寒地獄, śītanaraka astau)

AKBh 164.24: anye śītanarakā aṣṭau / tadyathā arbudo nirarbudaḥ aṭaṭo hahavaḥ huhuvaḥ utpalaḥ padmo mahāpadmaś ca.

『阿毘達磨俱舍論』. 卷11 「3. 分別世品」: 「復有餘八寒[木*奈]落迦. 其八者何. 一頞部陀. 二尼剌部陀. 三頞哳吒. 四臛臛婆. 五虎虎婆. 六嗢鉢羅. 七鉢特摩. 八摩訶鉢特摩.」 (T29, No. 1558, 58,c29-59,a3) kim punaḥ kāraṇaṃ narakapālāste ca śvāno vāyasāś ca satvā neṣyante |

[논적] 그렇다면 무슨 이유로 지옥간수가 있는 경우에 개들와 새들[과 같은] [지옥]유정들이 [있다고] 인정하지 않는가?

ayogāt | na hi te nārakā yujyante | tathaiva tadduḥkhapratisaṃvedanāt | parasparaṃ yātayatām ime nārakā ime narakapālā iti vyavasthā na syāt | tulyākṛtiprāmāṇabalānām ca parasparaṃ yātayatāṃ na tathā bhayaṃ syāt | dāhaduḥkhaṃ ca pradīptayām ayomayyāṃ bhūmāv asahamānāḥ kathaṃ tatra parānyātayeyuḥ | anārakāṇāṃ vā narake kutaḥ saṃbhavaḥ |

[논주] 불합리하기 때문이다. 실로 그들이 지옥유정들이라는 것은 불합리하다. 왜냐하면, 그곳의 고통을 받지 않기 때문이다. 서로 서로 고통을 주고받는 이들에 대해서 누가 지옥유정이고 누가 지옥간수라고 확정할 수가 없을 것이다. 그리고 형태(ākṛti), 크기(pramāṇa), 힘(bala)이 동일한 자들은 서로 고통을 주고받는 그와 같은 두려움이 없을 것이다. 철로 만들어진 [대지]가 불타고 있을 때, 불타는 고통을 이겨내지 못하는 자들이 어떻게 거기에서 서로 다른 자들에게 [고통을 주겠는가?] 또 지옥유정이 아닌 자들이 어떻게 지옥에 태어나겠는가?

=

「何緣不許獄卒等類是實有情? 不應理故. 且此不應那落迦攝, 不受如彼所受苦故. 互相逼害, 應不可立彼那落迦. 此獄卒等形量力既等, 應不極相怖, 應自不能忍受鐵地炎熱猛焰恒燒然苦, 云何於彼能逼害他? 非那落迦不應生彼.」(T31, 75a9-14)

논 무슨 이유로 지옥간수 등의 부류가 실재하는 유정이라는 것을 인정하지 않는가? [0987a05]

술기 위의 두 게송에서 성립하지 않는 것이 아니라고 답했다. 이하의 세 게송(vv.4-6)에서는 외도들이 추구하는 뜻을 논파한다. 이 중에는 세 가지가 있는데, 첫 번째 게송(v.4)은 마하승지(대중부, Mahāsamghika), 독자부(犢子部) 등이 주장하는 뜻을 논파한다. 그 다음 하나의 게송(v.5)으로 설일체유부의 논사 등이 주장하는 뜻을 논파한다. 마지막 하나의 게송(v.6)으로 경량부 등의 논사들이 주장하는 뜻을 논파한다.

또는 처음 하나의 게송으로 주장을 논파하는 것은 앞에서 설명한 바와 같다. 다음에 하나의 게송으로 설일체유부와 겸하여 경량부가 주장하는 뜻을 함께 논파한다. 다음 하나의 게송으로 경량부를 논파하고 겸하여 설일체유부를 억제하여 훈습이 [성립할] 수 있게 한다.

그리고 두 가지 주장 중에 앞의 주장이 더 뛰어나기 때문에 첫 번째 단락에서 취하는데, 여기에 다시 네 개의 문단이 있다. 첫 번째는 대중부, 정량부(正量部)가 주장하는 뜻이고, 두 번째는 대승의 자세한 논파, 세 번째는 저들이 재차 주장하는 의미, 네 번째는 논주의 거듭된 논파이다.

이제 첫 번째로 각 부파들이 주장하는 내용(彼部救義)이다.

문장의 기세를 관찰하면, 지옥간수 등이 이 해설의 뜻과 유사하다고 논쟁한다. 이하의 결론 중에 '오직 식(識)일 뿐(唯識)'으로 귀결하여, 바른 뜻으로 돌아간다.

이제 각 부파의 뜻은 [다음과 같다].

(종) 지옥간수, 개 등은 모두 유정수이다.

(인) 지옥에서 유정의 작용이 있기 때문에.

(유) 나라까의 과보와 같이.

그리고 여러 부파 중에서 대중부와 정량부는 지옥간수 등이 실재하는 유정이라고 주장한다. 설일체유부 논사들은 그것이 비록 유정은 아니지만 마음 바깥의 악업에 감응하여, 강력한 대종의 전변에 의해 태어난 것으로, 색깔과 형태를 만들고 양과 힘의 차이를 드러낸다고 한다. 경량부 논사들에 따르면, 그것이 비록 유정은 아니지만 마음 바깥에 업을 지을 때에 오직 내식(內識)을 훈습하여 그것의 과보를 받는다. 심외(心外)에서는 대종이 전변하여 현색이나 형색 등을 발생시킨다.

이제 대승의 뜻[으로 보아도] 역시 그것은 유정이 아니다. 업을 지을 때에 이미 내식에 있으며 과보를 받을 때에도 그것은 식에서 받는 것이지 그 외 다른 것에서 받는 것이 아니다. 따라서 여기에서 대승은 다른 부파들과 다르다.

그러나 대중부 등은 이것에 대해 주장하기를, 그것은 지옥에서 사안을 결정하고 사람을 지옥에 유치(留置)하는 자이며 실재하는 유정이다. 여러 부파들이 모두 [이 점에는] 논란이 없다. [논서]에서 '무슨 근거로(何緣)'는 '무슨 이유로(何因)'의 의미이다.

외인(外人)들이 물어서 말하기를, 무슨 이유로 지옥간수가 실재하는 유정수라는 것을 인정하지 않는가? 추론식은 앞에서와 같다.

논 **이치에 맞지 않기 때문이다.** [0987a28]

술기 이하에서 논주가 답한다. 처음에는 총괄하고, 다음에는 개별적으로 [답한다].

지금 이것[157]은 총괄적인 결론이다. 외도들이 다시 묻는다. 어째서 이치에 맞지 않는가?

논 **또 이것은 지옥유정(나라카)에 포함시킬 수 없다. 다른 이들이 받는 것과 같은 고통을 받지 않기 때문이다.** [0987b01]

술기 이하에서는 개별적으로 논파한다.

여기에는 두 가지가 있다. 첫 번째는 지옥간수 등은 지옥에 간 유정(地獄趣)이 아니라고 논파한다. 그 후에 지옥간수 등이 그 외 다른 세계의 유정도 아니라고 논파한다.

그들이 지옥유정이 아니라고 논파하는 것에는 대략 네 가지 뜻이 있다.

지금 이것이 그 첫 번째이다. 겸하여 그 외 다른 세계의 유정들도 논파한다.

먼저 [지금] 해당하는 유정을 논파한다. 간략히 말하기 때문에 "또 이것은"이라고 말한다. "또 이것은 나라까에 포함시킬 수 없다"는 이하의 네 가지 의미에 연결된다. '이것'은 '지옥간수 등'으로 그 악인에 포함되는 것이 아니다. 이 [지옥간수]들은 저 악인들이 받는 것과 같은 고통을

157) [논서]의 "이치에 맞지 않기 때문이다"는 이것

받지 않기 때문이다. 만약 지옥간수 등이 악인에 포함된다면, 악인과 같이 마땅히 고통을 받을 것이다.

논리식으로 말한다.

(종) 저 지옥간수 등은 악인에 포함되지 않는다.
(인) 저 [악인이] 받는 것과 같은 고통을 받지 않기 때문에.
(유) 사람과 신(人天) 등과 같이.

또는

(종) 지옥간수 등이 그 고통을 받아야 할 것이다.
(인) 나라카에 포섭된다고 인정하기 때문에.
(유) 그가 죄를 받는 것과 같이.

『구사론』의 11권[158]에 "만약 그것이 유정이면 이것의 결과는 어디에 있는가?"라고 했다. 또 그곳에서 대답하여 말하기를 "지옥 가운데"라고 했다. 그 논서(『구사론』)는 이 네 번째 힐난으로 그 학파를 논파하였다. 그렇지만 그것은 단지 하나의 의미만으로 그것을 논파한 것이다. 이를테면 불은 마땅히 태우는 [작용이 있는] 것이다. 이것은 네 번째와 동일하다.

---

158)『阿毘達磨俱舍論』卷11:「琰魔王使諸邏刹娑擲諸有情置地獄者名琰魔卒. 是實有情非地獄中害有情者, 故地獄卒非實有情. 有說: 有情. 若爾, 此惡業何處受異熟?」(T29, 58c23-26)

논 [만약] 서로 간에 핍박을 한다면, 어떤 이는 나라카(지옥유정)이고 어떤 이는 지옥간수 등이라고 [구분하여] 주장할 수 없게 된다. [0987b15]

술기 이것은 두 번째 의미로, 이 지옥간수 등과 저 죄인들이 모두 서로를 핍박하고 능히 중생을 해칠 수 있는 죄인인데, 만약 그들 모두가 지옥유정[159]이라면, 그들이 죄를 받는 것이라고 말할 수 없을 것이다. 이것은 지옥간수 등과 나라카(지옥유정)가 함께 서로 간에 핍박을 가하는 셈이다. 그렇다면 어떻게 저 유정은 죄를 받는 자이고, 이것은 지옥간수들이라고 주장할 수 있겠는가?

여기에는 두 가지 뜻이 있는데, 뒤의 해석이 뛰어나다.

논리식으로 말한다.

(종) 당신은 지옥간수 등을 지옥간수 등이라고 부르지 말아야 한다.
(인) 나라카에 포섭되는 것을 인정하게 되기 때문에.
(유) 죄를 받는 자와 같이.

(종) 당신은 죄를 받는 자를 죄를 받는 자라고 부르지 말아야 한다.
(인) 나라카에 포섭되기 때문에.
(유) 지옥간수 등과 같이.

또는

(종) 죄를 받는 자가 핍박을 가할 수 있어야 한다.

---

159) 피취(彼趣) = 지옥취(地獄趣))

(인) 나라카에 포섭되기 때문에.

(유) 지옥간수 등과 같이.

또는

(종) 지옥간수들이 핍박을 가할 수 없어야 한다.

(인) 나라카에 포섭되기 때문에.

(유) 죄를 받는 자와 같이.

이 네 가지 추론에는 [의미상의] 오류가 간별(簡別)되지만 [형식적인] 논증 자체에는 오류가 없다. 마땅히 하나 하나 알아보아야 할 것이다.

논 **형태, 양(크기), 힘 등이 모두 같다면, 서로 극히 두려워하지 않아야 할 것이다.** [0987b27]

술기 이것은 세 번째 의미이다. 이 지옥간수 등이 죄를 받는 자와 함께 모두 그것에 포함된다면, 형태와 크기의 크고 작음과 힘에 있어 각각이 모두 같아야 하므로, 죄를 받는 자가 지옥간수 등을 극히 두려워하지 않아야 할 것이다.

논리식으로 말한다.

(종) 죄를 받는 자는 이 지옥간수 등을 극히 두려워하지 말아야 한다.

(인) 나라카에 포함되기 때문에.

(유) 지옥간수 등과 같이.

반박하는 논리식을 말하면,

(종) 지옥간수 등도 역시 자신의 종류가 아닌 저 유정들[160]을 두려워해야 한다.
(인) 나라카에 포함된다고 인정하기 때문에
(유) 죄를 받는 자와 같이.

여기에서 주장명제에는 동유(同喩, sādharmyadṛṣṭānta)가 없다는 오류와 소립(所立, sādharmya)이 성립하지 않는다는 등을 간택하였다. 마땅히 이와 같이 알아야 할 것이다.

논 **철로 만들어진 대지, 염열(炎熱)이나 맹염(猛焰)이 항상 불타오르는 고통을 스스로 참고 견딜 수도 없는데 어떻게 그곳에서 다른 이들을 핍박할 수 있겠는가?** [0987c06]

술기 이제 네 번째 의미로, 만약 지옥간수 등이 나라카에 포섭된다면, 마땅히 자신이 쇳물이 흐르는 대지의 맹렬한 뜨거움으로 항상 불타오르는 고통을 참고 견딜 수 없을 것이다. 이미 자신도 참고 견딜 수 없는데 어떻게 그 장소에서 다른 악인을 해칠 수 있겠는가? 악인과 그곳의 유정들은 모두 고통을 참을 수 없기 때문에 타자를 해칠 수도 없을 것이다. 이것과 마찬가지로 그곳의 유정도 스스로 그 고통을 참고 견딜 수 없어서 타인을 해칠 수 없을 것이다.

---

160) 여기서 彼趣는 5취(趣: 지옥, 아귀, 축생, 인간, 천신) 가운데 지옥취 유정들을 의미한다.

논리식으로 말한다.

(종) 그 지옥간수 등은 마땅히 쇳물이 흐르는 대지가 염열(炎熱)이나 맹염(猛焰)으로 항상 불타오르는 고통을 스스로 참고 견딜 수 없을 것이다.
(인) 나라카에 포섭되는 것을 인정하게 되기 때문에.
(유) 다른 악을 짓는 자들과 같이.

만약 지옥간수 등이 고통을 참을 수 없다면, 이 추론식은 서로 부합(相符)하게 된다.

마땅히 다시 논리식을 세워 말해야 한다.

(종) 그 지옥간수 등은 마땅히 악을 짓는 다른 이를 해칠 수 없을 것이다.
(인) 스스로 뜨거움과 철로 만든 대지 등을 견딜 수 없기 때문에.
(유) 다른 악을 짓는 자들과 같이.

'어떻게 그곳에서 다른 이들을 핍박할 수 있겠는가?'[라는 의문]으로 앞의 세 가지 비난을 결론지었다.

『구사론』 11권에 또 추구하여 말하기를,[161]

"이것은 업력에 의해 멀어지고 장애가 된 때문이다. 또는 다른 대종에 감응하기 때문에 불태워지지 않는다."

이 지옥간수 등이 지은 업이 이미 죄를 받는 다른 자들과 동일하다면,

---

161)『阿毘達磨俱舍論』卷11:「何緣火不燒彼? 此定由業力所隔礙故, 或感異大種故不被燒」(T29, 58c27-29)

어째서 홀로 업으로 인해 불에 태워지는 해를 받지 않는가?

마땅히 논리식을 세워 말한다.

(종) 이 지옥간수 등은 불에 타는 해를 입어야 할 것이다.

(인) 지옥유정이라고 인정하기 때문에.

(유) 죄를 받는 자들과 같이.

때문에 이제 총괄하여 마땅히 스스로 쇳물이 흐르는 대지 등을 견딜 수 없을 것이라고 설명한다.

이 네 가지 뜻으로 인해 많은 추론이 성립한다. 이 지옥간수 등은 저 지옥유정들에 포함되는 것이 아니다. 저들이 추구하여 말하기를, 만약 그들이 지옥유정에 포함된다고 한다면, 그와 같은 오류가 있게 되겠지만, 그들이 다른 세계의 유정들이라면 결국 무슨 오류가 발생하겠는가?

논 **나라카가 저것을 발생시키지 말아야 하는 것은 아니다.** [0987c25]

술기 이하 두 번째, '나머지 유정들은 나라카(지옥유정)가 아니다'라고 논파하다.

(종) 악을 짓는 자는 저 지옥[162]에서 태어나지 말아야 한다.

(인) 그곳의 유정이 아니기 때문에.

(유) 천인 등과 같이.

---

162) 나라카(捺落迦, naraka)

katham tāvat tiraścāṃ svarga saṃbhavaḥ | evaṃ narakeṣu tiryakapretaviśeṣāṇāṃ narakapālādīnāṃ saṃbhavaḥ syāt |

[논적] 어떻게 그와 마찬가지로 [동물들이] 하늘에서 태어나는가? 이와 같이 지옥에서도 마찬가지로 동물이나 아귀의 특수한 성질을 가진 지옥간수 등이 태어나야 하는 것 아닌가?

=

「如何天上現有傍生, 地獄亦然, 有傍生鬼為獄卒等.」(T31, 75a14-15)

논 어째서 천상에 동물(傍生)이 존재하는 것과 같이 지옥에도 역시 동물과 아귀가 있어서 지옥간수 등으로 삼는가? [0987c28]

술기 대중부와 정량부는 이미 [동물 등이] 지옥(捺落迦, naraka)에 포섭되는 것이 아니라고 논파하였으므로 다시 추구할 것도 없지만, 다른 유정이 아니라고 논파하고, 제삼 구하여 말하기를, 위로 하늘의 장소와 같이 장소가 비록 뛰어나지만 악한 유정이나 동물 등의 태어남이 있는데, 아래로 지옥이 비록 악인의 장소이지만 어찌 동물이나 아귀로 태어나 지옥간수가 되는데 어떤 방해가 있겠는가? 사람이 사는 장소 등 공통적으로 모든 유정이 태어나는 이치가 모든 경우에 성립하며, 가장 두드러진 유정이 아니라도 천상에 올라갈 수 있다. 논리식으로 말한다.

(종) 지옥에서 다른 세계의 유정의 태어남이 있어야 한다.

(인) 선악의 유정이 한결같이 포섭되는 것을 인정하기 때문에.

(유) 위의 하늘에서 동물 등이 태어나는 것과 같이.

아귀의 장소에 동물이 태어나는 것은 의심의 문제가 없고, 불확정의 오류가 없다. 저 논사가 설하고자 하는 것은, 지옥간수는 아귀이고, 개와 까마귀 등은 동물이므로 논서에서 '동물과 아귀가 있어서 지옥간수 등으로 삼는다'고 설한다.

구역의 논서에서는 '등(等)'이 없이, 축생 또는 아귀의 개별적인 부류 등이 지옥에서 태어난 것을 이름하여 지옥간수라고 부른다고 하였는데, [이같은 설명은] 옳지 않다.

tiraścāṃ sambhavaḥ svarge yathā na narake tathā |

na pretānāṃ yatastajjaṃ duḥkhaṃ nānubhavanti te ||5||

동물들이 하늘에서 태어나는 것과 마찬가지로 그와 같이 지옥에서 [태어나는 것은] 아니다.
아귀들은 그곳에서 태어나지 않고, [그곳의] 고통을 느끼지 않는다.

ye hi tiryañcaḥ svarge saṃbhavanti te tadbhājanalokasukhasaṃvartanīyena karmaṇā tatra saṃbhūtās tajjaṃ sukhaṃ pratyanubhavanti | na caivaṃ narakapālādayo nārakaṃ duḥkhaṃ pratyanubhavanti | tasmān na tiraścāṃ saṃbhavo yukto nāpi pretāṇām |

[논주] 동물들이 하늘에 태어날 때, 그들은 그 기세간의 즐거움을 받을 업에 의해, 그곳에 태어난 이들은 그곳에서 생기는 즐거움을 즐긴다. 그러나 지옥간수들은 그와 같이 지옥의 고통을 받지 않는다. 따라서 [동물들이] 그와 같이 태어나는 것은 불합리하고, [마찬가지로] 아귀들도 역시 [이치에 맞지 않다].

=

「此救不然. 頌曰:

如天上傍生, 地獄中不爾,

所執傍生鬼, 不受彼苦故. (4)

論曰: 諸有傍生生天上者, 必有能感彼器樂業, 生彼定受器所生樂, 非獄卒等受地獄中器所生苦, 故不應許傍生鬼趣生那落迦.」

(T31, 75a15-21)

논 **이런 주장은 옳지 않다.** [0988a11]

술기 이하 네 번째로 논주가 다시 논파한다. 처음은 총괄하고, 다음에 개별적으로 한다.

여기에서 총괄하여 말하면, 그것은 옳지 않다.

논 **게송 4**

천상의 동물과 같이 지옥에서도 그런 것은 아니다. 주장된 바 저 동물과 아귀는 그곳의 고통을 받지 않기 때문이다. [0988a13]

술기 이하는 개별적으로 비판한다. 게송의 처음 2구(句)는 비유가 성립하지 않는다는 것을 나타내고, 그 이하의 2구는 성립하지 않는다는 이치를 드러낸다.

외도들이 추론식의 주장명제를 세우는 중에 주장명제 상위(法差別相違)의 오류[163]를 범하였다. 주장명제(宗法)에서 '다른 세계의 유정이 태어난다'고 말하고, 그것을 이름하여 주장명제의 자상이라고 지칭하는 것이다. '어떤 천상의 존재가 그가 속한 기세간의 과보를 받지만 [다른] 기세간의 과보를 받지 않는다'는 등이 명제의 차별이다. 지금은 단지 저들과 주장명제의 차별에 상위(相違)의 오류가 된다. 천상의 유정들이 그가 속한 기세간의 과보를 받지만, 당신의 학파가 주장하는 바 지옥의 유정들은 그가 속한 기세간의 과보를 받지 않기 때문이다.

---

163) 법차별상위인의 오류(法差別相違因過). 불교 인명(因明)에서 14항목의 잘못된 원인(似因) 가운데 하나이다. 입론자(立論者)가 세운 주장명제에서 주장의 범주를 명확히 한정하지 않고 모호하거나 포괄적인 범주의 정의를 사용함으로써 의도한 범주와 논증의 범주가 차이를 보이는 오류를 말한다.

논 **천상에서 태어나는 모든 동물은 반드시 그 기세간의 즐거움에 감응할 수 있는 업을 가지며, 그곳에 태어나 반드시 그 기세간에 태어난 즐거움을 받는다.** [0988a21]

술기 첫 구절의 게송을 해석한다. 만약 용이나 기린 등이 천상에 태어나는 것이라면, 오직 욕계의 땅에 속한 하늘(地居天)[164] 중에 거주한다. 학이나 봉황 등도 역시 공통적으로 욕계의 공중에 속한 하늘(空居天)[165]에 거한다. 이것들은 반드시 공동의 선한 업(共業)을 가지며, 그들의 하늘인 바깥 기세간에서 즐거움의 업에도 잘 감응할 수 있다. 이미 과보를 가지고 태어나기 때문에 그들의 기세간에 태어나는 즐거움을 받을 수 있다. 이것은 다른 이들의 주장과 동유(同喩)의 차이를 드러낸다.

이하 그들의 주장명제의 차이를 확립한다.

논 **지옥간수 등은 지옥에서 그 기세간에 태어나는 고통을 받는 것이 아니다.** [0988a28]

술기 이 지옥간수 등은 지옥에서 태어날 때, 지옥의 기세간에 태어나는 고통을 받는 것이 아니다. 어째서 저 하늘의 동물과 같지 않은가?

앞에서 다른 곳의 원인을 확립하였으므로, 이미 그와 다른 세계의 유정이 지옥을 생기한다는 것도 성립시킬 수 있다. 그와 같이 지옥간수 등이 지옥에서 [다른] 기세간에 기인하여 생기한 고통을 받는다는 것도 성

164) 사천왕천과 도리천

165) 욕계 지거천 이외의 다른 영역

립시킬 수 있다.

논리식으로 말한다.

(종) 지옥간수 등은 거주하는 밖의 기세간에서 발생한 과보를 받을 것이다.

(인) 선하고 악한 유정이 어느 하나에 따라 포섭된다고 인정하기 때문에.

(유) 천상에 동물 등이 있는 것과 같이.

여기서는 간략히 하지만 마땅히 자세히 알아야 한다.

이는 게송 가운데 아래 세 구절을 주석한 것이다.

논 **때문에 동물이나 아귀 등의 유정이 지옥(捺落迦, naraka)에 태어난다는 것을 인정할 수 없다.** [0988b06]

술기 이제 총괄하여 게송의 제2구를 주석하여 결론짓는다. 나라카(捺落迦, naraka)란 고통스러운 기세간을 말하니, 그것이 곧 지옥이다. 지옥이라는 말은 그것에 따른 이곳의 방언(方言)으로 설명한 것이다. 이런 이치 때문에 동물이나 아귀의 유정이 지옥에서 태어난다는 것을 인정할 수 없다.

그런데 대중부와 정량부는 본래 지옥간수 등이 실재하는 유정이고 그래서 지옥유정이라고 생각한다. 이제 그것을 부정하여 [나라카는] 동물이나 아귀가 아니라고 차단하는 말을 시설하는 것이다.

또는 반복해서 생각하는 것을 논파하고, 거듭 그것을 비판하여 말한다.

"만약 유정이 아니라면 법구(法救)와 선현(善現)[166]이 설한 것은 어떻게 해석해야 하는가?

마음은 항상 분노의 독을 품고,

온갖 악업을 즐겨 쌓으며

타인의 고통을 보고 기뻐하는 자는

죽어서 염마(琰魔)의 졸개가 되리."

이제 그것을 해석해서 말한다.

"염마왕이 여러 나찰사(邏刹娑, rākṣasa)167)를 시켜 여러 유정을 던져 지옥에 두는 자를 이름하여 염마의 졸개라고 한다. 이들은 실재하는 유정이지만 지옥에서 유정을 해치는 자는 아니다. 때문에 지옥간수(獄卒)는 실재하는 유정이 아니다."168)

---

166)『술기』의 본문에는 法救善現, 즉 법구(法救, Dharmatrāta)와 선현(善現, Subhūti)으로 되어 있으나, 인용한 『구사론』의 현장역에는 법선현(法善現, Dharmasubhūti)으로 나타나며, 이는 Pradhan (1967), 164에서 확인된다.
Cf.『阿毘達磨俱舍論』卷11: 「若爾, 云何通彼大德法善現說? 如彼頌言:
心常懷忿毒, 好集諸惡業,
見他苦欣悅, 死作琰魔卒.
琰魔王使諸邏刹娑擲諸有情置地獄者名琰魔卒. 是實有情非地獄中害有情者, 故地獄卒非實有情.」(T29, 58c19-25)

167) 본문에는 나찰파(邏刹婆)이나 인용원문에는 나찰사(邏刹娑)

168) 만약 그렇다고 한다면 대덕(大德) 법선현(法善現, Dharmika Subhuti)이 설한 바와 어떻게 회통시킬 것인가? 즉 그는 다음과 같은 게송을 말하고 있다.
마음에 항상 분노의 독을 품고
즐거이 온갖 악업을 쌓으며
다른 이의 고통을 보며 기뻐하는 이는
죽어 염마(琰魔, Yama)의 지옥간수가 될 것이다.
염마왕이 여러 나찰사(邏刹娑, rkṣasa)를 시켜서 여러 유정들을 지옥에 던지게 하면 그러한 이를 염마의 지옥간수라 이름하는데, 이는 실로 유정이지만 지옥 중에서 유정을 해코지하는 자는 아니다. 따라서 [염마의 지옥간수는 유정이지만] 지옥의 지옥간수는 유정이 아니다. (권오민역.『아비달마구사론』 11권)

표 4 나라카의 증(增, utsada[169])

8지옥 각각의 사방으로 나가면 각기 네 가지 '고통을 가중(增)'하는 영역이 둘러싸고 있다.

1. 당외증(煻煨增, 熱灰園(구역), kukūla-utsada)
뜨거운 재가 무릎까지 차 있어 발을 내려 놓기만 하면 살과 피가 모두 불에 타 문드러지는 고통.

2. 시분증(屍糞增, 死屍園(구역), kuṇapa-utsada)
시체와 똥오줌이 가득한 진창에 이빨이 날카롭고, 검은 머리에 흰 몸통을 가진 낭구타(娘矩吒, nyaṅkuṭa)라는 벌레가 있어 그곳에 거하는 유정의 살갗을 뚫고 뼛속으로 파고 들어가서 골수를 파먹는다.

3. 봉인증(鋒刃增, 刃路園(구역), kṣuradhāra-utsada)
여기에는 세 종류의 칼날이 유정에 고통을 준다.

1) 도인로(刀刃路, ksuradharacito mahapathah): 칼날이 가득 채워진 길을 걸으며 신체가 훼손과 회복을 반복하는 고통을 받는다.
2) 검엽림(劍葉林, asipattravanam): 숲의 나뭇잎이 칼날로 되어 신체의 살점을 자르고, 그것을 까마귀와 개가 뜯어먹는 고통을 받는다.
3) 철자림(鐵刺林, ayaḥśālmalīvanaṃ): 유정이 나무를 오르내릴 때, 쇠가시가 찌르고, 철부리를 가진 새가 눈알과 심장과 간을 쪼아먹는 고통을 받는다.

4. 열하증(烈河增, 烈灰汁江園(구역), nadī vaitaraṇī pūrṇā)
땅과 하계(下界)를 연결하는 강으로, 뜨겁고 짠물과 피고름과 악취가 극렬한 곳이다. 가마솥의 잿물에 살과 뼈가 문드러지는 고통.

(cf. 권오민. 2002『아비달마구사론』권2. 서울: 동국역경원. 515-518.)

『阿毘達磨俱舍論』卷11:「若爾, 云何通彼大德法善現說? 如彼頌言:
心常懷忿毒, 好集諸惡業,
見他苦欣悅, 死作琰魔卒.
琰魔王使諸邏刹娑擲諸有情置地獄者名琰魔卒. 是實有情非地獄中害有情者, 故地獄卒非實有情.」(T29, 58c19-25)
Cf.『阿毘達磨大毘婆沙論』卷172:「心常懷忿毒 好集諸惡業 見他苦生悅 死作琰魔卒」(T27, No. 1545, 866b16-17)

169) utsada: m. excellence. 뛰어남. 강함. 맹렬함. 여기서는 특별히 강한 특성 / 고통을 지닌 지옥의 종류를 의미한다.

teṣāṃ tarhi nārakāṇāṃ karmabhis tatra bhūtaviśeṣāḥ | saṃbhavanti varṇākṛtipramāṇabalaviśiṣṭā ye narakapālādisaṃjñāṃ pratilabhante | tathā ca pariṇamanti | yad vividhāṃ hastavikṣepādikriyāṃ kurvanto dṛśyante bhayotpādanārthaṃ | yathā meṣākrtayaḥ parvatā āgacchanto gacchanto 'yaḥśālmalovane ca kaṇṭakā adhomukhībhavanta urddhamukhibhavantaś ceti | na te na saṃbhavanty eva |

[반론] 그렇다면 지옥유정들의 업에 의해, 그곳에 특수한 물질요소(四大)) 를 가지고 있고, 형태, 크기, 힘이 특별한 이들이 태어나는데, 그들이 옥졸 등이라고 이름을 가진 것이다. 이처럼 [그들이] 전변하여, 두려움을 생기시키기 위하여 손을 뻗는 등의 갖가지 작용을 하는 자로 나타난다. 예를 들어, 양의 모습을 한 산이 오간다든지, 철로 만들어진 나무의 칼날이 아래로 향하거나 위를 향하여 움직인다. 그러므로 그것들은 생겨나지 않는 것이 아니다.

=

「若爾, 應許彼那落迦業增上力生異大種, 起勝形顯量力差別, 於彼施設獄卒等名, 為生彼怖, 變現種種動手足等差別作用, 如羝羊山乍離乍合, 剛鐵林刺或低或昂. 非事全無, 然不應理.」(T31, 75a21-26)

논 **만약 그렇다면 마땅히 저 나라카의 업의 증상력이 다른 대종을 발생시킨다고 인정해야 할 것이다.** [0988b17]

술기 이하는 두 번째로 설일체유부 등 여러 논사들이 주장하는 뜻을 논파한다. 여기에 다시 두 가지가 있다. 먼저 주장[을 살피고] 그 후에 논파한다.

지금 이것은 주장을 살피는 것이다.

구역(舊譯)에서는 게송의 글을 먼저 드러내어 외도의 뜻을 바르게 논파한다. 그 후에 긴 문장으로 두루 외도의 뜻을 자세히 설명하여 외도의 뜻을 말하고 나서 게송의 문장을 간략히 해석하였다.

지금 여기서는 그렇게 하지 않는다. 먼저 외도의 주장하는 바가 있고, 그 후에 게송을 들어 논파하여, 아주 온당하고 편리하게 할 것이다.

설일체유부 등은 말하기를, 만약 지옥간수 등이 유정이 아니라는 것이 맞다면, 마땅히 악을 행하는 자의 이전 업의 강력한 힘이 지금 이곳에 태어날 때에 각기 다른 대종을 발생시키는 것이라고 인정해야 할 것이다. 그것은 내적인 신체에 포섭되는 것이 아니고, 유정(有情)의 부류도 아니며, 무정물(無情物)과 같이 작용이 없는 것도 아니다. 이것은 실제로는 무정(無情)에 포섭되지만 유정의 무리와 유사하여, 다른 대종(大種)이라고 이름한다.

논 **두드러진 형태와 색깔, 크기, 힘의 차이가 발생하며, 그것을 시설하여 지옥간수 등이라고 이름한다.** [0988b26]

술기 이 다른 대종은 두드러진 형태와 색깔을 발생시킨다. 몸에는 거침과 미세함이 있어서 두드러진 색깔(顯色)을 일으켜, 몸이 붉거나 검으며, 다른 형태와 크기를 생기게 한다. 또는 어떤 이는 키가 크고 어떤 이는 작으며, 접촉하는 장소의 힘이 혹은 강하고 혹은 약하여 각각이 차이가 있는 이것이 형태나 색깔 등이다.

죄를 받게 되는 것은 모두 강하고 큰 것이기 때문에 모두 '우세하다'고 한다. 이 형태나 색깔 등은 모두 업이 감응하는 것이고, 이것들에 지옥간수, 개, 까마귀 등의 이름을 시설하는 것이다. 무정물에 대해 정(情)이라는 이름을 가립하기에 시설한다고 설한다. 이것은 그것들의 존재 자체는 유정의 부류가 아니고 단지 마음 밖의 업이 생기한 것임을 드러낸다. 대종이 일으키는 형상 등을 가명으로 시설하여 지옥간수 등이라 한다.

이하에서 이것이 두드러진 작용을 갖는 원인을 드러낸다.

논 **그들에 대한 두려움을 발생시키기 위해 갖가지 변화를 일으켜, 손발을 움직이는 등 구별되는 작용을 한다.** [0988c07]

술기 악을 짓는 자에게 공포와 두려움을 일으키기 때문에, 악업이 그 악의 결과를 불러온다는 것을 알게 한다. 이 무정물의 큰 형태와 힘 등이 업과 감응하는 것에 의한 변현(變現)은 한 가지로 국한되지 않는다. 손발을 움직이는 등 구별되는 작용이 때론 베고(斬), 때론 자르고(斫), 때론 상처를 입힌다(剝). 이것이 작용의 드러남이다.

다음으로 간략하게 사태를 드러낸다.

논 숫양(羝羊)과 같이 산이 갑자기 분리되고, 갑자기 결합하거나, [0988c13]

술기 중합지옥(眾合地獄)[170]에는 두 개의 산이 있는데, 형세가 마치 숫양과 같고, 서로 점점 멀어지면 그것을 이름하여 '분리'라고 한다. 죄인이 거하는 중에 그 산이 서로 핍박하여 뼈가 부서지고 살이 문드러지는(碎骨爛肉) 고초를 겪게 하는데, 그것을 이름하여 '결합'이라 한다. 모두 결합하면 다시 분리되어, 죄인이 다시 살아난다. 그와 같이 분리, 결합하기를 무량한 시간을 경과하여, 그 죄인이 모두 부서지고 다시 합쳐지는 고초를 받게 한다.

구역(舊譯)에서는 누양(羺羊)이라고 하는데, 그것은 검은색을 드러내는 것이다. 그러나 지금 이 논서에서는 숫양(羝羊)이 서로 싸우는 것과 같은 사태라고 말한다. 다른 것들은 그렇지 않다. 숫양 등을 누양이라고 부르지 않기 때문에 범본에 의지하여 단지 숫양이라고 한다.

논 강철로 된 숲의 가시가 아래로 향하거나(低) 또는 위로 향하는(昂) 것은 [0988c21]

술기 봉인증(鋒刃增)[171]에서 세 번째 철자림(鐵刺林)[172]이다. 이를테면 이 숲에서는 길이 16지(指, 마디)[173]의 예리한 철가시로 죄인을 핍박하는데, 나무를 올라갈 때에는 그 가시가 고래를 숙여 아래를 향하여 찌르

---

170) *sanghātanaraka, The Hell of Crowding
171) 16증(增) 중의 하나. 칼날들이 겹쳐진 곳. *kṣuradhārācita
172) 세 번째, 철가시 숲. *ayaḥśālmalīvana
173) 지(指), =촌(寸), =inch. 16지(指)는 약 40cm

고, 나무를 내려갈 때에는 이 가시가 고개를 들어 위를 향하여 찌른다.

철로 된 부리(鐵觜)를 가진 까마귀가 유정의 눈알과 심장, 간을 찌르고 쪼아서 다투며 함께 먹는다. 이 모든 것은 죄인의 업이 발생시킨 것으로 대종(大種)이 다르게 전변한 것이다. 그러나 이 숲의 가시는 실제로는 유정물이 아니므로 이것은 논쟁의 대상이 아니다. 단지 지옥간수나 철부리 까마귀에 대하여 다투는 것이다. 숫양산 등은 고통을 일으키는 도구(苦具)[174]를 원인으로 삼아 악한 형상을 드러내 보인 것이다. 철숲의 가시도 역시 이곳에서 논의할 바는 아니다.

이상이 총괄하여 설일체유부가 주장하는 내용이다.

---

174) 고구(苦具): 괴로움의 원인. 지옥(地獄), 아귀(餓鬼), 축생(畜生), 아수라(阿修羅)의 4취(四趣)를 뜻함.

(3) 식의 상속과 업의 훈습 vv.6 - 7

yadi tatkarmabhis tatra bhūtānāṃ sambhavas tathā

iṣyate pariṇāmaś ca kiṃ vijñānasya neṣyate || 6 ||

만일 그것의 업에 의해 거기에 대종(물질요소)들이 생긴다면, 그와 같이 전변이 인정되는데, 왜 식의 [전변]은 인정되지 않는가?

vijñānasyaiva tatkarmabhis tathā pariṇāmaḥ kasmān neṣyate kim punar bhūtāni kalpyante | api ca |

[논주] 바로 식[의 전변]이 그것(지옥유정)의 업에 의해서, 그와 같이 전변[하는 것]은 무엇 때문에 인정하지 않고, 또 왜 대종들을 분별하는가? 그리고 게다가

=

「頌曰:

若許由業力, 有異大種生,

起如是轉變, 於識何不許?」(5)

(T31, 75a26-28)

논 이런 사태(事)가 완전히 없는 것은 아니다.

[반론] 그러나 [그 비판은] 이치에 맞지 않다. [0989a01]

술기 이하에서 주장을 논파한다. 먼저 잘못을 총괄하고, 그 후에 논박의 이치를 따진다.

여기서 설명하는 것은 업의 결과 등의 사태이다. 사태는 모두 실유하기 때문에 그것이 완전히 비존재하는 것은 아니다. 그러나 식 바깥에 실재하는 본체가 있다고 설하는 것은, 총괄하여 말하면 이치에 맞지 않는다.

본체의 작용이 적게 있어서 완전히 없는 것은 아니라고 하는 것이지, 내식의 전변이 '이치에 맞지 않다'고 설하는 것은 아니다.

논 게송 5

만약 업의 힘에 의해 다른 대종이 발생한다고 인정한다면, 그와 같이 식의 전변을 일으키는 것은 어째서 인정하지 않는가? [0989a05]

술기 이하에서는 논박의 이치를 따진다. 게송의 앞 3구(句)는 다른 학파들을 지시하는 것이며, 게송의 제4구(句)는 뜻과 이치를 바르게 설명한다.

그대의 종파가 이미 업이 대종을 이끌어 그와 같이 형태와 크기를 일으키고 작용과 전변이 있다고 인정한다면, 어째서 [마찬가지 논리로] 이것이 식(識)에 있고 다른 곳은 아니라는 주장은 인정하지 않는가? '그와 같이'라는 것은 형색, 현색, 크기와 힘 등과 같은 것이다. 전변(轉變)이란 손과 발의 움직임 등과 같은 작용이다. 이 둘을 합쳐서 능소조(能所造)[175]라고 이름한다.

논 **무슨 이유로 식이 업력으로 인해 그와 같이 전변한다고는 인정하지 않고, 대종에만 집착하는가?** [0989a11]

술기 여기에서 게송의 대강을 총괄적으로 해석한다. 총괄하여 외도들을 축출한다는 점에서 내용은 앞에서 설한 것과 같지만, 추론은 제시되지 않았다. 만일 공통의 원인에 대해서라면, 추론도 역시 성립한다.

논리식으로 말한다.

(종) 지옥간수 등의 사물은 모두 식 등을 떠나지 않는다.

(인) 알려지는 대상(所知)이라고 인정하기 때문에.

(유) 마음과 마음작용과 같이.

진여(眞如) 등의 다르마는 식을 떠나지 않고 존재하므로, 불확정(不定)의 오류가 없다.

앞에서 이미 설일체유부를 논파하여 마쳤다.

이하에서는 경량부가 주장하는 바를 서술한다.

"우리 학파(경량부)에서도 그것은 역시 비정물이라고 설한다. 업을 지을 때 훈습된 종자가 식내에 있기 때문에 식을 떠날 수 없지만, 결과를 받을 때에 이 지옥간수 등은 식 바깥의 대종이 전변하여 특수한 차이를 보인 것(轉變差別)으로, 식 가운데 존재하는 것이 아니라는 점에서 다른 학파와는

---

175) 능조(能造)와 소조(所造): 짓는 이와 지어진 것, 즉, 작용의 힘과 형태, 색깔, 크기, 힘 등

다르다.”

또는 설일체유부[의 주장]을 거듭 물리쳐 훈습이 있음을 [인정하게] 한다.

그러나 앞의 해석이 뛰어나다. 설일체유부에게는 훈습이 없기 때문이다.

karmaṇo vāsanānyatra phalamanyatra kalpyate |

tatraiva neṣyate yatra vāsanā kiṃ nu kāraṇaṃ || 7 ||

[만약] 업의 훈습이 어떤 곳에 있고 그와 다른 곳에 결과가 있다고 상정한다면, 훈습이 있는 바로 그곳에서 [결과를] 인정하지 않는 이유는 무엇인가?

yena hi karmaṇā nārakāṇāṃ tatra tādṛśo bhūtānāṃ saṃbhavaḥ kalpyate pariṇāmaś ca tasya karmaṇo vāsanā teṣāṃ vijñānasaṃtānasaṃniviṣṭā nānyatra | yatraiva ca vāsanā tatraiva tasyāḥ phalaṃ tādṛśo vijñānaparināmaḥ kim neṣyate | yatra vāsanā nāsti tatra tasyāḥ phalaṃ kalpyata iti kiṃ atra kāraṇam | āgamaḥ kāraṇam | yadi vijñānam eva rūpādipratibhāsaṃ syān na rūpādiko 'rthas tadā rūpādyāyatanāstitvaṃ bhagavatā noktaṃ syāt | akāraṇaṃ etat yasmāt |

지옥유정들의 어떠한 업에 의해서 그곳에 [그 업에 상응하는] 어떤 물질원소의 발생과 전변이 상정된다면, 그 업의 훈습이 그것들(지옥유정들)의 식의 상속에 의존하고 있는 것이지, 다른 곳에 [의존하고 있는 것이] 아니다.
훈습이 있는 바로 그곳에 그것(훈습)의 결과가 있다면, 어째서 그와 같이 나타나는 식의 전변은 인정하지 않는가? 훈습이 없는 그곳에 그것들의 결과[가 있다고] 분별한다면, 여기에서 근거는 무엇인가?
[실재론자] 아가마가 근거이다. 만약 색 등의 현현은 바로 식일 뿐이어서, 대상이 색 등에 속한 것이 아니라면, 그럴 경우 세존께서는 색 등의 입처가 존재한다고 말하지 않았을 것이다.
[논주] 이것은 근거가 되지 못한다. 왜냐하면,

=

논 또 게송으로 말한다.

게송 6 **업이 어떤 한 장소에서 훈습(薰習)하고, 다른 장소에 결과가 있다고 주장한다. 훈습된 식이 결과를 가진다고 하면서, 그것의 존재를 인정하지 않는 것은 무슨 이유인가?** [0989a22]

술기 이하에서 자세히 논파할 것이다. 위에서 언급한 2구의 게송은 [논적의 주장을] 제시하고, 이하 2구의 게송은 그것을 비판한다.

"업이 다른 장소에 훈습한다"는 것은 이를테면 업을 지을 때는 식(識)에서 혹은 색근(色根) 등에서 훈습하여, 결과가 발생할 때는 식내(識內)가 아닌 곳에서 이 업이 식을 훈습하므로, 결과를 바라는 곳이 다르기 때문에 '다른 장소'라고 말하는 것이다.

'다른 장소에 결과가 있다고 주장하는 것'은 결과가 식 등의 바깥에 있다는 것이다. 업과 훈습되는 장소가 다르기 때문이다. 때문에 "그대는 다른 장소에 결과가 있다고 주장한다"고 말한다.

"훈습된 식이 결과를 가진다"는 말은, 업에 의해 훈습된 식은 그 업의 결과를 가진다는 뜻이다.

"그것의 존재를 인정하지 않는 것은 무슨 이유인가?"에서, 이유는 말하는 근거(所以)이다. 이 결과를 인정하지 않는다는 말에는 '업에 의해 훈습된 식내에서'[의 결과를 인정하지 않는] 어떤 특별한 이유가 있는가? 원인을 가진 식은 반드시 결과를 가져야 하기 때문이다.

그런데 그 훈습이 혹은 감각기관에 있다거나 혹은 식(識)의 종류에 있다고 한다. 지금 저 학파에서 내식(內識)이 자신의 형상과 유사하게 훈습

「復次頌曰:

業熏習餘處, 執餘處有果,

所熏識有果, 不許有何因? (6)

論曰: 執那落迦由自業力生差別大種起形等轉變, 彼業熏習理應許在識相續中, 不在餘處有熏習識, 汝便不許有果轉變, 無熏習處翻執有果, 此有何因? 有教為因, 謂若唯識似色等現無別色等, 佛不應說有色等處. 此教非因, 有別意故.」(T31, 75b1-9)

한다는 것을 취하여 비판으로 삼기 때문에 단지 '식을 훈습한다(熏識)'고 하는 것이다.

논 **나라카는 자신의 업력에 의해 물질요소(대종)의 차이를 발생하여, 형태 등의 전변을 일으킨다고 주장한다.** [0989b05]

술기 이것은 [앞에서 논한] 그것의 의미를 제시한다. 경량부 등은 설일체유부와 동일하다. '형태 등'은 '색깔'(顯) 등과 동등하며, '전변'은 작용을 의미한다.

논 **저 업의 훈습은 이치[로 볼 때], 식의 상속 가운데 있지, 다른 장소에 있지 않다는 것을 인정해야 한다.** [0989b08]

술기 또 경량부에서 생각하는 것은, 식은 연속하는 하나의 실체가 아니기 때문에 '상속(相續)'한다고 말한다. 또 상속은 나아감에 끊임이 없다는 뜻이다. 경량부 논사들은 물질적 감각기관(色根)과 그 식의 부류를 훈습하는 것이라고 생각한다. 단지 식의 훈습이 삼계에 두루 편재하는 것으로 인정하기 때문에, [훈습이] 식에 있는 것이지 다른 곳에 있는 것이 아니라고 말한다.

또는 설일체유부[의 설을] 물리쳐,

(종) 업이 내식을 훈습하게 하고, 과거와 미래의 본체는 실재하는 존재가 아니다.

(인) 거북의 털 등과 같이,

(유) 현재에 파악되는 것이 아니기 때문에.

현재에 포섭되는 즉시 무위에 현현한다. 현현만이 실재성을 가지기 때문이다. 만약 현재가 무위를 포섭하지 않는다면, 아직 과거가 아니게 되며, 또 훈습되지 않은 이전의 업이 어떻게 이숙을 불러올 수 있겠는가? 그러므로 업은 내식을 훈습하는 것이지 다른 곳에 있지 않으며, 미래의 결과를 불러올 수 있다는 것을 알 수 있다.

그들의 생각을 제시해 보이고, 이하 비판을 있는 대로 정확하게 묘사한다.

논 **훈습을 가진 식에 대해, 당신은 결과의 전변을 전혀 인정하지 않고, 도리어 훈습이 없는 곳에 결과가 있다고 집착한다. 이것은 무슨 이유에서인가?** [0989b18]

술기 식의 훈습에 대해, 그대들은 이 식에 다른 물질요소(대종)가 있어서 형색이나 현색 등의 결과가 작용과 전변[을 일으킨다고 하면서], 식의 밖에는 훈습이 전혀 없다는 것을 인정하지 않는다. 업이 [일어난 곳과는] 다른 곳에 도리어 결과가 있다고 주장한다.

여기에는 무슨 이유가 있는가? 이유는 근거를 말한다. 업의 훈습은 식에 있지만, 결과는 식의 바깥에 있기 때문에, '도리어(翻)'라고 말한다.

논리식으로 말한다.

(종) 그대에게 있어 악업의 훈습은 식에 있지 않아야 한다.

(인) 지옥의 업의 결과(業果)가 어느 하나를 따라 포섭되기 때문에.

(유) 지옥의 과보와 같이.

지옥의 과보는 식에 있지 다른 곳에 있는 것이 아니다.

다른 유정의 업의 결과에 포섭되는 것이 아니기 때문에.

또는

지옥의 업의 결과는 어느 하나를 따라 포섭되기 때문에,

지옥의 업과 같이.

이 논증의 원인에는 간택해야 할 것이 [남아] 있지만, 마땅히 이치에 맞게 알아야 한다.

논 **교설에 있는 것을 근거로 삼는다.** [0989b28]

술기 경량부 등이 답한다. 교설에 있는 것을 근거로 삼아,[176] 식의 바깥에 있는 실재하는 색 등을 정확히 안다(證知).[177]

---

176) 경량(經量), 즉 경전은 바른 인식의 근거로 삼는 부파(部)로서 경량부(經量部)의 특성을 보여준다. 여기서 가르침(教)은 경전(經典)의 가르침을 의미한다.

177) 증지(證知)는 '요가행자의 증지(證知)' 즉 yogipratyakṣa에서와 같이 직접지각(pratyakṣa)을 의미하지만, 여기서는 식(識)의 밖에 실재하는 물질(색) 등을 '정확히 안다'고 새긴다. 경량부에서는 외계대상을 직접지각할 수 없다고 가르치기 때문이다.

이것이 총괄적인 답이다.

구역에서는 '아함이 근거이다'고 말한다. 정확히 말하면, 아가마(阿笈摩, āgama)로, 이것을 번역하면 전승(傳)이고, 의미는 물론 가르침(教)이다.

논 **이를테면 오직 식(識)만이 물질(색) 등과 유사하게 현현한다면, 붓다께서는 마땅히 물질(색) 등의 입처(入處)가 있다고 설하지 않았을 것이다.**

[0989c02]

술기 여기서는 가르침의 근거를 드러낸다. 만일 일체법이 오직 식 안에만 존재하고, 이 식이 변화의 주체이며, 물질(색) 등과 눈 등 10처의 형상과 유사하게 현현한다면, 식을 떠나 바깥에 실재하는 물질(색) 등의 입처(入處)는 없을 것이며, 세존께서도 경전에 물질(색) 등의 10종의 입처가 있다고 설하지 않았을 것이다.

눈(眼) 등이나 색(色) 등이 자기 본체가 변화하고 장애하는 것을 일컬어 색(色) 등의 입처가 있다고 한다. 이를테면 경전에 따르면,[178] '무엇을 눈이라 하는가?' 이를테면, '4대 요소(四大)로 만들어지고, 안식이 토대로 삼으며, 정색(淨色, pasāda-rūpa)[179]을 특성으로 한다'는 등으로 자세히 설하고 있다.

---

178)『阿毘達磨俱舍論』卷1:「如世尊說: 苾芻當知, 眼謂內處, 四大所造淨色為性. 如是廣說. 或復彼者, 謂前所說眼等五根, 識即眼, 耳, 鼻, 舌, 身識. 彼識所依五種淨色, 名眼等根, 是眼等識所依止義. 如是便順『品類足論』. 如彼論說: 云何眼根? 眼識所依淨色為性. 如是廣說.」(T29, 2b15-21)

179) 정색(淨色, pasāda-rūpa) sensitive materiality / corporeality

논 **이 교설은 근거가 되지 못한다. 별도의 의도가 있기 때문이다.** [0989c09]

표 5 불교논리

3지작법의 기본구조

- **종(宗, pratijñā)**: 저 산에 불이 있다.
- **인(因, hetu)**: (저 산에) 연기가 있기 때문에.
- **유(喩, udāharana)**: 아궁이처럼.
  *동유(同喩): 연기가 있는 곳에는 불이 있다. 아궁이처럼.
  *이유(異喩): (불이 없는 곳에는) 연기가 없다. 호수처럼.

– 인도불교논리학에서 '연기'와 '불'은 필연적 인과관계(vyāpti, 변충관계)를 가진다.

인(因)의 삼상(三相), trairūpya

- **변시종법성(遍是宗法性), pakṣadharmatva**

인(因, liṅga)은 종(宗, pakṣa)의 법(dharma)이어야 한다.
예) 연기는 저 산에 속한 것이어야 한다.
예) 소작성은 소리에 속한 것이어야 한다.

- 동품정유성(同品定有性), sapakṣe sattva

인(因, liṅga)은 동품(sapakṣa)에 존재해야 한다.
예) 연기는 아궁이에 존재해야 한다.
예) 소작성은 항아리에 존재해야 한다.

- 이품변무성(異品遍無性), vipakṣe asattva

인(因, liṅga)은 이품(vipakṣa)에 존재하지 않아야 한다.
예) 연기는 호수에 존재하지 않아야 한다.
예) 소작성은 허공에 존재하지 않아야 한다.

몇 가지 개념어

- **pakṣa**: 3지작법의 종(宗, '저 산에 불이 있다.'), 주장명제 (저 산에 불이 있다), 혹은 명제의 사실을 가진 주체 (저 산)
- **sādhya(所立)**: 입증되어야 할 명제, 주장명제, 혹은 입증되어야 할 주체의 속성 (불이 있다).
- **유법(有法, dharmin)**: 입증되어야 할 속성 혹은 현상의 주체로 명제의 주부(主部) ('저 산에 불이 있다'에서 '저 산', '소리는 무상하다'에서 '소리')
- **법(法, dharma)**: 유법(有法)의 속성, 현상, 명제의 술부(述部)에 상응한다. (불이 있음, 무상함)

---

(4) 12처(āyatana)설　vv.8－10

rūpādyāyatanāstitvaṁ tadvineyajanaṁ prati|

색 등의 십이처가 존재한다는 것은, 교화를 받아야 하는 자들(중생)을 위하여,

abhiprāyavaśād uktam upapādukasatvavat ||8||

숨겨진 의도를 가지고 설해졌다. 화생중생과 같이.

yathāsti satva upapāduka ity uktaṁ bhagavatā| abhiprāyavaśāc cittasaṁtaty anucchedamāyatyām abhipretya|
nāstīha satva ātmā vā dharmās tv ete sahetukāḥ
iti vacanāt| evaṁ rūpādyāyatanāstitvam apy uktaṁ bhagavatā taddeśanāvineyajanam adhikṛtyety ābhiprāyikaṁ tadvacanaṁ|

[중생이 존재하는 것처럼] 화생의 중생이 존재한다고 세존께서 말씀하셨다. [특별한] 의도 때문에 심상속이 단절되지 않음을 의도한 후에, 자아와 중생은 존재하지 않지만, 그것들은 원인을 가진 법들이라고 언설했기 때문에. 그와 같이 색처 등의 존재가 세존에 의해 말해진 것도 그 가르침에 의해 조복되어야 할 중생들과 관련하여 라고 하는 말들은 의도를 지닌 진술이다.

=

「頌曰:

依彼所化生, 世尊密意趣,

說有色等處, 如化生有情. (7)

論曰: 如佛說有化生有情,彼但依心相續不斷能往後世密意趣說, 不說實有化生有情. 說無有情我, 但有法因, 故說色等處. 契經亦爾, 依所化生宜受彼教, 密意趣說, 非別實有.」(T31, 75b9-16)

(3) 인무아(人無我) 법무아(法無我) vv.7-9

술기 첫 번째 단락 아래 세 번째 항목이다. 다음 세 게송을 포함한다.

외도들에 의해 인용된 '물질(색) 등이 있다'는 가르침을 주석하지만, 인용한 교증(教證)이 성립하지 않는다. 때문에 '오직 식(識)일 뿐'임을 알아야 한다.

처음 하나의 게송은 물질(색)[에 대한 언급]에는 '별도의 의도가 있다는 교증을 끌어와 '유식(唯識)'을 성립시킨다. 다음의 한 게송은 물질(색)에는 뛰어난 이익이 있다는 교증을 끌어와 '유식'을 성립시킨다.[180)]

이제 총괄하여 [앞의 교증의 근거가] 성립하지 않는다고 말한다. 이 교설에는 근거가 없다. 무슨 이유로 근거가 없는가? 별도의 의도가 있기 때문이다.

무엇을 별도의 의도라고 하는가?

논 **게송 7**

저 교화될 중생들을 위하여, 세존께서 숨겨진 의도를 가지고, 색 등의 입처가 있다고 설하였다. 화생유정과 같이. [0989c16]

술기 앞의 3구(句)는 개별적인 의미를 드러내고, 제4구는 비유를 들어 완성한다.

제1구(句)는 교화하기에 적절함(機宜)[181)]을 드러내고, 제2구(句)는 교

---

180) 1. 밀의의 교증, 2. 밀의의 경증, 3. 밀의의 이익

181) 機宜 (기의): 1) 시기(時期)나 형편(形便)에 알맞음. 2) 중생(衆生)에게 선근이 있어 교화(教化)하기에 알맞음

화시키려고 하는 의도, 제3구(句)는 물질(색) 등에 대한 설명이다.

적절히 변화되는 것으로 인해, 교화시키는 자는 12입처 가운데 물질(色) 등 열 가지 유색처(有色處, rūpyāyatana)를 가진다고 설한다. 붓다께서 화생(化生)유정[182], 즉 중유(中有)[183]를 설하신 것과 같다. 단견을 교화시키기 위하여 중유가 있다고 설하셨지만, 실제로 화생유정이 존재하는 것은 아니다.

경량부의 중유에 대한 주장은 대승의 설과 같다. [중유는] 단지 가립된 유정일 뿐으로 실재하는 자아는 없다.

[게송]에서 말해진 '숨겨진 의도(密意趣)'에서, 이 의도에는 네 가지 종류가 있다. 첫째는 동등한 의도(平等意趣)로서, 붓다께서 나는 이미 '뛰어난 관찰자(勝觀, vipaśyin)'라는 명호를 [얻었다고] 설한 것과 같다. 두 번째는 특정한 시간의 의도(別時意趣)로서, 극락계 등에 태어나는 소원을 말하는 것과 같다. 세 번째는 특별한 의미의 의도(別義意趣)로서, 모든 다르

---

182) 4생(四生, four modes of mortal incarnation)의 하나. 4생(四生)이란 알에서 태어나는 난생(卵生), 모태에서 태어나는 태생(胎生), 습한 조건에서 발생하는 습생(濕生), 업력에 의해 변화하여 나타나는 화생(化生, upapādukasatva)을 말한다.

183) 생사윤회하는 유정의 네 가지 존재양태 가운데 하나. 사유(四有)란 본유(本有, basic existence), 사유(死有, death existence), 중유(中有, antarabhāva, intermediate existence), 생유(生有, birth existence).

『阿毘達磨發智論』卷19:

如說: 四有. 謂: 本有, 死有, 中有, 生有.

云何本有? 答: 除生分, 死分諸蘊, 中間諸有.

云何死有? 答: 死分諸蘊.

云何中有? 答: 除死分, 生分諸蘊, 中間諸有.

云何生有? 答: 生分諸蘊.

(T26, No. 1544, 1024a3-7)

『阿毘達磨俱舍論』卷9:「於中位別分析為四: 一者中有, 義如前說. 二者生有, 謂於諸趣結生剎那. 三者本有, 除生剎那死前餘位. 四者死有, 謂最後念.」(T29, 46a14-17)

마는 모두 자성이 없다는 등을 설하는 것과 같다. 네 번째는 중생이 어떤 목적을 향해 나아가려는 의지(意樂)와 의도(意趣)로서, 하나의 선근을 설하는 경우, 어떤 때는 칭찬하고, 어떤 때는 비판하는 등 자세히 설하는 것과 같다.

이제 여기서는 네 번째 중생의락취(衆生意樂趣)를 간략히 하면, 물질(색) 등 10처를 가진다고 설하기 때문에 이름하여 숨겨진 의도라고 한다. 실재성을 인정하지 않기 때문에 물질(색) 등의 입처(入處)라고 설한다.

논 **붓다께서 화생유정이 있다고 설하신 것처럼** [0990a01]

술기 여기서 제4구(句) 비유를 성립시키는 구절을 해석한다. 어떤 단견을 가진 외도가 무아를 설하는 것을 듣고 와서 붓다께,

"자아의 실체가 이미 없는데, 누가 다음 세상으로 갑니까?"

라고 물었다.

불세존께서 단견자에게 답하기 위하여, 어떤 중유(中有)라는 화생유정이 있어서 다음 세상으로 갈 수 있지만, 실재하는 존재가 아니고 화생(化生)이라고 설한 것과 같다.

만약 실재하는 존재가 아니라면, 어째서 붓다께서 설하였는가?

논 **그는 단지 심상속(心相續)에 의지해 끊어지지 않고 능히 다음 세상으로 갈 수 있다는 숨은 의도를 가지고 설한 것이지, 실재하는 화생유정이 있다**

고 설한 것이 아니다. [0990a06]

술기 모든 물질(색) 등은 끊어지고, 상속하지 않으며, 모든 전변하는 식 등은 끊어지거나 감추어진다. 오직 제8식의 심상속은 끊어지지 않고 이전의 세계로부터 이후의 세계로 가서, 태어남의 매듭(結生)이 끊어지지 않을 수 있다. 붓다께서 이 심[상속]에 관한 숨겨진 뜻을 보고, 화생유정이 있다고 설하신 것이지, 실재하는 화생유정이 있는 것을 보고, 그렇게 설한 것이 아니다.

이것은 쌍방이 인정하는 명제이다.

그러나 양측(二家)이 인정하지 않는 경우를 견주어 묻는다.

"어떻게 화생이 실유가 아니며, [붓다께서] 숨겨진 뜻으로 설했다는 것을 아는가?"

논 **유정과 자아는 없다고 설한다. 단지 다르마와 원인이 있을 뿐이기 때문에.** [0990a13]

술기 붓다께서 경전에서 유정과 자아, 태어남 등의 8종의 사태는 비존재하며, 단지 그 다르마만 있을 뿐이고, 그 원인이 있을 뿐이라고 설한 것처럼, 그것들은 원인을 따라 일어난 것이다. 원인은 근거하는 것이다. 그것에 의존해서 일어나는 그 다르마 일체를 원인이라고 부른다. 그것은 전혀 실재하는 사물이 아니다. 따라서 화생은 숨겨진 의도(密意)를 가지고 설해졌다는 것을 알아야 한다.

구역의 게송에서는 중생도 자아도 없고, 단지 다르마가 인과를 가진다고 설한다.

이번에 세 가지 산스크리트 사본을 살펴보니, 모두 '결과(果)'라는 글자가 없지만, '때문에(故)'라는 글자는 있었다. 이 경문(經文)에 의해 화생(化生)을 설한 것은 숨은 의도를 가진 가르침임을 알 수 있다. 만약 '때문에(故)'라는 글자가 없다면, 그 이치가 성립하지 않았을 것이다. 원인이 없이 성립하는 것이 되기 때문이다.

논 **물질(색) 등의 입처를 설한 경전들도 또한 그러하다.** [0990a20]

술기 여기서 명제(法)[184]와 비유를 통합한다. 그렇다면 어떻게 그렇게 되는가?

논 **교화되어야 할 중생이 그런 가르침을 적절히 받기 위하여, 숨겨진 의도를 가지고 설해진 것이지, 별도의 실재하는 존재가 있는 것이 아니다.** [0990a22]

술기 위 3구의 게송을 해석하여, 숨겨진 의도를 가지고 설해진 것이지 별도로 실재하는 색 등의 10처가 존재하는 것이 아니라는 것에 대해 관찰하였다.

---

184) 법(法), 즉 dharma는 여기서 진리, 원칙, 가르침 등으로 해석될 수도 있으나 이하 비유(喩)라는 논리 용어를 고려할 때, 주장명제 문장인 유법(有法, 주어)과 법(法, 술어)의 맥락에서 살펴보아야 할 것이다. 그러나 『술기』에서 규기(窺基)는 매우 빈번히 논리학개념을 사용하고는 있지만, 인도불교에서의 인식논리학적 개념들과 같이 매우 엄밀하고 분석적인 해석을 주고 있지는 않은 것으로 보인다. 지금 이 문장의 경우에도, 법(法, dharma)을 주어에 대한 술어나 속성으로 과도하게 논리개념어의 번역을 시도하기 보다는 주장명제 혹은 논증 전개상에 제시된 명제 일반으로 이해하여도 무방할 것으로 보인다.

[그것이 교화에] 적절하다는 것은 무엇 때문인가?[185]

교화해야 할 중생은 실재하는 자아가 있다고 집착하기 때문에 그들의 자아에 대한 집착을 타파하기 위하여 물질(색) 등의 10입처(入處)가 있다고 설하여, 하나의 실재에 대한 견해를 버리게 한다.

구역에서 계송은

> "물질(색) 등의 입처에는 [별도의] 가르침이 있다. 자아에 집착하는 사람을 교화하기 위하여"[186]

라고 말한다.

지금 이 번역의 게송에서는 교화되어야 할 자에게 적절한 가르침을 위하여 물질(색) 등을 설한다고 한다.

---

185) 機宜如何. 여기에서 機宜는 근기(根機)가 알맞다, 혹은 '상대의 마음 상태에 따라 적절하게 행동함'(시공불교사전), 혹은 교화(敎化)하기에 알맞은 상태 등을 의미한다.

186)『大乘唯識論』:「色等入有教, 為化執我人」(T31, 71c10)

ko 'trābhiprāyaḥ|

여기서 숨겨진 의도는 무엇인가?

yataḥ svabījād vijñaptir yadābhāsā pravartate|
dvividhāyatanatvena te tasyā munir abravīt ||9||

자신의 종자로부터 식이 어떤 것의 현현으로 생겨나기 때문에
그것(현현)들은 두 가지 방식의 십이처에 의해 [생겨난다]고 성자는 말했다.

kim uktaṁ bhavati|

무엇이 말해지는가?

rūpapratibhāsā vijñaptir yataḥ svabījāt pariṇāmaviśeṣaprāptād utpadyate tac ca bījaṁ yatpratibhāsā ca sā te tasyā vijñapteś cakṣūrūpāyatanatvena yathākramaṁ bhagavān abravīt|

물질(색)으로써 현현하는 표상은, 특별한 전변에 도달한 자신의 종자로부터 생겨나는데, 세존께서는 그 종자와 현현하는 것, 그 둘을 그 식의 안처와 색처로서 순서대로 설하였다.

=

「依何密意說色等十? 頌曰:

識從自種生, 似境相而轉,
為成內外處, 佛說彼為十. (8)

論曰: 此說何義? 似色現識從自種子緣合轉變差別而生, 佛依彼種及所現色, 如次說為眼處色處.」(T31, 75b16-21)

논 **어째서 숨겨진 의도를 가지고 색 등의 10[처]를 설하는가?** [0990a28]

술기 외도들이 또 묻기를, 붓다께서 숨겨진 의도를 가지고 물질(색) 등이 존재한다고 설하였다면, 어떤 숨겨진 의도를 위해서 설한 것인가?

논 **게송 8**

식(識)은 자신의 종자로부터 생기하고 대상의 모양과 비슷하게 발생하여 내처와 외처를 조성하는데, 붓다께서 그것을 10처라고 설하였다. [0990b01]

술기 이것은 두 번째 '숨겨진 의도'를 해명하는 게송이다.

구역(舊譯)에서는 "그러므로 붓다께서 이 두 가지를 설하였다"[187]고 하였으며, 내처(內處)와 외처(外處)로 그것을 이름하여 둘이라 하였다. 물질(색)을 가지는 입처(유색처)와 유사하기 때문에 열 가지라고 하므로 [이 논서와] 다름이 없다.

이를테면 여섯 가지 내식(內識)이 자신의 종자로부터 생기하여 현행하는 때, 이 현행하는 식은 물질(색) 등 대상의 형상과 유사하게 변화하여 전변하는 것이지, 바깥에 실재하는 물질(색) 등의 10처가 존재하는 것이 아니다. 실재하는 자아 개념을 타파하기 위하여 안과 밖의 입처를 구성한 것이다. 세존께서 물질(색) 등의 10처가 있다고 설한 것은 여기에 그 의도가 있다.

---

187) 『大乘唯識論』: 「識自種子生, 顯現起似塵, 為成內外入, 故佛說此二.」 (T31, 71c18-19)

논 **이 해설은 무슨 의미인가?** [0990b08]

술기 여기서는 게송의 글을 주석하기 위해 가정하여 질문을 제기한다.

논 **물질(색)과 유사하게 현현하는 식은 자신의 종자로부터 조건에 따라 전변차별하여 생기한다.** [0990b09]

술기 처음 2구(句)의 게송을 주석한다.

'물질(색)과 유사하게 현현하는 식'이란, 말하자면 안식은 물질(색)과 유사하게 전변하는 식을 현현한다. 실재하는 물질(색)이 존재하지 않기 때문에 이름하여 물질(색)과 유사하다고 하는 것이다. 식(識)이 물질(색)과 유사하게 현현하기 때문에, 안식은 물질(색)과 유사하게 현현한 식이라고 설한다.

'자신의 종자로부터 조건에 따라 전변차별하여 생기한다'는 것은 '자기 식체(識體)의 종자를 발생시키는 것에 따라', 이 종자가 대상세계 등의 모든 조건과 만남으로 인해, 이미 본래의 상속과는 달라지는데, 이것을 이름하여 전변(轉變)이라고 한다. 여기서 물질(색)을 요별하는 식은 자신의 종자로부터 푸름이나 노랑 등을 조건으로 하여 갖가지의 행상으로 차별하여 생기한다.

논 **붓다께서 그 종자와 현현한 물질(색)에 의지하여, 차례대로 안처, 색처 등을 설하였다.** [0990b17]

술기 안식(眼識)의 종자에 의지하여 안처(眼處)라고 설하고, 안식에 물질(색)과 유사하게 현현한 것에 의지하여 색처(色處)라고 한다. 종자는 감관(根)[188]이라 하고, 형상은 물질(색)이라고 한다. 때문에 '차례대로'라고 말한다.

188) 본문 자체만으로는 근(根)이 mūla(근본, 뿌리)인지 혹은 indriya(감각기관)를 의미하는지는 확정할 수 없으며 어느 쪽도 가능해 보인다. mūla라면 직관적으로, '뿌리, 토대'인 종자로부터 형상이 현현한다고 할 수 있다. 그러나 indriya인 경우, 감각기관에 종자가 씨앗처럼 들어 있고, 그것이 조건에 부합하여 외계에 존재하는 것과 유사한 형태의 대상의 형상으로 발현한다는 것으로 해석된다.
그러나 『유식이십론』 세친의 자주(自註)와 아래 『술기』의 해석에 따르면, 이 근(根)은 감각기관을 의미한다. 『유식이십론』 세친의 해석에서 '근(根)의 본체가 종자'라고 하는 것은, 감관에 종자들이 내재하고 그것이 현현하여 형상을 만들어 낸다고 한다.
이는 분명 종자(種子, bīja)에 대한 유식적 해석이지만, 그것이 8식이 아니라 전6식에 종자로 분포한다는 차이점을 보여준다. 매우 주목할 만한 이런 특징은 『유식이십론』에서 세친 자신의 12처 해석에 기인하는 것으로, 세친 사상에 있어 아직 8식(識)을 종자식으로 보지 않는 과도기적 단계를 반영하며, 유식사상의 발전 경로를 추적하는 데 매우 중요한 부분으로 생각된다. cf. 이규완 (2018) 『세친의 극미론』 300-302쪽

evaṁ yāvat spraṣṭavyapratibhāsā vijñaptir yataḥ svabījāt pariṇāmaviśeṣaprāptād utpadyate| tac ca bījaṁ yatpratibhāsā ca sā te tasyā kāyaspraṣṭavyāyatanatvena yathākramaṁ bhagavān abravīd ity ayam abhiprāyaḥ|

이와 같이 촉의 현현인 식이 자신의 종자로부터, 특수한 전변의 획득으로 인해 발생하기 때문에, 그것은 종자와 그것이 현현한 것이고, 그 둘이 그것(식)에 속하는 것임을 몸과 촉의 입처에 따라 순서대로 세존이 말했다는 것이 그 의도이다.

=

「如是乃至似觸現識從自種子緣合轉變差別而生, 佛依彼種及所現觸, 如次說為身處觸處. 依斯密意, 說色等十.」(T31, 75b21-23)

논 그와 같이 나아가 촉(觸)과 유사하게 현현한 식(識)이 자신의 종자로부터 조건을 만나서 전변차별하여 생기한다. [0990b21]

술기 '그와 같이'라는 것은 안식을 지칭한다. '내지'는 중략을 의미한다. 말하자면 중간의 이(耳), 비(鼻), 설(舌)의 세 가지 식(識)을 생략한 것이다. 5식 중에서 처음과 나중의 두 식을 들어서 그 원리를 설명하였기 때문에 나머지도 그에 준하여 알 수 있다.

논 붓다께서 그 종자와 현현하는 촉(觸)에 의지하여, 차례대로 신처, 촉처 등을 설하였다. [0990b25]

술기 여기도 역시 앞에서와 마찬가지이다. 이것이 뜻하는 것은, 다섯 가지 유색처의 종자를 이름하여 내적 감관(內根)이라 하고, 대상을 이름하여 외처(外處)라 한다는 것이다.189)

『관소연론』에서도 역시 이렇게 설명한다.190)

"식에서 물질(색)의 공능을 오근(五根)이라 함은 이치에 부합하고, 공능과

---

189) 흥미로운 교차 인용방식을 보여 준다. 현장은『성유식론』을 편역하면서, 『유식이십론』과 『관소연연론』을 인용하였다. 그리고 규기는 『유식이십론술기』를 저술하면서, 매우 빈번히 역으로 『성유식론』 혹은 여기에서 인용된 『관소연연론』 등을 인용하고 있다.
『成唯識論』 卷4: 「眼等五根即種子故. 『二十唯識』 伽他中言:
識從自種生, 似境相而轉,
為成內外處, 佛說彼為十.
彼頌意說, 世尊為成十二處故, 說五識種為眼等根, 五識相分為色等境, 故眼等根即五識種. 『觀所緣論』 亦作是說:
識上色功能, 名五根應理,
功能與境色, 無始互為因.」 (T31, 19c14-22)

190) 『觀所緣緣論』: 「識上色功能, 名五根應理, 功能與境色, 無始互為因.」 (T31, No. 1624, 888c29-889a1)

대상물질(境色)은 무시이래로 서로에 원인이 되네."

공능(功能)은 바로 종자의 다른 이름이며, 또 5근의 본체가 식(識)의 종자라고 설한다.

『성유식론』 4권에 간략히 두 가지 설이 있다.

하나의 설에서는 안근(眼根) 등의 5근이 5식의 종자를 눈(眼) 등으로 현현함이 없이 함께하는 감관(俱有根)으로 삼은 것이다. 오직 자신의 인연에 따라 종자를 생기하는 것을 이름하여 눈(眼) 등이라고 한다. 이 게송과 『관소연론』을 인용하여, 충분한 증명이 된다. 『관소연론』에서는 제8식에 있는 5식의 종자를 이름하여 5근이라고 하기 때문이다. 또 항상 대상과 서로 원인이 된다고 설하기 때문에, 이 다섯 가지 외계 대상(外境)[191]이 의타기한 색처라고 인정하는 데 논쟁의 여지가 없다.

진나 등은 유식에 의지하여 『관소연론』에서 다음과 같이 주장하였다.

"이 설은 이치에 맞지 않는다. 만약 5색근이 바로 5식의 종자라면, 18계의 종자가 혼란스럽게 될 것이다."[192]

---

191) 이 '외계대상(外境)'을 외계에 존재하는 물리적 대상으로 읽을 경우 경량부적 해석이 되며, 그것은 감각주관에 대하여 외부에 존재하는 인식대상의 측면에서 이해할 경우 보다 유식적인 해석이 될 것이다. 진나(Dignāga)는 분명 유식적 관점에서 읽어야 하겠지만, 본문은 규기의 주석이기 때문에 문자적 의미에 따라 '외계대상'으로 번역하였다.

192) 본문: 『唯識二十論述記』. 卷1: 「於觀所緣. 作如是說. 有說非理. 若五色根. 即五識種. 十八界種. 應成雜亂.」 (T43, 990,c6-8)
『관소연연론』에서 인용하고 있지만, 앞서 『성유식론』에서 인용된 『관소연연론』의 게송에 대한 『성유식론』의 주석에 등장하는 문장이다.
『成唯識論』 卷4: 「彼說理教相違, 若五色根即五識種, 十八界種應成雜亂.」 (T31, 19c27-29)
관련하여 다음 문자의 '자세한 내용' 또한 『성유식론』에서 언급되는 내용이다.

그와 같이 두루 11가지 오류가 있다. 자세한 내용은 그곳에 설한 것과 같다.[193)]

호법논사는 짐짓 진나의 주장을 벗하고, 더 나아가 구하여 말하기를, 5식의 증상업의 종자를 감수(感受)하는 것(能感, *abhinirvartate)을 이름하여 5색근(色根)이라 하는 것이지, 인연을 지어서 5식의 종자를 발생하는 것이 아니라고 하였다.

안혜 등은 다시 그 주장을 논파하여, 5색근은 결코 무기(無記)가 아니기 때문에 그와 같은 12가지 오류가 있다 하고, 역시 그처럼 자세히 설명하였다. 진나 등도 이 문장 등을 해석하여 말하였는데 특별히 다른 해석은 없었다.

안혜 등은 이 문장 등을 주석하여, 종자의 공능이 5근이라고 하는 것은 '식을 떠나 실재하는 물질(색) 등이 있다'[는 주장]을 논파하기 위해서라고 하였다. 안근 등과 유사하게 식이 변화한 것에 대해 5식의 작용을 발생시키기 때문에, 가설적으로 종자와 색(色)의 공능이라고 이름하는 것이지, 색근이 바로 식의 업종자라고 말하는 것은 아니다.

이것은 경량부 등이 주장하는 마음 바깥의 실재하는 물질(색)을 논파하는 것이다. 제8식이 있다고 건립하지 않았기 때문에, 만약 종자가 눈(眼) 등의 근(根)이라고 설하지 않으면, 눈(眼) 등은 바로 6식을 떠나서 존재하게 된다. 따라서 종자가 눈(眼) 등 감관(根)이 된다고 설한다.

그러므로 지금 이에 대해 두 논사의 주석이 있으며, 그 중 하나하나를

---

193) cf.『成唯識論』卷4.」(T31, 19c27-20a05)

다시 개별적으로 의미를 펼쳐서 저 주석서[194]와 같이 해석하였다.

논 **이 숨겨진 의도에 의해서 색(色) 등 10처를 설한다.** [0990c21]

술기 이것은 총괄적인 결론이다. 자아에 대한 논파에 의지하여, 식의 종자를 눈(眼) 등이라고 설한다. 식이 현현할 때에 물질(색)과 유사하게 현행하는 것을 물질(색) 등이라고 이름하는 것이지, 식을 떠나서 별도의 눈(眼) 등이 있는 것이 아니다. 눈(眼) 등은 제8식을 떠나지 않기 때문이다.[195]

---

194) 『大乘法苑義林章』 卷3: 「五根章」 (T45, 297b26-299a11)

195) 여기서 규기는 경량부설을 의식하고, 안혜설 등을 채택하여 8식설에 기반한 종자와 현행의 해석을 제시하였다.

evaṁ punar abhiprāyavaśena deśayitvā ko guṇaḥ|

이처럼 다시 의도에 따라 가르치게 하면, 이익이 무엇인가?

tathā pudgalanairātmya praveśo hi ||10ab||

그와 같이 인무아에 오입하는 것이다

yathā hi deśyamāne pudgalanairātmyaṃ praviśanti | dvayād vijñānaṣatkaṃ pravartate | na tu kaścid eko dṛṣṭāsti na yāvan māntety evaṃ viditvā ye pudgalanairātmya deśanā vineyās te pudgalanairātmyaṃ praviśanti |

왜냐하면 이와 같이 가르쳐질 때 인무아에 오입하기 때문이다. [그] 두 가지 (종자와 현현)로부터 [각각] 6개의 표상을 가지는 것이 생기하지만, 오직 보는 주체 내지 생각하는 주체는 아무도 존재하지 않는다고 알고 나서, 인무아의 가르침에 의해 교화되는 사람들이 인무아에 들어간다.

=

「此密意說有何勝利? 頌曰:

依此教能入，數取趣無我,

所執法無我，復依餘教入. (9)

論曰: 依此所說十二處教, 受化者能入數取趣無我. 謂若了知從六二法有六識轉, 都無見者乃至知者, 應受有情無我教者便能悟入有情無我.」(T31, 75b23-c1)

논 **이렇게 숨겨진 의도를 가지고 설한 것은 어떤 뛰어난 이점이 있는가?** [0990c25]

술기 이하는 세 번째: 가르침의 뛰어난 이익을 변별(辨教勝利)한다. 외인들이 다시 묻는다. 이와 같이 가르침을 설하는 것에는 어떠한 두드러진 이점이 있는가? '뛰어난 이점'이란 결과의 이익을 말한다.

논 **게송 9**

이 교설에 의지하여 능히 인무아(人無我)[196]에 들어가며, 주장되어야 할 법무아(法無我)는 또 다른 교설에 의지하여 들어간다. [0990c28]

술기 앞의 2구는 인무아의 뛰어난 이익에 대해 설하고, 아래의 2구는 법무아의 뛰어난 이익에 대해 설한다. 푸드갈라(pudgala)를 이름하여 삭취취(數取趣)라고 하는데, 온갖 집착을 거듭하여 취하기 때문이다. 그것은 결과의 단계(果位)이지만, 원인을 세워 이름한 것으로, 실재하는 자아는 없기 때문에 '거듭해서 6취(趣)[197]를 취하는 것이다(數取趣).'

논 **여기에서 설해진 12처의 가르침에 의지하여 교화를 받는 자들이 능히 인무아에 들어간다.** [0991a04]

---

196) 삭취취무아(數取趣無我)는 인무아(人無我), 즉 pudgalanairātmya이며, 여기서 인(人, pudgala)은 삭취취(數取趣, 자주 유정취를 취한다)라고도 번역된다.

197) 육취(六趣): 중생이 선악의 원인에 의하여 윤회하는 여섯 가지의 세계, 즉 지옥, 아귀, 축생, 아수라, 인간, 천신의 여섯 가지 윤회의 존재양태를 의미한다.

술기 여기에서 게송의 앞 2구(句)를 주석한다. 총괄적으로 종지를 확립한 다음에 상세한 주석을 한다.

12처에는 실재하는 자아가 없다는 것을 알기 때문에 교화를 받는 자들은 유정이 무아라는 것을 깨달아 들어간다. 만약 어떤 이가 개아(個我)[198]를 말한다면, 그것은 '오직 하나'에 끄달려 [잘못 생각하기] 때문이다.

논 **이를테면, 만약 2종 6입처[199]의 다르마를 따라서 6식의 발생이 있을 뿐이지 보는 주체나 아는 주체가 전혀 존재하지 않는다는 것을 명확히 안다면,** [0991a08]

술기 2종 6입처의 다르마라는 것은 12처를 말하는데, 6내처(內處)와 6외처(外處), 즉 감각기관과 그에 상응하는 대상 영역을 말한다. 12처의 가르침을 설하여 만약 6식이 감각기관과 대상이라는 2종의 6입처의 다르마에 따라 발생한다는 것을 안다면, 자신의 몸이란 단지 눈이 능히 볼 수 있을 뿐 보는 주체가 전혀 없으며, 나아가 단지 의식이 다르마를 아는 것일 뿐 아는 주체가 전혀 없다는 것을 명확히 알게 된다. 여기에서 아는 주체 등은 외도들이 주장하는 실재하는 자아의 주체이기 때문에, 감각기관과 대상을 명확히 알아서 아집을 제거하는 것이다.

논 **마땅히 유정이 무아라는 교설을 받아들이는 자는 능히 유정이 무아**

---

198) 인(人), pudgala

199) 6내처(안, 이, 비, 설, 신, 의처)와 6외처(색, 성, 향, 미, 촉, 법처)

라는 진리를 깨달아 들어갈 수 있다. [0991a15]

술기 2승(乘)[200]의 근기를 가진 자들은 당연히 유정이 무아라는 가르침을 받아들인다. 오직 감각기관과 대상, 의식 등이 존재할 뿐 실재하는 자아가 존재하지 않는다는 것을 알기 때문이다. 2승의 근기를 가진 자들은 다시 유정이 무아라는 바른 이치를 깨달아 들어가서 자아에 집착하는 생각을 제거하고 2승의 과보를 획득한다. 이것이 숨겨진 의도를 가지고 12처의 가르침을 설한 뛰어난 이익이다.

---

200) 성문승(聲聞乘)과 연각승(緣覺乘)

anyathā punaḥ |

deśanā dharmanairātmyapraveśaḥ ||10bcd||

또 다른 방식으로, 가르침에 의해 법무아에 들어가는 것이다.

anyatheti vijñaptimātra deśanā kathaṃ dharmanairātmya praveśaḥ | vijñaptimātram idam rūpādidharmapratibhāsam utpadyate na tu rūpādilakṣano dharmaḥ ko 'py astīta viditvā | yadi tarhi sarvathā nāsti tad api vijñaptimātraṃ nāstīti kathaṃ tarhi vyavasthāpyate | na khalu sarvathā dharmo nāstīty evaṃ dharmanairātmya praveśo bhavati | api tu |

또 '다른 방식으로'라는 것은 '유식의 교설이 어떻게 법무아에 오입하는가?'[를 의미한다]. 오직 식이 색 등의 다르마의 현현으로 생기하지만, 그러나 색 등의 특질을 가진 다르마는 어떠한 것도 존재하지 않는다고 아는 것이다.

만약 어떤 방식으로든 사물이 존재하지 않는다면, 유식이라는 것도 또한 존재하지 않는다[는 결론이 도출될 것이다]. 그렇다면 어떻게 [유식이] 확립되겠는가?

'실로 모든 방식으로 다르마가 존재하지 않는 것은 아니다'라는 그런 방식으로 법무아에 들어가는 것이다. 오히려

=

「復依此餘說唯識教, 受化者能入所執法無我. 謂若了知唯識現似色等法起, 此中都無色等相法, 應受諸法無我教者便能悟入諸法無我. 若知諸法一切種無入法無我, 是則唯識亦畢竟無, 何所安立? 非知諸法一切種無乃得名為入法無我,」(T31, 75c1-6)

논 **또 이에 더하여 '오직 식(識)일 뿐(唯識)'의 가르침을 설하는 것에 의해, 교화를 받는 자들이 능히 변계소집한 존재의 무아**[201]**에 들어갈 수 있다.** [0991a20]

술기 여기서는 게송의 아래 2구(句)를 주석한다. 총괄적으로 종지를 세우고, 다음으로 자세하게 주석을 할 것이다. 문단은 셋이 있는데, 첫째는 게송을 주석하고, 둘째는 힐난을 해설하고, 셋째는 대답을 바르게 서술한다.

이제 첫 번째 문단이다.

일체의 다르마는 오직 유식일 뿐이라고 설하는 것은 유정이 무아라는 의미이다. 숨겨진 의도로 나머지를 가르치기 때문에, 배우는 자들은 능히 일체법이 무아라는 것을 깨달아 들어갈 수 있다. 자아라는 것은 주체로써 자유자재하다는 뜻인데, 다르마가 주체로써 자유자재한 존재가 아니라는 것을 알아서 법무아(法無我)라고 이름하는 것이다.

논 **이를테면 만약 오직 식이 물질(색) 등의 다르마와 유사하게 현현하여 발생하는 것이지, 거기에는 물질(색) 등의 성질을 가진 다르마가 전혀 존재하지 않는다는 것을 명확히 안다면,** [0991a26]

술기 유식(唯識)의 가르침을 설하는 것으로 인해, 만약 일체의 다르마는 오직 식이 물질(색) 등과 유사하게 현현하여 온갖 다르마로 생기한 것이지

---

201) 所執法無我. 여기서 법(法)은 존재, 구성요소, 진리, 가르침 등으로 번역될 수 있겠지만, 문맥에 따라 '존재'로 번역하였다. 그러나 이하에서는 법(法)이 '존재'나 '구성요소' 등의 존재론적 의미영역에서 사용되며 복합어가 아닐 경우, 포괄적 개념어인 '다르마'를 주로 사용하였다.

실재하는 물질(색) 등이 존재하는 것은 아니라는 것을 명확히 알 수 있다면, 이 가운데 물질(색) 등의 실체와 작용과 형상의 다르마는 전혀 실유하지 않는다는 것을 명확히 알아서 존재에 대한 집착(法執)을 제거할 수 있다.

논 **제법무아의 가르침을 받아들이는 자들은 능히 제법무아를 깨달아 들어갈 수 있다.** [0991b01]

술기 보살의 근기(根機)[202]를 가진 자들은 당연히 법무아의 교설을 받아들일 수 있다. 제법이 '오직 식일 뿐'임을 알기 때문이다. 보살의 근기를 가진 자들은 또 제법무아를 깨달아 들어가서, 법집(法執)에 대한 생각을 제거하여 불과(佛果)를 성취할 수 있다.

이것이 모든 다르마는 공하다는 의미이며, '오직 식일 뿐'이라는 가르침이 주는 뛰어난 이익이다.

불세존은 세 시기에 따라 가르침을 설하였는데, 이 유식의 교설은 세 번째 시기에 설한 것으로, 불과를 획득하게 하는 가르침이다. 따라서 [이 유식의 교설은] 숨겨진 의도를 가진 가르침이 아니다.

유정이 무아라는 가르침은 첫 번째 시기의 가르침으로, 2승의 과보를 획득하게 하기 때문에 숨겨진 의도를 가진 교설이라고 한다.

논 **만약 모든 다르마의 일체의 종류가 모두 비존재한다는 것을 안다면, 법무아를 깨달아 들어간다.** [0991b08]

---

202)'보살의 근기(根機)', 또는 '보살승의 근기(根機)'

술기 외인들이 듣기에, '모든 다르마가 모두 공하다는 것은 유식의 가르침을 설하는 것'이다. 이 아래에서 비판을 제시하는데, 이것이 대승의 의미를 보여주는 것이다. 그 아래에는 힐난을 있는 그대로 서술한다.

만약 일체의 모든 다르마가 모두 존재하지 않는다는 것을 명확히 알아서, 법무아의 이치를 깨달아 들어갈 수 있다면,

논 **그것은 바로 유식(唯識)도 역시 필경 존재하지 않는다는 것인데, 어디에 [유식을] 안립하겠는가?** [0991b12]

술기 이제 힐난을 있는 그대로 서술한다. 이미 일체의 온갖 다르마는 모두 존재하지 않는다고 말하였기 때문에 식도 존재하지 않아야 할 것이다. 유식이 이미 존재하지 않는데 지금 이 논서에서는 어디에 근거해서 불과(佛果)를 깨달아 들어간다고 주장하겠는가? 이 질문은 논서의 초두에 확립한 종지를 지시하여 말한 것으로, 질문의 의미는 앞의 주석과 동일하다.

논 **일체 종류의 모든 다르마가 비존재라고 아는 것을 칭하여 법무아로 깨달아 들어간다고 하는 것은 아니다.** [0991b16]

술기 이하는 논사의 대답이다. 일체의 종류가 오직 식(識)일 뿐이고 존재하지 않는다는 것을 알게 하는 것을 칭하여 법무아를 깨달아 들어간다고 하는 것은 아니다. 의식에는 두 가지 성질이 있기 때문이다.

만약 일체의 종류가 비존재라는 것을 아는 것이 아니라면, 무엇을 알게 하겠는가?

kalpitātmanā ||10d||

망상된 본성에 의하여[203)]

yo bālair dharmaṇāṃ svabhāvo grāhyagrāhakādiḥ parikalpitas tena kalpitenātmanā teṣāṃ nairātmyaṃ, na tv anabhilāpyenātmanā yo buddhānāṃ viṣaya iti | evaṃ vijñptimātrasyāpi vijñaptyantaraparikalpitenātmanā nairātmya praveśāt | vijñaptimātravyavasthāpanayā sarvadharmāṇāṃ nairātmya praveśo bhavati, na tu tad astitvāpavādāt | itarathā hi vijñpter api vijñaptyantaram arthaḥ syād iti vijñaptimātratvaṃ na sidhyetārthavatītvād vijñaptīnāṃ ||

어리석은 자들은 소취와 능취 등 법의 자성을 헛되게 집착하여 헤아리지만[204)], 집착된 성질로 의해 그것들은 무아이다. 그러나 불가언설을 본성으로 하는 것으로서 제불의 대상은 [변계소집한 것이] 아니다. 마찬가지로 유식도 또한 다른 식(표상)에 의해 변계소집된 본성허망한 성질에 의해 무아에 들어가기 때문에, 유식을 개념적으로 확립하는 것에 의해 일체법의 무아에 들어가게 되지만, 그것의 존재성을 전적으로 부인하는 것에 의해서는 아니다. 왜냐하면, 그렇지 않다면 [어떤] 식에 대해 또 다른 식이 [외계]대상이라고 한다면, 유식성은 성립하지 않을 것이다. [왜냐하면] 식(표상들)이 대상성을 가지게 되기 때문이다.

=

「然達愚夫遍計所執自性差別諸法無我, 如是乃名入法無我, 非諸佛

203)'변계소집의 성질에 의해', 혹은 "그 자체가 허구적으로 구성된 것이기 때문에."

204) 변계소집, parikalpita

논 그러나 어리석은 범부가 변계소집한 자성의 차별과 제법(諸法)의 무아(無我)를 통달하면, 그와 같은 것을 이름하여 법무아에 들어간다고 한다.[205] [0991b20]

술기 이승(二乘)의 범부(異生)와 모든 어리석은 이들은 집착된 견해(計所執)를 일으켜, 자성의 다르마들과 차별의 다르마들이 모두 실유하며, 그것들은 온갖 다르마의 본체이며 작용이라고 한다. 이렇게 집착된 성질(所執性)에는 본체도 작용도 전혀 없다는 것을 알게 하는 것을 법무아에 들어간다고 한다.

그러나 진리와 세속, 범부와 성자 등의 대상도 모두 비존재라고 아는 것이기 때문에 법무아에 들어간다고 하는 것은 아니다.

논 모든 부처의 경계와 언설을 떠난 법성(法性)도 모두 비존재이기 때문에 법무아라고 하는 것은 아니다. [0991b26]

술기 제불(諸佛)의 정체(正體)와 후득(後得)의 두 지혜(二智)[206]에 의해

205) 『반야바라밀다심경찬』에서 이 부분을 인용하여 법무아를 해명한다.
『般若波羅蜜多心經贊』: 「是故二十唯識等曰非知諸法一切種無乃得名為入法無我. 然達愚夫遍計所執自性差別諸法我無如是乃名入法無我.」 (T33, No. 1711, 544b18-21)

206) 이지(二智): 성자의 두 가지 지혜(智慧)로 일체지(一切智)와 일체종지(一切種智), 혹은 근본지(根本智)와 후득지(後得智), 여리지(如理智)와 여량지(如量智), 실지(實智)와 권지(權智) 등으로 해석된다.
이지(二智)와 관련해서 상이한 해석 전통과 다양한 견해와 연구가 존재하지만, 이곳에서 간략히 요약하자면 일체지(一切智)는 일체 존재의 근원에 대한 지혜이고 일체종지(一切種智)는 그로부터 발생한 일체의 현상적 대상들에 대한 지혜를 의미한다고 할 수 있다. 이는 모든 존재를 있는 그대로 아는 지혜인 근본지(根本智)와 근본지를 획득한 후 얻게 되는 현상적이고 세속적인 세계에 대한 지혜를 의미하는 후득지(後得智)에 대응한다.

境離言法性亦都無故名法無我. 餘識所執此唯識性其體亦無, 名法無我. 不爾, 餘識所執境有, 則唯識理應不得成, 許諸餘識有實境故. 由此道理, 說立唯識教, 普令悟入一切法無我, 非一切種撥有性故.」

(T31, 75c6-13)

알려지는 모든 대상세계, 이를테면 의타기성과 원성실성의 두 층위의 세계는 비존재가 아니다. 이 두 가지 층위는 언설을 떠난 층위이다. [그러나] 집착된 희론(戱論, prapañca)은 이를테면 이 두 가지 층위도 역시 비존재라고 잘못 알기 때문에, 그것은 법무아에 들어가는 것이 아니다. 그런즉 세 층위의 존재(三性)에서 첫 번째 층위(변계소집)는 비존재이고, 나머지 두 층위는 존재로서 '유식(唯識)'이라고 칭한다.

모든 존재(諸法)가 공(空)하다고 깨달아 들어가는 것은 역시 보살(菩薩)의 영역이다. 단지 붓다(Buddha)를 언급하는 것은 뛰어난 사람을 따라 설하는 것이다. 그러므로, 만약 오직 유식(唯識)이 존재한다고 주장한다면, 바로 모든 존재의 무실재성(諸法無我)을 증득하여 들어가는 것이다.[207]

논 **다른 식(識)에 의해 집착된다면 이 유식(唯識)의 성질도 그 본질에 있어서 무(無)이며, 그것을 이름하여 법무아(法無我)라고 한다.** [0991c04]

술기 만약 유식에 집착하여 집착된 견해를 일으킨다면, 존재의 공(空)에 들어가지 못한다는 것을 이름하여 법무아(法無我)라고 한다. 만약 집착하지 않은 경우라면, 이 유식의 본질이 언어를 떠났기 때문에 공(空)에 들어가지 못하는 것이 아니다.

207) 규기의 세 층위 해석은 의타기 / 유식의 실유성에 강조점을 둔다. 그러나 이하 게송에서 보듯이, 세친의 방점은 유식도 본질에 있어서는 무(無)라는 것이다.

논 **다른 식에 의해 집착된 대상이 실유(實有)한다는 것은 옳지 않다. 그렇다면 유식의 이치가 성립하지 않을 것이다.** [0991c08]

술기 만약 집착된(所執) 유식이 존재에 대한 집착(法執)은 아니라고 한다면, 그렇다면, 이 집착된 대상의 본체는 이미 비존재(無)도 아니며 마땅히 유식(唯識)도 아니어야 할 것이다. 실제로 집착하는 존재를 오히려 부정하지 않기 때문이다.[208] 이치가 여전히 밝혀지지 않았는데, 그 의미는 무엇인가?

논 **모든 다른 식이 실재하는 대상을 가진다고 인정하는 셈이기 때문이다.** [0991c12]

술기 유식(唯識)에 집착하는 의식은 존재에 집착하는 의식이며, 이것은 [유식]과 달리 이미 실재하는 대상을 가지는데, 어떻게 유식이라 하겠는가? 우리 학파에서는 '마음 밖에 실재하는 대상이 없는 식'을 이름하여 유식이라 한다. 따라서 유식에 집착하는 견해는 존재에 집착(法執)하는 것이다.

『성유식론』에,[209] '만약 유식에 집착한다면 그 역시 존재에 집착(法執)하는 것이다.'고 하였다.

---

208) 만약 변계소집에 의한 헤아림, 사유, 분별 등의 결과 유식(唯識)이라는 개념적 지식에 도달하였다면, 그것은 여전히 어떤 대상과 개념에 대한 집착(法執)의 갇혀 있는 상태라는 지적이다.

209) 『成唯識論』 卷2: 「若執唯識真實有者, 如執外境亦是法執.」 (T31, 6c25-26)

논 **이러한 이치를 설하고 유식의 가르침을 확립하여 모두 일체의 존재가 무아(無我)임을 깨달아 들어가게 한다.** [0991c16]

술기 이것으로 경론의 두 가르침을 총괄적으로 결론짓는다. 여기에 포함되어 있는 이치로 인해 붓다께서 유식의 가르침을 설하여, '나는 유식의 가르침을 확립하여 모든 유정이 법무아에 들어가게 하고자 한다.'고 하였다.

또는 '내가 설한다'와 '내가 확립한다'는 두 가지 모두 쌍으로 결론짓는 것을 이름하여 '설하고 확립한다'고 한 것이지, 여기서 설한 것이 경전에서 설한 것이라는 뜻은 아니다.

논 **모든 종류의 존재성을 제거하는 것은 아니기 때문이다.** [0991c21]

술기 오직 집착된 견해(計所執)가 없는 유식으로 인해 법무아에 들어가는 것이지, 일체의 종자가 유식과 동등하게 비존재하므로 법무아에 들어갈 수 있다는 것은 아니다.

그 까닭은 무엇인가?

그것은 존재성을 제거하기 때문이다. 의타기와 원성실의 두 존재층위는 존재한다. 만약 그것을 비존재라고 설한다면 그것은 그릇된 견해(邪見)로써 존재성을 제거하는 것이기 때문에 법무아에 들어갈 수 없다. 오직 유식의 존재[210]만을 인정하고, 집착된 견해(計所執)가 비존재[211]인 것

---

210) '오직 유식'(有唯識)은 전면적인 존재부정에 대하여 비무(非無)인 존재의 영역을 드러낸다.
211) '집착된 견해의 비존재'(無計所執)는 '식이 있음(有識)'에 대한 전면적인 존재긍정을 한정

을 이름하여 정견(正見)이라 한다. 법무아에 들어가면서도 존재를 제거하지 않는 것을 이름하여 중도(中道)에 처한다고 하며, 이것이야말로 진정한 논리에 부합한다. 이런 뜻은 청변 등의 주장과는 배치(背馳)되는 것이다.

하여 비유(非有)의 영역을 제시한다.

『유식이십론술기』 하권
(唯識二十論述記 卷下)

kathaṃ punar idaṃ pratyetavyam anenābhiprāyeṇa bhagavatā rūpādyāyatanāstitvaṃ uktaṃ na punaḥ santyeva tāni yāni rūpādivijñaptīnāṃ pratyekaṃ viṣayībhavantīti | yasmāt

다음과 같은 사실은 어떻게 이해되어야 하는가? 세존께서 이러한 의도를 가지고 색 등의 입처의 존재성을 설한 것이지, 색 등의 표상들 각각이 [외부] 대상이 되는 [어떤 것들이] 존재한다는 뜻은 아니다. 왜냐하면,

=

「復云何知佛依如是密意趣說有色等處, 非別實有色等外法為色等識各別境耶?」(T31, 75c13-14)

논 그렇다면 어떻게 붓다께서 이와 같은 숨겨진 의도에 의지하여 색처 등이 존재한다고 설했다는 것을 아는가? [0992a08]

(4) 외계대상 부정 (返破他宗外境非實有) vv. 10-14

술기 제1항: '외경비판' 중에서 이하는 제4항목: '외계대상의 부정'으로 다른 종파를 논파하여 [그들이 주장하는] 외계대상은 비실재하며, 오직 유식임을 확실히 증득하여 알게 한다.

여기에는 세 부분이 있는데,[212] 첫 번째는 소승 등이 앞의 논의로 인해 제기하는 질문이고, 다음은 '게송을 들어서' 이하 논주가 바르게 논파하는 것이며, 그 후 마지막으로 '이제까지 극미가 단일한 실재가 아니라는 것을 밝혔다' 이하에서 결론지어 유식으로 돌아간다.

A. 소승의 질문

지금 이것은 첫 번째이다.

먼저 대승에서 이전에 설해진 뜻을 소개하고, 다음에 두루 비판을 자세하게 기술한다. 논주께서는 앞에서 '무아(無我)로 생기함에 의거하여, 붓다께서 색(色) 등의 십처(十處)를 설한 것이다'라고 설하였다.

이제 여기서 그것을 소개한다. 어떻게 그와 같이 숨겨진 의도를 가지고 색처(色處) 등이 있다고 설하였는지 알 수 있는가?

논 별도로 실유하는 물질(색) 등의 외부의 다르마가 물질(색) 등의 인

---

212) A. 소승의 질문. B. 논주의 논파. C. 유식의 결론

식에 대해 각각 개별적인 대상이 되는 것이 아니다. [0992a16]

술기 이하는 외도들이 제기한 질문이다. "식(識)을 떠나서 별도로 실재하는 실체가 있는 것이 아니면, 색 등 외부의 다르마는 물질(색) 등의 식을 각각 별도의 대상으로 삼은 것인가?"

안식 등이 색(色) 등을 조건으로 하기 때문에, '색(色) 등'과 유사하게 전변한 것을 '색(色) 등의 식'이라고 이름하는 것이지, '색 등' [자체를] '색 등의 식'이라고 설하는 것은 아니다.

2) 극미설: 법무아의 확립

(1) 극미설들 v.11

na tad ekaṃ na cānekaṃ viṣayaḥ paramāṇuśaḥ |

na ca te saṃhatā yasmāt paramāṇur na sidhyati || 11 ||

그것(대상)은 단일한 것이 아니고, 대상은 극미들 각각의 다수인 것도 아니다. 그리고 그것들은 집적된 것도 아니다. 왜냐하면, 극미는 성립되지 않기 때문이다.

iti | kim uktaṃ bhavati | yat tad rūpādikam āyatanaṃ rūpādivijñaptīnāṃ pratyekaṃ viśayaḥ syāt, tadekaṃ vā syād yathāvayavirūpaṃ kalpyate vaiśeṣikaiḥ | anekaṃ vā paramāṇuśaḥ | saṃhatā vā ta eva paramāṇavaḥ |

라는 것은 무슨 의미인가?
저(물질)색 등을 가진 입처가 (물질)색 등의 식들 각각의 대상이라면, 그것은 바이셰시카가 유분색이라고 인정하는 것과 같은 '하나'이거나, 또는 극미들 각각이 다수[로 모인 것]이거나, 또는 바로 그 극미들이 직접된 것이어야 할 것이다.

=

「頌曰:

以彼境非一, 亦非多極微,

又非和合等, 極微不成故. (10)

論曰: 此何所說? 謂若實有外色等處與色等識各別為境, 如是外境或應是一, 如勝論者執有分色. 或應是多, 如執實有眾多極微各別為境, 或應多極微和合及和集, 如執實有眾多極微皆共和合和集為境.」

(T31, 75c15-22)

논 게송 10

그 대상은 하나도 아니고 다수의 극미도 아니며,

또 화합 등도 아니다. 극미가 성립하지 않기 때문에 [0992a21]

B. 논주의 논파

술기 이하에서는 두 번째 논주가 직접적으로 논파하는 부분과 합해서 다섯 게송(vv.10-14)이 있다.

여기에는 세 부분이 있는데,[213] 처음의 한 게송은 소승과 외도 두 학파를 함께 논파하는 것이고, 다음의 세 게송은 소승을 직접적으로 논파하는 것이며, 마지막의 한 게송은 외도를 직접적으로 논파하여 소승에 대한 비판을 시설한다.

지금 이것은 그 첫 부분(소승과 외도의 논파)이다.

제1구(句)는 외도를 논파하고, 그 아래 3구(句)는 소승을 논파한다.

소승을 논파하는 부분에서 제1구(句)는 고설일체유부[214]의 비바사를 논파하는 것이다. 아래의 2구(句)는 경량부와 신설일체유부[215]의 순정리사(順正理師)[216]를 논파하는 것이다. 또 '화합 등이 아니다'는 주장명제

213) B: '논주의 논파'를 구성하는 세 부분으로, 1) 소승과 외도의 논파 (v.10), 2) 소승의 논파 (vv.11-13), 3) 외도의 논파 (v.14)이다. 그런데 이 B: '논주의 논파'는 목차, 내용, 게송의 범위에서 '(4) 외계대상 부정'과 중복된다. 즉, 작은 항목이 큰 항을 포함하는 구조인 것이다. 저자 규기(窺基)의 의도를 확인할 수는 없지만, 이 주석서의 외계대상의 부정에서 일종의 상즉상입(相卽相入)의 구조가 발견되는 점이 흥미롭다. 자세한 것은 앞의 '해제'를 참조하기 바란다.

214) 古薩婆多, 고살바다 = Old Sarvāstivāda. 이하 '고설일체유부'로 통일하여 번역한다.

215) 경량부 상좌 슈리라타에 대한 비판과 함께 기존의 설일체유부 이론을 재정비한 중현(衆賢, Sanghabhadra)의 『순정리론』 이후의 설일체유부를 신설일체유부라고 칭하며, 여기서는 이하 '신유부(新有部)'로 줄여서 표기한다.

216) 세친의 『구사론』에 대한 설일체유부의 백과사전적 비판주석서 『순정리론(順正理師論)』

(宗)를 세우고, '극미가 성립하지 않기 때문에'라는 원인(因)을 세운다. 이것을 증거로 하고, 겸하여 극미의 화집을 논파한다.

이 『유식이십론』은 세친이 나이가 들었고, 『순정리론』이 지어진 뒤에 저술을 시작하였다. 이제부터 마땅히 그와 같이 알아야 할 것이다.

논 **여기에서 설하는 것은 무엇인가?** [0992b02]

술기 이하에서 주장을 논파하는데, 여기에는 세 부분이 있다. 처음은 가설적인 질문을 세우고, 다음은 외도의 주장을 서술하며, 마지막으로 그것을 직접적으로 논파한다.

지금 이것은 가설적인 질문이다. 대체적인 내용은 앞에서와 같다.

논 **이를테면 만약 실유하는 외부의 색처(色處) 등이 각기 색(色) 등에 대한 인식과는 별도의 [외부] 대상이라면** [0992b05]

술기 이하에서 [외도의] 주장을 서술한다.

외도와 소승이 만약 식을 떠나 외부에 존재하는 실유(實有)를 주장한다면, 물질(색) 등을 가진 입처(入處)는 물질(색) 등을 (인식) 조건으로 하여 인식하는 식(識)과는 별도로 존재하는 외부의 대상이 된다.

이상은 총괄적으로 소승과 외도가 치우쳐 판단한 뜻을 서술한 것이다.

이하에서 개별적으로 서술한다.

(*Nyayānusāra)의 저자 중현(衆賢, Sanghabhadra)을 말한다.

논 **그와 같다면 외부의 대상은 마땅히 하나이거나,** [0992b10]

술기 이 외도의 생각은 색법 등의 '본체는 오직 하나'일 뿐이라고 주장한다.

논 **승론자(勝論者)들이 주장하는 유분색(有分色)[217]과 같이.** [0992b12]

술기 여기서는 그것을 주장하는 논사가 바이셰시카(Vaiśeṣika, 吠世師迦)임을 드러낸다. 이 학파는 승론(勝論)이라 하고, 논서를 지은 논사를 이름하여 승론자라고 한다.

이 학파의 개념들을 주석하고, 그 발생의 인연에 대해 해설하면, 다른 곳에서 밝힌 것과 같이, 그 논사의 근본적인 사유에는 6구의(句義)가 있으며, 후에 지엽적인 주장을 더하여 10구의(句義)[218]를 확립하였다.

『성유식론』에서 해설한 바와 같이 '6구의'[219]라는 것은, 1) 실체(實), 2) 속성(德), 3) 행동(業), 4) 존재(有), 5) 동이(同異), 6) 화합(和合)이다.[220]

---

217) 유분색(有分色)은 avayavi-rūpa의 번역어로 '부분을 가진 존재' 정도로 이해할 수 있다. 이는 기본적인 단위를 이루는 어떤 요소들이 존재하며, 그것들이 모여서 현상하고 지각되는 조대한 물질을 이룬다는 바이셰시카의 철학체계에서 도출된 개념이다.

218) cf.『勝宗十句義論』:「有十句義. 一者實, 二者德, 三者業, 四者同, 五者異, 六者和合, 七者能, 八者無能, 九者俱分, 十者無說」(T54, No. 2138, 1262c16-18)

219) 바이셰시카 학파의 6구의(句義, padārtha)는 다음과 같다: 실체(實, dravya, substance), 속성(德, guṇa, quality), 운동(業, karma, activity), 보편(同, sāmānya, generality), 특수(異, viśeṣa, particularity), 결합(和合, samavāya, inherence)의 여섯 가지의 원리 또는 범주(六句義)이다.

220) 규기의 인용은『성유식론술기』에 따른 것으로 보인다.『成唯識論述記』卷1:「如有外道名吠世史迦. 立六句義. 一實. 二德. 三業. 四有. 五同異. 六和合. 或立十句.」(T43, 240a23-25)
규기는 여기서 6구의(句義)의 '보편(同)'과 '특수(異)'를 하나로 묶어 '동이(同異)'(를 특수)로 하고, '존재(有)' 요소를 보편으로 해석·추가하였는데, 이는 규기 자신의『성유식론술기』이전의 문헌에서는 사례를 찾을 수 없다.

[첫 번째] 실체 중에는 아홉 가지가 있는데, 이를테면 지, 수, 화, 풍, 허공(ākāśa), 시간(kāla), 방위(dik, 공간), 자아(自我, ātman), 의(意, manas)이다. 이 가운데 지(地), 수(水), 화(火), 풍(風)은 극미(極微)의 성질을 가진다.

일 겁의 우주가 파괴될 때에도 이 [극미]들은 소멸하지 않는다. 여러 곳에 낱낱이 흩어지지만 실체는 발생하지도 소멸하지도 않으며, 그것을 일러 상주(常住)한다고 한다.

다수의 다르마들이 모인 존재는 그 실체가 단일하지 않다. 나중에 일 겁의 우주가 만들어질 때에 쌍극미(dyad)들이 결합하여 하나의 2세극미(子微)를 형성한다. 2세극미의 양은 1세극미(父母)의 양과 같으며 그 실체는 오직 하나이다. [2세극미는] 다른 것(1세극미)으로부터 발생하기 때문에 속성은 무상하다. 쌍극미들이 결합하여 하나의 2세극미를 형성하고, 이 2세극미를 다시 기본 단위로 결합하여 삼중극미(tryad, 三微)를 만든다. 이와 같이 또 다른 삼중극미와 결합하여 [그것의] 2세극미를 발생하는데, 일곱 번째 그것의 2세[극미]는 여섯 개의 기본 단위인 [1세]극미의 크기와 동일하다. 그와 같이 일곱 개의 원자가 다시 나머지와 결합하여 [그것의] 2세극미를 발생하는데, 15번째 2세극미는 그 크기가 기본 단위인 14개의 1세극미와 동일하다. 그와 같이 거듭 발생하여 삼천세계를 이룬다. [따라서] 그 삼천세계는 1세(父母)의 두 다르마로부터 생겨난 것이며, 그 양의 총합은 1세[극미]의 양과 동일하다. 그러므로 삼천세계도 식 등의 대상이 되며, 실체로서는 오직 하나이다.[221]

---

221) 기본 단위=1극미. 쌍극미=1+1. 삼중극미=2+2+2+(1). 복합극미=삼중+삼중+(1) =7+7+(1)=15. 여기서 부분의 결합에 의해 새로운 사물의 전체성을 구성하는 하나의

물질(색)은 불의 성질이고, 나아가 접촉은 바람의 성질이다. 눈이 물질(색)을 볼 때, 풍대(風大)는 지각하지 않고 지, 수, 화를 지각한다. 물질(색) 가운데는 바람의 특성이 없기 때문이다. 귀, 코, 혀 세 감관이 소리, 향, 맛을 볼 때에도 마찬가지로 이 세 가지를 지각한다. 오직 몸이 감각을 지각할 때에만 4대 요소(大)를 모두 지각한다. 감각 중에 풍대가 있기 때문이다.

마나스(意)는 일체를 [인식]조건으로 하기 때문에, 유분색(有分色)이 안식 등의 대상이 된다. 실체는 오직 하나의 사물이고, 그것의 2세인 '크기를 지닌'(麁) 원자[의 결합]은 부분을 가진다. 매우 미세한 부분을 가지기 때문에 그 기본 단위는 미세한 원자(細微)이다. 그것을 이름하여 [기본 단위인] 부분이라 하는데, [더 작은] 다른 부분을 갖지 않기 때문이다. 이런 주장에 대한 자세히 서술은 『성유식론』에 설명한 것과 같다.[222)]

논 **또는 그것이 다수라는 것은 실유하는 여러 다수의 극미들이 각기 별개의 대상이라고 주장하는 것과 같다.** [0992c07]

술기 이하는 소승을 논파한다.

지금 여기서는 고설일체유부 비바사의 뜻을 먼저 서술하고, 이 논사의 생각을 해설하도록 한다. 색처 등과 같이 본체가 다수인 다르마가 안식 등의 대상이 된다.

극미(1)가 실재성을 갖는 '전체(avayavi)'이다.

222) 『成唯識論述記』 卷1: 自下第二破勝論義. 이하에서 상세한 비판을 제시하였다. (T43, 255b19ff)

그 까닭은 무엇인가?

극미 하나하나의 본체는 실유(實有)하고, 서로 만나서 아누(阿耨, aṇu)를 형성한다. 이 아누는 가립된 존재(假有)이기 때문에 이 이상은 모두 실유가 아니다. 5식은 이미 실재하는 다르마를 조건으로 하여 대상으로 삼는다. 따라서 아누 이상의 화합물인 가유의 물질(색)을 인식 조건으로 삼지는 않는다. 때문에 물질의 영역(色處) 등이 안식 등의 대상이 될 때, 하나하나의 실극미 각각이 개별적으로 안식 등의 대상이 된다. 가유를 인식 조건으로 하지 않기 때문이고, 실재하는 본체가 있어야 식을 발생할 수 있기 때문이다.

논 **또는 다수의 극미가 화합(和合)하거나 화집(和集)한 것이어야 한다.** [0992c16]

술기 이것은 경량부와 신유부 정리론사[223]의 뜻을 서술한 것이다. 경량부 논사는 다수의 극미들이 화합(和合)한다고 설하고, 정리론사는 다수의 극미가 화집(和集)한다고 설한다.[224]

논 **실유하는 여러 다수의 극미들이 모두 함께 화합(和合)하거나 화집(和集)하여 대상이 된다고 주장하는 것과 같다.** [0992c19]

---

223) 『순정리론』의 저자 상가바드라(Sanghabhadra), 한역으로 중현(衆賢)

224) 극미의 화합(和合)과 화집(和集)에 관해서는 이규완 (2017) "유식가 세친의 극미설 - 극미의 결합방식에 대한 일고찰." 『동아시아불교문화』 제31집, 165-197쪽. 보다 상세한 연구를 위해서는 이규완 (2018) 『세친의 극미론』을 참고

술기 이것을 자세히 서술하면, 이를테면 경량부 논사는 실유하는 극미는 5식의 대상이 되지 않는데, 그것은 5식에 극미의 형상이 없기 때문이라고 말한다. [극미] 일곱이 화합하여 [하나의] 아누(aṇu, 원자)물질(색)을 이루어, [원자 이상의] 조대한 물질이 현현한다. 그것의 본체는 비록 가설적이지만 5식에 그것의 형상이 있기 때문에 5식의 대상이 된다. 하나하나의 실극미는 [인식]조건이 되지 못하기 때문에, 화합하여 만들어진 하나의 조대한 [물질은] 가설적 존재이며, 그것이 5식의 [인식]조건이 된다. 따라서 논서에서 설하기를 "실유하는 여러 극미들이 함께 화합[하여 인식대상이 된다]."고 하였다.

정리사 [중현]은 '안식 등 5식은 가설적인 다르마를 조건으로 하지 않는다'는 자신의 종지(宗旨)가 경량부와 달라서 배치되는 것을 염려하였다. 만약 고설일체유부를 따를 경우, 바로 진나[의 비판에] 있듯이, 5식에는 극미의 형상이 없기 때문에 인식대상이 되지 못하는 오류가 있다. 그래서 다시 '물질(색) 등의 모든 다르마들은 각각 다수의 형상을 가지며, 그 중에 한 부분이 직접지각의 대상이 된다.'고 설하였다.[225] 모든 극미들이 서로 협력하여 각기 하나의 화집(和集)한 형상을 가지며, 이 [화집한] 형상은 실유(實有)로서 각각 자신의 형상과 유사한 식을 발생할 수 있다. 때문에 그것이 5식에 대한 '인식대상의 조건'(所緣緣)이 될 수 있다.[226]

---

225) 『觀所緣緣論』: 「有執色等各有多相, 於中一分是現量境, 故諸極微相資各有一和集相」 (T31, 888b21-23)

226) 소연(所緣), 소연경(所緣境), 소연연(所緣緣)은 법상종의 논의 맥락에서는 거의 동의어로 사용되는 경향이 있으나, 아비다르마 인식론의 전개 과정과 초기 유식의 개념정립 과정에서는 서로 다른 층위의 인식존재론적 의미를 함축한다. 지금은 이 개념적 차이점들이 지니는 중요성만을 언급해두고 추후에 논의할 기회를 기약하고자 한다.

다수의 극미들이 모여서 산(山)을 만드는 경우와 같이, [극미들이] 서로 협력하여 산(山) 등의 인식대상을 만든다. 안식 등의 5식이 산(山) 등을 조건으로 할 때, 실유하는 다수의 극미들이 서로 협력하여 산(山)의 형상을 5식과 함께 획득하기 때문에 인식대상(所緣)이 성립한다. 그렇지 않다면 인식대상의 비존재라는 오류가 발생한다. 그들은 오직 실재하는 것만이 [인식의] 조건이 될 수 있다고 허용하기 때문이다. 따라서 그들 논서에서는 '실유하는 다수의 극미들이 모두 함께 모여 화집(和集)한다'고 설한다.

자세한 것은 진나의 『관소연론』과 『성유식론』 제1권에서 설한 것과 같다.

그러나 구유식[227]에서는 단지 바이셰시카와 고설일체유부의 뜻만을 [설하고] 있어서, 이 화합과 화집의 문구를 단지 하나로 설명한다.[228] 이를테면 극미가 취집하여 물질(색)을 이룬다는 뜻을 알기가 어렵고, 문장 역시 헤아리기 어렵다. 그곳에서 논파하는 것에는 극미(隣虛)의 취집이 물질을 이루는 것이 아니라고 말한다. 분석하는 자가 스스로 아는 것이 어찌 지금 이 논서와 같겠는가?

---

227)『이십론』의 구역(舊譯), 즉 진제(真諦)의 한역『大乘唯識論』을 뜻한다.

228) cf.『大乘唯識論』:「為當與隣虛一, 如有分色鞞世師所執? 為當不一, 由隣虛各別故? 為當是隣虛聚色入, 與隣虛成一作眼識境? 是義不然. (T31, 72a20-22)

na tāvadekaṃ viṣayo bhavatyavayavebhyo ’nyasyāvayavirūpasya kvacidapyagrahaṇāt |

우선(tāvad) 대상은 단일한 것이 아니다. 왜냐하면 부분들과 별도로 [존재하는] 전체의 색(형태)은 어떤 것도 파악되지 않기 때문이다.

nāpyanekaṃ paramāṇunām pratyekam agrahaṇāt | nāpi te saṃhatā viṣayībhavanti | yasmāt paramāṇur ekaṃ dravyaṃ na sidhyati ||

또 다수로 [존재하는 것도] 아니다. [왜냐하면] 극미들의 각각을 파악하지 못하기 때문이다. 또한 집적된 것들이 대상이 되는 것도 아니다. 왜냐하면 극미는 하나의 실체라는 것이 확립되지 않기 때문이다.

=

「且彼外境理應非一, 有分色體異諸分色不可取故. 理亦非多, 極微各別不可取故. 又理非和合或和集為境, 一實極微理不成故.

(T31, 75c22-25)

논 **또한 그것의 외계대상은 이치상 '하나'가 아니어야 한다.** [0993a11]

술기 이하는 세 번째 부분이다.

여기에서는 하나하나의 주장을 논파한다. 먼저 외도를 논파하고 그 후에 소승을 비판한다.

그들이 주장하는 바를 말하면, '외부의 대상은 이치상 하나가 아니어야 한다'고 한다.

게송의 첫 구를 주석한다.

총괄하여 비판한다. 다음은 잘못된 이치를 드러내 보인다.

논 **유분색(有分色)은 실체가 다른 것이다. 온갖 부분의 물질(색)을 파악할 수 없기 때문에.** [0993a15]

술기 주장하는 바는 부분을 가진 하나의 조대한 물질인 유분색이며, 기본 단위인 극미와는 다른 실유하는 실체이다.

온갖 유분색의 실체는 지각할 수 없는 것이기 때문에, 산이나 땅 등과 같이 하나하나의 부분을 구별해 보면 즉시 '부분을 구성하는 물질(分色)'인데, 어찌 이것을 떠나서 별도로 하나의 실재하는 조대한 유분색이 존재한다고 하겠는가?

논리식을 세워 말하겠다.

(종) 그대는 유분색이 서로 다른 부분을 가진 물질(색)이 아니라고 한다.
(인) '부분을 구성하는 물질(分色)'과는 달리 지각할 수 없기 때문에.

(유) 마치 '부분을 구성하는 물질(分色)'과 같이.

그대가 만약 또 말하기를 '무엇을 일러 유분색(有分色)이라 하는가?' 라고 한다면, '부분을 구성하는 물질(分色)과 다른 [하나의 전체]'로서 지각할 수 없는 것이다.

이제 원인에 대해 일방의 주장을 따르는 점을 다시 논파해서 말해야 할 것이다.[229]

(종) 그대는 유분색이 결정코 온갖 미세한 '부분을 구성하는 물질(分色)'과 다르지 않다고 한다.

(인) 그대의 종지(宗旨) 자체가 실재하는 [6]구의(句義)의 물질(색)을 인정하기 때문에.

(유) 미세한 '부분을 구성하는 물질(分色)'과 같이.

앞의 원인(因)에 관한 문장에서 '인정하다(許)'는 글자를 그대로 두어야 한다. 우리는 '부분을 구성하는 물질(分色)'이 다르다는 것을 인정한다. 지각할 수 없기 때문이다. [따라서] 일방의 주장을 따르는 오류는 없다.

이 논서(『유식이십론』)에는 간략히 언급하여 '인정하다(許)'는 글자는 제시하지 않았다. 또 이 논서는 단지 그 종지를 서술하였을 뿐, 원인(因)과 사례(喩)는 생략하였다. 이를테면, 종지를 세워 말하면,

229) 원인에 대해 일방의 주장만을 받아들이는 오류, 즉 수일불성(隨一不成)의 문제를 지적한다.

(종) 그대가 주장하는 유분색의 실체는 다르고, 그대가 주장하는 온갖 부분을 구성하는 물질(分色)은 결코 지각할 수 없다.

(인) 실재하는 [6종의] 개념적 물질(句色)[230]을 인정하기 때문에.

(유) 미세한 부분을 구성하는 물질(分色)과 같이.

'~ 때문에(故)'라는 글자를 논하는 것은 [내용을] 헤아리는 문단에서 다시 설명하기로 한다. 이것으로 보아 추론(比量)에도 역시 오류가 없다.

논 **이치로 보아 역시 다수도 아니다.** [0993a29]

술기 이하에서는 소승을 논파한다. 게송의 제2구를 주석한다. 이것은 총괄하여 고설일체유부를 비판한다.

이하에서 개별적으로 논파한다.

논 **극미는 각기 개별적으로 지각할 수 없기 때문이다.** [0993b03]

술기 이하는 각각을 개별적으로 논파한다. 그대는 극미 하나하나가 각각 개별적으로 5식의 대상(境)이 된다고 말하는데, 그런 주장은 결코 옳지 않다. 극미 각각을 개별적으로 안식 등의 5식이 지각할 수 없기 때문이다. 그리고 그대 학파 자신의 주장[에 따르면] 이생(異生, 범부)의 눈 등은 극미를 보지 못한다. 5식에 그 형상이 나타나지 않는데 어떻게 극미가 각각 개별적으로 대상이 된다고 설하겠는가?

---

230) 6구의(句義)의 물질 혹은 물리적 실재성

논리식을 세워서 말한다.

(종) 각각의 극미는 5식의 인식대상(所緣)이 아니다.

(인) 안식 등의 5식이 지각할 수 없기 때문에.

(유) 안근 등과 같이.

따라서 이 논서에서는 '극미는 각각이 개별적으로만' 유법(有法)[231] 이고, '지각할 수 없기 때문에'는 단지 그것의 원인(因)이다. 동유(同喩)와 확립하고자 하는 주장명제는 생략하였다.

또는 논리식으로 말하면,

(종) 다수의 극미가 집적된 색은 5식의 인식대상(所緣)이 아니다.

(인) 극미 각각을 개별적으로 5식이 인식하지 못하기 때문에.

(유) 안근 등과 같이.

논서에는 주장명제(宗)와 원인(因)이 드러나 있다.

『관소연론』에서 소연연에 대해 논리식을 세워 논파한다. 소연연은 말하자면 1) 인식하는 식(能緣識)이 그것의 형상을 띠고 일어나고, 2) 또

---

231) 유법(有法): 불교논리학에서 술어를 포함하는 명제의 주어이며, 외인(外人)의 관점에서는 내용적으로 지각의 대상이 될 수 있는 '실유하는 존재'를 의미할 수도 있다.
불교논리학(因明學)에서 하나의 명제, 이를테면 '소리는 무상하다'에서 주어와 술어는 유법(有法)과 법(法)에 해당하며, 각각 전진(前陳)과 후진(後陳)이라고도 한다. 이 명제에서 유법(有法)은 '소리'이며 법(法)은 '무상함'이다.
따라서 지금 주석하는 논서의 본문에서는 '개별적인 극미'가 유법(有法)이고, '인식대상이 아님'이 법(法)에 해당한다.

실재하는 본체가 있어서 인식하는 식(能緣識)으로 하여금 그것에 의탁해서 일어나게 한다는 두 가지 조건을 모두 갖추어야 한다.[232]

물질(색) 등의 극미에 대해 우리는 존재한다고 인정하지 않는다. 실재하는 본체가 5식을 일으킨다고 가설하여 인식조건의 뜻은 인정하더라도 인식대상은 성립하지 않는다. 안근 등과 같이, 안식 등에 그것의 형상이 없기 때문이다.

따라서 논리식을 세워 말한다.

(종) 극미는 5식에 대해 [인식의] 조건은 되지만 인식대상은 아니다.

(인) 그것은 형상의 식(識)이 없기 때문에.

(유) 안근 등과 같이.

말하는 바는 비록 다르지만 뜻은 동일하다.

『성유식론』 제1권에서 다소간 이것과 동일하게 설하고 있다. 그 논서에서 설하기를,[233]

---

232) 인식대상이 되기 위한 두 가지 조건은, 1) 인식주관이 대상의 형상을 가져야 하고, 2) 그 인식주관의 형상은 실재하는 대상에 의거하여 생기하여야 한다는 의미이다.

233) 『成唯識論』 卷1: 「彼和合相既非實有, 故不可說是五識緣, 勿第二月等能生五識故. [非諸極微共和合位可與五識各作所緣, 此識上無極微相故.] 非諸極微有和合相, 不和合時無此相故. [非和合位與不合時, 此諸極微體相有異, 故和合位如不合時, 色等極微非五識境.] 有執色等一一極微, 不和集時非五識境, 共和集位展轉相資, 有麁相生為此識境, 彼相實有, 為此所緣.」 (T31, 4b10-18)
그 화합상은 이미 실재가 아니기 때문에 5식의 인식조건이라고 말할 수 없다. 제2의 달 등은 능히 오식을 일으키지 않기 때문이다. 여러 극미가 화합한 상태에서 5식 각각의 인식대상이 될 수 있는 것이 아니다. 이 식 위에 극미의 형상이 없기 때문이다. 모든 극미에 화합상이 있는 것이 아니다. 화합하지 않았을 때에 이 형상이 없기 때문이다. 화합한 상태와 화합하지 않았을 때 이 모든 극미는, 자체와 형상에 다름이 있는 것이 아니다. 그러므로 화합한 상태에서도 화합하지 않았을 때의 물질(색) 등과 마찬가지로 극미는 오식의 대상이 아니다.

"모든 극미가 함께 화집한 상태에서 5식 각각에 대하여 각각이 대상이 되는 것이 아니다. 이 식(識)에 극미의 형상이 없기 때문이다."

그들의 주장을 설정하여 말하면,

극미 각각이 별도로 화합의 형상을 가져 5식의 대상이 된다. 화합의 형상이라는 것은 하나의 형상과 유사하게 현현한 것이고, 이 형상은 작용이고 본래의 극미보다 크다. 작용은 본체를 떠나지 않으며, 본체가 이미 실재하는 존재(實有)이므로 소연연이 성립한다.

이것을 논파하여 말하면,

"화합한 상태라도 [아직] 화합하지 않은 때에는 이 모든 극미들의 본체와 특성에 차이가 있는 것이 아니기 때문에, 화합의 상태에서도, 화합하지 않은 때와 같이, 물질(색) 등의 극미는 5식의 대상이 아니다."

그러나 이에 대해 또 다시 고쳐 주장하기 때문에 또 다른 논증이 제시된다. 『성유식론소』 제1권에 설한 바와 같다.

논 또한 이치상으로 화합이나 화집은 대상이 되지 못한다. [0993b27]

어떤 이는 주장하기를, "물질(색) 등 하나하나의 극미가 근접하여 화집하지 않았을 때에는 5식의 대상이 아니다. 함께 화집한 상태에서는 서로 도와 생성하여 조대한 사물의 형상이 생겨나고, 이것이 식의 대상이 된다. 그 형상은 실재이고, 이것의 인식대상이 된다."라고 한다. 김윤수(2006) 『주석 성유식론』, 95-96쪽

술기 이하 경량부와 정리론사의 [주장을] 논파한다.

여기서는 총괄적으로 비판하고, 이하에 개별적으로 논파한다.

논 **하나의 실재하는 극미는 논리적으로는 성립하지 않기 때문이다.**

[0993b29]

술기 경량부 등에서는 극미는 하나의 실체로 존재하고 오직 의식(意識)의 대상이라고 한다. 설일체유부 논사들은 [극미가] 하나의 실체로 존재하고 10처에 포함되며 6식의 대상이라고 한다.

그러나 그대들이 주장하는 바, 하나의 실재하는 극미를 우리들은 존재한다고 인정하지 않는다. 논리적으로 성립하지 않기 때문이다. 극미의 화합이나 화집을 설하는 것은 그 의미가 이미 어긋난 것이다.

『관소연론』에서는 경량부 논사들의 주장을 [다음과 같이] 논파한다.[234)]

"물질(색) 등의 화합이 안식 등에 그것의 형상을 가지기 때문에 인식대상으로 작용한다고 시설한다." [그것이] 조대한 크기를 가지고 나타나기 때문에, 그리고 식이 현현한 형상이기 때문이다. "그러나 그것은 인식조건(緣)이 없는 대상이다." 실재가 아니기 때문이다. "눈의 착란에 의해서 보게 되는 두 번째 달과 같이 그것은 실체가 아니며, 발생시키는 능력이 없기 때문이다."

---

234) 『觀所緣緣論』: 「和合於五識, 設所緣非緣, 彼體實無故, 猶如第二月. 色等和合於眼識等有彼相故, 設作所緣, 然無緣義. 如眼錯亂見第二月, 彼無實體不能生故.」 (T31, 888b16-20)

논리식을 세워서 말하면,

(종) "화합은 5식에 대하여 인식대상은 되지만, 인식조건은 아니다.

(인) 그것의 실체가 존재하지 않기 때문에.

(유) 예를 들어, 두 번째 달과 같이."

『성유식론』에서도 또한 그 주장을 논파한다.[235]

"화합의 형상은 온갖 극미들과는 달리 실재 자체를 가지는 것은 아니다. 그것을 분석할 때 그것의 형상과 유사한 식이 결코 생기하지 않기 때문이다. 그것이 화합한 형상(和合相)은 이미 실유가 아니므로 5식의 조건이 된다고 말할 수 없다. 두 번째 달 등이 능히 5식을 생기할 수 없기 때문이다."

여기에서 힐난의 의미는, 만약 실재하는 극미(實極微)가 존재하고 화합(和合)에 의한 가설적 존재를 인정한다면, 실재하는 것이 화합하여 실유가 아니게 되며, 화합에 의한 가설적 존재는 비존재가 될 것이다.

또 『관소연연론』은 정리사의 주장을 논파하여 말한다.[236]

"견고함 등의 성질과 같이, [극미는] 비록 실유하여 안식 등에 대한 [인식] 조건의 뜻을 가진다고 하더라도, 인식대상은 되지 못한다. 안식 등에는 그

235)『成唯識論』 卷1:「非和合相異諸極微有實自體, 分析彼時似彼相識定不生故. 彼和合相既非實有, 故不可說是五識緣, 勿第二月等能生五識故.」(T31, 4b7-11)

236)『觀所緣緣論』:「如堅等相雖是實有, 於眼等識容有緣義, 而非所緣, 眼等識上無彼相故. 色等極微諸和集相理亦應爾, 彼俱執為極微相故.」(T31, 888b27-29)

것의 형상이 없기 때문이다.

물질(색) 등의 극미가 화집(和集)한 형상들도 모두 이치가 마땅히 그러해야 할 것이다. 그들은 모두 극미의 형상을 주장하기 때문이다."

논리식을 세워 말한다.

(종) 극미의 화집상은 안식 등에 대해서 [인식]조건은 되지만, 인식대상은 아니다.
(인) 극미의 형상을 인정하기 때문에.
(유) 예를 들어, 견고함이나 습기 등 [4대 요소의 성질]과 같이.

안식 등이 극미의 온갖 화집상을 [인식]조건으로 삼아서 다시 개별적으로 항아리나 사발 등 지각의 형상(覺相)을 발생시킨다고 주장한다. 그들은 별도의 [실재]는 존재하지 않는다고 주장한다. 개별적인 형상이기 때문에 개별적 실재인 것이 아니다. 개별적인 형상은 실재가 아니기 때문이다.

또한 극미에 형상의 차이가 있다고 주장하지 말아야 한다.

그 까닭은 무엇인가?

극미의 양이 동등하기 때문에 형상의 차이는 오직 가설적으로 존재할 뿐이며, 그것을 극미에까지 분석하면 그것(극미)에 대한 지각은 결정코 사라지게 될 것이기 때문이다.

『성유식론』에서도 그것을 설하고 있다.[237]

---

237)『成唯識論』卷1:「彼執不然, 共和集位與未集時體相一故. 瓶甌等物, 極微等者, 緣彼相識應無別

"그 주장은 옳지 않다. 함께 화집한 상태라도 [아직] 화집하지 않았을 때와 본체와 형상이 동일하기 때문이며, 항아리나 사발 등의 사물의 극미가 동등하다는 것은 그러한 형상을 조건으로 하는 식에도 차이가 없어야 하기 때문이며, 함께 화집한 상태에서 하나하나의 극미들은 각각 극미의 원형의 형상(圓相)을 버려야 하기 때문이다.

조대한 형상의 식(識)은 미세한 형상의 대상을 조건으로 삼지 않는다. 어떤 대상에 대한 식(識)은 그와 다른 대상을 조건으로 하지 않으며, 하나의 식이 일체의 대상을 조건으로 하지도 않기 때문이다."

이 논서에서는 단지 기본 단위인 극미에 대해서만 논파한다. [극미가] 이미 실유가 아니므로 [그것으로] 만들어진 화집의 이치도 성립하지 않는다. 갖가지 추론과 증명은 다른 논서에서 설한 것과 같다.

논 어찌하여 성립하지 않는가? [0994a01]

故. 共和集位一一極微, 各各應捨微圓相故. 非麁相識緣細相境, 勿餘境識緣餘境故, 一識應緣一切境故.」(T31, 4b19-23)

표 6 불교인명(因明)에서 오류

* 불교논리학은 **종(宗), 인(因), 유(喩)**의 삼지작법으로 논증된다.
* 오류는 이들 종(宗, 9종), 인(因, 14종), 유(喩, 10종)에서 결락이나 잘못된 적용에 의해 발생한다.

1. 종(宗)의 오류(過, pratijñābhāsa)
『因明入正理論』卷1:「名似立宗. 謂現量相違. 比量相違. 自教相違. 世間相違. 自語相違. 能別不極成. 所別不極成. 俱不極成. 相符極成.」(T32, No. 1630, 11,b24-27)

2. 인(因)의 오류(似因, liṅgābhāsa or hetvābhāsa)
『因明入正理論』卷1:「不成不定及與相違. 是名似因. 不成有四. 一兩俱不成. 二隨一不成. 三猶豫不成. 四所依不成.」(T32, 11,c9-12)
「不定有六. 一共. 二不共. 三同品一分轉異品遍轉. 四異品一分轉同品遍轉. 五俱品一分轉. 六相違決定.」(T32, 11,c17-19)
「相違有四. 謂法自性相違因. 法差別相違因. 有法自相相違因. 有法差別相違因等.」(T32, 12,a15-16)

3. 유(喩)의 오류(似喩十過, dṛṣṭāntābhāsa)
『因明入正理論』卷1:「似同法喻有其五種. 一能立法不成. 二所立法不成. 三俱不成. 四無合. 五倒合. 似異法喻亦有五種. 一所立不遣. 二能立不遣. 三俱不遣. 四不離. 五倒離.」(T32, 12,b1-4)

= 기본 개념 =
극성(極成, prasiddha): 일반이나 논쟁 양측에 알려진 사실
상위(相違, viruddha): 관찰, 추론, 상식, 자기주장에 어긋남
불성(不成, asiddha): 성립하지 않는 주장
부정(不定, anaikāntīkā): 애매모호하여 불확정적인 경우
수일(隨一, anyatara): 논쟁 어느 일방의 주장, 원인, 사례 등
불견(不遣, avyāvṛtta): 논리적 불인정, 모순, 인정하지 못함

(2) 7극미화합 v.12

kathaṃ na sidhyati | yasmāt |

어째서 성립하지 않는가? 왜냐하면…

ṣaṭkena yugapad yogāt paramāṇoḥ ṣaḍaṃśatā ||12ab||

동시에 여섯 [부분]에 의하여 결합되기 때문에 극미는 여섯 부분을 가져야 한다.

ṣaḍbhyo digbhyaḥ ṣaḍbhiḥ paramāṇubhir yugapad yoge sati paramāṇoḥ ṣaḍaṃśatā prāpnoti | ekasya yo deśas tatrānyasyāsaṃbhavāt |

여섯 방향으로부터 여섯 극미가 동시에 합쳐졌기 때문에, 극미는 여섯 부분을 가져야 한다. 하나가 있는 어떤 곳에 다른 것이 [동시에] 존재하는 것은 가능하지 않기 때문이다.

=

「云何不成? 頌曰:

極微與六合, 一應成六分;

若與六同處, 聚應如極微. (11)

論曰: 若一極微六方各與一極微合, 應成六分, 一處無容有餘處故.」

(T31, No. 1590, pp. 75c25-76a1)

C. 유식의 결론: 극미의 불성립

술기 이하에서 극미가 성립하지 않는다는 것을 자세히 주석한다.

여기에는 세 문단이 있다.[238] 처음은 성립하지 않음에 대한 질문이고, 다음은 성립하지 않음에 대한 대답이며, 그 후에 바른 의미에 대해 말하여 총괄적으로 성립하지 않는다고 결론짓는다.

[불성립 질문]

지금은 첫 번째 질문이다.

외인(外人)들이 보기에 [유식학파에게는] 이미 극미가 하나의 실재가 아니어서 성립하지 않기 때문에 '일방적 전제에 의한 과실'(隨一不成의 오류)[239]이 있다.

논주(세친)에게 "어찌하여 성립하지 않습니까"라고 묻는다.

논 **게송 11**

[하나의] 극미가 [다른] 6개와 합하여 하나가 된다면, 당연히 여섯 부분으로 이루어져 있어야 한다. 만약 6개와 같은 장소에 쌓인다면 마땅히 [하나의] 극미와 같아야 한다. [0994a06]

---

238) 1) 극미 불성립 질문(v.10), 2) 대답(vv.11-13), 3) 결론(v.14)

239) 수일불성의 오류란 토론하는 양측 중 '어느 한 측(隨一)에서 인정하지 않는(不成) 이유(因)를 사용하여 논증식을 작성할 경우 범하게 되는 논리적 오류를 의미한다.(김성철). 일종의 선결문제요구의 오류(begging the question, Petitio Principii)에 해당한다. 즉, 논증해야 할 주제나, 그 주제가 성립하게 하는 조건들을 미리 전제하고 논의를 진행하는 것이 선결문제요구의 오류인데, 수일불성의 오류는 상대와 논점이 되고 있는 주제에 대해, 상대가 인정하지 않는 원인을 당연한 것으로 전제하고 논의를 진행하는 오류이다.

[불성립 대답]

술기 다음은 [극미가] 성립하지 않음에 대한 대답이다.

총괄해서 두 게송(vv.11-12)[240]이 있으며, 개별적으로 소승[의 가르침]을 논파한다.

여기에 또 두 부분이 있다.

처음의 두 게송(vv.11-12)은 극미가 결합하는 것과 결합하지 않는 것이 [모두] 성립하지 않는다고 논파한다. 뒤의 하나의 게송(v.13)은 극미가 부분이 있는 것과 부분이 없는 것이 [모두] 성립하지 않는다고 논파한다.

첫 번째 단락에 다시 두 부분이 있는데, 처음은 결합하는 것 등이 성립하지 않는다고 대답하고, 이후에 성립하지 않는다고 결론짓는다.

결합하는 등이 성립하지 않는다고 대답하는 것에 이미 두 게송이 있고, 또 [이것에] 두 부분이 있다.

처음에는 성립하지 않는다는 대답을 세우고, 나중에 성립하지 않는다는 주장으로 논파한다.

처음에 두 가지 힐난이 있다.[241]

앞의 2구는 극미가 결합하게 된다면 마땅히 여섯 부분을 가져야 한다고 비판하고, 뒤의 2구는 극미가 결합하게 된다면 마땅히 여섯 부분의 극미가 같은 장소에 모여서, [하나의] 극미와 같아야 한다는 것을 비판한다.

아누(aṇu)색과 같이 일곱 개의 극미가 합하여 만들어질 때, 가운데 하

---

240) 착오로 보인다. 아래 규기의 과문에서 보듯이, 이 단락은 세 게송(vv.11-13)으로 구성된다. 앞의 과문에서 B.논주의 논파에서 두 번째, 소승의 직접논파(vv.11-13)와 겹친다.

241) 극미논증 부분의 과문(科文) / 구조에 대해서는 해제 3장을 참고하기 바란다. 43~44쪽 참조

나의 극미가 있고, [그] 주위에 여섯이 있다. 만일 가운데 극미가 바깥의 여섯 극미와 결합한다면, 결합하는 것이 이미 여섯이다. 따라서 결합하는 극미는 당연히 여섯 부분을 가져야 한다.

만약 극미로서 부분을 가지지 않아 서로 결합하지 않는다면, 여섯이 마주하는 때 같은 장소에 서로 뒤섞여 있게 될 것이다. 이미 하나의 장소에 있는 아누색 등은 각각이 마땅히 극미 하나의 크기와 같아야 할 것이다.

논 **만약 하나의 극미가 여섯 방향으로 각각 하나의 극미와 만난다면, 당연히 여섯 부분을 가지게 될 것이다.** [0994a20]

술기 위의 게송의 2구(句)를 해설하면, 이것은 다른 학파의 학설을 논파하려고 시설한 것이지, 우리 학파가 주장하는 내용이 아니다. 중간의 극미는 네 방향과 위아래로 여섯 개의 극미가 중간 극미와 결합하기 [때문에] 당연히 여섯 부분을 가져야 한다.

그 까닭은 무엇인가?

논 **하나의 [극미가 있는] 장소는 어떤 다른 [극미에게] 장소를 허용하지 않기 때문이다.** [0994a25]

술기 여섯 부분이 성립해야 하는 이유를 드러낸다. 이를테면, 중간의 극미와 동쪽 극미의 장소에는 이치상 다른 다섯 장소의 다섯 극미를 수용할 수 없기 때문이다. 그와 같이 나아가 중간 극미와 아래쪽의 극미[가 접촉하는 지점]은 나머지 다섯 장소가 아니다. 중간 극미와 만나는 여섯이

다르기 때문이다. 중간 극미는 마땅히 여섯 부분이 있어야 한다.

마땅히 논리식을 세워 말한다.

(종) 중간 극미는 마땅히 여러 부분을 가져야 한다.

(인) 하나의 장소는 다른 장소를 허용하지 않기 때문에.

(유) 조대한 물질 덩어리와 같이.

또는 게송 중에도 추론(比量)이 성립한다.

(종) 가운데 하나의 극미는 마땅히 여섯 부분을 가져야 한다.

(인) 여섯[개의 극미]와 결합하기 때문에.

(유) 조대한 물질 덩어리(聚色)가 여섯 개의 물질 [덩어리]와 결합하는 것과 같이.

그러나 게송에는 오직 주장명제(宗)와 원인(因)만이 있고, 동일한 사례(同喻)는 생략하였다.

ṣaṇṇāṃ samānadeśatvāt piṇḍaḥ syād aṇumātrakaḥ ||12cd||

여섯이 같은 곳에 있기 때문에, 덩어리는 오직 원자(aṇu)만한 크기여야 한다.

atha ya evaikasya paramāṇor deśaḥ sa eva ṣaṇṇāṃ | tena sarveṣāṃ samāna deśatvāt sarvaḥ piṇḍaḥ paramāṇumātraḥ syāt parasparavyatirekāditi na kaścit piṇḍo dṛśyaḥ syāt |

하나의 극미가 있는 장소 바로 그곳이 여섯[의 극미]를 가진다면, 모든 것(극미)들이 같은 장소에 있게 될 것이다. [따라서] 모든 덩어리는 서로서로가 구분되는 극미만으로 이루어질 것이기 때문에, 덩어리는 어떤 것도 보이지 않게 될 것이다.

naiva hi paramāṇavaḥ saṃyujyante niravayavatvāt | mā bhūd eṣa doṣaprasaṅgaḥ | saṃhatās tu parasparaṃ saṃyujyanta iti kāsmīravaibhāṣikās ta idaṃ praṣṭavyāḥ | yaḥ paramāṇūnāṃ saṃghāto na sa tebhyo 'rthāntaram iti |

카슈미르 바이바시카들은 '극미들은 부분이 없기 때문에 결합하지 않는다. 이치에 맞지 않는 오류에 집착하지 마라! 하지만 화집한 것들이 서로서로 결합한다.'고 말한다.
그들에게 '극미들이 집적된 것은 그것들과 다른 대상이 아닌가?'라고 물어야 한다.

=

「一極微處若有六微, 應諸聚色如極微量, 展轉相望不過量故, 則應聚色亦不可見. 加濕彌羅國毘婆沙師言: 「非諸極微有相合義, 無方分故, 離如前失; 但諸聚色有相合理, 有方分故.此亦不然.

(T31, 76a1-5)

논 **하나의 극미가 있는 장소에 만약 여섯 개의 극미가 있다면, 당연히 뭉쳐진 물질 덩어리들은 [하나의] 극미와 크기가 같을 것이다.** [0994b04]

술기 여기서는 게송 뒤의 2구(句)를 해석한다. 만약 '극미는, 부분을 가지지 않기 때문에 서로 결합하지 못한다'고 한다면, 중간 극미가 여섯[개의 극미]와 결합하였을 때, [그것은] 이미 당연히 하나의 장소에 서로 뒤섞여 있다는 것이고, 가운데 하나의 극미의 장소에 이미 여섯 개의 극미가 같은 장소에 있게 된다. 당연히 아누(aṇu) 등 모든 조대한 물질 덩어리는 극미와 크기가 같게 되고, 또 [크기가] 커질 수 없다. 그것은 [하나의] 극미의 장소이기 때문이다.

그 까닭은 무엇인가?

논 **돌이켜 서로 비교하여(相望)[242] 보아도 [하나의] 크기를 넘어서지 않기 때문이다.** [0994b11]

술기 모든 물질 덩어리(聚色)[243]가 극미의 크기와 같은 이유를 드러낸다. [중간의] 하나에 대해 여섯이 돌이켜 나타나 서로 대응해 보아도 크기에 차이가 없다. 때문에 모든 물질 덩어리(聚色)도 극미와 크기가 같아야 한다.

마땅히 논리식을 세워 말해야겠다.

---

242) 展轉: anyonya, paramparam, tara. 展轉相望不過量故: 서로 비교하여 보아도 어느 일방의 크기가 더 큰 일이 없기 때문에

243) 취색(聚色). 부분을 이루는 구성 요소들이 적취(積聚)하여 만들어진 조대한 물질 덩어리

(종) 그대들의 모든 물질 덩어리(聚色)는 마땅히 극미 [하나의] 크기와 같아야 한다.
(인) 크기가 극미를 넘어서지 않기 때문에.
(유) 하나의 극미와 같이.

또는 게송 중에도 추론(比量)이 성립한다.

(종) 그대의 물질 덩어리(聚色)의 크기는 마땅히 극미와 같다.
(인) 극미의 장소이기 때문에.
(유) 하나의 극미와 같이.

다시 말해 [극미와 물질 덩어리(聚色)의 크기는] 동일하고 차이가 없다. 그리고 게송 하단에서 '극미와 같다'라고 말한 것은, 주장명제(宗)와 동종의 사례(同法喩)에 모두 적용되는 것이다. 뜻에 모순이 없기 때문이다.

또는 이것은 오직 [주장명제]의 후건(後件)일 뿐 동유(同喩)는 아니다. 문장의 기세가 다르기 때문이다. 이 주장명제(宗)와 원인(因) 등의 의미는 이에 준해서 보충해야 할 것이다.

논 **그렇다면 당연히 물질 덩어리(聚色)도 볼 수 없어야 할 것이다.** [0994b19]

술기 만약 물질 덩어리(聚色)의 크기가 극미와 동일하다는 것을 인정한다면, 이 모든 물질 덩어리(聚色)는 당연히 볼 수 없어야 한다. 크기가 극미와 같기 때문이다.

또 논리식을 세워 말한다.

(종) 그대[가 주장하는] 조대한 물질 덩어리(聚色)는 마땅히 볼 수 없어야 한다.

(인) 크기가 극미와 같기 때문에.

또는, 그것이 극미의 장소이기 때문에.

(유) 예를 들어, [하나의] 극미와 같이.

여기에서 주장명제를 설하였다. 원인(因)은 앞의 설명과 같으며, 또 같은 [크기의] 장소를 추가하였다. 이 두 가지 비판은 모두 시설하여 차단하는 것이지, 본래의 생각은 아니다.[244)]

논 **카슈미르(迦濕彌羅)국의 비바사사(毘婆沙師)들은 온갖 극미들이 서로 결합한다(合)는 뜻은 아니라고 말한다.** [0994b24]

술기 설일체유부 논사들이 이미 앞의 논파에서 시설하여 그 뜻을 차단한 것을 보았다. 그럼에도 불구하고 끝내 이런 말, 즉 '온갖 극미들이 서로 결합한다는 뜻은 아니다.'고 주장한다. 이것은 주장명제를 세우는 것이다. 그리고 [이것에 대해서는] 본 논사도 역시 서로 뒤섞이는 혼란스러움이 없다. 동일한 장소에서는 확실히 [극미의 결합과 같은] 이런 일이 있을 수 없다.

---

244) 논적의 입장을 논리의 근거로 시설하여 그것을 논파하기 위한 것이지, 논증식에서 논한 대로 극미의 크기나 장소 문제를 전제하는 것이 아니라는 의미이다.

이제 여기에서는 단지 결합(合)을 차단한다.

세우(世友)는 '극미들은 서로 접촉하여, 마땅히 다음 찰나에 이르기까지 머물러야 한다.'고 설하였으며, 대덕(大德)은 '극미들은 실제로 서로 접촉하는 것이 아니고, 단지 간격을 두지 않기 때문에 가립해서 접촉이라고 이름한다.'고 하였다. 만약 그렇지 않다면, 극미들 사이에 간격에 있어 중간이 비게 될 것인데, 이 경우 무엇이 그것의 움직임을 방해할 것이며, [다른 물체에 대해] 저항하는 것을 허용하겠는가?[245]

그것의 결합은 접촉과 명칭은 다르지만, 내용적으로는 동일하다.

카슈미르는 북인도 지역으로 『비바사론(毘婆沙論)』이 이 나라에서 저술되었다. 인연을 명칭으로 삼았으므로, 여기에서 이 논서의 인연을 드러낸다. 다른 곳에서 설한 것과 같이, 비바사(毘婆沙, vibhāṣā)에서 바사(婆沙, bhāṣā)는 '설명'을 의미하고,[246] 비(毘, vi)에는 세 가지 뜻이 있다. 첫째는 승의(勝義)로서, 이 논서가 확실히 다른 논서보다 뛰어나기 때문이다. 두 번째는 '다름'의 의미로, 한 부파 중에 여러 논사들이 다르게 설하기 때문이다. 세 번째는 '자세하다'는 뜻으로, 하나 하나의 뜻에 대해서 여러 논사들이 상세하게 설하기 때문이다.

---

245)『阿毘達磨俱舍論』卷2:「尊者世友說: 諸極微相觸即應住至後念. 然大德說: 一切極微實不相觸, 但由無間假立觸名. 此大德意應可愛樂. 若異此者, 是諸極微應有間隙. 中間既空, 誰障其行許為有對?」(T29, 11c22-26)

246) Vibhāṣā: 개요서, 전서(全書)(compendium), 논서(treatise), 혹은 단순히 설명 등을 의미한다. 비바사(vibhāṣā)는 접두사 vi+√bhāṣ에서 파생한 복합어이다. bhāṣā는 말, 언어, 해설 등의 의미를 지닌다. 확립된 교리체계를 가진 학파들은 모두 자신들의 vibhāṣā를 가지고 있었으므로, 다양한 형태와 내용의 vibhāṣā들이 존재하였다. 그중 가장 대표적인 것이 설일체유부의 『대비바사론』(Mahāvibhāṣāśāstra)이다. 경량부의 학파적 위상과 관련해서 경량부의 vibhāṣā의 존재 여부가 중요성을 띤다. 이에 대해서는 권오민의 독보적인 연구 성과가 발표되었다. 권오민 (2019)『상좌 슈리라타의 경량부 사상』.

논 **부분이 없기 때문에 앞에서와 같은 과실이 없다.** [0994c08]

술기 결합하지 않는 근거를 드러낸다. 만약 부분이 있다면, 결합이 있고 여섯 부분이 성립한다고 설할 수 있다. 그러나 이미 부분이 없으므로 서로 결합할 수 없다. 때문에 앞에서 논의한 것이 우리 자신의 주장을 차단하고 논파하는 과실은 없다.

논 **단 모든 물질 덩어리(聚色)들은 서로 결합한다. 이치상 부분이 있기 때문이다.** [0994c11]

술기 아누색(aṇurūpa, 阿耨色) 이상의 모든 큰 물질 덩어리(聚色)들은 서로 결합할 수 있다. 부분이 있기 때문에 여섯 부분을 가질 수 있고, 물질 덩어리(聚色)도 역시 성립한다. 다시 말해, 물질 덩어리(聚色)의 결합은 부분이 있음을 인정한다는 것을 나타낸다.

그러나 극미에는 결합도 부분도 없다는 뜻이 성립한다.

『구사론』에서 말한다.

> "또 화합색은 부분이 있다고 인정하기 때문에 서로 접촉하는 것에 과실이 없다."247)

접촉과 결합은 뜻은 하나이고 이름만 다른 것이다. 전자에 따른 명칭을 물질 덩어리(聚色)이라 하고, 후자에 따른 명칭을 이름하여 화합색(和

247)『阿毘達磨俱舍論』卷2:「又和合色許有分故, 相觸無失.」(T29, 11c14)

合色)이라 한다.

논 **이것 역시 그렇지 않다.** [0994c17]

술기 여기에서는 총괄하여 부정하였다.

아래에서 이증(理證)을 드러낸다.

(3) 극미화합(전체와 부분) vv.13 - 14

paramāṇor asaṃyoge tatsaṅghāte 'sti kasya saḥ ||13ab||

극미가 결합하지 않는다면, 그것이 집적할 때, 무엇이 그것[극미]을 결합하는가?

saṃyoga iti vartate |

결합이라는 것이 발생한다.

na cānavayavatvena tatsaṃyogo na sidhyati ||13cd||

부분을 가지지 않기 때문에 그것들의 결합이 성립되지 않는 것은 아니다.[248]

=

「頌曰:

極微既無合, 聚有合者誰?

或相合不成, 不由無方分. (12)

論曰: 今應詰彼所說理趣. 既異極微無別聚色, 極微無合聚合者誰?」

(T31, 76a5-9)

---

248) 부분을 가지지 않는다는 사실 만이 결합을 부정하는 이유가 아니다. 다시 말해 부분을 가지는 경우에도 결합이 성립되지 않을 수 있다.

논 게송 12

극미가 이미 결합하지 않는데, 물질 덩어리(聚色)가 결합한다는 것은 무슨 말인가? 또는 서로의 결합이 성립하지 않는다는 것은 부분이 없기 때문이 아니다. [0994c19]

술기 이하에서는 '극미가 성립하지 않는다'는 것을 확실히 논파한다.

여기에는 두 부분이 있다. 위의 2구(句)는 단지 아누(aṇu)[에 대한 주장]을 명확히 비판한다. 아래의 2구(句)는 더 진전된 주장(轉救)에 대한 논파를 시설한다. 그대들은 이미 '극미는 결합하지 않는다'는 것과 '극미는 곧 집적된 것(聚)이라고 설하였다. 덩어리진 것(聚)은 결합하였다는 뜻이고 그것은 이미 극미가 아닌데, [그렇다면] 이것은 무엇인가?

또는 물질 덩어리(聚色)라 하더라도 역시 서로 결합할 수 없다. 따라서 부분이 없기 때문에 극미가 결합하지 않는 것이 아님을 알아야 한다. 부분을 가진 물질 덩어리(聚色) 역시 결합하지 않기 때문이다.

논 **이제 마땅히 저들이 주장하는 논리적 근거(理趣)를 힐난(詰難)해야 한다.** [0994c25]

술기 위 2구의 게송을 해석하여, 먼저 단서(端緖)를 들추어 설명(標)[249] 하겠다. 여기에서는 힐난하지는 않고, 단지 외도들이 결합이 없다고 설한 논리적 근거(理趣)에 대해서 약간의 꾸짖음이 있을 뿐이다. '이(理)'는 말

249) *uddeśa, mdo bstan pa

하자면 뜻의 이치(義理, artha, don)이고, '취(趣)'는 말하자면 의도(意趣)[250]이다. 뜻과 의도 모두를 꾸짖기 때문에 이취(理趣)를 힐난한다고 한다. 또는 의도(趣)가 곧 이치(理)이고, 이치(理)는 인식하는 주체(能緣)이다. 의도(意)가 향하는 취지(趣旨)이기 때문이다.

논 **이미 극미와 달리 별도의 물질 덩어리(聚色)가 없으며 극미는 결합하지 않는다면, 집적하고 결합하는 것은 무엇인가?** [0995a01]

술기 처음 2구(句)는 [논란을] 제시해 보이는 것이고, 아래 2구는 힐난이다.

만약 극미와 달리 [별도로] 온갖 물질 덩어리(聚色)가 있다면, 집적된 것은 결합한 것이지만 극미는 결합하지 않는다고 말할 수 있어야 한다. [그러나] 이미 극미와 별도로 온갖 집적된 것은 존재하지 않는데, 집적된 것에 결합이 있다고 말할 때에 이 결합한 것은 무엇인가? '무엇(誰)'이 질문이다. 덩어리진 것의 결합을 묻는 것에서 핵심은 '무엇'이다.

논리식을 세워 완성하여 말한다.

(종) 집적된 것은 마땅히 결합하지 않는다.
(인) 극미[가 집적된 것]이기 때문에.
(유) 예를 들어 [하나의] 극미와 같이.

---

250) *ābhiprāyika, dgongs pa can, bsam pa

(종) 극미는 당연히 결합해야 한다.

(인) 모두 집적된 것이기 때문에.

(유) 예를 들어 물질 덩어리(聚色)와 같이.

atha saṃghāta apy anyonyaṃ na saṃyujyante | na tarhi paramāṇūnāṃ niravayavatvāt saṃyogo na sidhyatīti vaktavyaṃ | sāvayavasyāpi hi saṃghātasya saṃyogānabhyupagamāt | tasmāt paramāṇur ekaṃ dravyaṃ na sidhyati |

집적된 것이라 할지라도 [어떤 것은] 서로 결합되지 않는다. 이 경우에 극미들은 부분이 없[다는 이유] 때문에 결합이 성립되지 않는 것은 아니라고 말해져야 한다. 부분이 있는 집적된 것 또한 결합을 허용하지 않기 때문이다. 따라서 극미의 단일한 실체는 성립하지 않는다.[251)]

==

「若轉救言聚色展轉亦無合義. 則不應言極微無合無方分故. 聚有方分亦不許合故. 極微無合不由無方分. 是故一實極微不成. 又許極微合與不合. 其過且爾. 若許極微有分無分. 俱為大失. 所以者何.」

(T31, 76,a9-14)

---

251) saṃyoga 결합은 단일한 실체의 맥락에서 / 이미 앞에서 바시셰시카의 단일성을 논파하고, 이곳에서 바이바시카를 논파한 후에 부분을 가지는 대상의 결합을 문제삼은 이유는 무엇일까? 아마도 이것은 경량부 / 상좌 슈리라타의 화합설을 염두에 둔 것은 아닐까? 왜냐하면, 상좌의 화합상은 사실 개별극미들의 특성과 분리된 어떤 단일한 형상을 떠올리게 하기 때문이다. 개별극미와 연속적이면서도 그것을 초월한 형상을 갖는 형태가 되기 위해서는 중현에게서 결합의 연속성, 상좌에게서 결합의 초월성을 모두 수용하여 절충할 필요가 있다.

논 **[만약 주장을 바꾸어] 물질 덩어리(聚色)는 생성(展轉)하지만 결합하지는 않는다는 뜻이라고 말한다면** [0995a07]

술기 이것은 정확히 있는 그대로의 주장은 아니다. 저 논사의 주장은 덩어리진 것의 결합을 인정하기 때문에, '덩어리진 것은 결합하지 않는다'는 말을 시설하여 가설적 주장으로 삼는다. 만약 물질 덩어리(聚色)들이 생성하는데, 단지 빈틈이 없이 생기하기에 이른다면, 가설적으로 이름하여 결합(合)이라고 한다. 서로 매우 가깝지 않은 것은 결합하지 않은 것이라고 칭한다. 저 논사도 역시 그와 같이 설하였다.

논 **따라서 마땅히 '극미는 부분이 없기 때문에 결합하지 않는다'고 말하지 말아야 한다.** [0995a11]

술기 여기에서는 제시된 두 가지 주장을 총괄하여 정확하게 논파한다.

그대[가 주장하는] 물질 덩어리(聚色)는 이미 서로 결합하지 않는다. 따라서 마땅히 '모든 극미는 부분이 없기 때문에, 극미가 결합하지 않는다'고 설하지 말아야 한다.

그 까닭은 무엇인가?

논 **물질 덩어리(聚色)가 부분을 가진다고 하여도 역시 결합이 인정되지 않기 때문이다. 극미가 결합하지 않는 것은 부분이 없기 때문이 아니다.** [0995a15]

술기 여기서는 다시 [부분이] 성립하는 경우를 들어서, 물질 덩어리(聚色)가 결합하지 않는다는 것을 논파한다.

그대가 주장하는 물질 덩어리(聚色)는 부분을 인정하지만, 서로 결합하는 것은 인정하지 않는다. 이것은 도리어 극미가 결합하지 않는 것이 부분이 없기 때문은 아니라는 것이 성립함을 드러낸다. 만약 부분이 없기 때문에 극미가 결합하지 않는다고 주장한다면, 물질 덩어리(聚色)는 이미 부분이 있기 때문에 물질 덩어리(聚色)는 당연히 결합이 있을 것이다.

여기에는 유법(有法)의 차이, 일방적 전제의 오류(隨一不成), 변시종법(遍是宗法)이 아님, 동유(同喩)의 예가 성립하지 않음, 반대 사례(異喩)로 세워진 예가 [완전히] 배제된 것이 아님, 등 여섯 가지 오류가 있다.[252]

그 까닭은 무엇인가?

저들은 논리식을 세워 말한다.

(종) 우리가 설하는 바와 같이, 극미는 결합하지 않는다.

(인) 부분이 없기 때문에.

(유) 심과 심소와 같이.[253]

'실극미(實極微)는 결합하지 않는다'와 '실극미가 결합하지 않는 것이 아니다'는 이것은 [주장명제의 후건(後件)인] 술어의 차별이다. 실극미가

---

252)『唯識二十論述記』卷2:「此中乃有法之差別. 及有法差別隨一不成. 非遍是宗法. 同喩能立不成. 異喩所立不遣. 合有六過.」(T43, 995,a19-21)
여기서 6오류는 법차별(法差別), 유법차별(有法差別), 수일불성(隨一不成), 변시종법불성립(非遍是宗法), 동유(同喩)에 능립불성(能立不成), 이유(異喩)에 소립불성(所立不遣)이다. [표7: 인명(因明)에서 오류의 정의]

253) 세친의『이십론』과 Bahyarthasiddhi에서도 발견되는, 무방분의 개별극미를 심심소에 비유한 사유방식의 일단이다. 형이상학적 극미가 영(零, śūnya)에 수렴하여 물질적 특성을 상실하는 조건에서, 극미는 비물질적인 존재, 즉 심적인 것으로 대체되는 심리적 / 해석적 과정을 반영한다. 이규완 (2018), 306-308

인식조건성(緣性)을 만들어내는 것과 실극미의 인식조건성을 만들어내지 않는 것, 걸림이 있음과 걸림이 없음을 이름하여 [주장명제의 전건] 유법(有法)의 차별(差別)이라 한다.

여기서 원인(因)은 단지 결합이 없다는 것만을 성립시키는 것이 아니다. 그와 마찬가지로 또한 결합이 없다는 주장명제[에 대해] 실극미가 결합하지 않는 것이 아님을 성립시킬 수도 있으며, 유법(有法)은 실극미가 인식조건성이 아닌 존재를 만들어낸다거나, 질애성이 없다는 명제도 성립시킬 수 있다.

만약 그대가 실극미는 부분이 없다고 설한다면, 논쟁 대상과 일방적 전제(隨一不成)의 오류이다. 만약 우리의 가극미(假極微)는 결합하지 않는다고 설한다면, 부분이 없기 때문에 인(因)[의 삼상]에서 변시종법(遍是宗法性)이 성립하지 않는다.[254] 우리는 가극미가 부분이 있다고 설하기 때문이다.

만약 물질 덩어리(聚色)도 역시 결합하지 않기 때문에 극미의 공통범주(同品)가 성립한다고 주장한다면, 그것은 능립불성(能立不成)의 오류이다.[255] 모든 물질 덩어리(聚色)는 부분을 가진다고 설하기 때문이다.

만약 물질 덩어리(聚色)가 부분을 가진다면, 원인의 반대범주(異品)에 해당하여, 소립불견(所立不遣)[256]의 오류에 해당한다. 모든 물질 덩어리

---

254) 인(因)의 삼상(三相)에서 '변시종법성'이 성립하지 않는 오류, [표5: 불교논리]

255) 그릇된 사례의 오류 열 가지를 사유십과(似喩十過): 인명론(因明論)의 삼지작법(三支作法)에서 사례(喩)의 오류 가운데 동유(同喩)의 오류 다섯과 이류(異喩)의 오류 다섯. [표7: 인명(因明)에서 오류의 정의]

256) [표7: 인명(因明)에서 오류의 정의]

(聚色)는 비록 부분이 있지만, 결합하지 않기 때문이다.

여기에는 역시 번개나 햇빛 등과 같이 무상(無常)한 공통범주(동품)가 존재한다. 그러나 잘 적용되는 원인이 여기에 없기 때문에, 공통사례(同喩)에서 능립불성(能立不成)의 오류이다.

번개나 햇빛 등은 다른 존재를 원인(因)으로 삼아 무상하기 때문에, 소립불견(所立不遣)의 오류이다.

사례의 비난 역시 옳지 않다.

지금 저들은 단지 덩어리진 것을 극미에 대해 다른 존재(異法)의 비유로 든다. 결합하지 않기(無合)[257] 때문에. 이 또한 소립불견(所立不遣)의 오류가 있다.

소리의 무상이라는 주장명제에 대해 번개 등은 다른 존재범주(異法)가 성립하지 않는다. 때문에 소립불견(所立不遣)의 오류가 있는 것이다.

따라서 여기 이 논서는 단지 그들의 논리에 '완전히 배제된 것이 아닌 것을 세우는 오류(所立不遣之失)'가 있음을 드러낸다.

스스로 나머지 다섯 가지 오류를 지금 완전히 드러내는 것은 이 논서의 의도가 아니다. 논리(인명학)에 밝은 자는 스스로 그것을 상세히 알 수 있을 것이다.

논 **따라서 하나의 실극미는 성립하지 않는다.** [0995b12]

술기 이것은 '소승의 극미[개념]이 성립하지 않는다'고 논파하는 중에

---

257) [표7: 인명(因明)에서 오류의 정의]

서 '성립하지 않는다'는 결론 부분이다.

'이것(是)'은 앞의 주장을 가리키는 것이고, '때문에(故)'는 원인(所以)이다. 이전에 우리가 설한 논리의 오류 등으로 인해, 그대가 하나의 실극미(實極微)라고 주장하는 것은 성립하지 않기 때문이다.

논 **또 극미의 결합과 결합하지 않음을 허용하는 경우, 그것의 오류는 다음과 같다.** [0995b15]

술기 위의 두 게송에서 극미들이 결합하거나 결합하지 않는다는 두 주장 모두 성립하지 않는다고 논파하였다. 이하 하나의 게송에서는 외계의 극미가 부분이 있다는 것과 부분이 없다는 것 두 가지 모두 성립하지 않는다고 논파하였다.

여기에는 세 부분이 있는데, 처음은 논증의 단서를 드러내어 성립하지 않는 이치를 이끌어 내었다. 다음은 밖으로 돌이켜 논증하였다. 그 후에 게송의 하단을 들어서 성립하지 않음을 정확히 드러내었다.

논증의 단서를 드러내는 중에, 처음은 앞에서의 결합이 있다거나 결합이 없다는 것에 대한 결론이며, 그 후 아래에서 부분이 있다거나 없다는 오류를 확실하게 드러내었다.

지금 이것은 앞에서 설한 결합한다거나 결합하지 않는다는 주장에 대한 결론이다.

그대의 종파가 인정하는 하나의 실극미에 대해 그대는 서로 결합하는 것과 서로 결합하지 않는 것을 모두 인정한다. 이 오류는 우리가 설한 바와 같다. 위에 밝힌 것을 결론으로 그대로 두어 [더 이상] 논하지 않는다.

논 **만약 극미가 부분이 있다고 하거나 부분이 없다고 인정한다면, 두 가지 모두 큰 오류가 있다.** [0995b23]

술기 여기서는 부분이 있음과 부분이 없음의 오류를 확실하게 드러낸다. 이를테면 극미가 부분이 있다거나 부분이 없다고 설하는 것은 모두 큰 오류가 있다.

논 **그 까닭은 무엇인가?** [0995b26]

술기 여기서 한 외인(外人)이 묻는다. 어떤 이유에서 모두 큰 오류가 있는가?

표 7 인명(因明)에서 오류의 정의

- **상부극성(相符極成, prasiddha-sambandha)**: 논쟁의 양자가 모두 승인하고 있어 이견(異見)이 없는 사실을 논쟁의 주제로 삼는 오류.
- **수일불성(隨一不成, anyatara-asiddha)**: 일방적 전제의 오류. 논적이 허용할 수 없는 일방적 주장이나 근거를 취하여 논쟁을 전개하는 오류.
- **법차별상위인(法差別相違因,dharma-veśeṣa-viparīta- sādhana)**: 두 논쟁자가 의미하는 존재의 속성이나 술어의 범주에 차이가 있는 논증의 원인.
- **유법차별상위인(有法差別相違因, dharmi-veśeṣa-viparīta- sādhana)**: 두 논쟁자가 의미하는 유법(有法), 즉 주장명제, 존재, 주어의 범주에 차이가 있는 주장을 논증하는 원인의 오류.
- **능립법불성(能立法不成, sādhana-dharma-asiddha)**: 논증하는 원인의 존재가 확정되지 않은 비유를 제시하는 오류.
- **소립불견(所立不遣, sādhya-avyāvṛtta)**: 입증되어야 할 명제, 혹은 존재의 속성이 부정되지 않는 비유를 제시하는 오류.
- **무합(無合, ananvaya)**: 입증되어야 할 존재와 원인 사이에 필연적 인과성 혹은 불변적 관계성(변충, vyāpti)이 성립하지 않는 비유를 제시하는 오류.

(cf. 이지수 (2014) "『인명입정리론(因明入正理論)』의 변증적 방법," 『인도 불교철학의 원전적 연구』 서울: 여래. 493-524쪽)

digbhāgabhedo yasyāsti tasyaikatvaṃ na yujyate ||14ab||

[어떤 것에게] 방향과 부분의 구분이 있을 때, 바로 그것의 단일성은 타당하지 않다.

anyo hi paramāṇoḥ pūrvadigbhāgo yāvadadhodigbhāga iti digbhāgabhede sati kathaṃ tadātmakasya paramāṇor ekatvaṃ yokṣyate |

극미가 동쪽 방향 내지(乃至)[258] 아래 방향의 부분까지가 다르기 때문에 방향과 부분의 구분이 있을 때, 그러한 특성을 가진 극미가 어떻게 단일한 것이라는 것이 타당하겠는가?

=

「頌曰:

極微有方分, 理不應成一;

無應影障無, 聚不異無二. (13)

論曰: 以一極微六方分異多分為體, 云何成一?」(T31, 76a14-18)

---

258) yāvat: 'X부터 Y까지 포괄하는', 즉 '동쪽에서 서, 남, 북, 위(上) 그리고 아래'까지 여섯 방향 모두를 포괄한다는 의미

논 게송 13

극미가 방분(方分)을 갖는다면 논리적으로 '하나'는 성립하지 않으며, [극미]는 그림자와 장애가 없고, 취집(聚集)도 없고 차이도 없으며, 둘이 아니다.

[0995b28]

술기 앞의 2구(句)는 부분을 갖는다는 [주장]의 과실을 드러내고, 아래 2구(句)는 부분이 없을 때의 과실을 밝힌다. 앞의 2구(句)에 대한 문의(文意)는 쉽게 알 수 있다.

뒤의 2구(句)에 대해서는 총 세 가지 논파가 존재한다. 만약 방분(方分)[259]이 없다면 마땅히 그림자도 만들지 못하고, 장애를 일으키지도 못할 것이다. 게송의 제3구(句)는 이 두 가지 난점(그림자와 장애)을 가지고 방분(方分)이 없다고 논파한다. 게송의 제4구(句)는 외도의 주장을 논파하여 올바른 뜻을 구한다.

만약 온갖 물질 덩어리(聚色)가 극미(極微)와 다르지 않고 극미와 둘이 아니라면, 그것이 덩어리진 물질들은 마땅히 그림자와 장애를 갖지 못할 것이다.

거듭 앞의 뜻을 다시 확립한 것이다. 이하에는 마땅히 그와 같이 알아야 할 것이다. 그런데 구역(舊譯)에서는 게송을 3구(句)로 나누고 있는데, 처음 2구(句)를 1구(句)로, 다음 2구(句)는 각각 1구(句)로 하였다.

---

259) digbhāga: dik + bhāga = 방향 + 부분 = 방분(方分). 방향과 부분은 '색깔과 형태'와 마찬가지로 서로 분리될 수 없는 것이면서 완전히 상이한 속성이며, 본문에서도 상이한 사례를 들어 설명하고 있다. 하지만 대체로 부분의 특성을 거듭 강조하는 중복 표현의 성격이 강하다.

논 하나의 극미에 6방분(方分)이 다르다면, 여러 부분[을 가진] 실체인데 어떻게 '하나'260)를 이루겠는가? [0995c08]

술기 앞의 반 게송을 주석하여, 유방분(有方分)을 비판하고, 경량부의 주장을 정곡(正鵠)으로 논파한다. 이것은 또한 [동시에] 설일체유부 논사의 주장도 차단한다.

이제 이치에 따라 방분이 있다는 주장에 억지로 맞추어 보아도, 그것은 본질적인 고찰이 되지 못한다. 아누(阿拏) 물질의 중간에 위치한 하나의 극미가 여섯 방향의 부분에 대응하게 되는 것과 같이, 각기 다르게 이 하나가 [각각의 방향에] 대응한다면, 본체가 이미 다수를 성립하는 것인데, 어떻게 하나가 성립하겠는가? [그것은 이치에 맞지 않는다.] 부분을 나눌 수 있기 때문이다. 이미 앞에서 비판하였던 바와 같이 여섯 개의 극미와 결합하는 것은 여섯 부분이 성립하게 한다. 따라서 이것은 하나의 부분을 갖는 것을 원인으로 삼는다는 주장을 논파한다.

마땅히 논리식을 세워 말해야 할 것이다.

(종) 취집한 극미들은 마땅히 하나를 이룰 수 없다.
(인) 필경 방분(方分)을 가진 것은 쪼갤 수 있기 때문에.
(유) 온갖 물질 덩어리(聚色)와 같이.

만약 극미가 결합하지 않고 단지 무간(無間, immediate)으로 함께 할

260) 니야야 바이셰시카의 요소들 가운데 '하나'의 실체성

수 있다면, 여러 부분을 갖는 것이 아니다. [그것들의] 중간이 극히 미세하지만 서로 결합하지 않기 때문에, 동쪽에 대응하는 장소는 서쪽 등의 장소가 아니다. 육면(六面)이 이미 다르기 때문에 응당 여섯을 구성해야 하지 하나[의 단일체]를 구성하는 것이 아니다.

(종) 취집한 극미(極微)들은 마땅히 '하나'를 구성하지 못한다.
(인) 동쪽 장소에 대응하는 것이 서쪽 등의 장소가 아니기 때문에.
(유) 온갖 물질 덩어리(聚色)와 같이.

방분이 없기 때문에, 만약 동쪽에 대응하는 것이 동쪽이 아니고, 서쪽 등에 대응하는 것도 역시 서쪽 등이 아니라면,
만약 그렇다면,

(종) 이 극미들은 응당 물질(色)을 조성하지 못할 것이다.
(인) 그것의 동쪽(東)과 서쪽(西)을 볼 수 없기 때문에.
(유) 심(心)과 심소(心所)와 같이.

『성유식론』에서 설하기를,261)

"또 극미들은 머무는 곳에 따라 반드시 상하, 사방(四方)의 차별이 있어야 한다. 그렇지 않다면 공히 화(和)와 집(集)262)의 뜻이 없게 될 것이다."

---

261)『成唯識論』卷1:「又諸極微隨所住處必有上下四方差別, 不爾便無共和集義」(T31, 4a20-21)

[여기에서] 화(和)는 구유부 논사[의 설]을 논파하는 것이고, 집(集)은 신유부의 『순정리론』 논사[의 설]을 논파하는 것이다.[263] 또 방분을 가지는 것은 반드시 부분으로 쪼개어질 수 있기 때문에 결코 실유가 아니다.

---

262) 『성유식론』에서 이것이 단일한 개념인 화집이 아니라 '화(和)와 집(集)'이라는 두 가지 별개의 개념을 확립한 것이 [성유식론]의 편찬자 현장이나, 호법 등 논사들의 관점인지는 알 수 없다. 단지 여기 『유식이십론술기』에서는 이하 규기의 주석을 근거로 두 개념을 구분하여 사용한다.

263) 본문의 내용은 '화(和)'에 대한 비판은 구유부의 주장을 논파한 것이고, '집(集)'에 대한 비판은 신유부의 결합방식에 대한 비판이라는 뜻이다. 따라서 규기에 따르면, 구유부의 결합방식은 '화(和)'이고, 신유부의 결합방식은 '집(集)'이라는 것을 알 수 있다.
(이하, 이규완 (2018), 137-138. 각주 157 인용)
"그런데 이 본문과 관련하여 우이 하쿠주, 윤영호 등은 본문에서 화(和)를 화합(和合)으로, 집(集)을 화집(和集)으로 번역하여, 화합이 구유부를 비판하는 것이기 때문에 화합이 구유부의 학설이라는 주장을 편다. 이런 주장은 먼저 구문론적으로 타당하지 않다. 화합과 화집을 평행구로 보았을 때 合破古薩婆多師. 集破新薩婆多正理論師와 같은 구문이라야 그 같은 해석이 가능해질 수 있을 것이다. 다음으로 『술기』에서 들고 있는 인용문의 해석도 마찬가지 문제를 보여준다.

『成唯識論述記』: 又若無方分. 即不能或和或集. 和對古薩婆多師. 集對新薩婆多順正理師. 極微. 應不和. 集成麁大物. 以無方分故. 如虛空等 然經部師說有方分.」 (T43.267c18 - 22)
만약 방분이 없다면 화(和) 또는 집(集)하는 것이 불가능할 것이다. [여기서] 화(和)는 구유부를 논박하고 집(集)은 신유부의 순정리론사를 논박한다. [따라서] 극미는 허공 등과 같이 무방분이기 때문에 화(和)와 집(集)이 아니면서 조대한 물질을 이루어야 한다. 그래서 경량부는 유방분을 설하는 것이다.

여기서도 '화(和)'와 '집(集)'은 화합과 화집이 아니라 구유부에서 주장하는 극미들의 취집과 신유부의 화집으로 해석하는 것이 타당하다. 이런 해석의 근거는 같은 『성유식론술기』에서 찾을 수 있다.

유부논사는 말한다. [앞에서 설명한] 이것은 화합이기 때문에 5식의 대상이 아니다. 5식은 반드시 실재를 대상으로 하여 발생하기 때문이다. [화합과는 달리] 지금 여기서 설해진 이것은 서로 도와서 각각 별도의 극미들이 능히 5식을 발생시킨다. 하나의 장소에 서로 근접하는 것을 화(和)라 하고, 일체를 이루는 것이 아닌 것을 집(集)이라 한다. 그것은 서로 접근하여도 본체가 각기 구별되고 실재이기 때문에 식을 발생시키는 힘이 있다.
『成唯識論述記』: 薩婆多云. 彼和合故非五識境. 五識必依實法生故. 今者所說此相相資. 各別極微能生五識. 一處相近名和. 不為一體名集. 即是相近. 體各別故. 是實法故有力生識.」 (T43.271a16-20)

이상의 본문 분석을 통해 『유식이십론』에서 규기가 언급하고 있는 '화(和)와 집(集)'의 논파는 화집과 화합이 아니라, 구유부의 취집을 화(和)로 신유부의 취집을 집(集)으로 구분하여 구유부와 신유부의 특성을 대비시키고 있는 것으로 파악할 수 있다."
이규완 (2018) 『세친의 극미론』, 118-148. cf. 宇井伯壽 (1953) 『(四譯對照)唯識二十論硏究』. 東京: 岩波書店, (再刊, 1990), 159-163. 윤영호 (2015), 75; 100, fn. 27.; 101, fn. 36

chāyāvṛtī kathaṃ vā ||14c||

또는 그림자(chāyā)와 장애(āvṛti)는 어떻게 [발생하는가]?

yadyekaikasya paramāṇor digbhāgabhedo na syād ādityodaye kathaṃ anyatra chāyā bhavaty anyatvātapaḥ | na hi tasyānyaḥ pradeśo 'sti yatrātapo na syāt |

각각의 극미에 방분의 구분이 없다면, 어떻게 해가 뜰 때 한 곳에는 그림자가 있고, 다른 곳에는 햇빛이 있는가? 실로 그것의 [그림자를 가질] 다른 장소가 없고, 빛이 있는 곳에 [그림자]가 있을 수 없을 것이다.264)

=

「若一極微無異方分, 日輪纔擧光照觸時, 云何餘邊得有影現? 以無餘分光所不及.」(T31, 76a18-19)

---

264) 왜냐하면 햇빛이 없는 [어떠한] 다른 장소도 그 [극미]에게는 존재하지 않아야 하기 때문이다. [그것(극미)의 어떤 장소에서 햇빛이 없다면, 그것의 다른 장소에서도 [햇빛은] 존재하지 않는다.]

논 **만약 하나의 극미가 서로 다른 방분(方分)을 가지지 않는다면** [0995c26]

술기 이하 설일체유부가 주장하는 '방분이 없다'는 의미를 논파한다. 게송 3구(句)의 첫 번째 '무(無)' 자를 주석한다. 여기서는 그들이 헤아려 고찰한 것을 서술한다.

그것은 극히 미세한 극미이고 극미는 원(圓)이기 때문에 동쪽에 대응하는 면은 이미 동쪽이라 할 수 없고, 다른 방향들도 역시 그러하므로 서로 다른 방분이 존재하지 않는다. 극미는 극히 미세하고 그 형태가 원(圓)이기 때문이다.

논 **태양이 떠올라 빛이 비추어 접촉할 때, 어떻게 다른 쪽 면에 그림자가 나타나겠는가?** [0996a01]

술기 이하에서 정곡으로 논파한다. 게송 제3구(句)의 '응당 그림자가 없음(應影無)'265)을 주석한다.

가령 태양이 떠오를 [때 보이는 것]과 같이, 태양의 자기 본체가 빛을 내보내자마자 이를테면 기둥 등의 동쪽 일면(一面)에 접촉하여 비춘다. 이때 무엇 때문에 서쪽 면이 그림자를 획득하여 [그림자가] 나타나는가? 이것은 비록 이치가 알기 어려운데도 그 뜻이 여전히 잘 밝혀지지 않았다.

어떤 이유로 그림자를 가진다고 인정하지 않는가?

---

265) 본 게송에는 '無應影障' (응당 그림자와 장애가 없다.)

논 **나머지 부분에 빛이 미치지 못하는 곳이 없으므로** [0996a06]

술기 [극미가 방분이 없다면] 극미가 대면하는 동쪽은 동쪽 등이 아닌 것으로서, 태양이 동쪽을 비출 때 즉시 서쪽 등의 장소에 비춘다. 어떤 극미에도 일면(一面)에 비친 빛이 미치지 못하는 곳은 없다. 따라서 [빛이] 동쪽을 비출 때 응당 서쪽에 그림자가 없는 것이다.

마땅히 논리식을 세워 말해야 한다.

(종) 태양이 기둥 등을 비출 때 응당 그림자는 없다.

(인) 동(東)과 서(西) 등 방분이 없기 때문에.

(유) 허공 등과 같이.

『성유식론』에 설한다.[266]

"만약 방분이 없다면 바로 물질(色)이 아닌 것과 같은데, 어떻게 화합(和合)하고, 어떻게 빛을 받아 그림자를 만들겠는가?"

빛을 받아 그림자를 만드는 장소가 이미 동일하지 않으며, 변계소집(遍計所執)한 극미들은 확실히 방분을 가져야 한다. 직접지각에 의거하여 논파한다.

---

266)『成唯識論』卷1:「若無方分. 則如非色. 云何和合承光發影. 日輪纔舉照柱等時. 東西兩邊光影各現. 承光發影. 處既不同. 所執極微定有方分」(T31, 4,a14-17)

āvaraṇam ca kathaṃ bhavati paramāṇoḥ paramāṇvantareṇa yadi digbhāgabhedo neṣyate | na hi kaścid api paramāṇoḥ[267] parabhāgo 'sti yatrāgamanād anyenānyasya pratighāḥ syāt | asati ca pratighāte sarveṣāṃ samānadeśatvāt sarvaṃ saṃghātaḥ paramāṇumātraḥ syād ity uktaṃ |

만일 방향과 부분의 구분이 인정되지 않는다면, 어떻게 극미에게 다른 극미에 의한 저항이 있겠는가?
어떤 하나의 극미 x에 의해 다른 극미 y가 어떤 곳으로 가는 것을 방해할 어떤 부분도 없기 때문이다. 또 저항이 없다면, 모든 것들이 같은 곳에 있기 때문에, 집적체는 모두 한 원자 크기일 것이라고 말해진다.

=

「又執極微無方分者, 云何此彼展輪相障? 以無餘分他所不行, 可說此彼展轉相礙. 既不相礙, 應諸極微展轉處同, 則諸色聚同一極微量, 過如前說.」(T31, 76a19-23)

267) a(nya)ḥ, Silk, p.95

논 **또 극미들이 방분이 없다고 주장한다면** [0996a13]

술기 거듭 지적하여 그 [문제]를 헤아린다. 제3구(句)의 게송, 처음 한 글자 '무(無)'의 의미를 주석한다. 의도(意)하는 것이 바로 이 한 글자 '무(無)'의 의미를 드러내는 것이다. 그림자와 장애에 공통되는 두 가지 난점을 지적하여 헤아린다.

논 **무엇 때문에 이것과 저것이 생성하여 서로에게 장애가 되는가?** [0996a16]

술기 이에 힐난을 있는 그대로 설명한다. 제3구(句)의 '응당 장애가 없음(應障無)'을 주석한다.

두 손이 서로 부딪혔을 때, 동쪽이 이미 동쪽 등이 아닌 것과 같다면, 어떻게 좌우의 손이 발생하여 서로에게 장애를 일으킨다고 말할 수 있겠는가? [지금 의문을 제기하는] 이것은 장애하지 않는 이유를 아직 잘 이해하지 못하였기 때문이다.

논 **여분(餘分)의 공간이 없으므로 다른 곳으로 나아가지 못하기 때문에, 이것과 저것이 생성하여 서로 장애가 된다고 설명할 수 있다.** [0996a20]

술기 극미에 견주어 말한 동쪽은 동쪽이 아니라는 등에 의해 왼손이 가리키는 동쪽 등은 바로 서쪽 등이 될 수 있다. 이것의 어떤 부분도 왼손이 아님이 없어서, 다른 곳으로 나아가지 못한 부분은 없다. 서쪽이 바로 동쪽이기도 하기 때문에 나무의 동쪽은 응당 서쪽에도 도달한다. 따라서 둘이 서로 부딪혀도 서로 장애하는 일이 전혀 없으며, 가는 것이 오는 것이 된다.

마땅히 논리식을 세워 말해야겠다.

(종) 손이 서로 부딪히는 경우에도 마땅히 서로 장애하지 않아야 할 것이다.
(인) 방분(方分)이 없기 때문에.
(유) 허공 등과 같이.

이것이 방분이 없다는 것은 서로 장애하지 않는다는 뜻이다. 때문에 비유로 삼는다.

『성유식론』에 설한다.[268]

"또 만약 벽 등의 사물을 보고 접촉하였을 경우, 오직 한쪽 면(面)만을 지각하고 다른 부분은 지각하지 못한다. [이런 사물은] 이미 화합한 사물들이며, 그것은 다수의 극미[의 화합물]이다. 따라서 [화합물이 부분을 가진다면] 이 극미들도 반드시 방분을 가져야 한다."

논 **서로 장애하지 않을 경우, 응당 모든 극미들이 생성하는 장소는 동일해야 할 것이다.** [0996a29]

술기 앞에서 무방분은 서로 장애하는 성질을 갖지 못한다는 점을 논하

---

268) 『成唯識論』 卷1: 「又若見觸壁等物時. 唯得此邊不得彼分. 既和合物即諸極微. 故此極微必有方分.」 (T31, 4,a17-19)

였다. 이제 장애하지 않는 경우 장소가 마땅히 동일하게 되는 [문제를] 논한다. 여기서 [하나의] 극미의 장소는 마땅히 모든 극미들이 위치하는 곳이 되어야 한다. 서로 장애하지 않기 때문이다. 만일 그렇다면, 이 물질은 결코 조대한 사물을 만들지 못할 것이다. 모두 [한 장소로] 상호 침투해 들어가기 때문이다.

논 그런즉 모든 물질 덩어리(色聚)는 하나의 극미량과 동일하게 되어, 앞에서 설한 것과 같은 과실을 범한다. [0996b04]

술기 만약 동일한 장소에 [들어가는 것을] 인정한다면, 그대가 말한 바 모든 취집한 물질적 존재(色法)들은 하나의 극미량과 동일하게 되고, 마땅히 조대한 사물을 구성하지 못할 것이다. 조대한 사물을 구성하지 못하기 때문에 앞에서 설한 것과 같은 과실을 범한다.

앞에서 설한 것은 무엇인가?

이를테면 여섯 개[의 극미가] 동일한 장소에 취집하더라도, 그 총량은 여전히 [하나의] 극미와 같아져야 한다.

또 물질 덩어리(聚色)는 응당 보이지 않을 것이다. 추론식(比量)은 앞에서와 같기 때문에 다시 기술하지 않겠다.

kim evaṃ neṣyate piṇḍasya te cchayavṛtī na paramāṇor iti | kiṃ khalu paramāṇubhyo 'nyaḥ piṇḍa iṣyate yasya te syātāṃ | nety āha |

[문] 왜 '덩어리가 그것의 그림자와 저항을 가지는 것이지 [개별]극미가 가지는 것이 아니다'고 인정하지 않는가?
[반문] 이 두 가지를 가지는 덩어리가 [개별]극미와 구분되는 어떤 것이라고 인정하는가?
[답] '아니다'라고 말한다.

anyo na piṇḍaś cen na tasya te ||14cd||

덩어리가 [극미와] 다르지 않다면, 그렇다면 그것은 둘을 가지지 않을 것이다.

yadi nānyaḥ paramāṇubhyaḥ piṇḍa iṣyate na te tasyeti siddhaṃ bhavati | saṃniveśaparikalpa eṣaḥ | paramāṇuḥ saṃghāta iti vā | kim anyā cintayā | lakṣaṇaṃ tu rūpādi yadi na[269] pratiṣidhyate |

만약 덩어리가 극미와 다르지 않다고 인정된다면, 그것(덩어리)은 둘을 가지지 않는다는 것이 인정될 것이다.
[반론] 이것은 구성에 대한 분별일 뿐인데, [그것이] '개별극미'라거나 '집적'이라고 생각하는 것이 무슨 차이가 있겠는가? 물질(색) 등의 특성은 부정되지 않는다.

=

「云何不許影障屬聚不屬極微? 豈異極微許有聚色發影為障? 不爾, 若爾聚應無二. 謂若聚色不異極微, 影障應成不屬聚色. 安布差別立

269) Silk본에 따라, rūpā(dīnām) na 로 읽음. Silk, p.99

논 **어찌하여 그림자와 장애가 물질 덩어리(聚色)에는 속하고 극미에는 속하지 않는다는 것을 인정하지 않는가?** [0996b09]

술기 다음은 외인의 무리가 주장하는 것이다.

"우리는 '극미가 방분이 없다'고 설한다. 그대들은, '[그렇다면] 마땅히 그림자와 장애가 없어야 한다'고 비난하여 말한다.

[그렇다면] 그대들의 학파는 어찌하여 우리가 물질 덩어리(聚色)는 방분을 가지며, 그림자와 장애는 물질 덩어리(聚色)에 속하며, 극미는 무방분이기 때문에 극미에는 속하지 않는다고 설하는 것을 인정하지 않는가?"

논 **어찌하여 극미와 달리 물질 덩어리(聚色)는 그림자를 만들고 장애를 일으킨다고 인정하는가?** [0996b13]

술기 논주가 반론하여 힐난한다. "그대들이 비록 난문(難問)을 만들어 내었지만, 그대들 본래의 학파는 어찌하여 극미와 달리 별도의 물질 덩어리(聚色)가 존재하고, 극미는 그림자와 장애가 없지만 물질 덩어리(聚色)는 그림자를 만들고 장애를 일으킨다고 인정하는가?"

논 **그렇지 않다.** [0996b16]

술기 이것은 외인들의 대답이다. 극미와 달리 별도의 물질 덩어리(聚色)가 존재하는 것이 아니다. 그러므로 '그렇지 않다'고 말한다.

為極微, 或立為聚, 俱非一實, 何用思擇極微聚為? 猶未能遮外色等相,」(T31, 76a23-28)

논 **만약 그렇다면 물질 덩어리(聚色)는 응당 둘이 아닐 것이다.** [0996b18]

술기 이것은 논주의 비판이다. '만약 그렇다면'은 게송 제4구(句)의 주석이다. '취색(聚)은 차이가 없다(聚不異)'는 말은 취색(聚色)은 '마땅히 둘이 아니어야 한다'는 뜻이다. '둘이 아님(無二)'을 주석하여 그렇게 말한 것은 이것(취색)을 지칭하여 저것(극미)을 헤아린 것이다. 만약 취집이 극미와 다르지 않다면 물질 덩어리(聚色)는 마땅히 그림자와 장애 둘이 없어야 할 것이다. [취집이] 바로 극미[로 만들어진 것]이기 때문이며, [실질적으로] 극미와 같기 때문이다.

지금까지는 총괄적인 대답이었으며 이제 이하에서는 개별적으로 드러낸다.

논 **이를테면 만약 물질 덩어리(聚色)가 극미와 다르지 않다면 그림자와 장애는 물질 덩어리(聚色)에 속하지 않게 될 것이다.** [0996b23]

술기 여기에서는 앞의 난문을 자세히 설명한다. 여기에 4구(句)가 있으며, 상반(上半)은 물질 덩어리(聚色)가 다르지 않음을 드러내고, 하반(下半)은 '둘이 아님(無二)'을 밝힌다. 이를테면,

만약 그대의 학파에서 설하는 물질 덩어리(聚色)가, 그대가 주장하는 하나의 실극미(實極微)와 다르지 않다면, 그것의 그림자와 장애는 마땅히 극미에 속하는 것이지 물질 덩어리(聚色)에는 속하는 것이 아니다. 물질 덩어리(聚色)의 본체는 바로 극미이기 때문이다.

추론식은 앞에서 설한 바와 같다.

『성유식론』에서도 또한 그렇게 설하였다.[270)]

"[물질 덩어리(聚色)는] 이미 화합(和合)한 사물이고, 그런즉 그것[을 구성하는] 극미들이 그림자나 장애 등의 [현상을] 발현한다. 따라서 극미는 확실히 방분을 가진다고 알아야 한다."

논 **배열의 차이에 의해 극미의 상태가 되거나 혹은 물질 덩어리(聚色)의 상태가 되는 것이지, 둘 모두 하나의 실재는 아니다.** [0996c01]

술기 '하나의 실극미는 성립하지 않는다'고 설명하는 가운데, 위에서 언급한 두 번째 '결합의 유무(有無)와 부분의 유무(有無)'에 대해 그것이 '성립하지 않는다'고 바르게 대답한다. 즉 제3[:극미의 불성립]에서 말하는 우리 주장의 의미(正義)는 총괄해서 '성립하지 않는다'는 것이다. 이 4구(句) 가운데 앞의 3구(句)는 정의(正義)를 명확히 하는 것이고, 제4구(句)는 '성립하지 않는다'는 대답으로 결론짓는다.

바이셰시카(Vaiśeṣika)의 경우에는, 극미가 실재하는 지시체의 범주(句)[271)]에 포섭되고, 항상(恒常)과 무상(無常)에 두루 통한다. 공겁(空劫)의 극미는 본체가 상주(常住)하고, 성겁(成劫)의 극미는 이것이 생기한 것인데, 이것을 이름하여 무상(無常)하다고 한다. 그 [극미의] 양은 방대(厖大)하고, 후에 대지(大地) 등이 결합하여 사물을 조성한다. 단지 흙, 물, 불,

---

270)『成唯識論』卷1:「既和合物即諸極微. 故此極微必有方分.」(T31, 4,a18-19)

271) pada from padārtha = meaning of words, or referents of words. 지시체, 즉 언어 대상들의 여섯 가지 범주, 6구의(句義) 가운데 구(句)

공기 [네 요소들]만이 극미의 자성을 가진다. 색(色), 성(聲), 향(香), 미(味), 촉(觸)은 5대(大)의 속성이며, 본체는 극미가 아니다.

순세파(順世派)[272][의 주장은] 승론(勝論)[273][의 학설과] 동일하다. 생성된 2세극미(子微)는 본래 원인이 되는 양과 동일하다. 2세극미(子微)는 양과 속성의 결합에 따라 [양태가] 다르기 때문에 조대한 것이라고 칭할 수 있다. 그것은 본래의 극미가 아니라 양과 속성이 결합한 것이다.

설일체유부의 극미는 10색처에 포섭되며, 7극미가 [하나의] 아누(阿耨, aṇu)를 만들고, 나아가 작은 것들이 집적하여 큰 것을 생성한다. 극미는 실유하는 것이기 때문에 5식(識)의 조건이 되며, 아누(阿耨) 이상은 모두 가유(假有)이며 5식(識)이 [인식]조건으로 삼지 않는다.

경량부의 극미는 어느 곳에 포섭되는가? [경량부의 극미] 역시 실유이며, 적집하여 조대한 사물을 구성한다. 조대한 물질은 가유이며, 5식(識)의 인식대상이다. 그것의 실극미(實極微)는 오직 의식에 의해서만 인식된다.

그러나 대승에서는 극미도 역시 가유(假有)이며, 법처(法處)에 포함된다고 한다. 단지 조대한 사물을 분할함에 따라 작은 것을 만들었을 때 그것을 이름하여 극미라고 하는 것이며, 작은 것을 적집함에 따라 조대한 사물을 만드는 것은 아니다.

『성유식론』에 설한다.[274]

---

272) 유물론. Cārvaka, Lokayata. 6사외도 가운데 아지타 케사캄발라

273) Saṃkhya학파

274) 『成唯識論』 卷1: 「然識變時隨量大小. 頓現一相非別變作眾多極微合成一物. 為執麁色有實體者. 佛說極微令其除析. 非謂諸色實有極微. 諸瑜伽師以假想慧於麁色相. 漸次除析至不可析假說極微.

"그런데 식(識)이 전변할 때 양의 대소(大小)에 따라 단박에 하나의 형상을 드러낸다. 별도의 전변이 다수의 극미를 모아 하나의 사물을 이루는 것이 아니다. 조대한 물질(色)이 실체를 가진다고 주장하는 사람들에 대해, 붓다는 극미를 설하여 그 같은 주장을 부수어 버리고, 온갖 물질(色)이 실유하는 극미라고 말하지 못하게 하였다. 여러 유가사(瑜伽師)들은 가설적인 관념적 지혜로 조대한 물질(色)의 형상을 점차로 분해하고 제거하여 더 이상 분할이 불가능한 지점에 도달하면, 그것을 극미(極微)라고 가설하였다. 비록 그 극미는 방분을 갖는 것이지만 [더 이상] 분할할 수 없는 것이다. 만약 그것을 더 분할하면, 문득 공(空)과 유사하게 나타나 물질(色)이라 이름할 수 없게 될 것이다. 따라서 극미는 물질(色)의 궁극이라고 설하는 것이다."

『유가사지론』 제3권, 제54권, 『현양성교론』 제5권, 제16, 18권 등에서 자세히 해설하였다.

그러므로 논서(『이십론』)에서는 '각혜(覺慧)로써 분석하고 특별하게 배열한 것을 '극미'로 설정한다.'[275]고 한다. 분석하지 않았을 때는 하나의 형상이 홀연히 나타나는데, 그것을 취[색]으로 설정하며, 물질 덩어리(聚色)는 더욱 쪼갤 수 있는 것이다. 극미는 각혜에 의해 특별한 배열을 가립한 것이기 때문에 극미와 물질 덩어리(聚色)는 모두 하나의 실재가 아

雖此極微猶有方分而不可析. 若更析之便似空現. 不名為色. 故說極微是色邊際.」 (T31, 4,b26-c4). 『이십론』 본문의 '柝'(탁)은 『성유식론』을 따라 '析'(석)으로 바로잡았다.

275) 이 설명은 매우 불명료한 것으로, 신유부의 가극미－실극미 개념을 구분하지 않고 뒤섞어 극미를 정의하고 있기 때문에 개별극미와 미(微, aṇu)도 명확히 구분하지 않은 채 모호한 상태로 남겨져 있다.

니다.[276] 이것은 저 물질 덩어리(聚色)와 극미의 본체가 실유한다[는 주장을] 차단한다. 우리 대승에서 물질 덩어리(聚色)는 [실유가] 아니므로 가유(假有)라고 이름한다. 실재하는 물질(色)의 작용은 특별히 종자로부터 생기하는 것이지 온갖 극미들에 그런 작용의 의미가 있기 때문이 아니다.

논 **극미와 물질 덩어리(聚色)를 헤아려 분별하는 것(思擇)이 무슨 소용이 있는가? 그래도 여전히 외계의 물질(色) 등의 형상을 차단할 수 없다.** [0997a02]

---

276) 여기서는 미와 물질 덩어리(聚色)를 구분하지 않고 한꺼번에 설명하기 때문에 실극미와 물질 덩어리(聚色)의 차이를 간과하고 있다.
『唯識二十論述記』卷2:「故今論言覺慧分拆安布差別立為極微. 若不折時. 頓現一相. 即立為聚. 聚色可更拆. 微假慧安布故. 微與聚俱非一實.」(T43, 996,c25-28)

kiṃ punas teṣāṃ lakṣaṇam cakṣurādiviṣayatvaṃ nīlāditvaṃ ca | tadevedaṃ saṃpradhāryate | yat tac cakṣurādīnāṃ visayo nīlapītādikaṃ iṣyate kiṃ tad ekaṃ dravyam artha va tad anekaṃ iti | kiṃ cātaḥ | anekatve dośa uktaḥ |

눈의 대상 등이 되는 성질과 파랑 등의 색깔의 성질을 가지는 그것들의 특징은 무엇인가?
이것은 상세히 검토되어야 한다. 눈 등이 대상으로 가지는 것이 파랑이나 노랑 등을 포함하는 것이라고 인정된다면, 그것은 하나의 실체인가? 아니면 다수로 [구성된] 대상인가?
그래서 어떠하다는 말인가?
다수인 경우에 대해서는 오류를 [이미] 언급하였다.

=

「此復何相? 謂眼等境亦是青等實色等性. 應共審思, 此眼等境青等實性為一為多? 設爾何失? 二俱有過, 多過如前. 一亦非理.」

(T31, 76a28-b1)

[불성립 결론]

술기 제1항: [외경비판] 가운데 제4항목: '외계 대상이 실재한다'는 주장을 반박하고 논파하였다. 모두 합하여 다섯 게송이 있으며, 앞에서 네 게송을 설명하였다. 처음의 한 게송은 소승과 외도 둘의 주장을 종합적으로 논파하였으며, 다음 세 게송은 소승을 직접적으로 논파하였다.

이하 다섯 번째 게송에서는 외도의 주장을 직접적으로 논파하여 소승에 대한 논파를 시설한다.

여기에는 8가지 항목이 있다: (1) 샹키야 논사 등이 다음과 같이 말한다. 극미는 차치(且置)하고, 우리의 외계[에 존재하는] 물질(色) 등의 형상도 차단하지 못한다. (2) 논주의 질문 (3) 외도(外道)의 응답 (4) 논주의 증명 (5) 외도의 질문 (6) 논주의 비판 (7) 정량부 등의 논구(論救) (8) 논주의 논파

(1) 이것은 첫 번째 항목이다.

샹키야 논사 등이 말한다. 앞에 언급하였던 극미는 무엇 때문에 헤아려 분별(思擇)하는 것인가? [그렇게 분별한다 하더라도] 여전히 그대들 대승은 우리 학파가 외계의 물질(色) 등의 형상을 설립하는 것을 차단할 수 없다.

논 **이것은 또 어떤 형상인가?** [0997a12]

술기 (2) 논주가 묻다.

그대들이 주장하는 물질(色) 등의 형상의 실체는 극미이다. 그러나 극미는 이미 논파되었으며, 따라서 곧 바로 물질(色) 등도 논파되었다. [그러나 그대들은] 거듭 '우리가 주장하는 물질(色) 등의 형상을 차단하지 못한다'고 말한다. 그렇다면 온갖 물질(色) 등은 극미를 떠나 밖에 어떤 형상을 가지는가?

논 **이를테면 눈(眼) 등 [감관의] 대상은 '푸름(靑)' 등 실재하는 색깔 등의 성질을 지닌다.** [0997a15]

술기 (3) 외도(外道)가 답하다.

외계 물질(外色) 등의 형상은 바로 눈(眼) 등 여러 [감각기관의] 직접지각의 대상이다. 이것은 다섯 가지 대상에 모두 공통된다. 그 중 현색(顯色)은 청색, 황색, 적색 등 실재하는 색깔의 성질이다. 이 현색에는 두 가지 뜻이 있다. 외계물질(外色) 등의 형상은, 첫째 직접지각의 대상을 드러내고, 둘째 그것의 실체를 드러낸다. 따라서 그것은 실재하는 것(實有)이다. 내부의 5감관(根)은, 타종파의 학설에 의하면, 직접지각의 대상이 아니다. 단지 식(識)을 발생시켜 그것이 존재한다는 것을 추론하여 안다.

또 만약 외처(外處)를 직접지각의 대상으로 분별한다면, 청색 등의 [색깔] 중에서 황색 등과 아울러 소리 등을 동등하게 지각할 것이며, 실재하는 색깔(色) 등에서도 역시 소리 등을 동등하게 지각할 것이다.

이것이 설하는 것은 식(識)의 바깥에 실유(實有)가 있다는 것이다.

논 **응당 함께 자세히 살피고 생각해 보아야 한다. 이 눈(眼) 등 [감각기관]의 대상, 즉 청색 등의 실재성은 하나인가? 다수인가?** [0997a23]

술기 (4) 논주가 증명하다.

경량부, 설일체유부, 바이셰시카에 따르면, 어떤 것은 가설적이고 어떤 것은 실재한다. 그대는 이제 나와 함께 살피고 생각해 보아야 할 것이다. 그대가 주장하는 외계의 온갖 물질(色) 등은 눈(眼) 등의 [다섯 감관에 대응하는] 다섯 대상들이다. [그런데 여기서] 청색 등의 실재성은 그 본체가 하나인가? 아니면 다수인가? 이것이 두 가지 질문이다.

논 **그렇다고 할 경우에 어떤 과실이 있는가?** [0997a28]

술기 [(5) 외도가 묻다.]

이것은 외도들의 질문이다.[277] '하나'이거나 '다수'인 경우에 어떤 과실이 있는가?

논 **두 가지 [경우에] 모두 과실이 있다. 다수인 경우의 과실은 앞에서 [설한 것과] 같고, 하나인 경우 역시 이치에 맞지 않는다.** [0997b01]

술기 이하는 (6) 논주가 비판한다.

하나이거나 다수이거나 두 가지 모두 오류가 있다. 그 중 다수의 과실이라는 것은 앞에서 이미 '다수의 극미 등이 아니다' 이하 3송[에서 설명하였다].

'하나' 역시 이치에 맞지 않다. 뿐만 아니라 다수가 과실이 성립하므로 하나를 세우는 것 역시 과실이 된다. 때문에 [하나도] 역시 이치에 맞지 않다고 말하는 것이다.

외도들이 머리 숙여 묻는다. 이치에 맞지 않는 것이 무엇인가?

---

277) 본문에는 '此外人答'으로 되어 있으나, 앞의 목차에 '五外人問'을 따라 '此外人問'으로 바로잡았다.

(4) 극미의 성질 v.15

ekatve na krameṇetir yugapan na grahāgrahau |

vicchinnānekavṛttiś ca sūkṣmānīkṣā ca no bhavet ||15||

단일한 것이라면, 점차적으로 가는 것이 없고, 동시에 파악하는 것과 파악하지 않는 것은 없을 것이며,

분리되어 여럿으로 발생하는 것과 작은 것을 보지 못하는 것도 없을 것이다.

yadi yāvad acchinnaṃ nānekaṃ cakṣuṣviṣayas tad ekaṃ dravyaṃ kalpyate pṛthivyāṃ krameṇetir na syād gamanaṃ ityarthaḥ | sakṛtpādakṣeṇa sarvasya gatatvāt |

만약 눈의 대상이 하나의 실체이고, 따라서 그것이 분리되지 않고 다수가 아니라고 분별한다면, 나아감이라는 의미에서 땅에서 점차적으로 나아가는 것은 없을 것이다. 한 번 디디는 것에 의하여 모든 곳에 도달하기 때문이다.

=

「頌曰:

一應無次行, 俱時至未至,

及多有間事, 并難見細物. (14)

論曰: 若無隔別, 所有青等眼所行境執為一物, 應無漸次行大地理, 若下一足至一切故.」(T31, 76b1-6)

논 **게송 14**

'하나'인 경우 응당 순차적 행위가 없고, 동시에 미침과 미치지 못함이 없으며, 또 다수의 간격을 가진 사물도 없고, 아울러 미세한 사물을 보기 어려운 문제도 없을 것이다. [0997b06]

술기 이하 '하나'를 확정적으로 논파한다. 앞에서 언급한 학파 가운데, 바이셰시카는 '하나'라고 주장하며, 소승은 '다수'라고 주장한다. 이제 여기에서 시설하는 것은 소승과 '하나'에 집착한다는 의미를 겸하여 외도를 차단한다. 소승에서 물질적 존재(有色) 등을 주장하기 때문이다.

게송의 '하나(一)'는 외인의 주장을 지칭한다. '응당 없다(應無)'는 두 글자는 공통적으로 아래의 다섯 가지 난제를 가진다.

다섯 가지 난제란 무엇인가?

만약 대상이 '하나'라고 주장할 경우, 1) 응당 순차적 행위가 없고, 2) 응당 동시에 미침과 미치지 못함이 없고, 3) 응당 다수의 사물이 간격을 갖는 일도 없고, 4) 응당 중간을 가짐도 없고, 5) 응당 미세한 사물을 보기 어려운 문제도 없을 것이다.

지금 제3: '다수의 사물이 간격을 갖는 일'과 제4: '중간을 가짐'을 통합하여 제3구(句)로 한다. '다수의 간격'을 가진 사태라는 단어의 구조는 '업(業)의 길(業道)' 등과 같다. 서역의 말로 '차ca'는 여기에서 '또(及)'라고 번역하였으며, 혹은 '등등(等)'으로 번역하였다. 만약 '또(及)'의 뜻이라면, 육합석(六合釋) 중에 상위석(相違釋)[278]으로 '제3구(句)와 제4구(句)'를 나

---

278) [표8: 육합석(六合釋)] 참조

타낸다. '아울러(并)'는 이 네 가지 난제의 뜻이 각기 다르다는 것을 드러낸다. '순차적 행위가 없다'는 것이 곧바로 미침과 미치지 못함이 동시에 있지 않다는 것이다. 때문에 '또(及)'라는 말을 배치한 것이다.[279] 만약 '등등(等)'을 말하는 경우라면, '단지 그러함'이 아니라 이것에 나머지 다른 것이 있다는 사실을 드러낸다. 지금은 이미 네 가지 뜻이 모두 거명되었으므로 '등(等)'은 '등등(等)'이 아니다.[280] 단지 '또(及)'와 '아울러(并)'를 말하여 상위석을 드러낸 것이다.

논 만약 간격이 없어서, 청색 등 눈의 지각 대상이 '하나'의 사물이라고 주장한다면, [0997b21]

술기 게송에서 '하나(一)'에 대한 주석은 다른 학파의 관점을 서술하는 것이다. 다른 학파의 의도를 해설하면, 만약 간격의 구별이 있다면 눈의 지각대상은 실체가 다수이다. 간격의 구별이 없을 경우, 청색 등을 소유(所有)한 눈의 지각대상은 '하나의 사물'이 된다는 것이다. 소리(聲)나 향기(香) 등 다른 종류의 물질적 대상들도 역시 그러하다.

앞에서 총괄적으로 논의한 외에도 다섯 입처(入處)가 있기 때문에, [논의가] 단지 색처의 존재(色處法)만을 말하는 것은 아니다. 그러나 지금

---

279) 여기서 규기는 '급(及)', 즉 '그리고'라는 단어가 '미침과 미치지 못함(至與未至)'의 병렬적 대응을 드러내는 이 맥락에서 '그리고(與)'로 이해하는 것으로 보인다. 그러나 게송에서 '급(及)'은 '俱時至未至 及多有間事'로서 "동시에 미침과 미치지 못함이 없으며, 또 다수의 간격을 가진 사물도 없고"에서 보는 바와 같이 해명해야 할 네 가지 문제 가운데 앞뒤의 두 항목을 연결하고 있다.

280) 게송에 '등(等)'이 발견되지 않으므로 불필요한 주석으로 보이는데, 아마도 주석이 쓰여진 이후에 게송의 '등'을 삭제한 것으로 추정해 볼 수 있다.

여기서는 글을 간략히 하여 단지 '눈의 대상(眼境)'을 말하고, '귀의 대상(耳境) 등'은 말하지 않은 것이다.

지금까지 여기에서 논파하지 않은 저들의 주장은 허다하다. 그러나 이제 이하 네 가지 난제를 지적하고 헤아려 하나하나 서술할 것이다. 무릇 두루 뜻을 알기 어려운 원리란 전반적인 어려움을 지칭하기 때문에, 지금 글이 번거로워질 것을 염려하여 먼저 총론을 서술하고 이하에 개별적으로 난제를 다룬다.

논 **응당 대지 [위에서] 점차로 나아가는 일이 없게 될 것이다. 이치상으로 만약 한 발을 내려놓으면 일체에 도달하기 때문이다.** [0997c02]

술기 이것은 첫 번째 논파이다. 게송을 견주어 보면 알 수 있다. 만약 '하나'가 된다고 집착한다면, 눈의 지각대상은 간격과 장애가 있는 영역이 없고, 세간에서 [관찰되는 것과는 달리] 응당 점진적으로 대지를 나아간다는 의미가 없게 될 것이다. 대지가 하나이기 때문에, 만약 한 발을 내려놓으면 이미 일체에 도달하게 될 것이다. 그런데 어떻게 점진적으로 나아감이 있다고 설할 수 있겠는가?

마땅히 논리식을 세워 말해야겠다.

(종) 간격과 장애가 없는 곳에서 한 발을 내려놓을 때, 아직 도달하지 못한 장소나 시간에 동시에 도달하게 되어야 한다.

(인) 그대가 하나를 주장하므로, 저곳이 곧 이곳이기 때문에.

(유) 이곳에 대한 것과 같이.

혹자(或者)는 말한다.

(종) 간격이 없는 대지에서는 응당 점진적으로 나아간다는 뜻이 없다.

(인) 만약 한 발을 내려놓으면 일체에 도달하기 때문에.

(유) 이 발이 [서 있는] 자리와 같이.

지금 논하는 글은 '대(大)'에 대한 중요한 의미(宗意)를 지닌다. 그것의 추론(比量)을 위하여 마땅히 그와 같이 알아야 할 것이다. 그래서 지금 눈의 대상을 이름하여 대지(大地)라고 하는 것은 가설적인 대지이며 실제로 땅이 큰 것은 아니다.

arvāgbhāgasya ca grahaṇāṃ parabhāgasya cāgrahaṇāṃ yugapan na syāt | na hi tasyaiva tad idānīṃ grahaṇāṃ cāgrahaṇāṃ ca yuktam |

동시에 이쪽(가까운) 부분을 파악하는 것과 다른 부분을 파악하지 못하는 일은 없어야 할 것이다. 왜냐하면 [대상이 단일성을 가지는] 바로 그런 경우에 어떤 것을 파악하는 것과 [동시에] 파악하지 않는 것은 타당하지 않기 때문이다.

=

「又應俱時於此於彼無至未至. 一物一時, 理不應有得未得故.

(T31, 76b6-7)

논 **또 마땅히 이곳과 저곳에서 동시에 도달하고 도달하지 못하는 일은 없어야 할 것이다.** [0997c12]

술기 이것이 두 번째 비판이다. 만약 그것이 하나라고 주장한다면, 손이 간격과 장애가 없는 물건을 잡는 것과 같다. 하나의 대상과 하나의 시간에서, 이쪽 면이나 저쪽 면에 대해 손이 도달하고 도달하지 못함은 없을 것이다.

이것으로 아직 완전히 밝히지 못하였으므로, 다음으로 그 원인을 드러낸다.

논 **이치상으로 하나의 사물을 하나의 시간에 [동시에] 얻으면서 얻지 않을 수는 없기 때문이다.** [0997c16]

술기 '미치다(至)'는 것은 '도달하다(致)', '얻다(得)', '미치다(及)'는 뜻이다. 실체는 하나의 사물이다. 그것을 어떤 하나의 특정한 시간에 손으로 잡았을 경우, 논리적으로 이곳은 얻을 수 있고 저곳은 얻지 못하는 일은 있을 수 없다.

지금 이 난문에 의한다면 일체의 세간에는 하나의 물건도 없어야 할 것이다.

그 까닭은 무엇인가?

하나의 붓처럼 손으로 잡았을 때, 미침과 미치지 못함이 있다면 어떻게 하나[의 붓]이라 하겠는가? 따라서 다음과 같이 알아야 한다.

(종) 대승에서는 눈의 대상 등에 대해, 어떤 경우에는 '하나'라고 설할 수 있다.
(인) 전체가 [동시에] 미칠 수 있기 때문에.
(유) 손으로 구슬을 잡는 것처럼.

또는

(종) 어떤 경우에는 '다수'라고 설할 수 있다.
(인) 미치거나 미치지 못하기 때문에.
(유) 손가락으로 구슬을 집는 것처럼.

마땅히 논리식을 세워 말해야겠다.

그대 학파의 주장은,

(종) 세간에서 간격과 분단이 없는 사물이 미침과 미치지 못함을 [동시에] 갖는 것은 하나도 없다.
(인) 그것이 '하나'라고 주장하기 때문에.
(유) 손으로 구슬을 잡는 것과 같이.

vicchinnasya cānekasya hastyaścādi kasyānekatra vṛttir na syād yatraiva hy ekam tatraivā param iti kathaṃ tayor viccheda iṣyate | kathaṃ cā tad ekaṃ yat prāptaṃ ca tābhyāṃ na ca prāptam antarāle tacchūnyagrahaṇāt |

구별되는 다수의 코끼리나 말 등의 움직임이 여러 곳에서 생겨나지 않을 것이다. 왜냐하면, 바로 그 하나(x)가 어떤 곳에 있을 때 바로 그곳에 다른 것(y)도 있게 될 것인데, 어떻게 그 둘의 분리가 인정되겠는가? 혹은 어떤 두 가지를 점유하는 동시에 점유하지 않는 것이 어떻게 단일한 것이겠는가? 사이에 그것의 빈 곳(śūnya)이 파악되기 때문이다.

=

「又一方處, 應不得有多象馬等有間隙事, 若處有一亦即有餘, 云何此彼可辯差別? 或二如何可於一處有至不至中間見空?」

(T31, 76b7-10)

논 **또 일방(一方)의 장소에 응당 다수의 코끼리나 말 등이 간격을 가지고 존재하는 일은 있을 수 없을 것이다.** [0997c25]

술기 이것은 세 번째 비판이다. 만약 대상이 하나이고, 간격과 장애가 없는 일방(一方)의 장소에 다수의 코끼리나 말 등이 있다고 한다면, 그것들이 모두 모인 가운데 응당 코끼리나 말 등의 사물이 다수의 간격을 가져서 두 사물의 중간에 텅 빈 곳이 보이는 일은 없을 것이다.

이제 다음의 비판은 코끼리와 말 둘은 스스로 서로에게 도달하지 못하게 된다는 것이다. 이름하여 간격(間隔)의 문제라고 하는 이것이 여기에서의 난제이다.

그 까닭은 무엇인가?

논 **만약 어떤 장소가 하나이고 또 [그곳에] 다른 것들이 있다면, 어떻게 이것과 저것의 차이를 구별할 수 있겠는가?** [0998a02]

술기 여기에서는 원인(因)을 드러낸다. 의지하는 장소의 실체가 이미 하나이므로, 만약 하나의 코끼리가 있고 또 다른 말들이 있다면, 어떻게 이 코끼리와 또 다른 말 등의 차이를 구별할 수 있다 하겠는가?

마땅히 논리식을 세워 말해야겠다.

(종) 장애와 간격이 없는 일방(一方)의 장소에 다수의 코끼리와 말들이 모여 있다면, 하나의 코끼리가 머무는 땅에 응당 나머지 말 등도 역시 그 땅에 머물러야 한다.

(인) 그것이 하나라고 주장하기 때문에.

(유) 하나의 코끼리가 머무는 이 땅과 같이.

또는 그대 학파의 주장에서는

(종) 간격이 없는 일방(一方)에 다수의 코끼리 등이 모여도 응당 다수의 간격을 갖지 못할 것이다.
혹은 응당 이것과 저것의 차이를 구별할 수 없다.

(인) 그것이 하나라고 주장하기 때문에.

(유) 하나의 코끼리가 차지하는 공간과 같이.

논 **또 그 '둘'은 어떻게 하나의 장소에 미침과 미치지 못함이 있고, 중간에 빈 공간을 볼 수 있는가?** [0998a10]

술기 이것은 네 번째 비판이다. 만약 대상이 하나라고 주장한다면, 어떻게 코끼리와 말 두 가지 사물이 있을 수 있고, 도달한 곳의 중간에 도달하지 못한 곳이 있으며, [그곳에] 텅 빈 장소가 있는 것을 보게 되겠는가?

마땅히 논리식을 세워 말해야겠다.

(종) 간격이 없는 하나의 장소에 코끼리와 말 둘이 머문다고 할 때, 응당 중간에 텅 빈 공간은 있을 수 없다.

(인) 그것이 하나라고 주장하기 때문에.

(유) 손이 구슬을 잡는 것과 같이.

앞에서 논한 세 번째 비판을 요약하면, 의지하는 대상(所依)이 하나이면, 의지하는 주체(能依)인 코끼리 등 다수가 간격을 갖는 일은 없어야 할 것이라는 비판이다.

지금 네 번째 난제는, 만약 의지하는 주체(能依)가 둘이고, 의지하는 바 [토대인] 땅이 하나라면, 중간에 응당 텅 빈 공간은 없어야 할 것이다.

[그러나] 이 둘은 구별되기 때문에, 앞에서 언급한 '다수의 간격'과 여기에서 '중간'을 종합하여 앞의 제3구(句)의 게송에 대해 '다수는 간격을 가진다'고 주석하였다.

구역의 게송은 단지 "또 다른 종류의 여러 가지 경우"[281]라고 언급하였다. 여기에 네 번째 난제는 그 게송에 포함되지 않았다. 때문에 이제 그것을 바로잡아 옳고 그름을 분명히 한다.

281)『大乘唯識論』卷1:「若一無次行 俱無已未得 及別類多事 亦無細難見」(T31, 72,c6-7)

sūkṣmāṇāṃ ca udakajantūnāṃ sthūlaiḥ samānarūpāṇāṃ anīkṣaṇaṃ na syāt | yadi lakṣaṇabhedād eva dravyāntaratvaṃ kalpyate nānyatha | tasmād avaśyaṃ paramāṇuśo bhedaḥ kalpayitavyaḥ |

만일 실체의 차이는 오직 특성의 차이점으로부터만 분별될 뿐이지 다른 방식이 아니라고 한다면, 크기 때문에 [공통의 성질을 가진] 작은 물속 생명체들의 공통의 성질을 보지 못하는 일은 없을 것이다. 따라서 반드시 극미들 각각의 차이가 분별되어야 할 것이다.

=

「又亦應無小水虫等難見細物, 彼與麁物同一處所, 量應等故. 若謂由相此彼差別即成別物, 不由餘義. 則定應許此差別物展轉分析成多極微.」(T31, 76b10-13)

논 **또한 응당 작은 물벌레 등과 같이 미세한 물체를 보기 어려운 문제는 없을 것이다.** [0998a20]

술기 이것은 다섯 번째 난제이다. 만약 대상이 하나라면, 간격이 없는 물 가운데 역시 작은 물벌레 등과 같이 미세한 물체를 보기 어려운 문제는 없을 것이다.

여기서는 주장명제(宗)를 세워 옳지 않다고 비난(非難)한다. 이하에서 그 근거를 밝힌다.

논 **그 [미세한 물체]는 조대한 물체와 동일한 장소를 가지며, 크기가 동등해야 하기 때문이다.** [0998a24]

술기 의존하는 바(所依)의 대상이 이미 '하나'인 사물이므로, 의지하는 주체(能依)인 물벌레는 마땅히 '작음(小)'이 없다. 그 작은 벌레와 조대한 사물은 하나의 의지처에 의존한다. 두루 의지하는 바이기 때문이고, 의지하는 주체와 의지되는 객체는 그 양이 모두 동등하기 때문이다.

구역에서는 가장 미세한 물벌레와 큰 물고기의 크기가 동일해야 하기 때문에 응당 [큰 물고기도] 볼 수 없을 것이라고 설하였다. 그곳에서 말하는 물질(色)이란 형태와 크기를 가진 물질(色)이다.

만약 작은 물벌레가 두루 의지하지 않는다면, 양이 동등하지 않기 때문에, 미세한 것을 볼 수 있는 것이 의지하는 바에 두루 하지 않을 것이며, 따라서 그것은 하나가 아니며, 극미의 여섯 방분이 다르다고 설하는 것과 같다. 그렇다면 어떻게 하나를 이루는가?

마땅히 논리식을 세워 말해야겠다.

작은 물벌레 등이 간격이 없는 물에 의지한다면,

(종) 의지하는 주체(물벌레)는 마땅히 의지되는 것(물)과 크기가 동등해야 한다.

(인) 의지되는 것(所依)이 하나라고 주장하기 때문에.

(유) 간격이 없는 하나의 수정[282]이 하나의 의지되는 물질(色)인 것과 같이.

또 마땅히 논리식으로 말하겠다.

(종) 작은 물벌레 등이 간격이 없는 물에 의지하면 응당 보는 데 어려움이 없어야 한다.

(인) 물은 하나라고 주장하기 때문에.

(유) 간격이 없는 물과 같이.

여기에는 앞에서 설한 추론식과 같은 논서의 글이 감추어져 있지만, 오직 강력한 사유와 종(宗), 인(因), 유(喩)의 추론 장치를 세움으로써 모든 과실을 차단하였다. 글이 번거롭고 장황해질까 염려하여 모두 상세히 밝히지는 못하였다. 바른 논리(因明)란, 그 자체로 모든 것을 상세하게 [논증하여야] 한다. 그러나 때로는 추론식을 세우지 않고, 논서에 준(准)하여 단지 도리(道理)로서 그것을 증명하였는데 그 역시 이치에 어긋나는 것은 아니다.

---

282) 파지가(頗胝迦), =수정(水晶). 산스크리트어 sphaṭika의 음사(音寫)

논 **만약 이것과 저것을 구별하는 특성으로 인하여 개별적인 사물이 성립하는 것이지 다른 뜻에 의한 것이 아니라면,** [0998b10]

술기 [(7) 정량부 등의 논구(論救).]

이것은 정량부에서 헤아려 추구하는 뜻이다. 이를테면 앞에서의 다섯 가지 뜻처럼 살펴서 '하나'를 논파하여 그런 주장을 세운다. [정량부에서도] 역시 간격이 없이 눈의 지각대상의 본체가 모두 하나의 사물인 것은 아니다.

그 까닭은 무엇인가?

저 땅의 형상에 있어 이 코끼리와 저 말의 장소에 차별이 있기 때문에 이것과 저것 둘의 장소에 땅의 차별이 성립한다. 그와 같이 네 발의 장소도 각기 차별이 있다. 땅이 곧 네 부분을 구성하며, 한 발 아래에 동서(東西)의 다름이 있다. 그 땅에 다름이 있는 것이지 다른 의미에서 그런 것이 아니다.

남겨진 간격이 없이 눈이 미치는 대상을 이름하여 '하나의 사물'이라 한다. 간격이 있고 미치지 못함이 결국 다수를 성립한다. 그러므로 우리 학파의 주장 가운데는 앞의 다섯 가지 과실이 없다. 여기서 [그 특징을] '지시하는(牒)' 말은 '만약', '이를테면', '에 의하면' 등이다.

논 **그런즉 응당 사물을 차별하고 계속해서 분석하면 [최종적으로] 다수의 극미가 성립한다는 것을 확실히 인정해야 한다.** [0998b19]

술기 [(8) 논주의 논파]

이것은 여덟 번째 항목인 논주의 직접적인 논파이다. 만약 형상으로 인해 이것과 저것의 차별이 있다면, 그것의 실체는 각각 하나씩이어야 한다. 그런즉 그대는 이 차별된 사물들의 실체가 하나라고 그대가 주장하는 바를 확실히 인정해야 할 것이다.

또 논리적 사유(覺慧)로 계속 분석해가면, 다수의 극미들은 전혀 하나의 물건이 아니지만, 말이 머무는 장소처럼 이름하여 하나의 물건이라 한다. 네 발이 각기 다르기 때문에 땅도 네 부분으로 구성되며, 그와 같이 발에 동서의 방향의 차이가 있고, 동서의 방향에는 수백 수천의 부분이 있다. 그와 같이 미세한 것에 도달하여 다수의 극미가 성립한다. 그러므로 세간에 확실하게 오직 하나의 물건이 있는 것이 아니다. 그러므로 그대들의 생각은 미망(迷妄)한 감정을 두루 기술하여 공허(空虛)하게 시설된 것이다.

sa caiko na siddhyati | tasyāsidvau rūpādīnāṃ cakṣurādiviṣayatvam asiddham iti siddhaṃ vijñaptimātraṃ bhavatīti |

그것은 단일한 '하나'로 입증되지 않는다. 그것이 입증되지 않는다면, 물질(색) 등이 눈 등의 [외부]대상이라고 하는 사실은 증명되지 않는다. 따라서 유식이 증명된다.

=

「已辯極微非一實物, 是則離識, 眼等色等, 若根若境皆不得成. 由此善成唯有識義.」(T31, 76b13-15)

논 **이미 극미는 하나의 실재하는 사물이 아니며, 그런즉 식을 떠나서는 눈(眼)이나 눈의 대상(色), 감각기관(根)이나 감관의 대상(境)도 모두 성립하지 않는다고 분별하였다.** [0998b28]

술기 제4항의 '다른 학설의 논파' 가운데 이하에서 제3항목을 총괄하여 '불성립'으로 결론짓고, 유식(唯識)으로 돌아감을 드러낸다.

"이미 극미는 하나의 실재하는 사물이 아님"을 변증하였다는 말은 앞에서 논파한 내용을 결론짓는 것이다. 구성요소인 극미는 하나의 실제로 존재하지 않는다. "그런즉 식을 떠나 눈(眼)이나 눈의 대상(色) 등"은 극미에 의해 만들어진 감각기관과 대상이 실유하지 않는다는 앞의 결론을 총괄한다.

그런즉 식(識)을 떠나 눈(眼) 등의 다섯 감각기관과 물질(色) 등의 다섯 대상은 모두 성립하지 않는다. 구성하는(能成) 요소인 극미가 실재하지 않기 때문이다.

그렇다면 구성된(所成) 감각기관과 대상은 어떤 의미에서 성립하는가?

그렇다면 이 '무(無)'라는 말에 의해서는 무엇이 드러나는가?

논 **이것으로 인하여 '오직 식(識)일 뿐(唯識)'이라는 의미가 잘 성립한다.** [0998c08]

술기 유식(唯識)으로 돌아감을 드러낸다. 식(識)을 떠난 감각기관과 대상은 이미 비존재(無)라고 논파하였다. 때문에 감각기관과 대상은 모두 식을 떠나지 않음을 알아야 한다. 식(識)을 떠나지 않은 물질(色)의 존재라면 인정할 수 있기 때문이다. 그런데 온갖 감각기관과 대상은 4요소로 만들어진 것들(四大所造)로 여러 학파들에서 각기 다르게 헤아린다. 『술기』 제1권에서 서술한 것과 같다.[283)]

이상으로 총 14게송[에 대한 논의가] 이루어졌으며, 종합하여 4항(項)[284)]으로 구성하였다. 제1항의 1송에서는 소승과 외도들이 네 가지 문제(四事)에 대해 '외계대상이 비존재(無)'[라는 주장의] 난점을 제기하였다. 다음의 다섯 게송(vv.2-6)은 4난문(難問)의 이치가 맞지 않는다고 주석하였으며, 그 다음의 세 게송(vv.7-9)은 유정과 다르마(法)에 대한 2무아(無我)의 가르침을 주석하였다. 이어서 다섯 게송(vv.10-14)은 대상이 실재한다는 주장을 논파하였다.

이것은 또 세 단락(段)으로도 구분할 수 있는데, [이 경우에는] 앞의 2항을 합해 총 여섯 게송으로 한다. 네 가지 사례(四事)는 외계대상이 비존재(無)라는 것에 대한 문답이기 때문이다.

이러한 것들을 총괄한 것이 제1절(第一大段)[:외경비판]으로, 네 가지 사례를 비판하고 대상의 비존재(無)를 논의하여, 대상이 실재한다는 집착을 물리쳤다.

---

283)『唯識二十論述記』 卷1:「謂經中說. 云何為眼. 謂四大所造眼識所依淨色為性. 乃至廣說.」(T43, 989, c7-8)

284) 규기의 본문에는 '단(段)'으로 되어 있지만, 본서에서는 목차의 층위를 분명히 하기 위하여 장, 절, 항, 항목의 순으로 구성하였다.

3) 인식

(1) 현량(pratyakṣa) v.16

pramāṇavaśād astitvaṃ nāstitvaṃ va nirdhāryate sarveṣāṃ ca pramaṇānāṃ pratyakṣam pramāṇaṃ gariṣṭham ity asatyarthe kathaṃ iyaṃ buddhir bhavati pratyakṣam iti |

인식수단의 힘으로부터 존재와 비존재가 확립되고, 모든 인식수단 가운데 직접지각이 최고의 인식수단일 때, 어떻게 대상이 없는 경우에 이런 직접지각이라는 인식이 있을 수 있는가?

=

「諸法由量刊定有無, 一切量中現量為勝. 若無外境寧有此覺: 我今現證如是境耶. 此證不成.」(T31, 76b15-17)

제2절. 현량(現量) vv.15-16a

이하의 제2절에서는 외도들의 난문(難問), 즉 직접지각(現量, pratyakṣa)이 대상의 존재를 입증한다는 주장을 주석하고, 기억이 유지된다는 주장을 돌이켜 논파한다.

논 **제법(諸法)은 바른 인식수단에 의해 유무를 확정하며, 모든 인식수단 가운데 직접지각이 가장 뛰어나다.** [0998c19]

술기 제2절은 하나 반의 게송으로 이루어져 있으며, 합하여 두 부분으로 구성된다. 처음 하나의 게송은 '직접지각 논증'을 주석하고, 다음 반 게송에서는 '기억을 유지한다는 주장'에 대해 주석한다. 여기서는 모두 먼저 난문(難問)을 제시하고 이후(以後)에 논파한다.

이하는 바로 정량부, 설일체유부 등이 이 난문(難問)을 제기하기 위하여 먼저 제법(諸法)을 논의하고, 수승한 인식수단을 확정한 이후에 두루 이 난문에 대해 설명한다.

지금부터 바로 그 논의[를 전개]한다.

'확정하여 새기다(刊定)'[285]는 것은 낮은 등급의 '인식수단(量)'이다. '제법(諸法)'이라 하는 것은 바로 인식되는 대상(所量)으로 일체의 유루(有漏)와 무루(無漏)의 제법(諸法)을 말한다. 세 가지[286] 혹은 두 가지 인식

---

285) 간정(刊定): 산스크리트어 불전(佛典)을 한역하는 과정에서 번거롭거나 중복되는 문장을 다듬어 글을 간결하게 하는 일을 지칭한다. 예를 들어, 무명(無明)이 없음, 즉 무무명(無無明)에서 무(無)의 중복을 제거하여 간결하게 명(明)으로 표기하는 것과 같은 작업을 말한다.

286) 직접지각(現量, pratyakṣa), 추론(比量, anumaṇa), 성언량(聖言量, śabda)

수단에 의해 [제법(諸法)의] 유무(有無)를 삭제하거나 준하여 쓰기도 한다. '인식수단(量)'이란 '추량하다(量度)'는 뜻이다. '자(尺)'나 '장(丈)'[의 단위 도구]로써 비단 등의 [길이를 재는] 것과 같다. 이 경우 자(尺)는 인식주체(能量, pramāṇa)이고, 비단 등은 인식대상(所量, prameya)이며, 측정한 양(量)의 수(數)는 그것의 인식결과(量果, pramāṇaphala)에 해당한다.

모든 심(心)과 심소(心所)가 제법(諸法)을 인식의 조건으로 할 때 네 가지 양태(四分)를 설한다. 견분(見分)은 인식주체(能量)이고, 상분(相分)은 인식대상(所量)이며, 자증분(自證分)은 인식결과(量果)이다. 그와 같이 자증분(自證分)은 견분(見分)을 인식조건으로 할 때, 견분은 인식대상(所量)이고 자증분(自證分)은 인식주체(能量)이며, 증자증분(證自證分)은 인식결과(量果)이다. 증자증분의 경우 자증분을 조건으로 할 때, 자증분이 인식대상(所量)이고 증자증분은 그것의 인식주체(能量)가 되며, 이 자기인식(自證)이 또한 인식결과(量果)가 되는 것이다. 서로 돌이켜 조건으로 삼을 수 있기 때문이다. 만약 제3양태(자증분)가 제4양태(증자증분)를 조건으로 삼는 경우, 제4양태는 인식대상이고 제3양태는 인식주체이다. 이 제4양태는 즉시 인식결과(量果)가 된다. 돌이켜 조건으로 삼을 수 있기 때문이다.

진나(陳那, Dignāga) 이전의 옛날에는 불교와 외도, 대승과 소승의 논사들이 모두 세 가지 인식수단을 설하였는데, (1) 직접지각(現量), (2) 추론(比量), (3) 전승(聖言量)[이 그것이다]. 이제 범어의 음(音)에 의하면, 압다-아가마(āpta-āgama, 阿弗多阿笈摩)[287]라고 말하며, '지극한 가르침(至教)'을 의미한다. '지극한 가르침의 인식수단'(至教量)은 단지 성인(聖人)이 설하였기 때문에 '지극한 가르침'이라는 이름을 얻은 것이 아니다. 단지 세간의 말이라도 차이가 없이, 둘 다 '믿을 수 있는 자'의 말이면 모두 지교량((至教量)[에 포함]된다. 모두 지극한 이치이기 때문이고, 실재하는 사태에 부합하기 때문이다. 8어품(語品)[288]의 4성어(聖言)[289] 등과 같다. 추

---

287) 초기 불교인도인식론에서 직접지각(pratyakṣa)과 추론(anumāṇa)에 더하여 세 번째 인식수단으로 인정되는 '증언(śabda)'은 '믿을 만한 사람의 가르침'(āptāgama)으로 설명된다. 여기서

"'믿을 만한 사람'(āpta)이란 진리(dharma)를 직접 인식한 자로서 직접 인식한 대상을 [남에게도] 알리고자 하는 욕망에 추동된 教說者(upadeṣṭṛ)이다." (āptopadeśaḥ śabdaḥ) (N.S.I. i. 7).

(이지수. (2004). p.53.)

여기에서 '믿을 만한 사람(āpta)'이 되는 조건에 대하여,

"Vātsyāyana는 이 '믿을 만한 사람'의 세 가지 조건으로 직접지식의 소유, 동기의 진실성, 적절히 소통할 수 있는 능력을 제시한다. R.I. Inagalalli, *Śabda pramāna: An Epistemological Analysis*. Delhi: Sri Satguru Publications. (1988). 76-77쪽. 흥미로운 것은 이 세 가지 조건이 '정당한 참된 신념'의 세 가지 조건, 즉 명제 P 가 참일 것, S가 그것을 믿을 것, 그리고 그 믿음이 정당화될 것과 느슨하게 상응한다는 점이다. 다시 말해, 여기서 '적절한 소통의 능력'이 논증의 과정을 통한 소통과 입증의 능력이라면, 그것은 정당화와 직결된다. 따라서 '믿을 만한 사람'은 진리인식 혹은 지식 획득의 과정을 인격적으로 표현한 것과 동일하다. 그러므로 'āpta'의 존재를 확인하는 순간, 그가 전하는 śabda의 지식은 이미 확인되었다." 이규완 (2012) "불교에서 믿음과 진리인식의 수단(pramāna)에 관한 연구." 『회당학보』 17집, 431-464. esp. 445-446

288) 『阿毘達磨俱舍論』 卷16 「4 分別業品」: 「經說諸言略有十六. 謂於不見不聞不覺不知事中言實見等或於所見所聞所覺所知事中言不見等. 如是八種名非聖言. 若於不見乃至不知言不見等或於所見乃至所知言實見等. 如是八種名為聖言.」 (T29, 87,b17-22)

『瑜伽師地論』 卷3: 「或立八種. 謂四聖言聲. 四非聖言聲. 四非聖言者. 一不見言見. 見言不見. 非聖言. 二不聞言聞. 聞言不聞. 非聖言. 三不覺言覺. 覺言不覺. 非聖言. 四不知言知. 知言不知. 非聖言. 四聖言者. 一見言見不見言不見聖言. 二聞言聞不聞言不聞聖言. 三覺言覺不覺言不覺聖言. 四知言知不知言不知聖言.」 (T30, No. 1579, 293,a14-21)

289) 『阿毘達磨集異門足論』 卷10 「5 四法品」: 「四聖言者. 一不見言不見二不聞言不聞. 三不覺言不覺. 四不知言不知.」 (T26, No. 1536, 410, c21-22)

『阿毘達磨大毘婆沙論』 卷171: 「四聖語者. 謂不見言不見. 不聞言不聞. 不覺言不覺. 不知言不知…」 (T27, No. 1545, 862,a25-b17)

사성언(四聖言): 네 가지 성자의 말, 혹은 네 가지 성스러운 / 올바른 / 진리의 말, 혹은 그런 말을 판별하는 기준을 의미한다.

(1) 보지 않은 것은 보지 않았다고 말한다.

(2) 듣지 않은 것은 듣지 않았다고 말한다.

(3) 깨닫지 못한 것은 깨닫지 못했다고 말한다.

(4) 알지 못하는 것은 알지 못한다고 말한다.

론(比量, anumāna)이란 비교적용(比附)[290]과 추량(量度)을 이름하여 추론(比量)이라 한다. 즉 여러 특징으로 뜻을 관찰하고, 그 의미를 근거로 한 지식을 이름하여 추론(比量)이라 한다.

직접지각(現量)을 말하자면, 여러 학파의 학설이 상이하다.

설일체유부는 세우(世友)의 학설을 사용하여, 감각기관으로 지각한 것을 이름하며, 감각기관의 본질이 직접지각(現量)이라고 설한다. 대상을 현현하는 것이 감각기관의 의미이기 때문이다. 대상을 인식하는 주체이기 때문에 직접지각, [즉 현현한 대상의 인식]이라 칭한다. 이것은 지업석(持業釋)이다.[291]

법구(法救, Dharmatrāta)는 식(識)이 본다고 설한다. 인식주체(能量)가 대상[을 보는 것]이기 때문에, 식(識)이 직접지각한다고 한다. 앞에서와 같이 지업석이다.

묘음(妙音, Ghosaka)은 지혜(慧)가 본다고 한다. 다르마(法)를 인식하는 주체인 '수승한 지혜(勝慧)'를 이름하여 직접지각이라 한다.

정량부(正量部)는 심법(心法)과 심소법(心所法)이 화합하여 본다고 설한다. 심법과 심소법이 화합한 것을 이름하여 직접지각(現量)이라 한다.

---

290) 비부(比附)는 인율비부(引律比附)의 준말로 동아시아 전통에서 법률을 적용하는 방식의 하나이며, 비조(比照), 비인(比引), 비의(比依) 등으로도 불렸다. 즉, 어떤 죄에 맞는 적합한 법률조항이 없을 경우, 여러 가지 사정을 살펴서 비슷한 조문(條文)과 비교하여 법률을 적용하고 상응하는 형벌을 결정하는 것을 말한다.

291) 지업석(持業釋): 앞 단어(x)를 형용사나 부사로 하고, 뒤 단어(y)를 형용사나 명사로 해석하여, 'y는 x이다'는 술어적 형식이 가능한 복합어의 형태이다. 예를 들어, '대천(大天)'을 지업석으로 해석하면, '위대한 신(great god)'으로 지금 언급하는 이 '신은 위대하다'는 의미가 된다. 설일체유부의 관점에서 보자면, '직접지각, 즉 대상에 대한 인식은 대상이 있는 그대로 현현한 것이다.'

경량부는 감각기관(根)과 식(識)이 화합(和合, sannipata)하여, 가설적인 인식주체가 가명(假名)의 대상(境)을 보는 것을 가설적으로 이름하여 '직접지각(現量)'이라 한다.

바이셰시카(Vaiśeṣika, 吠世史迦)는 속성의 지시체(句義)에 대한 지각(知覺, buddhi)이 직접지각이라고 한다.

상키야(Samkhya, 數論) 논사들은 11신체기관 가운데 다섯 감각기관이 직접지각(現量)하며, 만약 근본으로 돌아간다면 자성(自性)이 직접지각이라고 설한다.

대승의 논사들은 감각기관이 드러내 보인다(現示)고 설한다. 의(依), 발(發), 속(屬), 조(助), 여근(如根) 등 다섯 가지 의미[292]에서 다른 것들보다 수승하기 때문이다. 그러나 여기서 색법(色法)은 대상을 인식할 수 없으며, 오직 심(心)과 심소(心所)만이 [대상을] 추량할 수 있기 때문에, 심법(心法)과 심소법(心所法)이야말로 분명한 인식수단의 본체이다. 나타난 것에 의지하여 추량하기 때문에 직접지각(現量)이라 한다. 이것은 의사석(依士釋)이다.[293]

만약 무착(無著) 이전이라면, 단지 두 양태만을 설하였을 것이다. 오직

---

292) cf.『成唯識論』卷5:「此識差別總有六種, 隨六根境種類異故, 謂名眼識乃至意識, 隨根立名具五義故. 五謂依發屬助如根.」(T31, 26a16-18) "이 식의 차별에는 총 여섯 종류가 있다. 여섯 가지 감관과 그 대상에 따라 종류가 다르기 때문이다. 말하자면 안식에서부터 의식까지를 이른다. 감관에 따라서 이름을 세우는 것은 [감관에] 다섯 가지 뜻이 있기 때문이다. 그 다섯 가지란 의지(依), 발생(發), 속함(屬), 도움(助), 감관과 같음(如根)을 말한다."

293) 의사석(依士釋)= 의주석(依主釋): 앞의 단어가 따르는 단어를 한정하는 해석. 대표적인 예로 '왕의 아들(rāja-putra)'. 여기서는 '현현한 것의 인식'으로, 다양한 '인식'의 종류 가운데 특정하게 '현현한 것'으로 한정되는 인식이 '직접지각'이다.
cf.『大乘百法明門論解』卷1:「餘四皆依根之識等, 依主也; 根發, 依士也.」(T44, No. 1836, 47b29-c1)

하나의 견분(見分)이 인식수단(現量)의 본체이다. 무착 이후 진나보살은 세 양태를 확립하고, 자증분을 직접지각의 본체로 삼았다.

호법(護法) 이후에는 자증분을 보는 증자증분을 직접지각의 본체로 삼았다. 안혜(安慧)는 온갖 식(識)들이 비록 모두 집착된 것이지만, 수념(隨念)과 계탁(計度)이 없는 분별이 대상을 취하여 명확히 드러내는 것을 직접지각이라 칭하였다.[294] 무루(無漏)는 모두 직접지각한다. 선성(善性) 등을 설하는 것과 같다.

소승의 다섯, 외도의 둘, 대승의 넷을 합하여 11종으로 직접지각의 실체를 도출하였다. 다른 곳에서 상세하게 설명한 것과 같지만,[295] 이곳에서는 간략하게 드러내 보였다.

진나 이후에는 그것들 가운데 성언량이 포함되었다. 이것만을 본체로 삼고 어떤 것은 제외하는 이유는 이것들 외에는 모두 비실재(無)이기 때문이다. 『인명론소』[에서 설한 바]와 같다.

지금 [이 논서의 관점은] 세친(世親)이 세 가지 인식수단이 있다고 설한 것이다. 따라서 이 논서에서는 모든 인식수단 가운데 직접지각이 가장 뛰어나다고 설한다. 현현(顯現)한 대상을 취하기 때문이며, 자상(自相)을 증거하기 때문이다. 대승과 소승, 외도와 불교 모두 공통적으로 그렇게

---

294) 수념(隨念)과 계탁(計度)은 각각 수념분별과 계탁분별을 뜻한다. 분별(分別, vikalpa)에는 세 종류가 있으며, (1) 자성분별(自性分別, svabhāva-vikalpa), 계탁분별(計度分別, abhinirūpaṇa-vikalpa), 수념분별(隨念分別, anusmarana -vikalpa)을 말한다. 세친이 전하는 일설(傳說, kila)에 따르면, 수념(隨念)과 계탁(計度)분별은 없고 자성분별만이 있는 경우를 '무분별'이라고 한다.
『阿毘達磨俱舍論』 卷2: 「傳說, 分別略有三種: 一自性分別, 二計度分別, 三隨念分別. 由五識身雖有自性而無餘二, 說無分別.」 (T29, 8b2-4)

295) 『成唯識論述記』, 卷1, 2, 3, 7등에 산설(散說)

인정한다. 그러므로 이제 총괄하자면, 여러 인식수단은 낮게 평가하고 직접지각이 나머지보다 뛰어나다고 서술한다.

논 **만약 외계의 대상이 없다면, 내가 이와 같은 [외계]대상을 지금 직접적으로 현증(現證)하는 이런 지각이 어떻게 있을 수 있는가?** [0999b07]

술기 여기에서 힐난을 있는 그대로 설명한다.

세간의 사람들이 말하는 것처럼 나는 지금 물질(色)을 보거나 감촉을 느낀다. 만약 식(識) 외에 실재하는 물질(色) 등의 대상이 없다면, 어떻게 내가 지금 이와 같이 물질(色) 등을 직접적으로 드러내 인식(現證)하는 이런 지각이 있을 수 있겠는가? 이 지각은 분명히 비존재(無)가 아니므로 외계의 물질(色) 등은 확실히 존재한다.

총괄적으로 말하자면 지각(覺)이란 심법(心法) 심소법(心所法)의 다른 이름이다. 지금 지각이라는 이 말은 이를테면 직접지각의 지식(現量智)을 말하는 것이지, 지혜(慧)를 말하는 것은 아니다. 논리학(因明)에서 말하는 증득한 지식(證智)[296]이란 심심소법을 총괄하는 명칭이다.

그러므로 구역에서는 "[만약 대상이 존재하지 않는다면] 어떻게 이와 같이 지식을 증득하고 어떻게 [지각이] 발생하겠는가?"라고 하였다.[297] 『성유식론』에도 다음과 같이 힐난하였다:[298] "물질(色) 등의 외계대상은

---

296) '요가 행자의 증지(證智), yoga-pratyakṣa'에서와 같이 증지(證智)는 '증득된 지식'을 획득하는 특수한 인식수단의 의미를 함축한다.

297) 『大乘唯識論』 卷1: 「若塵實無 如此證智. 云何得起. 所謂我證如此. 證智如夢中」 (T31, 72, c23-25)

298) 『成唯識論』 卷7: 「色等外境分明現證. 現量所得. 寧撥為無.」 (T31, 39,b27)

분명히 드러나 인식(現證)되고, 직접지각에 의해 입증되는데, 어떻게 비존재(無)라고 제거할 수 있겠는가?"

여기까지가 비판하는 질문들(難問)이고, 이하는 논주의 논파이다.

논 **이 논증은 성립하지 않는다.** [0999b17]

술기 논파에는 두 가지가 있다. 첫째는 '총괄적인 비판', 둘째는 '개별적인 논파'이다.

이제 '총괄적 비판'[을 논한다].

외인들이 질문한다. 무슨 이유로 성립하지 않는가?

pratyakṣabuddhiḥ svapnādau yathā ||16ab||

직접지각[에서 생겨난] 인식은 꿈 등에서와 같다.

vināpy artheneti pūrvam eva jñāptitam |

'대상 없이도'라고 바로 앞에서 알려졌다.

sā ca yadā tadā |
na so 'rtho dṛśyate tasya pratyakṣatvaṃ kathaṃ mataṃ ||16cd||

그리고 그것(인식)이 있을 때,
[이미] 그 대상은 보이지 않는[다면], 어떻게 그것이 직접지각이라고 생각할 수 있는가?

yadā ca sā pratyakṣabuddhir [na] bhavatīdaṃ me pratyakṣam iti tadā na so 'rtho dṛśyate manovijñānenaiva paricchedāc cakṣurvijñānasya ca tadā niruddhatvād iti | kathaṃ tasya pratyakṣatvam iṣṭam | viśeṣeṣu tu kṣanikasya viṣayasya tadānīṃ niruddham eva tadrūpaṃ rasādikaṃ vā |

그리고 '그것이 나의 직접지각이다'라는 직접지각에 의한 인식이 생겨날 때, 그 대상은 [이미] 보이지 않는다. [왜냐하면] 의식에 의해 판단되는 그때 안식은 [이미] 소멸했기 때문이다. [그런데] 어떻게 그것의 직접지각이라는 것이 인정되겠는가? 게다가 대상이 찰나의 차이를 가질 때, 그때의 색이나 맛은 이미 소멸하였다.

=

「頌曰:

現覺如夢等, 已起現覺時,

논 게송 15

현전(現前)하는 지각은 꿈 등과 같아서, 현전(現前)하는 지각을 일으킬 때 봄(見)과 대상은 이미 비존재(無)인데, 어떻게 직접지각이 있다고 하겠는가?

[0999b20]

술기 제1구(句)는 바른 이치(正理)를 기술하여, 외계대상의 실유(實有)가 성립하지 않는다는 비판을 드러낸다. 이하 3구(句)는 외도의 주장을 논파하여, 현전(現前)하는 지각이 없다는 것을 드러내고 외계대상이 비존재함을 확립한다.

구역본에서는 이 부분을 2단(段)으로 구분하고, 전후를 각기 따로 설명하였다. 이 게송에서 처음 구절은 쉽게 이해가 된다. 이하에서 알게 될 것이다. 앞의 1구(句)는 비유를 들어 경량부를 논파하고, 뒤의 3구(句)에서는 요약하여 두 부류의 학파를 논파한다.

첫째는 정량부 등의 비찰나론(非剎那論)을 논파하고, 후반부에서는 일체의 존재 등에 대한 찰나론자[299]를 논파한다.

이를테면 '현전(現前)하는 지각이 발생하였을 때에 그것을 봄(見)은 이미 존재하지 않는데, 어떻게 현전(現前)하는 지각이 있을 수 있겠는가?' 라고 정량부 등을 논파한다. '현전(現前)하는 지각이 발생하였을 경우, 그것의 봄(見)과 대상(境)은 이미 비존재인데, 어떻게 현전(現前)하는 지각이 있을 수 있겠는가'라고 설일체유부 등을 논파한다. 대중부 등의 학파적 이론은 동일하지 않지만 역시 설일체유부와 같이 서술하여 논파해야

299) 설일체유부(說一切有部)를 의미

見及境已無, 寧許有現量? (15)

論曰: 如夢等時雖無外境, 而亦得有如是現覺, 餘時現覺應知亦爾, 故彼引此為證不成. 又若爾時有此現覺, 我今現證如是色等; 爾時於境能見已無, 要在意識能分別故, 時眼等識必已謝故. 刹那論者有此覺時, 色等現境亦皆已滅.」(T31, 76b17-25)

할 것이다.

제3구(句)에서 '급(及)'자는 상위석(相違釋)으로 두 가지 난제가 있음을 드러내고자 하는 것이다.[300] 이하에는 마땅히 그와 같이 알아야 할 것이다.

논 **꿈 등과 같이, 비록 외계대상이 없어도 그와 같이 현전(現前)하는 지각을 가진다.** [0999c03]

술기 먼저 앞에서 첫 구절을 주석한다. 이제 첫 구절에서 '꿈 등과 같이'를 해석한다. 비유명제(喩法, dṛṣṭāntadharma)를 성립시키는 '등(等)'이란 [비문증과 같은] 눈병에 걸린 눈 등을 동등하게 취하고, 머리카락이나 파리 등을 조건으로 하여 보는 것이다. 이들 여러 경량부와 대승 등은 피차(彼此)가 공(共)히 [그 머리카락이나 파리 등의] 외계대상이 존재하지 않는다고 인정한다. 그러므로 '꿈 등과 같이'라는 비유(喩)를 들었다. 비록 마음을 떠나서 마음 밖에 실재하는 외계대상이 없지만, 그들은 이를테면 '내가 이것을 본다'거나 '이것을 듣는다'는 등과 같은 현전(現前)하는 지각을 일으킨다고 말한다.

아래에서 [비유]법에 맞추어 드러낸다.

논 **[꿈 등과] 다른 시간에 현전(現前)하는 지각도 마땅히 이와 같다고**

---

300) 규기는 "見及境已無, 봄과 대상은 이미 비존재인데"라고 번역하면서 '봄'과 '대상'이 병렬적으로 모두 비존재라고 해석한다. 그러나 원문에는 sā ca yadā tadā | na so 'rtho dṛśyate, 즉 "[인식]이 있는 바로 그때에 이미 그 대상이 보이지 않는다면"이며, 이는 인식과 대상이 다른 시간에 존재하고, 인식이 발생한 순간 대상이 이미 사라졌기 때문에 직접지각이 성립하지 않는다는 의미이다.

알아야 한다. [0999c10]

술기 게송 첫 구절의 '현전하는 지각(現覺)' 두 단어를 주석한다. 꿈 등을 제외하고, 그 밖에 다른 시간에도 이런 일 등을 보는 현상이 발생한다. 그와 같이 직접지각(現量)도 마땅히 그렇게 알아야 할 것이다. 외계대상이 없이도 이 현전하는 지각이 발생한다.

마땅히 논리식을 세워 말해야겠다.

꿈 등을 제외하고,

(종) 그 밖의 현전하는 지각은 현현하지 않은 대상을 조건으로 하여 일어난다.

(인) 현전하는 지각을 인정하기 때문에.

(유) 꿈 등의 현전하는 지각과 같이.

여기에서 의도하는 바를 설하면, 만약 현전하는 지각이 5식(識) 등과 같이 실재한다면, '나는 지금 현전하는 사태나 대상을 그와 같이 직접 인식한다'고 해설하지 않을 것이다. 이런 해설을 짓는 것은 이 의식 가운데 분별과 허망한 지각이 하는 것이지, 이를테면 직접지각의 심심소법[이 하는 것]은 아니다.

『성유식론』에서 설한다.

"직접지각으로 증득하였을 때는 그것을 외계[대상]이라고 집착하지 않는다. 후에 발생하는 의식(意)의 분별이 외계[대상]의 관념을 거짓되게 일으킨다. 따라서 직접지각의 대상은 자신의 상분(相分)이다. 식(識)이 전변(轉變)한 것이기 때문에 역시 존재한다고 설한다. 의식이 집착하는 외계에 실재하는 물질(色) 등은 허망하게 계탁(計度)한 것이기 때문에 그것은 존재하지 않는다고 설한다."[301]

또 이 논서에서는 "이를테면 가설적인 지혜와 표현은 자상을 획득하지 못한다. 단지 제법(諸法)의 공상(共相)에 따라 발생하는 것이다."고 설한다.[302]

그러므로 현전하는 지각(現覺)[303]이란 결코 이런 지식이나 저런 이론이 아니며, 내가 지금 그와 같은 사태 등을 현전(現前)에 인식하는 것(現證)이다.

논 **그러므로 그들이 이것을 인용하여 논증으로 삼는 것은 성립하지 않는다.** [0999c23]

술기 여기서는 [비판이 성립하지] 않는다(非)고 결론짓는다. 현전(現前)하는 지각의 인식대상은 꿈의 대상과 같이 실재하지 않는 성질에 의지한다. 그러므로 그대들의 학파에서 이 현전하는 지각을 끌어와 논증하였지만, 마음을 떠나 외계대상이 실재한다는 이증(理證)은 성립하지 않는다.

---

301) 『成唯識論』 卷7: 「現量證時不執為外. 後意分別妄生外想. 故現量境是自相分. 識所變故亦說為有. 意識所執外實色等. 妄計有故說彼為無.」 (T31, 39,b28-c1)

302) 『成唯識論』 卷2: 「謂假智詮不得自相. 唯於諸法共相而轉.」 (T31, 7,b15-16)

303) 혹은 현량(現量)에 의한 지각

논 **또 만약 어떤 때에 '나는 지금 그와 같은 물질(色) 등을 현전(現前)에 인식한다'는 이런 현전(現前)하는 지각이 있다면** [0999c26]

술기 다음으로 이하 3구(句)의 게송을 주석한다.

먼저 정량부 등을 논파한다. 이제 게송 제2구(句)를 해석(解析)[하면 다음과 같다]. 만약 어떤 시간에 이 현전(現前)하는 지각이 일어나서, '나는 지금 그와 같은 마음 밖의 물질(色)이 실재하는 대상이라는 것을 현전(現前)에서 인식한다.'고 하면, 이것을 지칭하여 저것을 헤아리는 것이다.

이하 힐난을 있는 그대로 설명한다.

논 **그 때에는 대상을 보는 주체(能見)가 이미 존재하지 않는다.** [1000a02]

술기 제3구 '봄(見)이 이미 존재하지 않음(見已無)'은, 그것이 비판하는 의도를 설명한다. 정량부 등은 6식(識)이 나란히 함께(竝立)하지 않는다고 생각한다. 어떤 지각이 일어났을 때, 보는 주체인 오식(五識)이 실제로 직접지각한 것은 이미 과거로 들어가 버렸기 때문에 현재에는 존재하지 않는다.

그 까닭은 무엇인가?

논 **요컨대 의식에서 분별을 일으키기 때문이고, 그 때에 안식(眼識) 등은 이미 반드시 물러나 있어야 하기 때문이다.** [1000a07]

술기 여기에서는 두 가지 원인을 드러낸다. 보는 주체인 식(識)이 현재에 존재하지 않는다는 사실의 성립은 피차(彼此)가 공통으로 인정하는 것이다. 제6식은 반드시 세 가지 분별을 함께 가지며, 이런 분별이 현전하는 지각을 두루 일으킬 수 있다. 5식(識)은 3종의 분별을 모두 갖추지 않기 때문에 이러한 현전(現前)하는 지각을 일으킬 수 없다. 이러한 현전(現前)하는 지각은 그 지각을 일으킬 때 이미 의식에 존재한다. 따라서 보는 주체(能見)인 안식(眼識) 등 5식(識)은 반드시 과거로 떨어져 들어가 비존재하게 된다. 먼저 그 사물을 보고 이후에 두루 인식을 일으키는 것이다. 따라서 바르게 봄(正見)과 인식의 두 시간은 결코 함께할 수 없다. 보는 주체가 실제로 현전을 지각하는 그 때에 [대상은] 이미 존재하지 않는다.

[그렇다면] 어떻게 이 지각이 직접지각을 획득하여 외계대상의 존재를 증명한다고 인정할 수 있는가?

만약 올바른 직접지각이라면 물질(色) 등을 인식하는 때에 마음의 내법(內法)을 조건으로 하지 가설적인 지식이나 기표304)[를 조건으로 하는 것이] 아니다. 따라서 논증이 성립하지 않는다.

정량부에 따르면, 심심소법, 등불, 방울소리 등[의 복합물]은 어느 하나가 소멸하면 서로 함께 소멸하며 순간순간 생멸한다.305) 색법(色法) 등이 소멸하는 것 역시 바깥의 조건을 기다려 [소멸한다]. 그런즉 어떤 사태의 길고 짧은 하나의 주기(週期)에 따라 이후에 [언젠가는] 모두 멸하게

304) 능전(能詮, abhidhāna)과 소전(所詮, abhideya)은 각각 '문자가 뜻을 발생시키는 것'과 '문자에 의해 발생된 의미'를 뜻한다. '의미를 발생시키는 것'을 발화주체로 보면 문자를 쓰고 전달하는 사람이 되겠고, 의미를 담고 있는 담지자로 본다면 문자기호 혹은 기표(記票)로 해석될 수 있을 것이다. 여기서는 보다 단순하고 직관적인 의미 파악을 위해 '기표(signifier)'와 '기의(signified)'로 해석하였다.

305) 심심소(심+심소), 등불(등+불), 방울소리(방울+소리) 등의 복합물은 그것을 구성하는 어느 하나, 예를 들어 방울이 소멸하면, 방울소리도 함께 소멸한다.

된다. 이와 같이 직접지각의 지각에 대한 인식을 일으킬 때, 안식(眼識)은 머무르지 않기 때문에 과거로 들어가지만, 그것의 대상인 물질(色) 등은 한 주기에 소멸하지 않는다. 때문에 이것은 단지 '이 지각을 일으킬 때, 보는 주체(能見)는 이미 존재하지 않는다'고 논파하지만, 보여지는 대상(所見)이 그 때에 존재하지 않는다고 논파하는 것은 아니다. [대상의] 존재를 놓아두고 시설하기 때문이다.

마땅히 논리식을 세워 말해야 할 것이다.

(종) 지각을 일으킬 때는 결코 직접지각이 아니다.
(인) 산란한 마음이 이미 비존재인 것을 보는 주체이기 때문에.
(유) 산란한 마음이 과거 백천겁의 일을 조건으로 삼는 것과 같이.

대상의 한 주기를 논파하는 것은 다른 논서에서 설명한 것과 같다.

논 **찰나론자들은 이 지각이 있을 때…** [1000a24]

술기 이하 설일체유부 등을 논파한다. 이들은 대상과 심심소(心心所)가 모두 찰나 찰나 생멸한다고 주장하여 찰나론이라고 이름한다. '이 지각이 있을 때'라는 것은 게송 제2구(句)를 주석한 것으로, 그것을 제시하여 헤아려진 것이다.

논 **물질(色) 등 현전(現前)하는 대상도 역시 모두 이미 소멸하였다.** [1000a27]

술기 여기서는 힐난을 있는 그대로 설명한다. 제3구(句)의 게송, 즉 '대상이 이미 존재하지 않는다'[306]는 것을 주석한다.

안식(眼識) 등 6식(識)은 같은 시간에 일어나지 않는다. 이 지각을 일으킬 때 반드시 의식(意識)이 존재해야 하지만, 그것이 현전하는 지각은 아니다. 인식주관[307]은 이미 존재하지 않고, 인식대상인 현전하는 대상도 모두 이미 소멸한 것이다. 그런즉 이 현전(現前)하는 지각은 기표와 지식으로 존재하며, 인식대상의 존재를 현전하는 때에 그것은 현전하는 대상에 미치지 못한다. 그 [대상]이 이미 소멸하였기 때문이다. 때문에 논증이 성립하지 않는다.

마땅히 논리식을 세워 말해야 할 것이다.

(종) 지각을 일으키는 때 [그것은] 결코 직접지각이 아니다.

(인) 이 산란한 마음의 대상은 이미 존재하지 않기 때문에.

(유) 산란한 마음이 과거 백천겁의 일을 조건으로 삼는 것과 같이.

대중부 등에서는 찰나[에 대해] 이미 [앞의 내용과] 동일하고, 6식(識)이 시간을 함께 한다는 점에서는 비록 작은 부분에 차이가 있지만 상당 부분 이와 동일하다.

---

306) 지금 여기서는 '及境已無'이지만, 게송에는 '見及境已無' 즉 '봄과 대상이 이미 존재하지 않는다'이다.

307) 능연(能緣, ālamba): 대상을 인식하는 주관

nānanubhūtaṃ manovijñānena smaryata ity avaśyam arthānubhavena bhavitavyaṃ tac ca darśanam ityevaṃ tad viṣayasya rūpādeḥ pratyakṣatvaṃ mataṃ | asiddham idam anubhūtasyārthasya smaraṇaṃ bhavatīti | yasmāt |

경험되지 않은 것은 의식에 의해 기억되지 않으므로 반드시 대상(artha)의 경험이 있어야 한다. 그리고 그것은 보는 것과 같은 그것을 대상인 색 등의 직접지각이라고 생각한다. [그러나] 이와 같이 경험되는 대상에 대한 기억의 존재는 성립되지 않는다. 왜냐하면

=

「如何此時許有現量? 要曾現受意識能憶, 是故決定有曾受境, 見此境者許為現量, 由斯外境實有義成. 如是要由先受後憶證有外境, 理亦不成. 何以故?」(T31, 76b25-28)

논 **어떻게 이때 직접지각이 있다고 인정하겠는가?** [1000b06]

술기 여기에서는 쌍으로 난문을 결론짓고 제4구(句)의 게송을 주석한다.

정량부 등에서는 이 지각을 일으킬 때 보는 주체가 이미 존재하지 않는데, 어떻게 그 때에 직접지각이 있어서 외계대상의 존재를 증명한다고 인정할 수 있는가?[라 하고], 설일체유부 등에서는 이 지각을 일으킬 때 그 대상 역시 존재하지 않는데, 어떻게 이 때에 직접지각이 있어서 외계대상의 존재를 증명한다고 인정할 수 있는가?[라고 묻는다.] 따라서 '현전(現前)하는 지각이 외계대상의 존재를 입증한다'는 주장은 성립하지 않음이 입증된다.

그렇듯이 대승은 6식(識)이 나란히 함께 지각을 일으킬 때 보는 주체와 보이는 객체 둘이 함께하여 존재를 드러내는 그것이 직접지각의 인식이라고 인정한다.

이것이 뜻하는 바는 무엇인가?

5식(識)과 함께하는 의식(意識)이 만약 다섯 인식대상과 동일하면 그것은 직접지각에 포함된다. 그러나 그것에 대한 지각을 일으키는 것은 아니며, 만약 지각을 일으킨다 하여도 그것은 결코 인식대상과 같지 않다. 가설적인 지식과 기표이기 때문이다. 5식(識)이 일어나기 이전에 이미 의식(意識)에 의해 끌어당겨져 지금 그 상속이 발생한 것이지, 의식을 가설하는 것이 아니다. 의식이 일어나는 것 역시 나머지 두 인식수단에 포함된다.

또 5식(識)은 동시이건 혹은 찰나의 간격을 가지건 과실은 없으며, 마음의 내적 대상(內境)을 조건으로 하여 현전하는 지각이 발생한다.

논 **반드시 이미 현전한 것을 받아 의식이 기억한다. 그러므로 한정되어 받은 대상이 이미 존재한다.** [1000b18]

술기 이하 '기억의 유지'를 논파한다.

먼저 외인(外人)이 주장한 것이다. 이를테면 그들은 구하여 말하기를, 과거에 안식(眼識) 등 5식(識)은 분명히 이 대상을 직접적으로 지각하였기 때문에, 지금 의식이 두루 기억을 유지할 수 있다. 앞서 받지 않은 것을 후에 의식이 기억할 수 있는 것이 아니다.

이런즉 종합적으로 말해서[308] 먼저 인식하고 이후에 기억한다. 그러므로 '한정되어 받아들여진 대상이 이미 존재한다.'는 것이다. 과거세(過去世)에 현전하였던 대상은 비존재가 아니다. 그것은 이미 5식이 현전하여 받아들여진 것이기 때문이다.

논 **이 대상을 보는 것을 직접지각이라고 인정한다. 이것으로 인해 외계 대상이 실유한다는 뜻이 성립한다.** [1000b24]

술기 대상을 이미 직접적으로 받아들여 명료(明瞭)하게 요별(了別)한 5식(識)은 비존재가 아니라고 인정하였다. 이 마음을 보는 주체가 의식을 거슬러 기억(追憶)하는 것이며, 분명히 그것은 존재하는 것이다. 피차(彼此)의 두 학파는 이미 현전하는 식(識)이 직접지각에 포섭된다고 인정하였다. 직접지각이 이미 [과거에] 대상을 가졌고, 이제 두루 그것을 기억한다. 때문에 이것의 인식대상은 분명히 심외(心外)의 법(法)인 것이다.

---

308) 汎說(범설): 종합적(綜合的)인 설명(說明)이나 주장(主張)

또는 거슬러 식(識)을 기억하는 것은 이미 [과거에] 현전한 것을 받아들인 것이기 때문에 직접지각에 포함되는 것이다. 따라서 외계대상이 실유한다는 뜻이 성립한다는 것을 알아야 한다.

만약 외계대상이 없다면 이미 [과거에] 받아들여진 것이 없을 것이며, 과거에 받아들여진 것이 없기 때문에 직접지각도 역시 없을 것이다. [그렇다면] 어떻게 지금 식(識)을 기억하고 유지하는 것이 있겠는가? 이것으로 인해 외계대상이 실유한다는 뜻이 성립한다.

이것이 외도들의 주장이다. 이하는 논주의 논파이다.

논 **그와 같이 '먼저 받아들인 이후에 기억하기 때문에 외계대상이 존재한다'는 논증 역시 이치가 성립하지 않는다.** [1000c04]

술기 이하의 논파는 두 가지이다. 먼저는 총괄한 것이고 나중은 개별적인 것이다.

이제부터 총괄하여 비판한다.

그와 같이 직접지각에 의해 외부에 실유하는 대상을 먼저 받아들이고 이후에 의식(意識)이 두루 기억한다는 그런 이치에 따라 마음을 떠나 외계대상이 존재한다는 이 논증은 성립하지 않는다.

논 **어째서 그런가?** [1000c08]

술기 외인들이 또 묻는다. 어떤 의미에서 대상의 논증이 성립하지 않는가?

이하 논주의 논파이다.

(2) 기억 v.17

uktaṃ yathā tadābhāsā vijñaptiḥ ||17ab||

어떻게 표상(식)이 그것(대상)으로 현현하는가는 이미 설해졌다.

vināpy arthena yathārthābhāsā cakṣurvijñānādikā vijñaptir utpadyate tathoktam |

대상이 없더라도 대상이 현현하는 것과 같이 그처럼 안식 등의 식이 생겨난다고 설해졌다.

smaraṇam tataḥ ||17b||

그것(표상)으로부터 기억이 [생겨난다].

tato hi vijñapteḥ smṛtisaṃprayuktā tatpratibhāsaiva rūpādivikalpikā manovijñaptir utpadyata iti na smṛtyutpādād arthānubhavaḥ sidhyati |

왜냐하면 그 식의 기억에 의존하여 그것으로 현현하는 색 등의 분별을 가지는 의식이 생겨나므로, 기억의 생겨남에서 대상(artha)의 경험은 성립하지 않는다.[309]

=

「頌曰:

如說似境識, 從此生憶念. (16ab)

論曰: 如前所說, 雖無外境, 而眼識等似外境現, 從此後位與念相應,

---

309) 실로 [의식(manovijñapti = manovijñāna)은] 기억에 상응하고, 그것으로부터 현현하고, 색 등의 분별을 가진 의식이 그 표상으로부터 생겨나는 것이다. 그러므로 대상의 경험이라는 것이 기억의 발생으로부터 입증되는 것이 아니다.

논 게송 16ab

대상과 유사하게 식(識)이 이것을 따라서 기억의 상기를 일으킨다고 설한 것과 같다. [1000c11]

술기 구역(舊譯)은 각 구절을 개별적으로 밝혀, 두 단락으로 구분하였다. 실제로는 지금과 같은 것으로, 한곳에 합쳐서 뜻의 차이를 명확히 하기 때문이다.

단지 바른 이치를 자세히 설하자면, 그것(외계대상)의 기억을 유지한다[는 의미]를 박탈(剝奪)한다. 앞에서 설한 바와 같이, 대상과 유사한 식(識)의 발생 이후에 기억의 유지가 일어난다. 마음을 떠나 외계대상을 조건으로 한 식(識)이 이후에 기억으로 유지되는 것이 아니다.

논 **앞에서 설한 바와 같이, 비록 외계대상이 없지만 안식(眼識) 등이 외계대상과 유사하게 현현한다.** [1000c16]

술기 첫 게송을 주석한다. '그것을 박탈한다(奪彼)'는 말은 이미 과거에 받아들인, 마음을 떠나 외계에 현전하는 대상의 의식을 박탈한다는 뜻이다.

이를테면 앞에서 설한 바와 같이, 식은 자신의 종자에 따라 생기하며, 외계대상과 유사한 형상이 동등하게 발생한다. 또한 논서의 첫 머리에서 설명한 바와 같이, 식(識)이 발생할 때 외계대상과 유사하게 현현한다. 비록 외계 대상은 없지만 안식(眼識) 등 5식(識)이 외계대상과 유사하게 현현한다. 이미 앞에서 자세히 설하였다.

分別意識似前境現, 即說此為憶曾所受, 故以後憶證先所見實有外境, 其理不成.」(T31, 76b28-c4)

논 **이 [대상을] 따라서 이후의 단계에서 상념(念)과 상응하는 분별의식이 이전의 대상과 유사하게 현현한다.** [1000c21]

술기 게송의 아래 구절을 주석한다. 그것(대상에 대한 지각)의 기억을 유지한다는 의미를 박탈한다. 이를테면 과거에 [발생한] 대상과 유사한 5식(識)이 지금 다음 단계에서 다른 대상인식과 상응할 때, 과거를 조건으로 하여 분별의식이 존재하는 것이다. 이때 전5식의 인식대상과 유사하게 전변하여 대상이 현현한다.

따라서 과거와 현재에 마음을 떠나 대상을 감수(感受)하거나, 안식(眼識) 등 5식(識)이 이 [대상]을 따라 현재에 상념(想念)과 상응하는 하나의 의식(意識)을 갖는다거나, 전5식(識)을 조건으로 하는 마음을 떠난 대상이 존재한다는 등의 주장은 성립하지 않는다.

논 **그런즉 이것은 이미 감수한 것을 기억한다고 설한다.** [1000c27]

술기 그런즉 이 분별의식에 대하여, 과거와 현재의 식(識)을 떠나지 않은 대상을 조건으로 한다고 설하며, 이미 감수한 식(識)을 기억한다고 이름하는 것이다.

그 까닭은 무엇인가?

과거의 5식(識)과 동시인 의식(意識)이 식(識)의 대상을 인식조건으로 하고 훈습하여 종자(種子)를 형성한다. 그것을 현재에 상속하여 현 단계의 의식(意識)이 이전의 대상을 기억하는 것을 이름하여 기억의 유지(憶持)라고 한다. 과거 5식(識)의 대상은 실재에 있어 마음을 떠나지 않으며 현재 의식이 그것을 조건으로 한다는 것을 이름하여 이미 식(識)을 감수(感受)하였다고 한다.

논 **따라서 나중에 기억한 것을 근거로 먼저 본 것이 실유하는 외계의 대상이라는 것을 논증한다는 그런 주장은 성립하지 않는다.** [1001a04]

술기 여기에서는 비판을 마무리한다. 도리가 이미 그러하므로 그대가 설한 바, 기억하고 유지하기 때문에 과거의 5식(識)이 지각한 것은 실유한다는 증명은 그 뜻이 성립하지 않는다. 자신의 종지(宗旨)로써 잘못된 것을 바로잡고, 외도의 비난을 주석하여 그들이 설한 바를 박탈하였으니, 다른 이치가 있을 수 없다. 그대들이 세심(細心, *sukṣma citta)을 설한 것과 같이 우리는 제8식을 설한다.

그런데 구역(舊譯)은 위에 설해진 것이 게송 하나 반으로 되어 있으며, 문장이 이상(異常)하고 난해하므로, 글을 펼쳐 보는 이들은 마땅히 그와 같음을 알아야 할 것이다.

yadi yathā svapne vijñaptir abhūtārthaviṣayā tathā jāgrato 'pi syāt tathaiva tadabhavaṃ lokaḥ svayam avagacchet | na caivaṃ bhavati | tasmān na svapnaivārthopalabdhiḥ sarvā nirarthikam | idam ajñāpakam | yasmāt |

만약 꿈에서 식이 존재하지 않는 대상을 가지는 것과 같이 깨어난 자에게도 그렇다면, 대상이 비존재한다는 것을 세상 사람들이 스스로 이해할 것이다. 하지만 그렇지 않다. 따라서 꿈에서처럼 모든 대상의 지각이 대상이 없는 것이 아니다.

[세친] 그것은 알려주는 것이 없다. 왜냐하면,310)

=

「若如夢中雖無實境而識得起, 覺時亦然. 如世自知夢境非有, 覺時既爾, 何不自知? 既不自知覺境非有, 寧如夢識實境皆無? 此亦非證.」(T31, 76c4-7)

---

310) 반론: 만약 꿈에서 실재하지 않는 대상(artha)을 인식영역(viṣaya)으로 하는 것과 같이 깨어 있는 자에게도 그렇다고 한다면, 바로 세상 사람들은 스스로 외부대상의 비존재(tadabhavaṃ)를 깨달을 것이다. 그렇지만 경험적 사실은 그렇지 않다. 따라서 모든 대상의 지각은 꿈에서처럼 대상이 없는 것이 아니다.
논주: 그것은 논거가 되지 못한다. 왜냐하면,

제3절. 꿈(夢)과 깸(覺) v.16cd

논 **만약 꿈속에서 비록 실재하는 대상이 없지만, 식(識)이 일어나는 것처럼 깨어날 때도 역시 그러하다고 한다면,** [1001a10]

술기 이하 제3절은 반 게송을 가지며, 소승과 외도가 꿈의 사례를 들어 '[꿈에서] 깨어났을 때 마땅히 대상을 잃지 않아야 한다'는 비판을 주석한다.

먼저 그들의 비판을 서술하고, 이후에 두루 주석하여 논파한다.

비판을 서술하는 가운데 첫 부분은 논주가 유식을 소명(疏明)하고, 이후에 비판을 있는 그대로 자세히 설명한다.

이제 첫 부분에서 논주는, 이전부터 전해 온 해설의 이치를 취하여, 세간에서 꿈 가운데 대상이 없는데도 식(識)이 일어나는 것과 같이, 꿈에서 깨어날 때에도 식은 대상이 없이 발생하며, 꿈 꿀 때와 깨었을 때의 두 식(識)은 본질에서 동일하다고 제시한다.

이하 비판을 자세히 설명한다.

논 **세간에서 꿈의 대상은 존재하지 않는다고 당연히 아는 것과 같이, 깨어났을 때도 그렇다는 것은 어찌하여 당연히 알지 못하는가?** [1001a18]

술기 꿈에서와 깨어 있을 때 두 가지 식(識)은 대상이 없다는 점에서 이미 동일하다. 세간에는 능히 꿈의 대상이 실재하지 않는다는 사실을 안다. 그렇다면 그 꿈에서 깨었을 때에도 식(識)은 마땅히 동일하게 [대상이 없다는 것을] 알아야 한다. 따라서 꿈의 마음은 대상을 가지지 않으며, 깨었을 때도 [대상의] 비존재를 안다고 인정해야 할 것이다.

그런데 깨었을 때 식(識)의 대상도 비존재라고 해야 함에도 어찌하여 비존재라고 알지 못하는가?

논리식으로 말한다.

(종) 세간에서 꿈에서 깨었을 때 식(識)은 응당 대상이 비존재임을 안다.

(인) 대상의 비존재를 인정하기 때문에.

(유) 꿈속에서의 식(識)과 같이.

논 **깨었을 때 대상이 비존재라는 것을 자연히 아는 것이 아닌데, 어찌 꿈속의 식(識)과 같이 실재하는 대상이 비존재라고 하겠는가?** [1001a23]

술기 앞에서 '깨었을 때 식(識)이 마땅히 대상이 비존재라는 것을 알아야 한다'고 비판하였다. 이제 실재하는 대상이 존재한다고 알지 못함과, 깨었을 때와 꿈에서의 두 대상은 모두 비존재한다는 것을 드러낸다.

즉, 꿈속에서 식(識)의 대상은 비존재가 성립함을 알지만, 깨었을 때 꿈에서와 다름은 비존재임을 스스로 알지 못한다는 점이다. 따라서 깨었을 때 식(識)의 대상은 실유(實有)임을 알 수 있다.

논리식으로 말한다.

(종) 세간에서는 [꿈에서] 깨었을 때 식(識) 외에 실재하는 대상이 존재한다고 한다.

(인) 꿈과 다름을 인정하기 때문에.

(유) 자신의 참된 지혜와 같이.

'세간에서의 깸'을 말하지 않으면, '서로 부합하는 공통인식'(相符極成)[311]을 논쟁의 주제로 삼는 오류가 된다. 참된 깨어 있음을 혼란스럽게 하기 때문이다. 원인(因)에 대해 허용한다고 말하지 않으면 일방적 전제의 오류(隨一不成)가 된다. [세간과 달리] 대승에서 생사(生死)는 꿈과 같은 것이라 설하기 때문이다.

혹은 5식(識)은 꿈을 인식하는 작용이 없다고 간택(簡擇)하기 때문이다. 또는 잠잘 때의 꿈과는 다름을 드러내기 때문이다.

비유(譬喩)에서 '자신의'를 말하지 않았다면, 본체가 빠진 것이 된다. 대승의 참된 지혜는 외계의 대상이 비존재한다는 것이기 때문에, 만약 대승의 참된 지혜를 비유로 삼아 설한다면, 증명과제(所立: 증명되어야 할 것)가 성립하지 않는다.[312] 이것과 같은 오류를 위하여 주장명제(宗) 등을 개별적으로 간택한 것이다.

여기서는 난문을 총괄하였고, 이하에서 그것을 비판한다.

논 **이것 역시 논증이 되지 않는다.** [1001b05]

술기 이것으로 총괄하여 그것을 비판하였다.

이하 개별적으로 주석한다.

---

311) 상부극성의 오류(相符極成過)는 주장명제를 논쟁 상대방도 이미 승인하고 있는 경우의 오류를 말한다. 주장명제의 주어 술어, 혹은 존재와 속성을 모두 상대방도 승인하기 때문에 논쟁이 불필요하고 따라서 논쟁자체가 성립하지 않는 오류이다. 이를 테면, '소리는 들린다'거나 '깨었을 때, 대상의 시공간은 한정이 된다.'는 등의 확립된 명제를 다시 논증하고자 하는 경우를 이른다.

312) 대승의 참된 지혜, 즉 '외계대상은 존재하지 않는다'는 명제가 증명되어야 할 과제이기 때문에, 그것을 비유로 삼는 것은 논증식에서 증명과제와 비유를 잘못 설정한 오류가 된다.

svapne dṛgviṣayābhāvaṃ nāprabuddho 'vagacchati ||17cd||

꿈에서 보는 것의 대상이 없다는 것을 깨어나지 않은 자는 이해하지 못한다.

evaṃ vitathavikalpābhyāsavāsanānidrayā prasupto lokaḥ svapnaivābhūtam arthaṃ paśyan na prabuddhas tadabhāvaṃ yathāvan nāvagacchati | yadā tu tatpratipakṣalokottaranirvikalpajñānalābhāt prabuddho bhavati tadā tatpṛṣṭhalabdhaśuddhalaukikajñāna -saṃmukhībhāvād viṣayābhāvaṃ yathāvad avagacchatīti samānam etat ||

이와 같이 거짓된 분별의 반복에 의한 훈습에 따라 잠이 든 세상 사람들은 꿈에서처럼 존재하지 않는 대상을 보지만, 깨어나지 않은 자는 그것이 비존재라는 것을 제대로 이해하지 못한다.
그것을 대치하는 출세간의 무분별지를 획득하여 깨달은 자가 되었을 때, 그는 후득세간청정지(後得世間淸淨智)313)를 현전하기 때문에 외부대상(viṣaya)의 비존재를 여실하게 이해하는 것과 같다.

=

「頌曰:

未覺不能知, 夢所見非有. (16cd)

論曰: 如未覺位, 不知夢境非外實有, 覺時乃知. 如是世間虛妄分別串習[5]惛熟如在夢中, 諸有所見皆非實有, 未得真覺不能自知. 若時得彼出世對治無分別智, 乃名真覺. 此後所得世間淨智現在前位, 如實了知彼境非實, 其義平等.」(T31, 76c7-14)

---

313) tatpṛṣṭhalabdhaśuddhalaukikajñāna

논 게송 16cd

[꿈에서] 깨지 않았을 때에는 꿈에서 보인 것이 비존재한다는 사실을 알 수 없다. [1001b07]

술기 참된 지혜의 깨어남을 얻지 못한다면 생사(生死)의 꿈에서 보인 것이 확실하게 실유(實有)하는 것이 아니라는 사실을 스스로 알 수 없다. 그런즉 이 게송을 논리적으로 해석하고 혹은 '세간에서 [꿈에서] 깨지 않았을 때, 꿈에서 마음에 보인 것들은 확실히 실유(實有)가 아니라는 사실을 스스로 알 수는 없다'와 같은 비유로서 드러낸다. [꿈에서] 깨었을 때 [대상이 실유가 아니라는 사실도] 역시 그러하다.

비유로써 비판(難)을 주석한다. 게송16cd는 사실(法)과 비유(喩)의 두 가지 뜻으로 그것을 두루 해석하는데, 이 역시 어긋남이 없다.

구역에서는 아래의 구절에 지금 앞에서 설한 부분이 있으며, 지금 이 앞의 구절이 구역에서는 다음에 설해진다. 구역은 산스크리트어의 [구문에] 따르고, 지금 이 논서는 당(唐)의 [구문(構文)에] 따른 것이므로 역시 어긋나거나 위배하지 않는다. 모든 앞뒤의 게송들도 모두 마땅히 이와 같이 알아야 할 것이다.

논 **[꿈에서] 깨지 않았을 단계에는 꿈속의 대상이 외계에 실재하는 존재가 아니라는 사실을 알지 못하지만 깨어났을 때는 알게 되는 것과 같이** [1001b15]

술기 이는 세간의 비유를 들어서 게송을 주석한 것이다. '깨어났을 때는 꿈속의 대상이 비실재한다는 사실을 반드시 안다'는 점은 피차(彼此)가 공히 인정한다. 따라서 비유로서 삼는 것이다.

논 **이처럼 세간에서 허망분별의 습관이 극히 혼미(惛熱)하여, 꿈속에서와 같이** [1001b18]

술기 이하 이치에 따라 해석한다. 이제 게송 아래 구절에서 '꿈(夢)'자를 주석한다.

생사(生死)의 식(識)은 실재하는 이치를 칭하는 것이 아니므로 허망(虛妄)이라 설한다. 무시이래로 자주 거듭 훈습을 발생시키는 것을 이름하여 습관(串習)이라 한다. 개전(蓋纏)과 부폐(覆蔽)[314)]를 칭하여 혼미(惛)하다고 하며, 독한 불에 의해 타는 것을 이름하여 열(熱)이라 한다. 또한 무명을 거듭 반복하여 습관이 되는 것을 칭하여 혼미(惛)라 하며, 성스러운 지혜가 생기하지 않는 것을 이름하여 열(熱)이라 한다. 세간에서 자주 습관으로 하는 것과 같은 극히 어두운 혼침과 수면의 식(識)을 이름하여 꿈(夢)이라 한다. 생사(生死)도 역시 그러하다.

수면(睡眠)은 혼열(惛熱)을 뜻한다. '꿈(夢)'은 수면(睡眠) 중인 마음의 다른 이름(異名)이다. 그런즉 생사(生死)를 설하여 세간(世間)이라고 이름

---

314) 개전부폐(蓋纏覆蔽): 동아시아 불교전통에서는 개전(蓋纏)과 부폐(覆蔽)는 일종의 복합어로 번뇌 혹은 번뇌에 싸여 있는 마음의 상태 등을 포괄하는 의미로 사용되어 왔다.
개(蓋): āvarana, nīvaraṇa): 덮임
전(纏): paryavasthāna): 저항, 모순 / 갈등, 번뇌
부폐(覆蔽: avacchādanīya) 부(覆): nivṛta. surrounded, enclosed. 둘러싸인, 갖힌. 폐(蔽): 덮다, 닫다

하는 것도 그러하다. 경전에서 생사(生死)는 긴 밤(長夜)이라고 설하는 것과 같다.

논 **온갖 보여지는 것들은 모두 실유(實有)가 아니다.** [1001b27]

술기 게송16cd의 4글자를 주석한다.

생사(生死)라는 허망한 꿈은 참되지 않은 의식이 발생한 것이기 때문에, 이것의 인식대상은 실유(實有)가 아니다. 전도(轉倒)되고 허망한 것이 현현(顯現)한 것이기 때문이다.

논리식으로 말한다.

(종) 생사(生死)의 꿈과 식(識)의 인식대상이 대상으로 삼는 것은 모두 실유(實有)가 아니다.

(인) 꿈속의 대상에 포섭된다고 인정하기 때문에.

(유) 공통으로 인정하는 꿈속의 대상과 같이.

논 **참된 깨어남을 획득하지 못하면 스스로 알 수 없다.** [1001c03]

술기 게송의 첫 구절을 주석한다. 무시이래로 허망한 것을 습관으로 하여 선한 종자를 심지 못하였기 때문에 참된 지식이 생기하지 않는다. '꿈의 대상이 비존재인 것과 같이, 생사(生死)라는 꿈의 경계는 실재가 현현한 것이 아니다'는 이 지식을 어떻게 얻을 수 있는가? 이제 앞의 난제에 대해 답한다.

마땅히 논리식을 세워 말해야 할 것이다.

(종) 생사(生死)의 식(識)은 이치상 자신의 경계가 비존재라는 것을 안다고 할 수 없다.
(인) 꿈속의 식에 포섭된다고 인정하기 때문에.
(유) 공통으로 인정하는 꿈속의 의식과 같이.

그렇지만 약간은 스스로 알 수 있다고 인정한다. 지금 가르침을 듣고 대상이 비존재한다고 아는 것과 같다. 공통된 꿈과 같이 조금은 스스로 인식하지만, 참된 깨어남이라고 칭하지는 않는다. 세간과 진실에 차이가 있어 일방적 전제의 오류(隨一過)가 있을까 염려하기 때문이다. 주장명제(宗)는 '이치에 부합한다'고 하고, 원인(因)에는 '인정한다'는 말이 있다. 세간에서 잠자는 중에 꿈은 피차(彼此)가 공히 인정하는 것이므로 '공통으로'라고 말한다. [이것을 근거로] 생사(生死)라는 꿈을 간택하였다. 다른 [반대자들]은 그것을 인정하지 않기 때문이다.

외인들의 숨겨진 비난은, '생사(生死)의 식(識)이란 스스로 여실하게 안다고 하는 이치와 부합하지 않는데, 무엇을 이름하여 참된 깨어남(眞覺)이며 대상의 비존재를 여실하게 아는 것이라 하는가?'이다.

논 **만약 어느 때 출세간의 대치(對治)와 무분별지를 얻는다면, 그것을 이름하여 참된 깨어남이라 한다.** [1001c14]

술기 2승의 견도(見道) 역시 참된 깨어남(真覺)이라 이름한다. 그러나 후득(後得)이므로 대상이 비존재라는 것을 알지 못한다. 가행도(加行道)는 유식(唯識)에 들어가도록 하는 것이 아니기 때문이다. 보살의 견도(見道)는 무루(無漏)의 바른지혜(正智)이며, 세간(世間)을 초월하기 때문에 이름하여 출세간(出世間)이라 하고, 생사(生死)를 제거하므로 대치(對治)한다고 한다. 세간의 분별(世分別)과 사태의 분별(事分別)을 떠나기 때문에 무분별(無分別)이라고 한다. 이것이 무간(無間)의 도(道)[315]가 되어 세간을 대치하여, 진여(眞如)의 이치에 합치하므로 이름하여 무분별지라고 한다. 이 이름에 대한 비판을 주석한 것은 다른 곳에서 분별한 것과 같다.

허망하지 않기 때문에 '진실(眞)'이라 하고, 실재와 같이 인식하기 때문에 이름하여 '깨어남(覺)'이라 한다. 이에 온갖 얽어맴(繫縛, bandhana)을 떠나고 온갖 거친상태(麁重)[316]를 초월하여 이 [깨어남]을 증득한 것을 이름하여 온갖 '성스러운 무리의 흐름(聖朋流)'에 들어간다고 한다. 때문에 그것을 이름하여 '진실한 깨어남(真覺)'이라 한다. 생사(生死)와는 달리, 잠시 꿈에서 깰 때 꿈속의 대상이 모두 실유하지 않는다는 것을 안다고 말하는 '가설적 개념으로서의 깨어남'을 간택하여, '진실한 깨어남(真覺)'이라는 명칭을 건립하는 것이다. 이것은 게송의 번역 가운데 '깨어나지 않음(未覺)'에 대한 해설이다.

논 [깨달은] 이후에 증득한 세간의 청정한 지혜[317]가 현전하는 단계에

---

315) 무간도(無間道), ānantaryamārga

316) 추중(麁重), dauṣṭhulya,

317) 후소득세간청정지(後所得世間淨智)

서는 그것의 대상이 실재가 아니라는 것을 여실하게 안다. 그 의미는 [꿈에서 깨어난 것과] 동일하다. [1001c25]

술기 견도(見道) 가운데 여기서 설한 무분별지를 얻고, 이후 세간을 조건으로 해서 무루(無漏)의 지혜를 가진다. 현전하는 단계에서 이치에 잘 부합하여, 생사(生死)의 식(識)의 대상이 실유하지 않는다는 것을 여실하게 깨달아 아는 것, 그것을 후득지(後得智)라고 한다.

세간을 조건으로 하기 때문에 세간(世間)이라고 칭하는 것이지, 본체가 유루(有漏)이기 때문에 세간이라 이름하는 것이 아니다. 본체는 번뇌의 누출(漏出)이 아니므로, 청정(淸淨)이라는 명칭을 건립한다.

대상과 부합하게 아는 것을 여실지(如實知)[318]라고 한다. 앞의 무분별은 오직 이치(理致)에 부합하는 것을 조건으로 하여, 단지 '진실한 깨어남(真覺)'이라 하며, 이후에 증득하는 지혜(後得智)는 두루 세간을 조건으로 하고, 대상이 비존재(無)라는 것을 알기 때문에 여실지(如實知)라고 하며, 또한 '진실한 깨어남(真覺)'이라고 한다. 이 지혜는 무분별을 의지하여 일어나기 때문에 오직 무분별지(無分別智)만을 '진실한 깨어남(真覺)'이라 칭한다.

만약 생사(生死)의 식(識)이 비록 잠깐 동안 스스로 안다고 하더라도 [그것을] '진실한 깨어남(真覺)'이라 부르지는 않는다. 무분별지는 비록 '참된 깨어남'이라 부르지만, 대상이 모두 실유가 아니라는 것을 알지는 못한다.

---

318) 실재와 같이 있는 그대로 아는 지혜

후득지(後得智)는 널리 이치와 사태(理事)를 조건으로 해서 대상이 비존재(無)임을 안다. 앞의 두 가지 지혜(二智)와는 달리, 그것의 의미는 앞서 세간에서 수면 중에 꿈을 아는 것과 동등하여 둘이 아니다.

앞에서는 수면 중의 꿈에서 세간으로 깨어남이 있을 때 앞서 꿈[에서 본] 대상이 본체에 있어 실유가 아니라는 것을 안다[는 것을 살펴보았다]. 이제 생사(生死)의 관점에서 [살펴보면] '참된 지혜(真智)'로 출세간의 깨달음을 얻을 때 먼저 생사(生死)라는 꿈속의 대상이 그 본질에 있어 진실이 아니라는 것을 안다. [깨어남과 깨달음은] 서로 유사하여 둘이 아니다. 평등(平等)과 서로 유사함(相似)이란 하나의 의미에 대한 두 가지 명칭이다. 게송에 '~와 같이(如)'를 해석한 것이기 때문이다. 만약 생사(生死)라는 꿈의 대상이 실유가 아니라는 것을 알지 못하면 단지 아직 깨어나지 않은 것(未覺)일 뿐, '참된 깨달음(真覺)'은 이미 증득된 것이기 때문에 분명히 깨달아 알 수 있다. 『섭대승론』과 『성유식론』에서 모두 이같이 주석하였는데, 그 뜻이 동일하기 때문에 번거롭게 인용하지 않는다.

yadi svasaṃtānapariṇāmaviśeṣād eva satvānām arthapratibhāsā vijñaptaya utpadyante nārthaviśeṣāt | tadā ya eṣa pāpakalyāṇamitrasaṃparkāt sadasaddharmaśravaṇāc ca vijñaptiniyamaḥ sattvānāṃ sa kathaṃ sidhyati asati sadasatsaṃparke taddeśanāyāṃ ca |

만약 오직 자신의 상속전변차별로부터 중생들에게 대상으로 현현하는 표상들이 생겨나는 것이지, 특별한 [외부]대상으로부터가 아니라면, 그 경우 악한 친구나 선한 친구와의 만남으로부터 또는 선법이나 선하지 않은 법의 청문으로부터 중생이 어떤 표상의 확정성을 가지는 사실이, 진실하거나 진실하지 않은 자와의 만남과 그 가르침 속에서 어떻게 입증되겠는가?

=

「若諸有情, 由自相續轉變差別似境識起, 不由外境為所緣生, 彼諸有情近善惡友, 聞正邪法二識決定. 既無友教, 此云何成? 非不得成.」

(T31, 76c14-17)

제4절. 의식의 한정 v.17ab

논 **만약 온갖 유정이 자신의 상속(相續)과 전변(轉變)과 차별(差別)[319] 에 의해 대상과 유사하게 식(識)을 일으킨 것이지, 외계대상을 대상으로 삼아 생기한 것이 아니라면,** [1002a15]

술기 이하는 제4절로 다시 외도들이 비판하는 '두 가지 식(識)에 한정이 성립한다'는 것과 '외계대상이 비존재가 아니라는 주장의 오류'를 주석한다.

소승과 외도들은 다음과 같이 비판한다.

만약 온갖 유정이 자신 가운데 마음 등이 상속하고, 식(識)의 자증분이 자신의 본체를 전변하여 차별된 형상을 가지며, 그것이 내부의 식(識)에 외계대상과 유사하게 현현한다면, 실재는 외부에 있는 것이 아니다. 식(識)은 이것을 조건으로 일어나는 것이지 외계대상으로 인한 것이 아니다. 그것의 인식대상을 위하여 식(識)을 끌어와 [대상과] 동등하게 일어난다. 또는 종자로부터 전변차별하거나 대상과 유사하게 식(識)이 일어나 현행하는 것이지, 외계대상으로 인해 인식대상이 생기하는 것이 아니다.

이것은 외인들이 논주의 의도라고 지칭하여 해설한 것이다.

다음으로 [양측이] 공통적으로 인정하는 것을 자세히 설명하고 이후에 두루 바르게 비판한다.

---

319) 상속전변차별, saṃtānapariṇāmaviśeṣa

논 모든 유정이 선하고 악한 친구들을 가까이하여 올바르고 그릇된 가르침을 들음으로 인해 이 두 식(識)이 결정된다. [1002a24]

술기 여기에서 공통적으로 인정하는 것을 자세히 설명한다.

그와 같이 식(識)을 떠나지 않은 대상을 조건으로 삼는 인식주체인 일체의 유정은 혹은 선한 친구를 가까이 하여 바른 가르침을 듣고, 혹은 악한 친구를 가까이 하여 그릇된 가르침을 듣는다. 4종의 친근행(親近行)[320]과 같이, 선지식을 가까이 하고 정법(正法)을 청문하면, 바른 성품(正性)이 결정된다. 배우는 자의 식(識)은 비애(悲)의 결정이 확립되고, 청문하는 자의 식(識)은 지혜(慧)의 결정이 확립된다. 악한 친구를 가까이 할 경우 거짓(邪)의 결정을 확립하는 것 역시 그러하다. 즉 가르침(能教)과 배운 바(所教)는 두 가지 식(識)을 결정한다. 또는 선악 2종의 친구를 가까이 하는 것은 그 가까이 하는 자가 각각 바름과 그름의 두 식(識)의 결정을 확립하는 것과 같다.

이에 준하여 다음을 주석한다. 즉 가르침(能教)과 배운 바(所教)가 두 가지 식(識)을 결정한다는 앞의 해석이 그것이다. 만약 구역에 준하여 보면, 지금 이 비판에서 문장에 이미 숨겨진 뜻을 함축하고 있다. 가까이 하는 자(能近者)는 각기 대응하는 바에 따라 바름과 그름의 두 가지 식(識)의

---

320) 이를테면 첫째, 뵙고 공경하여 아뢰어 청하는 것이 선지식을 가까이 하는 것이며, 둘째, 고하여 말하다 등은 총괄하여 정법을 청문하는 것이며, 셋째, 앞의 법문을 기억하는 이것은 계념사유(繫念思惟)이며, 넷째, 뒤의 장소에까지 나아가는 것으로 이것은 설한 대로 수행하는 것이다. 그러므로 총괄하여 네 가지 친근행(親近行)이 성립하는 것이다.
『華嚴經探玄記』 卷18:「謂初見敬申請. 是親近善知識. 二告言等總是聽聞正法. 三念前法門是繫念思惟. 四進至後處是如說修行. 是故總成四親近行.」(T35, 462c24-27)
cf. 『大般涅槃經義記』 卷8 「師子吼菩薩品」:「前中先擧四親近行. 初二驗身. 後二驗心.」(T37, 833,a19-20)

결정이 확립된다는 뒤의 해석이 그것이다.

따라서 문장에 이미 숨겨진 뜻을 함축하고 있으며, 두 가지 해석이 병행하여 획득되고, 임의로 취하거나 버린다(取捨).

논 **이미 친구나 가르침이 존재하지 않는데 이것을 어떻게 확립한다는 말인가?** [1002b06]

술기 이에 바로잡아 비판한다. 온갖 식(識)은 식(識)을 떠나지 않은 대상을 조건으로 하며, 마음 밖에 어떤 법(法)도 없다. 이치로 본 즉 선하고 악한 2종의 친구란 없으며 타인이 설한 바름과 그름의 두 가지 법(法)이란 것도 없다. 그런데 이 청문(聽聞)하는 자는 혹은 바르고 혹은 그릇된 두 가지 식(識)의 결정을 어떻게 확립하며, 또는 외계의 대상이 없는데 어떻게 가르침(能教)과 배운 바(所教)를 획득하여 두 가지 식(識)을 결정하는가?

논 **성립하지 않는 것이 아니다.** [1002b11]

술기 이하에서 주석하여 비판을 막는다.

여기서 총괄적으로 비판에 답하면, '성립하지 않는 것이 아니다.'

4) 타자의 존재

(1) 타상속 vv.18 - 20

anyonyādhipatitvena vijñaptiniyamo mithaḥ ||18ab||

서로 간의 증상력[321]에 의해 표상이 상호 간에 한정된다.

sarveṣāṃ hi sattvānām anyonyavijñaptyādhipatyena mitho vijñapter niyamo bhavati yathāyogam | mitha iti parasparataḥ | ataḥ saṃtānāntaravijñaptiviśeṣāt saṃtānāntare vijñaptiviśeṣa utpadyate nārthaviśeṣāt |

모든 중생들은 서로 간의 표상(식)의 증상력에 의해, 지금 있는 환경과 같이 서로 간의 표상(식)이 한정된다. '서로 간의'라는 것은 서로 서로라는 뜻이다. 따라서 타자의 심상속의 특수한 변화로부터 다른 사람의 심상 속에 특수한 표상이 생겨나는 것이지, 어떤 특별한 대상으로부터는 아니다.

=

「頌曰:

展轉增上力, 二識成決定. (17ab)

論曰: 以諸有情自他相續諸識展轉為增上緣, 隨其所應二識決定, 謂餘相續識差別故, 令餘相續差別識生, 各成決定不由外境.」 (T31, 76c17-21)

---

321) 증상력(增上力): adhipatitiva, 지배적인 힘, 영향력

논 게송 17ab

증상력(增上力)의 발현으로 두 가지 식(識)의 결정이 확립된다. [1002b13]

술기 이하에서 개별적으로 힐난에 대답한다.

가르치는 자와 배우는 자 2인으로 인해 증상연(增上緣)의 힘이 발현하여, 청문(聽聞)하는 자의 바름과 그름이라는 두 가지 식(識)의 결정이 확립된다.

혹은 증상력이 가르치는 자와 배우는 자 2인의 식(識)의 결정을 확립한다. 앞의 두 가지에 준하여 주석한다.

논 **온갖 유정이 자신과 타인의 상속하는 온갖 식(識)을 발현하는 것이 [서로에게] 증상연(增上緣)이 되어,** [1002b17]

술기 이제 게송의 첫 구절, '온갖 유정이(以諸有情)'를 주석한다.

타자를 가르치는 자와 스스로 청문하는 자는 각각 8종의 여러 가지 식(識)을 상속하여, 이것저것을 발현시키는 것이 증상연(增上緣)이다. 이것의 의미(意味)는 바로 마음속에 자신이 변화한 대상을 직접적인 조건으로 하여 현현하는 것을 이름하여 유식(唯識)이라 한다는 것이지, 마음 밖에 다른 유정 등을 차단하는 것은 아니다. 외인들은 마음이 마음 밖의 존재(法)를 조건으로 하여 타인이 말한 존재(法)를 인식한다고 설한다.

그것은 옳지 않다.

가르치는 자와 배우는 자는 서로를 발현시키는 증상연으로 삼기 때문이다. 자신의 식(識)이 가르치는 자(能教)에 의해 들려진 것(所聽)과 유사하게 변하여, 자신이 상속하는 식(識)의 직접적인 인식대상(親所緣)이 되는 것이다.

타인에 의해 말해지고 직접적으로 지각할 수는 없는 대상을 간접적인 인식대상(疎所緣)으로 삼는 것에는 그 뜻에 과실(過失)이 없다. 여기에서는 [식(識)이] 발현하여 증상연이 된다고 설하기 때문이다. 또 『성유식론』에서는 그것을 간접적인 인식대상(疎所緣)이 된다고 설하기 때문이다.

논 **그것이 상응하는 바에 따라 두 가지 식(識)이 결정된다.** [1002b27]

술기 그것이 상응하는 바에 따르기 때문에 의미를 드러내는 것이 확정되어 있지 않다. 증상연으로 인해 만약 착한 친구를 가까이 하여 정법(正法)을 청문하면, 자신의 상속 가운데 바른 식(識)이 결정된다. 만약 나쁜 친구를 가까이 하여 사법(邪法)을 청문하면, 자신의 상속 가운데 그릇된 식(識)이 결정된다. 또는 선하고 악한 친구를 가까이 하고 [식(識)의] 발현을 증상연으로 삼을 경우, 설법자는 바르고 그릇된(正邪) 자비(慈悲), 청법자는 바르고 그릇된 지혜(智慧)의 두 가지 식(識)이 결정된다.

'상응하는 바에 따라 두 가지 식(識)이 결정된다'고 말한 그것은 아직 드러나지 않았다.

논 **이를테면 다른 이의 상속에 식(識)의 차별이 있기 때문에, 다른 이의 상속이 차별된 식(識)을 생기하게 하여 각각의 결정이 성립하는 것이지, 외계 대상으로 인한 것이 아니다.** [1002c05]

술기 여기에서는 앞에서 논한 증상연(增上緣)의 의미에 대해 자세히 설명하고, 외도의 비판에 대해 답한다.

이를테면 가르치는 자(能教者)는 다른 이의 상속 가운데 견분과 상분의 식(識)이 바르고 그릇됨의 차이를 일으킨다. 증상연이기 때문에, 청문하는 자로 하여금 다른 상속 가운데 견분과 상분의 차별을 일으켜 온갖 식(識)들이 생기하도록 한다. 가르치는 자와 배우는 자의 두 식(識)은 각각 결정이 성립한다.

또는 듣는 이의 바르고 그릇된 두 가지 식(識)이 각기 결정되는 것이지, 외계대상의 식(識)으로 인해 결정이 성립되는 것이 아니다. 즉 자신과 타인의 증상연(增上緣)의 힘에 의해 식(識)이 결정되는 것이지, 자신과 타인이 서로를 직접적인 조건으로 삼아 보는 것에 의해 식(識)의 결정이 성립하는 것이 아니다.

따라서 식(識)이 생기하는 것은 외계대상을 직접적인 조건으로 하는 것이 아님을 알아야 한다. 우리도 증상연(增上緣)의 존재를 인정하기 때문에, 비록 외계대상은 비존재하지만, 친구의 가르침은 여전히 성립한다.

yadi yathā svapne nirarthikā vijñapti evaṃ jāgrato ’pi syāt kasmāt kuśalākuśalasaṃudācāre suptāsuptayos tulyaṃ phalam iṣṭāniṣṭam āyatyāṃ na bhavati | yasmāt |

만약 꿈에서 식이 대상을 가지지 않는 것처럼, 그와 같이 깨어 있는 자에도 그렇다면, 그 경우 무엇 때문에 선과 불선의 행위[322]가 있을 때, 잠든 자와 잠들지 않는 자에게 동일한 결과가 미래에 기대되거나 기대되지 않거나 하지 않은가? 왜냐하면,

=

「若如夢中境雖無實而識得起, 覺識亦然, 何緣夢覺造善惡行, 愛非愛果當受不同?」(T31, 76c21-23)

322) saṃudācāra. m. 現行, 적절한 행위. 목적 의도 등(proper or right practice, behaviour. purpose, intension.)

제5절. 꿈의 각성 v.17cd

논 **만약 꿈속에서 대상이 비록 실유하지 않지만 식(識)이 생기하는 것과 같이, 깨어날 때도 역시 그러하다면** [1002c15]

술기 이하 반 게송이 제5절이며, 외도의 비판을 주석한다.

꿈에서와 깨었을 때의 마음에 차이가 없다면, 행위의 결과에 차이가 없다는 과실(過失)이 발생한다.

먼저 외인의 비판 이후에 논주가 주석한다.

처음 [외인의] 비판 가운데 먼저 그 의미를 제시하고, 이후에 자세히 비판한다.

이제 [비난의 의미를] 지적해 보인다.

만약 깨어날 때의 식(識)이, 꿈속에서와 같이, 대상이 비록 실재하지 않음에도 발생한다면,

논 **꿈에서와 깨었을 때 지은 선행과 악행을 조건으로 하여 미래에 받을 좋은 결과와 나쁜 결과는 왜 동일하지 않은가?** [1002c20]

술기 여기에서 비판을 자세히 설명한다.

꿈을 꿀 때는 깨었을 때와 같이 대상이 없다는 점에서 동일하다면, 깨어났을 때와 꿈에서 모두 중생의 업을 짓는데 무엇 때문에 깨었을 때만 결과의 고초(苦楚)를 느끼는가?

어떤 때는 과보가 동등하게 현현하지만, 꿈을 꿀 때 지은 행위는 과보가 미세하고 약하며, 어떤 때는 과보의 동등함이 없다. 꿈에서 살인한 경

우, 결코 현재에 타인을 살해한 것과 같은 과보를 받지 않는다. 만약 깨었을 때 살해한다면, 현재 타인의 살해에 대한 과보는 미래에 과보를 체감하게 되기 때문에 결코 [두 경우의 과보는] 동일하지 않다. 타인에 대한 살인과 같이. 타인에게 음행을 하는 등 다른 일체의 행위에 대한 결과도 역시 그러하다.

이것이 외인들이 논주에게 질문한 것이다.

middhenopahataṃ cittaṃ svapne tenāsamaṃ phalaṃ ||18cd||

꿈속에서 마음은 수면에 의해 약해진다. 그러므로 결과가 같지 않다.[323)]

idam atra kāraṇaṃ na tv arthasadbhāvaḥ ||

여기서 그것은 원인이긴 하지만 대상이 있다는 것은 아니다.

yadi vijñaptimātraṃ evedam na kasyacit kāyo 'sti na vāk| katham anukramyamāṇānām aurabhrikādibhir urabhrādīnaṃ maraṇaṃ bhavati | atatkṛte vā tanmaraṇe katham aurabhrikādīnāṃ prāṇātipātāvadyena yogo bhavati

만약 그것은 유식일 뿐이고, 어떤 이의 몸이나 말이 없다면, 도축자 등에 의해 끌려가고 있는 양들에게 어떻게 [도축자에 의한] 도살이 있겠는가? 혹은 그렇지 않다고 하더라도[324)], 그들의 죽음에 대해 어떻게 양 등의 생명을 해치는 행위라는 비난이 연결될 수 있는가?

=

「頌曰:

心由睡眠壞, 夢覺果不同. (17cd)

論曰: 在夢位心, 由睡眠壞, 勢力羸劣. 覺心不爾, 故所造行當受異熟, 勝劣不同非由外境. 若唯有識無身語等, 羊等云何為他所殺?」

(T31, 76c23-27)

---

323) 마음은 꿈[속]에서 몽정(upahatam)을 하는 것과 같이 수면에 의해 영향을 받는다. 따라서 결과는 동일하지 않다.

324) 죽음이 성립한다고 하더라도

논 **게송 17cd**

마음이 수면(睡眠)에 의해 허물어지기 때문에, 꿈에서와 깨었을 때는 결과가 동일하지 않다. [1002c28]

술기 이하 논주가 답한다. 앞의 구절은 이치를 드러내고, 아래 구절은 '동일하지 않음(不同)'을 드러낸다.

꿈속의 단계에서 선악을 짓는 마음으로 인해 수면이 파괴된다. 그러므로 꿈과 깨었을 때의 과보를 감수(感受)하는 것은 동일하지 않다.

논 **꿈의 상태에서 마음은 수면의 파괴로 인해 세력이 약하지만, 깨었을 때 마음은 그렇지 않다.** [1003a02]

술기 게송의 앞 구절을 주석한다.

네 가지 부정지법(不定地法)[325] 가운데 수면(睡眠)의 심작용(心所)은 유정이 신체의 측면에서 가라앉게(沈重) 하고, 마음의 측면에서 혼미(惛昧)하게 한다. 잠잘 때 꿈꾸는 마음이 이것들에 의해 파괴되어, 마음을 어

---

325) 설일체유부의 5위 75법 가운데 부정지법(不定地法, aniyata-bhūmikā dharmā) 8가지: 심(尋, vitarka), 사(伺, vicāra), 수면(睡眠, middha), 악작(惡作, kautṛtya), 탐(貪, rāga), 진(瞋, pratigha), 만(慢, māna), 의(疑, vicikitsā).
유식의 5위 100법 가운데 '부정법((不定法, aniyata dharmā): 회(悔, kaukṛtya: 악을 행하고 후회하는 것), 수면(睡眠, middha), 심(尋, vitarka, 대략적으로 / 전체적으로 사유하는 것), 사(伺, vicāra, 자세하게 사색하는 것).
: kautṛtya의 의미 영역은 '악행'(evil doing, wickedness)과 그에 따른 '후회'(repentance)를 모두 포함한다. 그러나 행위를 중요시하는 설일체유부의 아비다르마에 의하면 악작(惡作), 즉 '악한 행위'에 초점이 맞추어진다면, 유식적 해석에서는 '후회(後悔)하는 마음'에 강조점이 주어진다고 할 수 있다. 따라서 유부 아비달마 체계의 악작(惡作)은 유식적 맥락에서 오작(惡作), 즉 '어떤 행위를 지는 것을 싫어함 / 후회함'으로 읽어야 할 것이다. 산스크리트 원어는 동일함에도 현장이 『구사론』에서는 '악작'으로 『대승오온론』에서는 후회로 번역한 것은 그 같은 해석이 개입한 증거이다.

둡게 하기 때문에, 사려(思慮)가 불분명하고 세력이 약하다. 깨었을 때의 마음은 꿈에 의한 파괴가 없으므로 대상이 명료하고 세력이 강성하여 꿈의 상태와 동등하지 않다. 만취한 상태[326] 등을 조건으로 삼아, 파괴된 마음의 [세력이] 약한 것(羸劣)도 역시 그러하다. 이것으로 '꿈 상태와 같은 마음'에 대한 질문에 답하였다.

논 **그러므로 지은 행위는 반드시 이숙(異熟)의 결과를 받으며, [세력의] 강약이 동일하지 않은데, 그것은 외계대상으로 인한 것이 아니다.** [1003a09]

술기 꿈으로 인해 일그러진 마음이 깨었을 때는 그렇지 않다. 따라서 이 두 상태에 의해 만들어진 선악은 당래(當來)에 이숙(異熟)의 결과를 받게 된다. 꿈의 결과는 우세하지 않다. 꿈의 결과는 약하고, 외계대상에 의한 것이 아니므로, 그 결과가 [깨었을 때와] 동일하지 않다.

외인들이 머리 숙여 묻는다. 이미 꿈꾸는 마음이 수면(睡眠)에 의해 파괴되지만 깨어난 마음은 그렇지 않다면, 어째서 꿈의 상태는 수면에 의해 파괴되어 그 대상이 비존재(實無)하고, 깨었을 때의 대상은 다시 존재(有)하지 않는가? 또 왜 이런 이치에 따라 당래의 결과가 달라지지 않는가?

그대의 학파에서는 깨었을 때 물질(色) 등을 보면 그것은 실유(實有)하는 것이고, 꿈꿀 때 물질(色) 등을 보았다면 그것은 당연히 비존재하는 것이다. 물질(色)을 보는 것이 비록 대상의 의미영역(義齊)은 복원하지만, 그것이 그 대상의 유무와 동등한 것은 아니다.

---

326) 狂醉(광취): 술에 몹시 취함

또는 설일체유부에 따르면, 꿈에서와 깨었을 때의 대상은 모두 존재하지만, 행위에 대한 당래(當來)의 결과는 동일하지 않다.

[그런데] 내가 의미하는 것에 대상은 없고, 깨어 있을 때와 꿈꿀 때가 동일함에도, 행위의 결과를 다르게 체감한다는 사실에 대해 어떻게 반박하겠는가?

여기에서 비난에 대해 주석하여, 본래 상태로 되돌릴 것이 끝도 없지만(無窮), 문장이 번거로워질 것을 염려하여 간략히 강요(綱要)만을 보여주었다. 모든 지혜를 가진 자들은 마땅히 이에 준하여 생각해야 할 것이다.

제6절. 작용 vv. 18-19

논 **만약 식(識)만이 존재하고, 몸(身)이나 말(語) 등이 없다면, 양(羊) 등이 어떻게 타인에 의해 살해될 수 있겠는가?** [1003a21]

술기 이하 두 게송은 제6절이다.

대상이 없다면 [동물의] 살해 등도 없다는 외도들의 비판에 대해 주석하고, 다른 학파의 과실을 돌이켜 힐난(詰難)한다.

먼저 외도들의 두 가지 비판을 설명한다. 이어지는 한 게송은 해설이고 이후의 한 게송은 힐난이다.

이제 첫 번째 비판이다.

만약 오직 유식(唯識)이라면 물질(色) 등의 대상은 비존재(無)이다. 따라서 몸(身)이나 말(語) 등이 없는데, 양(羊) 등은 어떻게 타인에 의해 도살되겠는가? [양의 도살이 가능한 것은 그것들이] 마음 밖의 존재(法)이기 때문이다. 바로 지금 세간의 논사들은 이런 비난을 많이 제기한다. 이 논서의 글을 통달하여 마땅히 잘못된 생각을 멈추어야 할 것이다.

논 **만약 양(羊) 등의 죽음이 타자의 살해로 인한 것이 아니라면 도살자는 왜 살생의 죄과(罪果)를 받는가?** [1003a28]

술기 이것은 두 번째 비판이다.

마음 밖에 양(羊) 등이 만약 그 죽음의 상태가 타인의 살해에 의한 것이 아니라면, 세간에서 양이나 물고기 등을 죽이는 도살자는 왜 살생의 죄를 받게 되는가?

만약 죄가 있다고 한다면, 그것은 마음 밖의 양을 죽인 것이어야 한다. 마음 밖의 양을 도살하지 않은 자가 어떻게 죄를 얻겠는가?

돌이켜 다시 두 가지 책임(責任)을 물으면, 형벌을 피할 길이 없다.

maraṇam paravijñaptiviśeṣād vikriyā yathā |

smṛtilopādikānyeṣāṃ piśācādimanovaśāt ||19||

타인에 의한 표상의 차이 때문에 [발생하는] 변이와 같이, 귀신[327] 등의 염력(念力)에 의해 죽음, 기억의 상실 등을 타인이 가질 수 있다.

yathā hi piśācādimanovaśad anyeṣāṃ smṛtilopa svapnādarśana bhūtagrahāveśavikārā bhavati | ṛddhivan manovaśāc ca | yathā sāraṇasyārya mahākāryāyanādhiṣṭhānāt svapnadarśanam | āraṇyakarṣimanaḥ pradeśāc ca vemacitraparājayaḥ | tathā paravijñptiviśeṣādhipatyāt pareṣām jīvitendriyavirodhinī kācid vikriyotpadyate yathā sabhāgasaṃtativicchedākhyam maraṇāṃ bhavatīti veditavyaṃ ||

귀신 등의 의식의 힘 때문에 다른 사람이 기억의 사라짐, 꿈에서 봄, 귀신에 사로잡힘 등의 변화가 있는 것처럼, 초자연적인 의식의 힘에 의해서[도 변화가 발생한다]. 사라나[왕]의 성자 마하카리야야나의 위신력에 의해 꿈에서 보는 것, 숲에 사는 선인들의 마음을 어지럽히는 것으로 인해 베마치트라 [왕]이 [전쟁에서] 패하는 것, 그처럼 어떤 자들의 특별한 식이 증대하는 것으로 인해 다른 이들의 명근(命根)이 소멸하는 어떤 변이가 발생하며, [그 변이에 의해] 심상속의 단절이라는 것에 대응하는 죽음이 발생한다고 알아야 한다.

=

「頌曰:

---

327) piśāca. m. 귀신이나 악마의 일종으로, 살코기(piśā)를 좋아한다거나 누르스름한 외모로 인해 피샤챠라는 이름을 얻은 것으로 보인다. 베다(Veda)에는 아수라(Asura)나 약사(Rākṣa)들과 함께 거론된다.

由他識轉變，有殺害事業，

如鬼等意力，令他失念等. (18)

論曰：如由鬼等意念勢力，令他有情失念得夢，或著魅等變異事成. 具神通者意念勢力，令他夢中見種種事，如大迦多衍那意願勢力，令娑刺拏王等夢見異事. 又如阿練若仙人意憤勢力，令吠摩質呾利王夢見異事. 如是由他識轉變故，令他違害命根事起. 應知死者謂眾同分，由識變異相續斷滅.」(T31, No. 1590, pp. 76c28-77a8)

논 **게송 18**

타인의 식(識)의 전변에 의해 살해 행위의 업(事業)이 존재한다. 귀신 등의 정신적 힘(意力)이 타인으로 하여금 기억을 잃게 하는 등과 같이. [1003b05]

술기 게송의 앞 2구(句)는 먼저 이치로서 주석하고, 뒤의 2구는 비유를 들어 성립시킨다.

살해하는 자가 증상연이 되어 살해의 식(識)을 일으킨다. 전변(轉變)의 힘 때문에 피살자가 살해되어 명근(命根)을 끊는 일이 이루어진다. 그러므로 살해하는 자는 살생의 죄를 얻게 된다. 귀신 등의 염력(念力) 등에 의하여 다른 유정들의 기억을 잃게 하는 것 등과 같다. 이하 마땅히 그와 같이 알아야 한다.

논 **귀신 등의 염력에 의한 힘이 다른 유정들로 하여금 기억을 잃게 하거나 꿈을 꾸게 하는 것과 같이** [1003b11]

술기 먼저 게송의 하반을 주석하여 비유를 성립시킨다.

세간에서 귀신이 유정들의 정신력을 혼란스럽게 하여, 다른 유정들이 본래의 바른 정신을 잃고 마음에 광기 등을 일으키게 하는 것과 같다. 혹은 귀신의 의식이 그것을 변화시켜 타인이 다른 꿈을 꾸게 하는 것과 같다.

'귀신 등과 같이'라는 것은, 구파(Gopā)논사의 해석에 따르면, 천신(天神, deva), 용신(龍神, nāga), 건달바(犍達縛, gandharva), 야차(夜叉神, yakṣa), 선인(仙人, ṛṣi) 등과 동등하게 여겨지며, 태중(胎中)의 아이와 같이 어머니의 근심과 걱정(憂惱)으로 인해 아이의 마음에 변이가 일어나 혹은 태어나고 혹은 죽으며, 혹은 아이가 즐거움에 대한 욕망(欲樂)을 일으키고 어머니가 아들의 욕망에 따라 꿈을 꾼다.

이하에서 게송의 끝 구절 '기억을 잃는 등(失念等)'을 주석한다.

논 **혹은 도깨비 등에 붙잡혀 변이(變異)의 사태를 일으키는 것[과 같이].** [1003b19]

술기 고양이와 귀신 등의 염력에 의한 힘이 타인으로 하여금 도깨비 등에 사로잡혀 변이(變異)[328]의 사태를 이루게 한다. 그것들은 직접적으로 타인들이 그렇게 하도록 할 수 있다. 단지 염력(念力)[329]에 의한 증상연이기 때문에 이런 사태가 두루 성립한다. 양(羊) 등을 도살하는 것도 그와 같다. 비록 밖에 몸(身)과 말(語)이 없어도 죽이는 일이 성립한다.

앞에서 '기억을 잃는 것(失念)'에 대해 해석하였으며, 이하에서 꿈이 가진 두 가지 사태에 대해 해석한다.

논 **신통력을 가진 자의 염력의 힘(意念勢力)은 다른 이로 하여금 꿈에서 며칠을 보게 한다.** [1003b24]

술기 게송에서 '귀신 등'을 언급하는데, 등(等)에서 등(等)의 의미가 이

---

328) vikāra: 형태나 성질의 변화

329) 본문에는 의념(意念). 타심에 대한 영향력 논증의 맥락에 따라, 이하에서 의념(意念)이나 의력(意力)은 염력(念力)으로 읽는다.

것이다.

여기서는 총체적으로 거론(擧論)하고, 이하에서 개별적으로 사태를 제시한다.

논 **가다연나의 마음에 원하는 힘이 파랄라 왕 등으로 하여금 꿈에서 이상한 일을 보게 하였다.** [1003b27]

술기 붓다가 세상에 거하던 시기에 마하가전연(摩訶迦旃延)[330]이 있었다. 마하(摩訶, mahā)는 '크다'는 뜻이며, 가다연(迦多衍)[331]은 '머리를 깎다'는 의미이다. 한결같이 해석된 것에 따르면,[332] 이것(가다연)은 그의 성씨이며 '나(那, na)'는 남성 접미사이다. 즉, '머리를 깎는 종족'의 남성(男聲)형으로 그가 남성(男性)임을 음절로 표시한다. '니(尼, nī)'라는 말이 여성(女聲)으로 그가 여성(女性)임을 음절로 표시하는 것과 같다. 파랄라(婆刺拏)[333]는 구역에서는 사라나(娑羅那)이며 유전(流轉)을 의미한다. 전체(剪剃)[334][, 즉 가다연]이 신통력의 의식(意識)으로 염원하여, 왕으로 하여금 꿈을 꾸게 하였다. 이런 사연을 설하는 것은 구역 『중아함경』에서

---

330) Mahākatyāyana, (Pali, Mahākaccāna, or Mahākaccāyana)

331) cf. *(keśa-)kartaya, 이발, haircut

332) 『개원석교록』에서 『시설족론(施設足論)』의 저자를 소개하면서, 가전연의 이름을 풀이한다. 그곳에서는 카차야나를 '존자 대가다연나(大迦多衍那)'로 읽으며, '가다(迦多)'는 전체(剪剃)의 의미이고, '연(衍)'은 종족(種)이며, '나(那)'는 남성(男聲)을 의미한다. 그리고 이 이름은 바라문(婆羅門) 중의 한 성씨(姓氏)라고 해설한다. 『개원석교록』 13권(K1062 v31, p.1155b01).

333) * king Pravāraṇa

334) 전체(剪剃): 수염을 자르고 머리를 깎은 것

설한 것과 같다.

사라나(娑羅那, Sārana)왕은 미희라(眉稀羅) 국의 왕[335]으로서 용모가 단정하였다. 스스로 일러 '견줄 만한 자가 없다' 하며 찾아다니기를 좋아하는 인물이었으며, 자신과 두루 비교하여 자기의 우월함을 드러내고자 하였다. 한번은 어떤 사람이 말하기를, 왕사성(王舍城, rājagraha)에 대가전연(大迦旃延)이라는 사람이 있는데 용모가 매우 뛰어나서 세간에서 비교할 자가 없다고 하였다. 왕은 [사람을] 보내 그를 맞아들였다. 가전연이 도착하자 왕이 출궁하여 환영하였는데, 왕[의 용모]가 그에게 미치지 못하였다. 사람들이 가전연만을 바라볼 뿐 왕을 보는 자가 없었다. 왕이 그 이유를 묻자, 무리가 '가전연의 용모가 왕보다 뛰어납니다.'라고 말했다.

왕은 대덕에게 지금의 열매(今果)와 이전에 맺은 인연(宿因)[336]에 대해 물었다. 가전연이 답하기를,

"저는 옛날에 출가하였고 왕은 걸식하는 아이였습니다. 제가 절터를 쓸고 있을 때 왕이 걸식을 하러 왔습니다. 제가 경내(境內)를 쓸면서 왕으로 하여금 거름 / 똥을 치우도록 하였습니다. 거름치는 일이 끝나자 왕과 함께 식사를 하였습니다. 이 같은 업(業)의 인연으로 인하여 인천(人天)의 세계에 태어나 단정한 용모의 과보를 얻었습니다."

---

335) cf. 又如藥藏菩薩. 令眉絺羅王與毘提訶王. 互相逼惱. 此亦是化作.
『섭대승론석』 11권(ABC, K0590 v16, p.1211c20-c21)
또한 약장(藥藏)보살이 미희라(眉稀羅)왕에게 비제가(毘提訶)왕과 함께 하도록 하여 서로 핍박하여 괴롭히게 하는 것과 같다.

336) 지난 세상(世上)에 맺은 인연(因緣)

왕이 이것을 듣자마자 출가하기를 간청하여 가전연의 제자가 되었다.

이후 가전연과 함께 아반지(阿盤地, avanti)에 가서 산중에서 각기 다른 자리에서 좌선을 행하였다. 아반지(阿盤地)왕의 이름은 발수다(鉢樹多)였다. 이때에 궁궐의 여러 사람들이 산에 들어와 유희를 즐겼는데 어떤 궁인(宮人)이 [사라나]왕의 용모가 단정한 것을 보고 에워싸 그를 살펴보았다. 발수다(鉢樹多)왕은 사라나(娑羅那)왕을 보고 [그에게] 어떤 욕망의 의도가 있을 것이라 의심하였다.

사라나왕에게 "그대는 아라한입니까?"라고 물었다. 왕은 "아닙니다."라고 대답하였다. 차례로 나머지 세 과위(果位)[337]도 하나하나 물었지만 왕은 모두 "아닙니다."라고 답하였다.

또 [왕이] 물었다. "그대는 탐욕을 벗어났는가, 아닌가?"

또 대답하기를 "아닙니다."라고 하였다.

발수다왕이 진노하여 말했다. "만약 그렇다면 그대는 무엇 때문에 나의 궁녀들 가운데 들어가서 나의 궁녀들을 보고 있는가?"

그리고 몸을 채찍질하여 망가뜨려 [사라나왕]은 기절하여 쓰러졌다가 밤이 되어 깨어나서는 그 자리에서 일어나 가전연에게로 갔다. 가전연이 보고 가엾게 여기는 마음이 일어나 모든 동학(同學)들과 함께 치료하였다.

사라나 왕이 가전연에게 말하였다. "스승님께 빕니다. 잠시 본국에 돌아가 군사를 소집하여 저 아반지(阿盤地)국을 파괴하고, 발수다왕을 죽이

---

337) 성자의 성취 단계로 아라한의 아래 단계를 순서대로 보면, '아라한', '불환(不還)', '일래(一來)', '예류(豫流)'

는 일을 마친 후 돌아와 스승님을 따라 수행하겠습니다."

가전연은 그 간청을 듣고 왕에게 "가기 바란다면 우선 하루만 묵고 나서 가라"고 말했다.

가전연은 그를 좋은 집에 들이고 그로 하여금 잠들기 원하게 하고, 꿈을 꾸게 하였다. 꿈에서 그는 군대를 소집하여 아반지를 정벌하고자 하였지만, 자신의 군대가 패배하고 자신은 적의 포로가 되어 손발이 묶이고 붉은 꽃이 머리에 꽂혀 있으며, 엄고(嚴鼓)338) 소리에 맞추어 죽이려 하는 것을 보았다.

왕은 꿈속에서 공포에 사로잡혀 크게 울부짖고 목메어 말하였다. '저는 이제 돌아가지 않겠습니다. 간절히 원컨대 제발 스승께서 저의 귀의처가 되어 긴 수명을 얻게 하여 주십시오.' 가전연이 신통력으로 손가락에 불을 일으키고 그를 불러 깨어나게 하고 물었다.

"어찌하여 아직도 깨어나지 못하고 오히려 재앙된 일을 말하는가?" 가전연이 불로 비추고 그에게 물었다.

"이곳이 어느 곳인지 그대 스스로 볼 수 있겠는가?"

왕의 마음이 크게 깨어났다.

가전연이 말하였다. "만약 그대가 저들을 정벌하고자 하면 꿈에서 본 바와 같이 반드시 패퇴할 것이다." 왕이 스승에게 괴로운 마음을 제거하여 주기를 간청하였다.

가전연이 설하였다. "일체의 모든 법(法)은 비유하자면 국토(國土)와

---

338) 엄고(嚴鼓): 왕이 거동(擧動)할 때, 관원들이 미리 준비할 수 있도록 예비적 신호를 주는 북으로, 처음 치는 초엄(初嚴), 이엄(二嚴), 삼엄(三嚴)이 있다.

같이 가명(假名)이며 실유(實有)가 아니다. 건물이나 집 등을 떠나서 따로 국토가 있는 것이 아니며, 기둥과 나무 등을 떠나서 별도로 건물과 집 등이 있는 것이 아니다."는 등 자세히 설하였다.

[궁극적으로] 극미(極微)에 도달하면 [그것은] 실재하는 존재가 아니며, 이것과 저것도 없고 원수나 친구도 없다. 왕은 이 가르침을 듣고 예류과(豫流果)를 증득하였으며, 이후 점차 아라한과(阿羅漢果)를 획득하였다.

따라서 자신의 의식에 의지한 타인의 꿈도 역시 성립한다는 것을 알아야 한다.

논 **아련야(阿練若, araṇya) 선인의 마음에 분노하는 힘이 베마시트라(vemacitra)[339]왕으로 하여금 꿈속에서 기이한 일을 보게 하는 것과 같다.** [1004a11]

술기 이제 세 번째 비유이다.[340]

아련야(阿練若)는 구역(舊譯)에서는 아란야(阿蘭若)라고 하였다. 이것은 한적(閑寂)한 광야(曠野)의 장소를 말한다. 마을을 떠나 텅 빈 들판을 이름하여 아련야(阿練若)라고 하며, 이곳에 [머무는] 선인을 이름하여 아란야선인(阿練若仙人)이라 한다. 베마시트라(吠摩質呾利)왕은 구역에서는 비마질다라아수라(毘摩質多羅阿修羅)[341]왕이라고 불렀다. 제석천(帝

---

339) 페마질저리(吠摩質呾利), Vemacitra, 사지천인(舍脂天人). 정심(淨心), 기화(綺畵), 보식(寶飾), 기식(綺飾), 채화(綵畵) 등으로 번역한다.

340) 첫 번째: 귀신의 염력, 두 번째: 가전연의 염력, 세 번째: 선인의 염력(念力)

341) *Vemacitrāsura

釋天)의 부인 설지(設支, Śacī)[342]의 아버지이다. [베마시트라를] 어떤 이는 기식(綺飾)이라 하고 어떤 이들은 채화(綵畫)라고 번역하였다.

선인(仙人)이 마음에 진노(瞋怒)하여 아수라(阿修羅)왕으로 하여금 꿈에서 기이한 일을 보게 하였다. 구역(舊譯)의 논서는 '공포스러운 일을 보는 것(見恐怖事)'이라고 하여, 이것과 동일하지 않다.

『중아함경』에 따르면, 7백 명의 선인(仙人)이 아란야에 머물 때 제석천이 신체로 장엄하여 들어온 가운데 하풍(下風)에 기대어 앉으니, 온갖 천신들이 모두 와서 제석천을 공경하였다.

베마시트라수라왕이 제석천의 그 일을 보고, 홀연히 천신으로 변하여 좋은 장엄도구를 착용하고, 울타리와 담장을 파괴하여 선인(仙人)들의 거처로 들어와 상풍(上風)에 앉았다.

선인이 이 같은 일을 괴이하게 여겨 그를 공경하지 않았다(不敬).

[그러자 베마시트라는] 심히 분한 마음을 일으켜, "그대들은 무엇 때문에 단지 제석만을 공경하고 나를 경멸(輕蔑)하는가?"라고 말하고, 모든 선인들을 고통스럽게 하고자 하였다. 모든 선인들이 뉘우쳐 물러났지만 그 원한이 그치지 않았고,[343] 선인들의 후회를 받아들이지 않았다. 그러자 모든 선인들이 마음의 염력으로 돌이켜 왕이 쇠락하고 번뇌하게 하였다.

때가 되어 베마시트라수라왕이 큰 고통을 겪고 후회하는 마음을 일으켜 선인들에게 점차로 보답하였다. 선인들이 마음의 염력으로 그의 거짓과 과실을 용서하자 본래대로 회복되었다.

---

342) Śacī, 혹은 Sujā, Sujatā. 아수라왕의 딸로, 제석천의 아내가 되었다.

343) 赞叹不已: 찬탄해 마지않다. (계속하여) 그치지 않다. (…해) 마지않다. 그만두지 않다.

이 논서에서는 아수라가 꿈을 꾸었다고 설하고, 경전에서는 꿈에서 깨었을 때 근심과 고통을 당했다고 설하지만, 그 이치는 대동소이(大同小異)하다. 이전에 설해진 바와 같이 모두 증상연이 되어 다른 일들이 일어나게 하는 것이지, 직접적인 인식조건으로 삼아 이런 일들이 있게 하는 것이다.

논 **그와 같이 타인의 식(識)의 전변에 의존하기 때문에 타인의 명근에 위해를 가하는 일이 일어난다.** [1004b01]

술기 앞의 반 게송을 주석한다.

'그와 같이'라는 말로 가르침을 결론짓는다. 증상연 가운데 타인의 살해로 인한 살해의 식(識)이 생기하여 전변하기 때문에, 죽임을 당한 자로 하여금 자신의 명근(命根)에 해를 끼치는(違害) 일이 일어나게 한다. 귀신 등의 정신적 힘으로 인해 타인이 기억을 잃는 것 등과 같다. 사태의 비유로써 바로잡아 뜻이 증명되도록 하였으므로 번거롭게 논증식을 세우지 않는다.

논 **마땅히 죽음이란 식(識)의 변이에 의해 중동분(衆同分)의 상속이 단멸한 것임을 알아야 한다.** [1004b06]

술기 비록 명근(命根)이 끊어지는 것을 알았지만 아직 죽음의 특징에 대해서는 알지 못하기 때문에 지금 다시 드러내 보인다.

중동분(衆同分)은 『성유식론』 등에 따르면,[344] "유정의 심신(心身)과 서로 유사하게 양태의 차별을 일으킨 것을 가설적으로 건립하여 중동분이라 한다.”

무엇에 따라 생을 취하는가(生趣)?[345]

만약 아직 비우지(捨, upekṣa) 못한 때에는 알라야식이 이것의 발생을 취하여 한 종류로만 상속하고, 전후가 동등하게 취하여 모두 동일하다.

만약 타인의 식(識)의 그릇된 증상연을 만나면, 중동분을 버리고 알라야식이 바로 변이하여 이전과 다른 생을 취한다. 이러한 취생(趣生)은 이전에는 상속하였지만 지금은 단멸(斷滅)한다. 나머지 식들도 역시 그러하다.

이전의 상속과 지금의 단멸을 이름하여 죽음(死)이라 한다. 죽음은 멸상(滅相)으로 총 두 가지 시간을 포함한다.

첫째는 장차의 소멸을 설하여 죽음이라 이름한다. 그것은 바로 현재에 촉처 가운데 성립된 죽음과의 접촉(死觸)과 같다. [12지연기에서] 죽음(死支)도 역시 그러하다. 만약 정확한 멸상(正滅相)을 죽음(死)이라 칭하자면, 접촉(觸支)은 마땅히 과거[에 있었어야] 한다.

둘째로 정확한 소멸(正滅)을 설하여 죽음이라 이름한다. 지금 설해진 바와 같이 식(識)의 특징이 단멸한 것으로, 그 즉시 [식의 상속은] 과거의 일이 되기 때문에 이를 죽음(死)이라고 설한다. 단지 이 멸상(滅相)은 [12연기 고리의] 죽음(死支)이나 접촉(觸支)이 아니다.

---

344) 『成唯識論』 卷1: 「然依有情 身心相似 分位差別假立同分.」 (T31, 5,b14-15)

345) 취생趣生＝생취生趣와 같은 말. 생물이 나는 네 가지 형식인 태생胎生, 난생卵生, 습생濕生, 화생化生의 사생四生과 육취六趣(六道)를 함께 이르는 말이다.

대지법

대지법(大地法, mahā-bhūmika); 아비다르마의 5위 75법 체계에서, '일체의 마음과 항상 함께하는 마음작용(심소법)'으로 10종의 다르마를 포함한다:	
1.	수(受, vedanā): 고락의 느낌
2.	상(想, samjñā): 감각대상의 표상작용
3.	사(思, cetanā): 선, 불선 등의 의지
4.	촉(觸, sparśa): 접촉, 감관, 대상, 식의 화합
5.	욕(欲, chanda): 욕구, 욕망, 희구(希求)
6.	혜(慧, prajñā): 지혜, 이치를 가려내는 간택, 판단
7.	염(念, smṛti): 기억, 잊지 않음
8.	작의(作意, manaskāra): 주의 집중
9.	승해(勝解, adhimokṣa): 인식이나 앎을 마음에 인가(印可)
10.	삼마지(三摩地, samādhi): 정신집중, 삼매, 심일경성
대지법(大地法)에 대응하는 유식체계(5위 100법)의 심소법(心所法)을 **변행심소(遍行心所, sarvatraga-caitta)**라고 하며, 5종의 심소를 포함한다. ; 촉(觸, sparśa), 작의(作意, manaskāra), 수(受, vedanā), 상(想, samjñā), 사(思, cetanā)	

표 8 다르마 분류

5위 75법			5위 100법	
10처·무표색	색법(11)	유위법 有爲法	심왕(8)	8식
6식	심법(1)		심소(51)	변행5
대지법10	심소법(46)			별경5
대선지법10				선심소11
대번뇌지법6				번뇌심소6
대불선지법2				수번뇌20
소번뇌지법10				부정심소4
부정지법8			색법	5근·5경·법경
14행법	심불상응행		심불상응행	24행법
3무위		**무위법**		**6무위**
75법				100법

kathaṃ vā daṇḍakāraṇyaśūnyatvam ṛṣikopataḥ ||20ab||

[그렇지 않다면] 어떻게 단다카숲이 선인(仙人)의 분노에 의해 황무지(śūnyatvam)가 되었겠는가?

yadi paravijñptiviśeṣādhipatyāt satvānāṃ maraṇāṃ neṣyate | manodaṇḍasya hi mahāsāvadyatvaṃ sādhayatā bhagavatopālirgṛhapatiḥ pṛṣṭaḥ | kacit te gṛhapate śrutaṃ kena tāni daṇḍakāraṇyāni mātaṇgāraṇyāni kaliṇgāraṇyni śūnyāni medhyībhūtāni tenoktam | śrutaṃ me bho gautama ṛṣīṇāṃ manaḥpradoṣeṇeti |

만약 타인의 식의 특별한 증상력으로 인한 유정들의 죽음이 인정되지 않는다면, [어떻게 단다카숲의 일을 설명할 수 있겠는가?].
정신적 범죄가 큰 죄라는 것을 입증하기 위하여 세존께서는 우팔리 거사에게 물었다. "거사여. 그대는 어떻게 단다카 숲, 마탕가 숲, 카링카 숲이 텅 비고 황무지가 되었다고 말해지는지 들어 본 적이 있는가?" 그가 대답하였다. "오, 고타마여! 성인들의 정신적 분노[의 표출]에 의해서라고 들었습니다."

=

「復次頌曰:

彈咤迦等空, 云何由仙忿?

意罰為大罪, 此復云何成? (19)

論曰: 若不許由他識轉變增上力故他有情死, 云何世尊為成意罰是大罪故, 返問長者鄔波離言: 「汝頗曾聞何因緣故, 彈咤迦林, 末蹬伽林, 羯陵伽林皆空閑寂?」長者白佛言: 「喬答摩! 我聞由仙意憤恚故.」

(T31, 77a8-15)

논 게송 19

단다카(彈宅迦, daṇḍaka)숲 등이 비어 있는 것은 어떤 선인(仙人)들의 분노(忿怒)에 의한 것인가? 의식(意識)의 죄를 대죄(大罪)로 삼는 것은 또 어떻게 성립하는가? [1004b19]

술기 이하에서는 되돌려 힐난한다. 게송의 전반(前半)에서 앞의 설명을 부정한다. 숲 등이 텅 빈 것이 어떤 선인들의 분노에 의한 것인지 돌이켜 힐난한다.

게송의 하반부는 만약 그 의미를 구해보면, '의식(意識)[에 의한 결과]가 아니라면 어떻게 대죄(大罪)가 성립하겠는가'라고 힐난한다.

논서의 구역(舊譯)에 따르면, 이것을 두 단계로 구분하기 때문에 전후가 분명히 구별된다. 첫 구절의 '등(等)'은 그 아래의 두 숲을 포함한다. 문장의 의미(意味)가 쉽고 상세(詳細)하므로 이하 모두 그와 같이 알아야 할 것이다.

논 **만약 타인의 식(識)이 전변한 증상력으로 인해 다른 유정이 죽는다는 것을 인정하지 않는다면,** [1004b25]

술기 그들을 힐난하기 위하여 먼저 그들의 헤아림(計量)을 서술한다.

앞에서 내가 설한 바는, 살해는 타인의 식이 전변한 증상연의 힘에 의하여 피살자인 다른 유정으로 하여금 죽게 하는 것이다. 그대는 이를 인정하지 않고, 타학설에 근거하여, [서로 다른] 타인(갑)이 직접적으로 타인(을)의 신체를 살해하기 때문에 다른 유정이 죽는다고 설한다.

따라서 그들은 이전에 설해진 것을 인정하지 않았으며, 지금 그들의 생각을 제시한 것이다.

논 **어찌하여 세존께서 의식의 죄를 짓는 것이 대죄(大罪)임을 성립시키기 위해 장자(長者) 오파리(鄔婆離)에게 반문하여 말하였겠는가?** [1004c01]

술기 이하 직접적으로 비판한다.

3업(業)의 온갖 죄는 현재의 인간과 천신(人天)을 위해 미래에 온갖 흉한 고통의 과보를 받게 될 것이라고 꾸짖어 책망(呵責)하는 것이다. 징계하여 바로잡을(治罰) 수 있고, 비방하여 나무랄 수 있기 때문에 이를 이름하여 벌(罰)이라 한다.

3업의 양을 따져보면 마음(意)의 죄가 가장 크다. 붓다께서 이것을 확립하기 위하여 장자 우팔리(鄔波離, Upāli)[346]에게 반문하였다. 우팔리(鄔波離)는 여기서는 근집(近執)이라 한다. 왕을 직접 가까이 하여 왕사(王事)의 집무(執務)를 보았다. 세간에서 조정의 집무를 본다고 말하는 것과 같고, 아라한이 계율 지킴에 제일인 것과 같다. 태자(太子)를 직접 가까이 하여 그를 섬기는 집무를 보았기 때문에 이름하여 우팔리(鄔波離)라 하였다.

『중아함경』[347]에 따르면, 니건자(尼犍子)라고 하는 이는 이름이 사제

---

346) 이하 우팔리. 우파리(鄔波離)는 Upāli의 음역으로, 우파리(優波離)로 표기하기도 하며, 근집(近執), 근취(近取) 등으로 의역하기도 한다. 그는 수드라(śūdra)계급 출신으로 석가족의 머리 깎는 일을 맡았으며, 출가하여 붓다의 10대 제자 가운데 계율의 준수에 가장 뛰어난 지율제일(持律第一)로 존중받았다.

347) 확인하지 못함. 부처님께서 우팔리(Upali:鄔波離, 優波離) 장자에게 3업(業) 중에서 의업(意業)이 가장 크다고 말씀하신 것은, 『중아함경(中阿含經)』 제32권의 「우파리경(優波離經)」에 나온다. 이하 규기의 장문의 인용은 이 「우팔리경(Upāli sutta)」의 내용에 근거하

불다라(闍提弗多羅)[348] 인데, 그의 제자 이름이 장열(長熱)이다.

장열이 붓다가 계신 곳에 이르자, 붓다가 장열에 물었다. "너의 스승이 너에게 법(法)을 가르칠 때, 3업(業) 가운데 어떤 죄업(罪業)이 중하다고 하는가?"

장열이 대답하였다. "몸의 업(身業)이 가장 무겁고, 그 다음이 구업(口業), 마지막으로 의업(意業)이 무겁습니다."

장열이 반문하였다. "고타마(瞿曇)께서는 이제 어떤 업이 가장 중하다고 설하십니까?"

붓다께서 말씀하셨다. "의업(意業)이 가장 무겁고, 신업(身業)과 어업(語業)은 도리어 가볍다."

장열이 돌아가자, 사제(闍提)[349]가 물었다. "고타마가 무엇이라 말하던가?"

장열이 자세히 설명하자 사제(闍提)가 찬탄하였다. "너는 진정 나의 아들이다. 내 입에서 나온 것을 따라 나의 가르침을 잘 받들어 말한 것에

고 있다.

348) 여기에서 규기는 인물과 경전인용에 혼선을 보인다. 먼저 '니건타사제불다라 (尼乾陀闍提弗多羅)'는 『別譯雜阿含經』에 이름만 1회 등장하며, 『중아함경』에서는 발견되지 않는다. cf. 『別譯雜阿含經』 卷3: 「尼乾陀闍提弗多羅」 (T02, No. 100, 391c15-16). '니건타사제불다라(尼乾陀闍提弗多羅)'는 니간타 나타뿌타(尼揵親子, Nigantha Nātaputta), 산스크리트어로 Nirgrantha Jñātaputra이며, 그는 『사문과경』에서 6사외도의 하나로 소개되고 있는 자이나교의 교주이다.
본문의 내용을 길게 인용하고 있는 『우팔리경』에서는 니간타 나타푸타(尼揵親子, Nigantha Nātaputta)의 제자 장고행자 니건(長苦行尼揵)과 우팔리 거사(優婆離居士)가 등장하는데, 이 우팔리는 물론 지계제일의 우팔리와는 다른 인물이다.

349) 니간타 나타푸타(Nigantha Nātaputta). 『고려국신조대장교정별록』에 외도의 여섯 스승의 하나로 니간타 사제자(尼乾陁闍提子)로 표기하는 사례가 발견된다. 『고려국신조대장교정별록』 17권(ABC, K1402 v38, p.627c01)

차이가 없구나. 이제 너는 다시 가서 고타마(瞿曇)의 뜻을 논파하고 장래에 나의 제자로 삼아라."

그러나 장열은 [그 지시를] 따르지 않았다.

[그 때에] 우파리(鄔波離)라고 하는 한 부유한 장자(長者)가 있었는데, 그도 니건타 나타푸타[350]를 섬기고 있었다. 사제(闍提)는 그에게 붓다에게 가서 그의 주장을 논파하도록 하였다. 그러나 장열이 [스승에게] 고하여 말하였다.

"그것은 불가능합니다. 그 고타마라는 이는 용모와 말재주(辯才)가 모든 사람의 능력을 뛰어넘고, 게다가 환술(幻術)도 부려 사람의 마음을 바꿀 수 있어서 무수히 많은 무리들이 그의 제자인데 어찌 그를 항복(降伏)시킬 수 있겠습니까?"

그러나 사제(闍提)는 그것을 불신하고 우팔리 장자(長者)에게 가도록 명하였다. 우팔리 장자(長者)가 가서 붓다의 뜻을 논파할 목적으로 자신의 주장을 세워 말하였다.

"우리는 세 가지 죄를 설정하여, 몸(身)이 가장 크고, 다음이 말(口), 그 후에 마음(心)이 온다고 합니다. 그런데 고타마께서는 어찌하여 마음(心)의 죄가 가장 중하다고 하십니까?"[351]

세존께서 그때에 미치라(眉絺羅)국에 있었는데, 그 국가의 성(城)은 5

---

350) 尼乾闍提. cf. 앞의 각주

351) 『中阿含經』 卷32 「1 大品」: 「爾時, 優婆離居士聞便歎曰: 「善哉! 苦行! 謂於尊師行弟子法, 所作智辯聰明決定, 安隱無畏成就調御, 逮大辯才, 得甘露幢, 於甘露界自作證成就遊. 所以者何? 謂向沙門瞿曇施設身罰最重, 令不行惡業, 不作惡業. 口罰不然, 意罰最下, 不及身罰極大甚重.」 (T01, 629,b11-17)

일 동안 두루 돌아보아야 할 정도의 규모였다.

붓다께서 장자(長者)에게 물었다. "만약 사람이 살해 행위를 할 경우, 이 나라 사람을 남김없이 살해하는 데 며칠이 걸리겠는가?"

장자(長者)가 답하여 말했다. "매우 능숙하면 7일, 혹은 10일, 혹은 한 달입니다."

또 물었다. "만약 선인(仙人)이 강력한 분노의 마음으로 살해한다면 며칠에 모두 마치겠는가?"

[장자(長者)가] 답하였다. "한순간에 온 나라의 사람을 남김없이 [살해]할 것입니다."

[붓다께서] 또 물었다. "1백일, 2백일, 3백일 동안 보시를 행한 것과 어떤 사람이 한순간에 8선정(禪定)에 들었다고 하면, 누가 더 뛰어나겠는가? 어떤 사람은 많은 시간 동안 계율을 지켜 행하였고, 어떤 사람은 한순간에 무루의 관찰(無漏觀)에 들었다면, 누가 더 수승한가?"

장자(長者)가 답하였다. "무루의 선정에 들어가는 공덕이 더 뛰어납니다."

붓다께서 장자(長者)에게 말하였다. "그런데 어찌하여 몸(身)과 말(口)의 죄가 더 중하고 마음의 죄가 가장 가볍다고 설하는가?"

장자(長者)는 사리(事理)에 굴복하여 제자로 삼아주기를 청하였으며, 나아가 과보를 얻어 스스로 서원(誓願)을 세워 말하였다.

"내가 머무는 장소는 항상 헤아려 삼보를 공양할 것이며, 일체의 자이나교도들[352]은 모두 내 집에 들어오지 못할 것이다."

---

352) 본문에는 '니건(尼乾)'

장자(長者)는 진리를 깨닫고 이후에 본가(本家)로 돌아갔다. 사제(闍提)가 그의 소식이 더딘 것을 괴이하게 여겨 사람을 보내어 찾아보도록 하였다. 그러나 장자(長者)의 집 한 가솔(家率)이 그 사람이 집에 들어오는 것을 불허하였다. 사제(闍提)는 그 연유를 헤아릴 수 없어 스스로 그를 찾아보러 갔다. 장자(長者)는 높은 의자를 꾸미어 자신이 앉고, 다른 간편한 작은 의자로 사제(闍提)를 대접하였다. 사제(闍提)는 법도(法道)의 사용이 이와 같은 것을 보고 장자(長者)를 책망하여 꾸짖었다.

장자(長者)가 답하여 말했다. "지금 이 사람은 과거의 그 사람이 아닙니다. 나는 지금 이미 당신을 뛰어넘었고, 지금은 붓다의 제자인데, 무엇이 옳지 않다고 하겠습니까?"

사제(闍提)가 다시 말하였다. "내가 그대에게 고타마를 취하여 나의 제자로 삼으라고 하였는데, 그것은 이루지 못하고, 이제 그대마저 잃었구나. 내가 이제 그대를 위하여 하나의 비유를 설하겠다."

그리고 그는 비유를 들어서 말하였다. "비유하자면, 어떤 한 사람이 있는데 모름지기 울파라근(欝婆羅根)[353]을 취하여 그것을 먹기 원하여, 사람이 연못에 들어가게 하고 곳곳에서 구하여 찾았지만 찾지를 못하였을 뿐 아니라, 스스로 남근을 뽑아서 울파라근(欝婆羅根)은 얻지 못하고 자신의 뿌리(根)를 잃었구나. 바로 그대가 그와 같다. 그대가 고타마(瞿曇)를 찾아 구하였으나 그를 얻지는 못하고 오히려 그대 자신을 잃은 것과

---

353) utpala: 수련. water lily, blossom of blue lotus. 여기서 니간타 나타푸타는 분명 일종의 언어유희를 사용하고 있다. 우팔리(Upali)를 보내 웃팔라(수련)의 뿌리를 얻고자 하였지만, 웃팔라 뿌리는 얻지 못하고 우팔리의 뿌리를 잃어버렸다는 조롱이다. '웃팔라의 뿌리'는 물론 남성의 상징으로서 '남근(男根)'의 메타포이다.

같다. 그대가 바로 저 남근(男根)과 같다."

장자(長者)가 대답하였다.

"나도 당신을 위하여 비유를 들어보겠습니다. 비유하자면, 성품이 매우 어리석은 어떤 사람이 있는데, 그는 매우 교활한 부인을 얻었습니다. 혼인 이후에 드디어 임신(有娠)을 하자 부인이 말하였습니다. '아이가 태어나면 마땅히(應須) 놀잇감(戱具)이 있어야 하겠지요.' 그녀는 남편과 논의하여 [놀잇감을] 찾아보도록 맡겼습니다. 때가 되어 그 남편이 원숭이 새끼를 찾아 구해서 부인에게 돌아오자, 부인이 그 남편에게 말했습니다. '당신은 [놀잇감을] 씻고, 염색하고, 무두질을 해야 할 거예요.' 놀잇감을 구하기 위해 힘들여 고생하였으므로, 남편은 사람을 고용하여 그것을 씻고, 염색하고, 무두질을 하게 하였습니다. 그는 이렇게 말하였습니다. '씻는 것은 좋으나 어찌하여 염색하고(染), 무두질(舂)을 해야 할까? 이것이 만약 옷이라면 세 가지 일을 하는 게 가능할 것이지만 원숭이 장난감은 불가능한데 어떻게 그것을 한단 말인가?' 그는 그 [원숭이를] 씻고 씻는 일이 끝나자 뜨거운 즙에 넣어서 원숭이를 염색하였습니다. 피륙(皮肉)이 이때에 이미 모두 문드러진 이후 그것을 무두질하여 형상이 모두 사라져버렸습니다.

그것은 아이의 장난감을 위하여 감당할 만한 일이 아닙니다. 당신의 가르침이 그와 같습니다. 아직 깨끗하지 않은 물건은 오직 깨끗하게 씻을 수 있을 뿐, [당신의 가르침은] 염색할 수 없는 것처럼 아직 '받아서 지닐(受持)' 만하지 못하고, 무두질할 수 없는 것처럼 아직 수행할 수 없는 것입니다. [그런데] 어찌하여 나에게 받아서 지니고 배워서 익히라고 하십니까?” 사제(闍提)는 이것에 대해 부끄러움을 느끼고 떠나갔다.

이 [비유]가 그에게 향하기 때문에 되돌려 묻는다고 말한 것이다. 『비바사론』 제27권에도 이 내용이 있다.354)

논 그대는 ‘무슨 인연으로 단다카(彈宅迦)숲, 만탕가(末蹬伽)숲, 칼링카(羯陵伽)숲이 모두 텅 비고 한적한지’를 들어본 것이 있는가? [1005a28]

술기 이에 붓다께서 물었다. 단다카(daṇḍaka)는 진제역에서 단타가(檀陀柯)라 하였으며, ‘죄를 다스린다’ 또는 ‘죄인을 처벌하는 장소’라는 의미이다. 지금은 죄인을 처벌하여 그 안에 가두어 두는 곳이다.

『중아함경』에 따르면, 그것은 왕의 이름이며, 그에게는 마등가(摩燈伽, Mātanga)라는 한 부인이 있었다. 그녀는 바라문의 딸이었으며, 매우 뛰어난 용모를 지녔고, 마등가(摩登伽)라는 이름의 선인(仙人)을 남편으로 두었었다. 그는 산중에 앉아 좌선하였고, 부인은 남편을 위하여 힘써 먹을 것을 날랐다. 단타가(檀陀訶)왕이 산에 들어가 노닐다가 이 부인을 보고, 그녀가 누구인지를 물었다. 어떤 사람이 그녀는 선인의 부인이라고 대답하였다. 왕이 말하기를, ‘선인은 욕망을 떠난 사람인데 부인이 있어 무슨 소용인가?’하고, 그녀를 붙잡아 궁궐 안으로 데려왔다. 선인이 식사

---

354) 『阿毘達磨大毘婆沙論』 卷27: 「違宗破者. 如鄔波離長者白佛言. 身業罪大非意業. 佛告彼曰. 彈宅迦林羯凌伽林等誰之所作. 豈非仙人惡意所作. 彼答言爾. 佛言. 身業能作此耶. 彼言不能. 佛告彼曰. 汝今豈不違前所言. 彼便自伏.」 (T27, No. 1545, 139a28-b3)
『阿毘達磨俱舍論』 卷18 「4 分別業品」: 「若爾何故三罰業中. 佛說意罰為最大罪. 又說罪中邪見最大. 據五無間說破僧重. 約三罰業說意罪大. 就五僻見說邪見重. 或依大果害多有情斷諸善根. 如次說重. 感第一有異熟果思. 於世善中為最大果. 感八萬大劫極靜異熟故. 約異熟果故說此言. 據離繫果則金剛喻定相應思能得大果. 諸結永斷為此果故. 為簡此故說世善言. 為唯無間罪定生地獄.」 (T29, 94,b12-20)

때가 되어서 부인을 기다렸지만 그녀가 오지 않자 마음에 분노와 원한(恚恨)이 일어났다. 그는 다른 사람에게 사정을 물었다(借問). 다른 사람이 말하기를 왕이 데려갔다고 하였다. 선인이 왕의 처소에 가서 정중히 요구하였다.

[그러나 왕은] 돌려주기를 꺼려하며 말하였다. "그대는 선인인데 어찌하여 부인을 두었는가?"

선인이 말했다. "나는 식사를 부인에게 의탁합니다."

왕은 여전히 그녀를 돌려주지 않았다. 선인은 분노의 마음을 일으켜 그 부인에게 말하였다. "그대는 한마음으로 나를 생각하여 잠시도 나를 버리지 마세요. 오늘 밤 이 국토를 파괴할 것입니다."

선인이 밤에 명상에 들자 그 때에 큰 돌덩이가 비처럼 내리고 왕과 그 나라 사람이 모두 죽었으며, 이전에 골짜기였던 곳이 산이 되었다. 이 부인은 일심(一心)으로 그 선인을 생각하였으며, 유일하게 죽지 않은 몸으로 산으로 돌아갔다.

본래 단다카 왕국이 지금은 숲이 되었지만 본래의 지역 명을 따라서 그 산림을 [단다카라고] 이름한 것이다. 사람이나 물건은 모두 사라졌기 때문에 이름하여 공적(空寂)이라 한다. 구역가들은 해석하여 말하기를, 모든 선인들이 선정을 수행하는 장소를 이름하여 공적(空寂)이라 한다.

말등가(末蹬伽)는 구역에서 가릉가(迦陵伽, Kaliṅga)[355]라 하고, 이것

---

355) 순서만 바뀌었을 뿐이며, 마등가(摩登伽)로 음역하고 있다. 『大乘唯識論』 卷1: 「若由他識變異增上不許眾生死. 世尊. 成立心重罰最為大罪. 問優婆離長者. [14]長者汝曾聞不. 云何檀陀柯林. 迦陵伽林. 摩登伽林. 空寂清淨. 長者答言. 瞿曇. 曾聞由仙人瞋心.」 (T31, 73,b22-25)

은 '교일(憍逸)[356]'이라 하며, 선인의 이름이기도 하다. 구역에는 왕의 이름이라고 하는데, 어떤 산스크리트본에는 발등가(鉢蹬伽, Patanga)로, 이것을 번역하면 '나방(蛾)'이며, 불을 향해 모여드는 [곤충]을 말한다.

옛날에 한 선인이 있었는데, 그 행색(行色)이 매우 추루(醜陋)하기가 세간에서도 극심하였지만 수행으로 5통(通)[357]을 증득하였으며, 그는 산중에 앉아서 좌선하고 있었다. 어떤 한 음탕한 여인이 왕을 극히 연모하고 왕도 그녀를 사랑하였다. 그러나 후에 왕을 분노하게[358] 하여 왕이 그녀를 쫓아내었다. 음탕한 여인은 산으로 들어가 추루한 선인을 보고 말하기를 그를 상서로운 인간이 아니라 생각하고, 상서롭지 않은 일이 일어날까 두려워하였다. 음탕한 여인은 사무치도록 간절히 생각하기를(切念), '내가 지금 여기로 내보내진 것이야말로 길상한 일이 아니다. 만약 이 상서롭지 않음을 바꾸면 나는 분명 길상하게 되리라' 생각하고, 똥오줌을 취하여 부정한 액체를 씻었으며, 여종을 산으로 보내 선인에게 물을 주었다(澆灌). 선인은 그것을 인내(忍耐)하여 받아들이고 분노와 원한을 일으키지 않았다. 어떤 바라문이 선인을 위하여 씻어주었고, 음탕한 여인은 이후 다시 왕의 총애를 회복하였다.

어떤 한 국사(國師)가 있었는데, 그도 번뇌를 가지고 있었다. 음탕한 여인이 말하였다. "상서롭지 않은 것을 선인에게 돌린다면 반드시 상서

---

356) 교일(憍逸): 교만과 방일

357) 수행자가 증득하게 되는 6종의 신통력(神通力)은 신족통(神足通), 천이통(天耳通), 타심통(他心通), 숙명통(宿命通), 천안통(天眼通), 누진통(漏盡通)이다. Cf.『長阿含經』卷9:「云何六證法? 謂六神通: 一者神足通證, 二者天耳通證, 三者知他心通證, 四者宿命通證, 五者天眼通證, 六者漏盡通證.」(T01, No. 1, 54b9-11)

358) 촉오(觸忤)=촉노(觸怒)

로운 것으로 돌아옵니다." 국사(國師)는 그 말에 의지해서 똥오줌으로 그를 씻었고 선인은 역시 그것을 참고 받아들였다. 제자인 바라문이 다시 돌이켜 그를 깨끗이 씻었다. 이후 국사는 다시 상서로운 일을 얻게 되었다. 그 일을 모두 증거로 삼아 사람들이 두루 그것을 알고 있었다.

왕이 이후에 정복을 바라자 국사는 나아가 간언(諫言)하였다. 상서롭지 않은 일로 선인에게 베푼다면 반드시 상서로운 것을 획득할 것이다. 왕이 결국 산중에 집을 지어서 항상 똥오줌을 취하여 선인을 씻고 물을 제공하라고 말했다. 그리고 정벌에 나아가 승리를 얻었다.

이후 만약 마음에 감당할 수 없는 일이 있으면, 언제나 분뇨로 그를 씻어내는 일을 하였다. [그러자] 선인은 더 이상 참고 받아들이지 못하고, 마음에 분노와 원한을 일으켜, 돌을 비처럼 내려 왕과 사람들이 모두 죽었다. 오직 선인을 섬기는 자만이 이 고통을 면제받았다. 순식간에[359] 나라는 숲이 되었으며, 본래 이름을 따서 이 숲(山林)을 말등가(末蹬伽)라고 이름하였다.

갈릉가(羯陵迦)는 여기에선 화아(和雅)[360]라고 하며, 그런 새의 이름이다. '릉(陵)' 자는 거성(去聲)[361]으로 발음한다. 구역에 따르면, 마등가

---

359) 수유(須臾), muhūrta: 불교에서의 시간 단위로 매우 짧은 순간을 의미하며, 찰나(刹那)와 유사한 개념으로도 사용된다. 그러나 『구사론』에 따르면, 1수유는 1주야(晝夜)의 30분의 1로, 약 48분(分)의 시간에 해당한다.

cf. 『阿毘達磨俱舍論』 卷12:

百二十刹那, 為怛刹那量,
臘縛此六十, 此三十須臾,
此三十晝夜, 三十晝夜月,
十二月為年, 於中半減夜.
(T29, 62b13-16)

360) 화아(和雅): 조화롭고 청아함

(摩登伽)로 선인의 이름이다.

옛날에 한 사람이 있었는데, 그가 선인에게 말했다. "만약 그대에게 아들이 있다면 반드시 국사(國師)가 될 것이다." 마등가(摩登伽)는 전타라(旃陀羅)[362]의 종족(種)이었는데, 이 말을 듣고 왕에게 혼인할 여인을 구하였다. 그러나 왕은 그를 크게 질책하였다. "너는 비천한 종족 출신인데 어찌 감히 나에게 혼인할 사람을 요구하는가?" 선인은 수차례 시도하였지만 이루지 못하였다.

그때 딸 하나가 선인들의 거처로 시집가기를 원하여, 어머니로 하여금 왕에게 말하게 하였다. "그는 비록 천한 종족이지만 선인(仙人)이므로 이를 매우 소중히 여겨 내가 그에게 시집가고자 합니다." 그러나 왕이 이를 불허하였다. 딸은 몰래 그를 떠나서 선인의 부인이 되었으며 아들 하나를 두었다. 왕은 이미 그녀를 잃고 나서 곳곳을 찾아 선인의 거처를 알고자 하였다.

그는 전도라(旃荼羅)[363]를 보내 선인과 여인을 결박하여 서로 묶어 갠지스강[364]에 던졌다. 선인이 갠지스의 신(神)에게 말하였다. "그대는 내가 빠져 죽도록 하지 말라. 만약 내가 빠져 죽는다면 순식간에 물이 고갈(枯渴)할 것이다." 강의 신(河神)이 노끈을 끊어 선인이 돌아가도록 풀어주었다.

---

361) 고전한문의 평성(平), 상성(上), 거성(去), 입성(入)의 네 가지 성조(聲調)의 하나이다.

362) 전타라(旃陀羅, caṇḍāla): 인도(印度)의 사성(四姓)계급에 포함되지 않는 가장 낮은 계급에 속하는 종족(種族)으로, 도살(屠殺), 양계(養鷄), 어로(漁撈), 수렵(狩獵) 등의 직업을 가진 천민계급이다.

363) 전도라(旃荼羅) = 전타라(旃陀羅, caṇḍāla)

364) 항하수(恒河水) the Ganges

선인이 진노하여 염력을 일으키자, 순식간에 돌이 비가 되어 내리고 왕과 사람들은 모두 죽었다. 이 나라가 변하여 숲이 되었으며 본래의 지명을 따라 이름하여 마등가(摩登伽)라고 불렀다. 옛날의 이 세 나라가 지금은 변하여 숲이 되었다.

붓다가 우팔리에게 물었다. 그대는 무슨 연유로 이 산림이 텅 비게 되었는지 알겠는가?

논 **장자(長者)가 붓다에게 아뢰어 말하였다. '고타마여, 저는 선인들이 마음에 분노하였기 때문이라고 들었습니다.'** [1005c21]

술기 교답마(喬答摩)는 앞에서 고타마(瞿曇)라 하였으며 감자종(甘蔗種), 혹은 일자종(日炙種) 또는 우분종(牛糞種) 등[365]으로 부른다. 구역에서 주석한 바와 같이 붓다는 이 종족(고타마 족)에 속하기 때문에 교답마(喬答摩)라고 부른다.

장자(長者)가 붓다에게 답하였다. "제가 아직 보지는 못하였지만, 이미 선인에 대해 들은 적이 있습니다. 앞의 일과 같은 것으로 인해 마음에 분노를 품었기 때문에, 나라가 변하여 숲이 되고, 텅 빈 곳에 된 이유(所以)입니다. 지금 말한 바와 같이 선인이 마음에 분노를 일으켜서 세 나라의 온 유정들이 살해되었으며, 나라가 변하여 숲이 되었습니다."

---

365) 붓다의 성씨(姓氏). 산스크리트어로 Gautama, 팔리어로 Gotama로 표기한다. 이것은 다양한 형태로 음역(音譯)하거나 의역(意譯)되었는데, 예를 들자면, 구담(裘曇), 교답마(喬答摩), 구답마(瞿答摩), 구담(俱譚) 등이 음역이며, 지최승(地最勝), 암우(暗牛), 우분종(牛糞種), 감자종(甘蔗種) 등이 의역한 이름에 해당한다. 감자(甘蔗)는 사탕수수(ikṣuvāku)이며 우분(牛糞)은 쇠똥을 의미한다.

따라서 그것은 타인의 온갖 식(識)이 전변한 증상력 때문임을 알아야 한다. 다른 유정의 죽음은 몸(身)과 말(語)로서 그를 직접 살해하기 때문이 아니다.

경전에 준하여 보면, 단지 선인의 의지(意志)로 살해한 일에 대해 총괄하여 묻고, 지금 개별적으로 선인이 세 나라[의 왕과 백성]을 살해한 것을 논하여 설명하였다.

manodaṇḍo mahāvadyaḥ kathaṃ vā tena sidhyati ||20cd||

[그렇지 않다면] 어떻게 정신적 범죄가 큰 죄라는 것이 그것에 의해 증명되겠는가?

yady evaṃ kalpyate | tad abhiprasannair amānuṣais tadvāsinaḥ sattvā utsāditā na tv ṛṣīṇāṃ manaḥ pradoṣān mṛtā ity evaṃ sati kathaṃ tena karmaṇā manodaṇḍaḥ kāyavāgdaṇḍabhyaṃ mahāvadyatamaḥ siddho bhavati | tan mānaḥpradoṣamātreṇa tāvatām sattvānāṃ maraṇāt sidhyati ||

만약 다음과 같이 그것을 분별한다면, 즉 [선인에게] 호의를 가진 비인간 존재에 의해 그곳에 살고 있는 유정들이 사라진 것이지, 선인들의 정신적 분노[의 표출]에 의해 죽은 것이 아니라고 생각한다면, 그렇다면 어떻게 정신적인 범죄가 신업이나 어업의 죄보다 더 큰 죄라는 것이 증명되겠는가?
그와 같은 유정들의 죽음으로부터 오직 선인들의 정신적인 분노에 의해서라는 것이 입증된다.

=

「若執神鬼敬重仙人，知嫌為殺彼有情類，不但由仙意憤恚者，云何引彼成立意罰為大罪性過於身語？ 由此應知，但由仙忿彼有情死，理善成立.」(T31, 77a15-18)

논 **만약 귀신들이 선인들을 공경하고 중시하여, [선인들이 유정을] 싫어하는 것을 알고 [귀신들이 대신하여] 그 유정들을 살해한 것이지 단지 선인들 마음의 분노로 의한 것이 아니라고 주장한다면,** [1006a01]

술기 저 학파의 의도는, 오직 의력(意力)으로는 살해의 업도(業道)를 성립시킬 수 없으며, 유정으로 하여금 죽게 하는 것은 선인이 의욕(意欲)을 일으키고, 귀신이 그것을 공경하고 중시하여 선인의 마음에 분노를 보고, 선인을 위하여 그 유정을 살해한다는 것이며,[366] 오직 선인의 마음에 있는 분노의 힘에 의존하기 때문에 유정이 죽는 것은 아니라는 주장이다.

그것을 지칭하고 헤아려 구하는 것이므로 '만약'이라고 말한 것이다.

논 **무엇 때문에 그것을 끌어와 의식의 죄가 몸(身)이나 말(語)의 죄보다 그 죄성이 더 크다는 것을 성립시키는가?** [1006a07]

술기 아래 반 게송을 주석하여, '마음(意)의 죄가 크다'고 힐난한다.

만약 귀신이 살해하다면, 무엇 때문에 세존은 저 숲의 사례를 끌어와서 장자(長者)에게 '마음(意)의 죄가 몸(身)이나 말(語)의 죄보다 그 죄성이 더 크다는 것을 성립시키는가?'라고 반문하겠는가?

이 학파의 주장에 의하면 살해는 몸(身)이나 말(語)에 있기 때문에, 의

---

366) 선인의 의력(意力)과 업을 일으키는 실제적 작용 사이에 직접적인 인과관계는 없으며, 대신 귀신들이 선인의 의중(意中)을 파악하여 현실에 작용을 일으킬 수 있지 않은가 하는 주장이다. 흥미롭게도 이런 사고방식은 일종의 세속적 기회원인론(occasionalism)처럼 보인다. 정신과 신체의 작용 사이에는 깊은 심연을 매개하는 어떤 매개자(절대자, 혹은 이곳에서는 귀신)가 있어서 정신의 힘이 물리적 세계에까지 미쳐서 작용을 일으키게 한다.

식(意識)의 죄는 크지 않다.

『구사론』에 설한 것과 같이,367) 세 가지 죄업(罪業)들 자체를 비교해 보면 마음(意)의 죄가 크고, 5무간업의 죄368) 가운데 파승(破僧: 승단을 파괴함)이 크며, 다섯 가지 편견(偏見) 가운데 거짓 견해가 가장 크다. 그러므로 마음으로 무량한 수의 중생을 살해하는 것이 파승의 죄를 넘어선다고 알아야 한다. 파승죄(破僧罪)는 거짓말(虛誑語, mṛṣāvāda)이기 때문이다.

만약 그렇다면, 논서에서 설한 파승은 무간에 일겁(一劫)에 걸친 악한 이숙과를 능히 감수(感受)하는 것인데, 여기에서 마음의 살해가 감수하는 과보는 무엇인가?

대승에서는 무량겁(無量劫)에 무간의 과보를 감수(感受)하는 것으로, 파승의 죄를 넘어선다고 설한다.

앞의 것을 따라서 이름하여 모두 생의 과보(生報)라고 이름한다. 물질적인 업도(業道)369)는 5무간(無間)의 업을 세우는데, 그 가운데 중한 것을 말하자면 파승(破僧)이다. 그러나 파승도 의업의 죄보다 더 큰 죄를 짓는 것은 아니다. 따라서 마음의 죄(意罰)가 죄성(罪性)이 크다고 한다.

또『구사론』에 따르면,370) 어떤 이는 큰 과보에 의거하여 파승이 무겁

---

367)『阿毘達磨俱舍論』卷18:「若爾, 何故三罰業中, 佛說意罰為最大罪, 又說罪中邪見最大? 據五無間說破僧重, 約三罰業說意罪大, 就五僻見說邪見重.」(T29, 94b12-15)

368) 무간업(無間業): 무간지옥에 떨어질 지극히 악한 행위. 곧, 오역죄(五逆罪)를 말함.
(1) 아버지를 죽임
(2) 어머니를 죽임
(3) 아라한을 죽임
(4) 승가의 화합을 깨뜨림
(5) 부처의 몸에 피를 나게 함

369) 정신적인 의업(意業)에 대비하여 신업(身業)과 구업(口業)의 물질적인 차원의 업

370) cf.『阿毘達磨俱舍論』卷18:

다고 설하고, 혹은 많은 유정에 해를 끼치기 때문에 마음의 죄(意罰)가 크다고 설하며, 혹은 온갖 선근(善根)을 끊었기 때문에 거짓 견해가 중하다고 설한다.

그들 학파가 설하는 바에 따르면, 바로 그것의 죄가 커서, 후에 과보를 받을 때 비록 단 일겁(一劫)이지만 파승이 무간(無間) 등의 과보를 받는 것보다 더하여 받는다. 모두 생보(生報)이기 때문에 여러 생에 태어나 무간의 과보를 감수하는 것은 불가능하므로 대승과는 동일하지 않다.

논 **이것에 의지하여 응당 단지 선인의 분노로 인해 그들 유정들이 죽는다는 이치가 잘 성립한다는 것을 알아야 한다.** [1006a24]

술기 이제 앞의 논의를 마무리한다.

이처럼 붓다가 설한 것은 마음의 죄(意罰)가 크기 때문이다. 그대는 마땅히 단지 선인의 분노에 의해 세 나라와 중생이 모두 살해되어 죽었으며 지금은 숲으로 변해 버렸다는 것을 알아야 한다. 이것은 마음의 죄(意罰)가 더 중하다는 이치를 잘 성립시킨다. 귀신이 선인을 공경하고 중시하여 [선인이 혐오하는 것을] 알아서 살해한 것이 아니다.

또 해설하면, 그것은 자신의 식(識)이 전변한 증상연(增上緣)의 힘이

「於諸惡行無間業中何罪最重? 於諸妙行世善業中何最大果? 頌曰:
破僧虛誑語, 於罪中最大;
感第一有思, 世善中大果.
論曰: 雖了法非法, 為欲破僧而起虛誑語顛倒顯示, 此無間中為最大罪.」(T29, 94a28-b5)
『阿毘達磨俱舍論』 卷18: 「何故三罰業中, 佛說意罰為最大罪, 又說罪中邪見最大? 據五無間說破僧重, 約三罰業說意罪大, 就五僻見說邪見重. 或依大果害多有情斷諸善根, 如次說重.」(T29, 94b12-16)

다른 유정을 죽게 하여 유식의 뜻이 성립한다는 것을 반증(返顯)[371]한다. 결코 식(識)이 외계대상에 의지하여 직접 어떤 이를 살해하였을 때 그것을 그가 죽었다고 말하는 것이 아니다.

371) '반현(返顯)'은 『술기』에서 사용되는 '반문(返問)'이나 '반힐(返詰)'과 같은 논증방식으로, 바른 이치와 상반되는 사례나 주장을 들어서 주장의 오류를 지적하는 논증방식, 즉 불교 논리학의 '귀류논증(prasaṅga)'에 해당하는 술어이다.

표 9 육합석(六合釋)

육합석(六合釋): 산스크리트어 합성어의 여섯 가지 해석법

1. **지업석(持業釋, karmadhāraya):** 앞 단어를 형용사, 부사로 하여 뒤따르는 단어인 명사, 형용사를 수식하는 해석방식. 예) '오직 식' = 유식(唯識)' (부사 + 명사),
2. **의주석(依主釋, tatpuruṣa):** 앞 단어가 뒤 단어를 한정 / 소유하는 의미로 해석. 의사석(依士釋)이라고도 함. 예) 왕의 아들.
3. **유재석(有財釋, bahuvrihi):** 다재석(多財釋)이라고도 하며, 합성어 전체를 형용사로 해석하는 방법. 예) 유식론이 '유식의 이치를 지닌' 논서라고 할 때, '유식(唯識)'이라는 복합어가 '유식+론'이라는 복합어에서 '유식의 이치를 지닌'이라는 형용사적 해석이다.
4. **상위석(相違釋, dvandva):** 서로 다른 실체들을 개별적으로 나열하여 단어들을 병렬 관계로 해석하는 방법. 예) 정혜(定慧)에서 정(定)과 혜(慧).
5. **인근석(隣近釋, avyayibhāva):** 의미상의 자비의 원리를 적용하여, 단어의 넓은 의미의 외연을 포괄하는 해석방식이다. 사념처(四念處, catvāri smṛty-upasthānāni)의 본질은 지혜(慧, prajñā)이지만, 넓은 의미에서 지혜(慧)와 가까운 smrti (sati), 즉 억념(憶念), 유념(留念), 마음집중 등을 념(念)의 의미를 광의(廣義)로 해석.
6. **대수석(帶數釋, dvigu):** 수량이나 순서를 나타내는 단어가 형용사, 부사적으로 명사와 복합어를 이루는 경우. 예) 오온(五蘊), 12처(處), 삼계(三界) 등.

(2) 타심지 v.21ab

yadi vijñaptimātram evedaṃ paracittavidaḥ kiṃ paracittaṃ jānantyatha na | kim cātaḥ | yadi na jānanti kathaṃ paracittavido bhavanti | atha jānanti |

[실재론자] 만약 이 [세계가] 실로 오직 유식일 뿐이라면, 타인의 마음을 아는 자들은 타인의 마음을 아는 것인가? 아닌가?
[세친] 그래서 어떻다는 것인가?
[실재론자] 만약 알지 못한다면 어떻게 타인의 마음을 아는 자라고 할 것이며, 안다고 한다면

=

「若唯有識, 諸他心智知他心不? 設爾何失? 若不能知, 何謂他心智? 若能知者, 唯識應不成. 雖知他心, 然不如實.」 (T31, 77a19-21)

제7절. 타심지(他心智) v.20

논 **만약 '오직 식(識)일 뿐'이라면, 다른 마음에 대해 아는 지식(他心智)은 타인(他人)의 마음을 아는가? 아닌가?** [1006b02]

술기 이하 제7절은, 게송 하나로 외도의 비난을 주석한다.

타인의 마음을 관조하지 않고는 타심지에 대한 인식이 성립할 수 없다는 문제가 있다.

여기에 대해서는 여덟 가지 항목으로 설명한다.

1) 질문(問), 2) 힐난(詰), 3) 비난 / 비판(難), 4) 주석(釋), 5) 검증(徵), 6) 해설(解), 7) 재반박(逐次), 8) 응답

이제 첫 번째, '외도들의 질문(問)'을 말한다.

만약 '오직 식(識)일 뿐'이라면, 마음 밖에 존재하는 대상을 조건으로 하지 않는다는 의미이다. 만약 그렇다면 어떤 범부나 성인의 타심지(他心智)는 타인의 마음을 조건으로 하는가? 아닌가?

논 **그렇게 시설하는 경우에 어떤 과실이 있는가?** [1006b08]

술기 논주가 반문하여 '힐난(詰)'한다.

[타인의 마음을] 조건으로 한다고 시설하는 경우와 하지 않는 경우, 두 가지 모두에 어떤 과실이 있다는 것인가?

논 **만약 [타인의 마음을] 알 수 없다면 무엇을 일러 타심지(他心智)라고 하겠는가?** [1006b10]

술기 이하 외도들의 '비판(難)'이다.

논주는 이미 [타인의 마음을] 조건으로 하는 것과 하지 않는 것에 각기 어떤 과실이 있는지를 물었다. 이제 이 두 가지 난제에 대하여, 먼저는 [타인의 마음을] 조건으로 하지 않는 경우, 두 번째는 조건을 인정하는 경우[로 구분하여 설명]하겠다.

이제 첫 번째 부분[을 설명]한다.

만약 일체의 모든 타심지(他心智)가 타인의 마음 등을 직접 알 수 없다면, 무엇 때문에 그것을 설하여 타심지(他心智)라고 하는가?

두루 논리식을 세워 말해야 할 것이다.

(종) 그대가 말하는 타심지는 마땅히 타심지가 아니다.
(인) 타인의 마음 등을 직접적으로 인식할 수 없기 때문에.
(유) 자신의 색(色) 등에 대한 지식과 같이.

논 **만약 그것을 알 수 있다면, 유식(唯識)은 응당 성립하지 않는다.** [1006b16]

술기 이제 두 번째 [타인의 마음을] 조건으로 인정하는 것에 대한 비판이다.

만약 범부나 성인의 모든 타심지가 직접 타인의 마음 등을 직접적인 조건으로 하여 아는 것이라면, 앞서 설해진 유식(唯識)은 응당 성립하지 않게 된다. 그것은 자신의 마음 밖에 외계대상을 조건으로 하는 지식을 인정하는 것이기 때문이다.

다시 논리식을 세워 말해야 할 것이다.

(종) 그대의 타심지는 응당 유식(唯識)이 아니다.

(인) 그것은 마음 밖에 외계대상을 조건으로 하는 지식을 인정하기 때문에.

(유) 나 자신의 이런 지식과 같이.

비유 가운데 '나 자신의 이런 지식과 같이'를 말하지 않는다면, 동유(同喩)를 결여하게 된다.

타심지(他心智)는 타인의 심소법(心所法)을 명료하게 아는 것이며, 이 [타인의 심소법을] 단지 타심(他心)이라고 이름한 것은 주된 것에 따라 설한 것이기 때문이다. 그러나 이것은 타심(他心)의 능연심(能緣心)[372]을 명료하게 알지 못하고, 또 역시 그것의 인식대상도 명료하게 알지 못한다.

[문] 만약 [타인의 마음을] 안다고 인정한다면 자신의 마음이 자신의 마음을 안다는 과실이 된다. 자심(自心)은 그것을 인식조건으로 하고, 그것은 자심을 인식조건으로 하기 때문에 만약 [타인의 마음을] 안다고 인정하면, 이 같은 오류가 발생하게 될 것이다.

[답] 만약 서로 다른 시간을 인식조건으로 한다면 이러한 과실이 없다. 자신의 마음이 전후 찰나로 서로에게 인식조건이 될 수 있기 때문이다.

---

372) 인식주체로서의 마음, 즉 마음의 인식주관 측면

[문] 그렇다면 대승에서는 1찰나의 자심(自心)이 그것의 인식주관인 측면을 반연(返緣)한다고 하면서, 무엇 때문에 인식주관의 측면을 인식대상으로는 인정하지 않는가?

[답] 그것은 그렇지 않다. 단지 한 찰나의 자심(自心)이 자신의 조건이 되는 것, 이를테면 자증의 마음(自證心)이 견분(見分) 등을 조건으로 하는 것은 인정하지만, 한 찰나의 견분(見分) 등이 자증(自證)을 반연한다는 것은 인정하지 않는다. 어찌 견분(見分)이 찰나에 자신을 조건으로 한다고 인정할 수 있겠는가? 오직 견분은 타심(他心)을 조건으로 하는 [인식주관적 측면이기] 때문이다.

[문] 만약 타심이 자신을 조건으로 해서 자증(自證)하는 것이므로, 마땅히 한 찰나의 타심지(他心智)가 그것의 대상을 조건으로 한다고 설명해야 한다면,

[답] 그것도 그렇지 않다. 전에 이미 설명하였기 때문이다. 앞에서 이미 한 찰나의 견분(見分)은 자신의 자증분을 인식조건으로 허용하지 않는다고 설하였다. 증자증분도 유추(類推)하면 역시 그러하다.

(결론) 그러므로 타심지(他心智)는 단지 타인의 심심소법(心心所法)을 아는 것이지 그 대상을 인식조건으로 삼는 것이 아니다. 또 자신의 자증분을 인식조건으로 삼는 것을 타심지(他心智)라 이름하는 것이 아니기 때문이다.

이것은 수행증진의 단계(因位)[373]에 대한 설명이지 붓다와 동등한 마

---

373) 수행의 완성과 성취라는 결과의 단계를 '과위(果位)'라고 한다면, 그것에 도달하기 위한 조건을 성숙시키는 '수행증진의 단계'를 인위(因位)라고 한다. 따라서 인위(因位)는 불과

음[374]에 대한 것은 아니다.

논 **비록 타인의 마음을 안다고 해도 그것을 여실하게 아는 것은 아니다.**

[1006c08]

술기 이것은 논주의 주석이다.

타인의 마음을 아는 것을 이름하여 타심지(他心智)라고 한다. 그것이 여실(如實)하지 않기 때문에 유식(唯識)을 설할 수 있다.

논주는 우선 보살 이하의 타심지에 대하여 답한다.

그 까닭은 무엇인가?

이러한 타심지는 비록 타심(他心)을 인식조건으로 하지만 여실하게 인식하지 못하고 그 타심과 유사하게 지시한다. 타심으로 바탕(質)을 삼기 때문에 비록 대부분은 동일하다(大同)고 할 수 있지만 직접적으로 인식대상과 접촉하는 것이 아니므로 그것과 적은 차이(少異)가 있다. 그러므로 여실하지 못하다고 한다. 이하에는 마땅히 그와 같이 알아야 할 것이다.

(佛果)의 성취 이전에 원인이 되는 모든 수행단계를 포괄하는 일반 범주이며, 그 가운데 특수한 사선근위(四善根位)의 하나인 인위(忍位)와는 구분되어야 한다.

374) 여기서 佛等心은 '붓다와 평등한 마음', '붓다의 평등심(samācitta)', '붓다 등의 마음'으로 해석 가능해 보인다. 그 중 앞의 둘은 의미상으로 동일 범주에 포함되지만, '붓다 등의 마음'은 앞에서 설명한 인식의 구조를 넘어서는 존재들이 붓다 외에도 있다는 의미를 함축하게 된다.

paracitttavidāṃ jñānamayāthārthaṃ kathaṃ |

yathā svacittajñānaṃ ||21abc||

타심지를 아는 지가 어째서 진실 그대로가 아닌가?
[세친] 자심지와 같은 것이다.

tad api katham ayathārthaṃ |

그것은 어째서 여실한 대상이 아닌가?

ajñānādyathā budhasya gocaraḥ ||21cd||

붓다의 인식영역은 지(智) 등의 방식으로 [알 수 있는 영역이] 아니다.

yathā tan nirabhilāpyenātmanā buddhānām gocaraḥ | tathā tadajñānāt tadubhayam na yathārthaṃ vitathapratibhāsatayā grāhyagrāhakavikalpasyāprahīṇatvāt |

본성에 있어 언설을 넘어선 붓다들의 인식영역 바로 그것처럼 그것은 알 수 없기 때문에, 그 둘은 여실하지 않다. 거짓으로 현현하는 것에 의해 소취와 능취의 분별이 제거되지 않았기 때문이다.

=

「頌曰:

他心智云何, 知境不如實?

如知自心智, 不知如佛境. (20)

論曰: 諸他心智云何於境不如實知? 如自心智. 此自心智云何於境不如實知? 由無知故. 二智於境各由無知所覆蔽故, 不知如佛淨智所行不可言境. 此二於境不如實知, 由似外境虛妄顯現故, 所取能取分別未斷故.」(T31, 77a21-28)

논 게송 20

타심지는 무엇 때문에 대상을 여실하게 알지 못하는가? 자신의 마음에 대한 지각(自心智)과 같고, 붓다의 [인식의] 경계와 같이 아는 것이 아니기 때문이다. [1006c14]

술기 이 게송의 내용은 '검증(徵)', '해설(解)', '재반론(逐次)', '응답(答)'을 포함한다.

그 까닭은 무엇인가?

'타심지(他心智)는 무엇 때문에 대상을 여실하게 알지 못하는가?'라는 이 [질문]은 외도들의 '검증' 문제이고, '자심(自心)의 지식을 아는 것과 같다'는 논주의 '해설'이며, '잠복(潛伏)한 마음에서도 역시 자심(自心)의 지식이 있는데, 무엇 때문에 대상을 여실하지 않게 아는가?'는 질문은 외도들이 순서대로 '재반론(復逐)'하는 것이다. 게송 제4구의 '알지 못한다(不知)'는 두 단어는 논주가 다시 '응답'한 것이다. '알지 못한다(不知)'는 것은 무지(無知)를 뜻한다. 무지(無知)로 인해서 스스로 알 수 없는 것이다. 총괄하여 '붓다의 [인식의] 경계와 같이 아는 것이 아니다'고 말하여, [타심지와 자심지] 2지(智)를 여실하게 알지 못한다는 점을 드러내 성립시키는 것이다.

산스크리트본에 의하면 게송의 '알지 못함(不知)'은 마땅히 '무지(無知, ajñāna)'라고 해야 한다. '무지(無知)'를 '알지 못한다(不知)'고 재반론해 답한다. '알지 못함(不知)'은 총괄하여 두 가지 '여실하지 않음(不如實)'을 드러낸다. 여기서는 이 문장을 간략히 합하여 '알지 못함(不知)'이라고 한다. 의미도 역시 이 두 가지를 모두 함축한다. 이하 마땅히 이와 같이 알아야 할 것이다.

논 **모든 타심지(他心智)는 무엇 때문에 대상에 대해 여실하게 알지 못하는가?** [1006c25]

술기 이것은 외도의 '검증' 문제이다. 상반부의 게송을 주석한다.

"그대가 이전에 설명한 바, 만약 범부나 성인의 모든 타심지가 타인의 마음을 인식조건으로 한다면, 무엇 때문에 대상을 여실하게 알지 못하는가?" 이러한 구절에 대해 구역(舊譯)에서 논한 글을 헤아려보면, 난해한 것이 없고 극히 소략하여 번거롭게 논할 것이 없다. 학인(學人)들은 마땅히 그와 같이 알아야 할 것이다.

논 **자심(自心)의 지식과 같이** [1007a01]

술기 이것은 논주의 '해설(解)'로, 게송의 제3구(句)를 주석한다.

타심을 바탕(質)으로 삼아서 마음이 전변한 것을 이름하여 타심지(他心智)라고 한다. 직접적으로 타인의 마음 등을 취하는 것이기 때문에 타심지(他心智)라고 이름하는 것이 아니다. 자심(自心)을 조건으로 하여 존재하는 모든 지식과 같이 그것도 역시 직접적으로 취하지 않는다. 단지 변화하여 인식의 조건이 되는 것이므로 '본바탕과 상이하여 여실하지 않다'고 하며, 이 자심(自心)의 지식을 견분이라고 설한다. 전후로 자신의 상을 변화시켜 인식조건으로 삼는 것을 인정하기 때문에, 자증분(自證分) 등은 자심(自心)의 지식이라고 칭하지 않는다. 그것의 여실지(如實智)는 다른 해석의 여지가 없기 때문이다.

논 **이 자심(自心)의 지식(智)은 무엇 때문에 대상을 여실하게 알지 못하는가?** [1007a07]

술기 이것은 외인들이 재반박(逐次)하는 것이다.

이미 '타심지(他心智)는 자심(自心)의 지식을 아는 것과 같다'고 하였다. 이 자심(自心)의 지식을 아는 것은 무엇 때문에 자심(自心)이 취하는 대상을 여실하지 않게 아는가?

논 **무지(無知)로 말미암기 때문에.** [1007a10]

술기 이것은 논주의 대답이다. 게송의 마지막 구(句)를 주석한다.

'알지 못함(不知)' 두 단어는 이 한 게송 [전체에 대한] 번역과 주석이다. 보살 등이 무시이래 대상에 대한 집착(法執)에 덮여 이 무지(無知)를 지니게 되고, 그 마음(心)과 대상(境)을 가리게 됨으로 말미암아, 자심(自心)을 알지만 여실하지 못하게 알게 한다. 때문에 타심지(他心智)는 법집(法執)의 힘으로 인해, 자심(自心)을 아는 것과 마찬가지로 역시 여실하지 못하게 안다.

논 **2지(智)는 각각 대상에 대한 무지(無知)로 덮여 있기 때문에, 불가설의 영역인 붓다의 청정지(淨智)의 영역처럼 [여실하게] 알지 못한다.** [1007a15]

술기 이하 총괄적으로 자심지(自心智)와 타심지(他心智)를 여실하게 아는 것이 아니라는 점을 드러낸다.

첫째, 무지(無知)라는 말은 공통적으로 앞의 질문에 답하는 동시에 뒤의 원인을 해석한다.

보살 등이 타인의 마음(他心)과 자신의 마음(自心)을 능히 아는 그 2종의 지식을 이름하여 2지(智)라고 하더라도, 혹은 현행하는 법집과 함께 무명에 덮여서, 혹은 법집의 종자와 함께 무명에 덮였기 때문에 '무지(無知)로 인해 덮여 있다'고 말한다.

'덮다(覆)'는 '부장(覆障: 덮고 장애함)'을 말하고, '가리다(蔽)'는 '은폐(隱蔽: 가리어 숨김)'를 말한다. 인식대상(所知)의 언설을 떠난 법성(法性)을 덮어서 장애(覆障)하고, 자심(自心)을 은폐하여 실재를 지시하지 못하기 때문이다.

여래(如來)의 청정지(淨智)는 존재에 대한 집착(法執)을 단절하였기 때문이고, 인식영역의 진속(眞俗)에 상응하는 의타기(依他起)와 원성실성(圓成實性) 2종의 모든 대상은 체성(體性)이 언어를 떠나고 사유를 초월하는 도리이기 때문이며, 유위(有爲), [무위(無爲)] 등으로 칭한 것은 모두 가설하여 억지로 이름한 것이기 때문이다.

붓다의 타심지(他心智)는 타심(他心)을 인식조건으로 하는 때 이미 그것의 대상도 지시하며, 여실(如實)하게 언설을 떠났기 때문에 여실지(如實智)라고 칭하는 것이다.

모든 보살 등의 타심지(他心智) 등은 말을 떠난 저 대상성을 알지 못하며, 그것의 인식조건을 지시하지 못한다. 비록 타심(他心)을 인식조건으로 하거나 자심(自心)을 인식조건으로 하더라도 여실하지 않다고 한다.

따라서 여기서는 모든 보살 등의 2지(智)는 대상에 대해 무지로 덮여 있어서, 붓다의 인식영역과 같이 유위(有爲)와 무위(無爲)가 [모두] 본성상 말을 떠난 경계임을 명료하게 알 수가 없다. 때문에 그 지식을 설하여 '여실하지 않다'고 하는 것이다.

논 **이 두 [지(智)]는 대상에 대해 여실하게 알지 못한다. 허망한 것이 외계대상과 유사하게 현현(顯現)한 것이기 때문이다.** [1007b02]

술기 이제 앞에서 논한 '여실하지 않다'는 뜻을 다시 주석한다.

붓다의 지혜(佛智)를 제외하고 그 외의 나머지 타심지(他心智)와 자심지(自心智)는 법집(法執)으로 인해, 외계대상의 형상과 유사한 것이 허망하게 현현한 것이기 때문이다. '허(虛)'는 실재하지 않는다는 뜻이고, '망(妄)'은 전도(顚倒)되었다는 뜻이다. 그러므로 대상에 대한 제일의(第一義)[375]를 여실하게 알지 못한다. 따라서 여실하지 않은 것이다.

논 **지각대상(所取)과 지각주체(能取)의 분별이 아직 끊어지지 않았기 때문이다.** [1007b07]

술기 이것은 '여실하지 않다'는 뜻에 대한 두 번째 주석이다.

자신(自身)의 법집(法執)으로 인해 지각대상(所取)과 지각주체(能取)를 분별하는 종자(種子)가 아직 끊어지지 않았기 때문에, 이 둘은 대상에

375) 궁극적 진리, 의미, 대상, 목적 등

대해 여실하게 알지 못한다.

이것으로 총괄하여 설명하였다.

개별적으로 설명하면, 이 타심지(他心智)는 유루(有漏)와 무루(無漏)에 두루 통한다.

만약 유루(有漏)라면, 간략히 두 가지 주장이 있다.

안혜 등에 따르면, 모든 유루(有漏)의 마음은 오직 자신의 본체를 가질 뿐이며 상분과 견분은 없다.376) 이 책의 초두에서 [설명한 바와] 같이, 유식에서 설해진 견분과 상분은 모두 집착에 의해 만들어진(所執) 것이다. 이를테면, 그것들은 식(識)의 본체가 전변하여 타심(他心)의 생김새와 유사하게 생기한 것이다. 타인의 마음(他心)의 본바탕은 실재가 인식조건이 되어 드러난 것(緣著)이 아니며, 자심(自心) 안에서 상분(相分)이 전변하여 타심(他心)과 유사하게 되는 것도 아니다.

선심(善心) 등이 법집을 가짐으로 인해 자증분(自證分)에 타심(他心)과 유사한 형상이 생기한다. 이것이 저것의 형상과 유사하게 변계소집(遍計所執)한 것으로 본성(體性)에 있어 존재하지 않으며, 그 본체의 측면(自體分)은 의타기에 포함된다. 바로 이것을 설하여 타심지(他心智)라고 한다.

호법(護法) 등은 이 유식을 주석함에 있어 해석에 차이가 없다.

『성유식론』에서 설한 바와 같이, 호법 등은 온갖 유루(有漏)의 마음은 의타기성에 속한다고 하며, 이것에 대해 세 가지 부분으로 두루 비판하여 말한다. 1) 외계의 물질(色)은 실재하지 않는다, 2) 내식(內識)이 아닌 대상

---

376) 안혜의 1분설. cf. 난타의 2분설: 견분, 상분, 진나의 3분설: 견분, 상분, 자증분, 호법의 4분설: 견분, 상분, 자증분, 증자증분

이 존재할 수 있다, 3) 타심(他心)은 실유한다.

어찌 그것이 자신의 인식대상(所緣)이 아니겠으며, 누가 타심(他心)을 설하여 자신의 식(識)의 대상이 아니라 하겠는가? 단지 그것을 직접적인 인식대상(親所緣)이라고 설하지 않을 뿐이다. 이를테면 식(識)이 생기하는 때 실제의 작용은 없다. 손 등이 바깥의 사물을 직접 집는 것이나 태양 등이 빛을 비추어 직접 바깥의 대상을 조망하는 것과 같은 것이 아니다. 단지 거울 등과 같이 외계대상과 유사하게 현현하는 것을 '타심(他心)을 명료하게 안다'고 말하는 것이지, 직접적인 명료한 인식을 말하는 것이 아니다. 직접적으로 명료하게 알려진 것은 말하자면 '자신이 변화된 것'(自所變)이다.

그러므로 계경(契經)에 이르기를,[377] 어떤 존재(法)도 능히 다른 존재(法)를 취하는 일은 전혀 없으며, 단지 식(識)이 생기할 때 그것과 유사하게 형상이 현현하는 것을 일러 그 사물을 '취한다(取)'[378] 고 하였다.

즉 [그것은] 자심(自心) 등이 타인의 실재하는 마음을 증상연(增上緣)으로 하여 본바탕이 취해진 것이며, 자심(自心)이 특별하게 전변하여 타심의 본래 물건과 유사한 상분(相分)의 마음을 짓는 것이다. 이것을 설하여 견분(見分)이 타심(他心)을 명료하게 안다고 하며 이름하여 타심지(他心智)라고 한다.

앞의 두 가지 설명은 모두 유루지(有漏智)에 관한 것이다.

---

377) cf.『攝大乘論釋』卷4:「云何此心還取此心? 慈氏! 無有少法能取少法. 然即此心如是生時, 即有如是影像顯現, 如質為緣還見本質, 而謂我今見於影像, 及謂離質別有所見影像顯現.」(T31, No. 1597, 338c7-11)

378) 취(取), grahana, 취한다 / 인식한다

만약 무루(無漏)의 타심지(他心智)를 살펴본다면, 『성유식론』에서와 같이 간략히 세 가지 주장이 있다.

모든 후득지(後得智)에 두 가지 양태(二分)가 있는가?

어떤 견해에 따르면, [견분(見分)과 상분(相分)이] 모두 비존재(無)이다. [능취 소취의] 2취(取)를 떠났기 때문이다.

유루(有漏)의 마음(心)은 처음의 논사(안혜 등)가 설한 바와 동일하다. 『불지론(佛地論)』에 따르면,[379] 비록 무루(無漏)의 마음(心)이라도 유형상(有相)과 무형상(無相)이 있으며, 간략히 세 가지 설명이 있지만, 후득지(後得智)에는 이미 그런 의미가 없다.

이 논사는 보살과 2승(乘) 등은 모두 무루심이 법집(法執)을 가지고 있다고 한다. 『불지론』에도 이러한 내용이 있는데,[380] 2취(取)와 유사하게 현현한 것을 견분(見分)과 상분(相分)을 갖는다고 설한다. 견상(見相) 2분(分)은 바로 변계소집된 것이며, 본체가 무(無)인 존재(法)이다. 능취(能取: 지각주체)와 소취(所取: 지각대상)는 집착에 의해 만들어진 것이라고 설하기 때문이며, 어떤 곳도 확정하여 의타기(依他起)라고 설할 곳에 없기 때문이다. 오직 2[취(取)] 등은 단지 자증분이 2취(取)와 유사하게 현현한 것을 설하여 2취(取)로 삼는다. 의타기성에는 실재에 있어 둘이 아닌 것을 타심지로 설한 것이며, 유루심에 대해 설한 것과 같다.

---

379) 『佛地經論』 卷3: 「有義, 真實無漏心品無障礙故親照前境, 無逐心變似前境相, 以無漏心說名無相, 無分別故, 又說緣境不思議故. 有義, 真實無漏心品亦有相分, 諸心心法法爾似境顯現名緣, …」 (T26, No. 1530, 303c4-8)

380) cf. 『佛地經論』 卷3: 「若言無相則無相分, 言無分別應無見分, 都無相見應如虛空, 或兎角等應不名智, 無執計故. 言無能取, 所取等相, 非無[2]似境, 緣照義用. 若無漏心全無相分, 諸佛不應現身土等種種影像,」 (T26, 303c11-15)

[문] 그렇다면 붓다의 지(智)는 상분과 견분을 가지는가? 아닌가?

[답] 견분은 있지만 상분은 없다. 이승(二乘) 등의 온갖 무루(無漏)의 마음과 동일하지 않다. 붓다의 견분(見分)은 직접적으로 타인의 마음(他心)을 명료하게 인식하며, 그것을 일러 타심지(他心智)라고 한다. 이것의 이치와 난점에 대한 주석은 이하 논사들과 같다.

따라서 이 논서에서 붓다를 제외한 이외의 자심지와 타심지는 '허망한 것의 현현(顯現)이며, 이취(二取)의 분별을 아직 끊지 못하였다'는 등 붓다와는 차이가 있는데, 그 이유는 붓다에게는 집착이 없기 때문이다. 따라서 그 [자심지와 타심지]는 붓다의 청정지와 같이 현행하는 대상을 알지는 못한다.

또 어떤 주장에는 후득지에 견분은 있으나 상분은 없다. 이것은 [후득]지(智)의 품류(品類)에 분별이 있기 때문이며, 성자의 지식은 모두 능히 직접적으로 대상을 비출 수 있기 때문이며, 집착(執著)하지 않기 때문에, 이취(二取)를 떠난다고 설한다. 이 제2설은 『불지론』에서 두루 증명하였으므로 번거롭게 끌어와 그 글을 해석할 필요가 없다.

만약 유루심이 상분으로 전변하여 이취(二取)를 아직 제거하지 않았다면, 붓다의 청정지가 현행하는 성질과 같이, 말을 떠난 대상은 전혀 상분(相分)이 아니라는 것을 알지 못하며, 그것을 여실하지 않다고 한다.

붓다를 제외한 모든 무루지(無漏智)[를 가진자]는 비록 직접 [대상을] 취할 수 있다고 하더라도, 자신 가운데 법집(法執)의 종자를 아직 끊지 못하였기 때문에, 명상에서 깨어난(出觀) 이후에야 제법을 언설할 수 있게 되거나 혹은 여전히 집착을 일으키므로 여실하지 않다고 한다.

붓다는 그렇지 않기 때문에 붓다를 제외한 이런 무루(無漏)의 지(智)는 붓다의 청정지와 같이 현행하는 불가언설의 대상을 알지 못하여, 붓다와는 차이가 있다.

[문] 만약 이 [붓다의 무루]지(智)가 형상을 변화시키지 않고 직접 외계대상을 취한다면, 어떻게 유식(唯識)이라 칭하겠는가?

[답] 유식(唯識)이란 유루심이 허망한 집착(妄執)을 일으킨 것으로 대상이 실유하지 않는다는 것에 근거한다. 이러한 이치로 인해 유식에서는 단지 집착에 의해 만들어진 외부의 존재(外法)를 차단한다. 식은 능히 집착에 의해 만들어진 것이 아닌 외부의 존재(外法)는 직접 취할 수 있는데, 무엇이 직접 취하지 못하게 방해하겠는가? 그러므로 유식의 이치에 대한 이 논사의 주장 역시 성립한다.

또는 어떤 이들은 유식이라는 말을 망심(妄心)에 근거하며, 무루심 등은 곧 유식이 아니라고 설한다. 경전에 따르면 단지 '삼계에 속하는 것은 유식이다(三界唯心)'고 설하지, 무루심 역시 유심(唯心)이라고 설하지는 않기 때문이다.

이것은 추론(比量)에 위반(違反)된다. 『해심밀경』 등 앞에서 인용한 교리(教理)와 같이 그것은 무루(無漏)에도 통하기 때문이다.

지금 여기의 두 가지 주장 중에는 앞의 해석이 뛰어나다.

어떤 주장에 따르면, 후득지는 두 양태를 모두 가진다. 이것은 진여(眞如)와 유사한 형상을 사유하는 것이지, 진실한 진여의 본성은 보지 못하기 때문이라고 설한다 등등 자세히 설하였다.

또 만약 이 지식(智)이 대상과 유사하게 전변한 것이 아니라면, 자체(自體)를 떠난 존재(法)는 응당 인식대상이 아니게 될 것이다. 색(色) 등 [오온]을 조건으로 하는 지식(智)은 응당 소리(聲) 등 [오온]을 조건으로 하여 발생한다. 또 비존재(無) 등을 조건으로 하는 것은 응당 인식대상의 토대(所緣緣)가 없으므로, 그것의 본체는 실재하지 않는다. 인식조건이 없는 인식작용이기 때문이다.

『불지론』에도 이런 설명을 제시하는데,[381)]

> "후득지의 품류는 분별을 가지기 때문에 인식대상의 경계이다. 또는 본체를 떠났기 때문에 유루심과 같이 대상과 유사한 형상이 현현하여 분명하게 인식대상을 비춘다."

그와 같이 경계의 형상은 무루심(無漏心)과 동일하다. 무루(無漏)의 종자가 일어나서 비록 유루법과 유사한 형상을 가지지만, 그 본체는 유루(有漏)가 아니다. '유루심과 같다'는 것은 무루의 형상과 유사하지만 무루(無漏)는 아니기 때문이다.

『성유식론』에는 또한 다음과 같이 설한다.[382)]

---

381)『佛地經論』卷3:「若後得智相應心品有分別故, 所緣境界或離體故, 如有漏心似境相現分明緣照.」(T26, 303c19-21)

382)『成唯識論』卷2:「現在彼聚心心所法, 非此聚識親所緣緣, 如非所緣, 他聚攝故.」(T31, 7a20-21)

(종) "현재 타인(彼聚)의 심법(心法)과 심소법(心所法)은 자신(此聚)의 식(識)에 직접적인 인식조건(親所緣緣)이 아니다.
(인) 타인에 포섭되는 것이기 때문에.
(유) 인식대상이 아닌 것과 같이."383)

따라서 진여(眞如) 등은 인식주관의 마음(能緣心)과 다르지도 않고, 동일하지도 않다. 타심에 포섭된 것이 아니므로 사례(事例)가 될 수 없다. 나머지 인용되는 증거는 유루(有漏)[에 대한 논의에서 제시된 것과] 같다. 이러한 가르침과 이치(教理)로 인해 붓다이거나 붓다가 아닌 경우에도 모든 후득지의 무루심은 확정코 상분을 가지며 또한 견분을 가진다.

그러나 붓다를 제외한 나머지 무루의 타심지는 법집(法執)을 아직 끊지 못하였다. 유루인 이 지식(智)은 허망한 분별이기 때문에, 붓다의 청정지가 현행하는 것과 같은 불가언설의 대상을 알지 못하므로, 붓다의 무루의 타심지와는 다르다. 붓다의 타심지는 비록 변화하여 대상으로 삼지만 타심과 직접적인 유사성을 지니기(親似) 때문에 여실(如實)하다고 한다. 집착이 없기 때문에 본성이 언설을 떠났다는 것을 안다.

다른 타심지도 역시 변화하여 대상을 삼은 것이지만, 집착을 끊지 못하였기 때문에, 타인과 간접적인 유사성을 지니기(疎似) 때문에 여실하지 않다고 한다. 집착이 있기 때문에 제법의 체성이 언설을 떠났다는 것을 알지 못한다. 따라서 차이가 있다고 설한다.

여기에서 공통적으로 설하면, 붓다를 제외한 이외의 타심지는 여실

---

383) 『성유식론』에는 (인)과 (유)의 순서가 도치되어 나타난다. cf. 앞의 각주

하지 않다고 설한다. 붓다는 이런 지식(智)이 아니라, 직접적으로 타심 등을 비추어 명료하게 아는 것이기 때문에 여실(如實)하다고 한다.

『성유식론』에 따르면[384], "누가 타심을 자신의 인식(識) 대상이 아니라고 하는가? 단지 그것은 직접적인 인식대상(親所緣)이 아니라고 설하는 것일 뿐이다."

그러므로 붓다 역시 변화하고, 만약 붓다의 마음이 직접적으로 명료하게 안다고 하면, 앞에서 설한 것과 교리상으로 서로 어긋나게(相違) 되기 때문에 붓다의 마음 역시 유식(唯識)이라 칭한다.

이러한 뜻 가운데 간략히 시비를 가리어(褒貶), 첫째로 무루심(無漏心), 다음으로 상분(相分), 견분(見分)이 없음, 그리고 법집(法執)을 가짐에 대해 설하였다. 이것은 더 이상의 설명이 불필요하다.

『성유식론』에서 [견분과 상분의] 2분(分)이 없다는 주장을 논파하고 『불지론』에서 자세하게 논파한 것과 같이 상분도 역시 존재한다. 인식조건이 없는 마음은 인식대상의 토대가 없게 되기 때문이다.

그런 뒤 두 논사가 혹은 무루가 직접적으로 취해진 인식조건이라고 설하고, 혹은 불심 역시 전변한 영상이라고 설하였다.

만약 직접적인 지각을 인정한다면, 어떻게 비존재하는 대상(無法)을 취하겠는가? 비존재하는 대상(無法)은 실체가 없고(無體) 인식대상의 토대가 아니다.

『관소연연론』에 따르면, 반드시 두 가지 조건을 갖추어야 인식대상

---

384)『成唯識論』卷7:「誰說他心非自識境. 但不說彼是親所緣.」(T31, 39, c10-11)

의 조건이 성립한다. 이 논사가 설하고자 하는 것은, 하나는 마음이 인식대상의 토대(所緣緣)를 가지지 못한 것이고, 다른 것은 인식대상(所緣)을 갖추고 있는 것이다.

마음은 반드시 두 가지 조건을 갖추어야 하기 때문에,

(1) 만약 비존재하는 대상(無法)이 인식의 조건이 된다고 경량부 논사를 논파한다면, 논증(量)에 부정(不定)의 문제가 있다. 스스로 비존재하는 것이 인식의 조건이 된다고 인정하기 때문이다.
(2) 만약 타학파를 논파하여 논증(量)을 세운다면, 자기 학파의 주장을 기술하는 것이 아니기 때문에 부정(不定)의 문제는 없지만, 역시 유식의 이치에는 서로 어긋남(相違)이 있다. 직접 마음 밖의 대상을 취하면, 어떻게 유식(唯識)이라 칭하겠는가? 타심(他心) 등을 논파하고 마음 밖의 대상을 취하는 것은 추론에서 상위(相違)와 부정(不定)의 오류[385]이다. 이 논사가 설하고자 의도한 것은 아래에서 알게 될 것이다.
(3) 세 번째 논사에 따르면, 만약 붓다의 마음 역시 변화한 영상이며 직접적으로 취하는 것이 아니라면, 응당 비존재(無)를 알지 못할 것이다. 심내(心內)의 상분이 실재하는 법(法)이 되기 때문이다. 또 변계소집한 것도 범부의 대상이라고 설하지 말아야 한다.

그러므로 두 가지 주장이 모두 옳기도 하고, 두 가지 주장이 모두 틀리기

---

385) [표6: 불교인명(因明)에서 오류] 참조

도 하다는 것을 알아야 한다. 이것은 쌍방이 서로 반박한다.

만약 특별히 상찬(賞讚)한다면, 호법(護法) 등은 무분별을 제외하고 반드시 영상을 가지게 된다고 설한다. 이러한 이치는 매우 뛰어나다.

그 까닭이 무엇인가?

이미 모든 마음이 거울과 같아서 사물을 비추면 반드시 영상이 생기한다고 설한다. 이 이치는 어긋나거나 위배됨(乖返)이 없다. 만약 영상이 없다면 직접적인 인식대상(親所緣)의 존재에 위배될 것이다.

『불지론』, 『성유식론』, 『유가사지론』에서 설한 바와 같이, 심심소법은 네 가지 조건(4緣)[386]에 따라서 생기한다. 비존재(無)를 조건으로 하는 무루(無漏)의 마음은 이런 인식조건이 없다고 설한다면, 그것은 성교(聖教)에 위배되며 추론에도 어긋난다.

변계소집된 것은 범부의 대상이라고 설한다. 그 뜻을 설명하면, 범부가 만약 마음에 집착을 일으키면 반드시 변화하여 의타기 내에 영상의 상분(相分)이 된다. 이것의 본성은 말을 떠나고 가언적 지식(智)을 떠난 것이다. 식(識)은 집착을 가지기 때문에 이것에 집착하여 색법(色法), 성법(聲法) 등으로 삼는데, 그것을 [식(識)이] 전변하여 언어를 떠난 영상이라고 칭하지는 않는다.

집착하는 마음을 설하여 '두루 헤아림'(遍計)이라고 칭한다. 변계(遍計)에 의해 취해진 것을 이름하여 집착된 것(所執)이라 한다. 이것은 비존재하는 대상(無法)이므로, 식(識)과 더불어 인식대상을 만들어낼 수 없다.

---

386) 4연(緣): 인연(因緣), 소연연(所緣緣), 등무간연(等無間緣), 증상연(增上緣)

전변된 영상은 그 본체가 존재를 가진 것(有法)이어서, 변계를 일으키는 주체(能遍計)의 인식대상이 될 수 있다. 이것 역시 이치에 위배되지 않는다. 단지 범부들이 집착하는 마음을 일으켜 바로 [집착하는 마음] 그 자체(當體)를 현현하기 때문에 범부의 대상이라 칭한다. 어떤 것이 [인식의] 대상이 되기 때문에 즉시 그것이 인식대상의 토대(所緣緣)라고 설하는 것은 아니다.[387]

(종) 단지 인식대상(所緣)이 될 뿐, 인식의 토대(緣)는 되지 못한다.

(인) 마음작용(當情)이 현현한 것이기 때문에,

그 체성(體性)이 없기 때문에.

(유) 마치 노끈을 보는 것과 같이.

집착이 없는 안식(眼識)은 직접지각(現量)에 포함되어, 존재(法)의 자상(自相)을 획득하며, 단지 청색 등 언어를 떠난 대상을 본다. 마음(意)은 그것을 의식(意識)하고 자신을 변화하여 언어를 떠난 영상이 된다. 그러나 그 영상이 노끈도 아니고 노끈이 아닌 것도 아니며, 뱀도 아니고 뱀이 아닌 것도 아니라는 것을 알지 못하여, 그것을 뱀이라고 집착하여 영상이라고 헤아리지 않는다.

이 집착의 마음을 설하여 변계의 주체(能遍計)라고 하며, 그 본체는 유

387) 연(緣, pratyaya): 인식의 조건이 되다. 조건으로 하다.
능연(能緣, ālambaka): 인식주체
소연(所緣, ālambana): 인식된 것, 인식대상
소연연(所緣緣, ālambanapratyaya): 인식된 것의 조건 / 토대, 인식조건을 형성하는 그 이면의 대상

법(有法)이다. 전변된 것이 영상이며, 그것의 본체 역시 유법(有法)이고, 변계된 것(所遍計)이라 한다. 변계(遍計)에 의해 취해진 것은 마음작용(當情)에 의해 드러난 것이다. 감정(情)은 있지만 이치(理)가 없는 것을 설하여 집착된 변계소집성이 성립한다고 한다.

이것은 오직 범부들에 의해 현행하는 대상이며, 성자(聖者)의 대상이라고 하지 않는다. 그들은 비존재(無法)가 인식대상의 조건(所緣緣)이 된다는 것을 인정하지 않는다. 만약 본질을 헤아리는 것이 아니고, 집착된 대상이 비존재(無)라고 설한다면, 마땅히 5식(識) 등에도 대상에 대한 집착(法執)이 있어야 할 것이다. 즐거움을 주는 대상[388]을 조건으로 하여도 분노(瞋)가 생할 수 있기 때문이다.

하나의 논의를 근거로 하여 다른 논의를 이끌어낸다.[389]

원성실성(圓成實性)은 성자만이 능히 직접적으로 증득할 수 있다. 범부는 마음을 조건으로 하여, 단지 마음이 변화할 수 있을 뿐 직접적으로 취할 수는 없다. 성인(聖人)은 변계한 것의 비존재를 알 때에도 역시 마음이 변화하여 비존재(無)의 영상을 만든다. 그것은 비존재(無)와 유사하게 존재하지만, 변계소집한 것을 직접적으로 인식조건으로 삼지는 않는다. 의타기성(依他起性)은 범부와 성자의 마음으로 모두 직접적으로 전변할 수 있으며 직접적인 조건으로 삼을 수 있다.

---

388) 위경(違境)과 순경(順境): 괴로움을 주는 대상을 위경, 즐거움을 주는 대상을 순경이라 한다. cf. "여래께서는 바르고 고르게 일체의 법을 깨달으시어 진실로 위순(違順)의 구별이 없으시나이다." 한글대장경. 『근본설일체유부목득가(根本說一切有部目得迦』 8권(K0894 v22, p.953b01)』

389) 인론생론(因論生論): 하나의 논의로 인하여 다른 여러 논의가 발생한다는 의미이다.

직접적인 인식대상(親所緣)을 간단히 요약하면, 변계소집은 오직 범부의 대상이고, 원성실성은 오직 성인의 대상이다. 만약 간접적인 인식대상(疎所緣)이라면, 변계소집한 것 역시 공통적으로 성자의 대상이 되며, 원성실성도 역시 공통적으로 범부의 대상이 된다. 그렇지 않다면 범부들의 가행(加行)의 지식(智) 등이나 혹은 변계한 마음 등이 원성실을 듣고[390] 그것을 조건으로 집착하는 일이 결코 발생하지 않을 것이며, 성인은 마땅히 집착된 것이 비존재라는 것을 알지 못할 것이다. 각각이 근거하는 것에 차이가 있지만 역시 서로 위배되지 않는다. 의타기의 직간접적인 인식대상은 모두 이 두 가지에 통한다.

또 앞에서의 비판, 만약 무루심이 직접적으로 대상을 취할 수 없다면 마땅히 비존재(無)를 알지 못할 것이라는 이 [비판] 역시 옳지 않다. 붓다는 모든 존재들(諸法)이 본성에 있어 언어를 떠나 비유비무(非有非無)임을 안다. 간접적인 인식대상 가운데 집착된 대상을 그 본질의 증상력으로 삼기 때문에, 마음은 전변하여 비존재(無)이지만 그 자체는 실유(實有)이고, 비존재(無)와 유사한 형상의 존재(法)이다. 이 언어를 떠난 존재(法)를 아는 것은 범부의 가설적인 지식(智)과 같은 것이 아니고 2법(法)에 의해 취해진 것(所取)을 말하는 것도 아니다. 범부가 이 언어를 떠난 대상을 설한 것에 대하여, 범부의 대상이 비존재(無)인 것을 이름하여 비존재(無)를 안다고 하는 것이지, 직접 비존재(無)를 상분(相分)으로 삼는 것이 아니다.

『불지론』에 따르면, 마음이 변화한 비존재(無)는 의타기에 포함되고,

---

390) 문설(聞說): 들으니. 들은 바에 의하면, 듣자하니 ~라고 한다. 문도(聞道). 청설(聽說). 지도(知道)

진여의 이치(理致)인 비존재(無)는 원성실에 포함된다. 변계소집은 그 본질에 있어 이미 실유(實有)가 아니다.

만약 앞의 둘에 포함되지 않는다면, 지식(智)이 어떻게 알려지겠는가?

'그와 같이' 등으로 말해진 이치로 인해서 호법(護法)의 주장이 뛰어나다. 여기 [20송]에서는 단지 붓다를 제외한 무루지(無漏智)[를 가진이들]은 자신 가운데 법집(法執)의 종자를 가지고 있어 범부의 몸(身)이고, 또는 현행을 가지고 있어 '붓다와 같지 않다(不如佛)'고 하였다. 붓다의 이런 지식(智)은 타심(他心)을 직접 취한 것이 아니며, 과거의 모든 비존재하는 대상(無法) 등을 조건으로 한다고 설한다. 모두 이에 준하여 알아야 할 것이다.

3. 결어: 유식은 불지(佛智)의 영역 w.21cd-22

anantaviniścayaprabhedāgādhagāmbhīryāyāṃ vijñaptimātratāyām |

이 유식성은 헤아릴 수 없이 심오하고, 그 가르침과 분석의 종류는 끝이 없기 때문에

=

「唯識理趣無邊決擇, 品類差別難度甚深, 非佛誰能具廣決擇.」

(T31, 77a28-b1)

2부: 조술한 논서의 결론(結已所造)

여기서는 앞의 [논의를] 7절[로 요약한다].391)

1) 네 가지 난문(難問)에서 대상이 없음을 논의하여, 대상이 실재한다는 집착을 물리쳤다.
2) 직접지각이 대상의 존재를 증명한다는 것을 주석하고 돌이켜 기억의 유지에 대한 주장을 논파하였다.
3) 꿈의 사례로 깨어났을 때 응당 대상이 비존재(無)임을 알아야 할 것[이라는 주장의] 오류를 주석하였다.
4) 2식(識)의 한정이 성립하면 외계대상이 비존재(無)가 아니라는 주장의 오류를 주석하였다.
5) 꿈꿀 때와 깨었을 때 마음이 다르지 않다면 결과에 차이를 만들어내지 않아야 할 것이라는 비판의 오류를 주석하였다.
6) 대상이 없이는 살인도 죄가 아니라는 것을 주석하고, 돌이켜 타학파의 오류를 비판하였다.
7) 타인의 마음을 비추지 않으며, 지(智)와 식(識)이 성립하지 않는다는 주장의 오류를 주석하였다.

총괄하여 '제2장: [외도의 주장을 자세히 논파함']에서는 외도들이 비

391) 7段. '1장. 외경비판' 하에 총7절의 항목으로 논의가 전개되었다. 규기는 서두의 장절 구분에 따라 이곳에서 각 절의 결론을 총괄하여 요약한다. 『唯識二十論述記』 卷1: (T43, 983c25-984a9)

판한 것을 주석하고, 외도들의 주장을 자세히 논파하였다.[392] 이것에 따라 논서의 초두에 두 문단을 제시하였는데, 첫째는[393] 논서의 종지(宗旨)인 '유식무경(唯識無境)'을 확립하였고, 여기에서는[394] 외도들의 비판 등에 대한 주석이 설해졌다.

총괄하면, '제1부'는[395] 우리 학파의 주장을 바르게 변론(辯論)하고, [외인의] 주장을 논파하고 비판을 주석하였다.

이제 이하 제2부[396]에서는 이미 논의된 것을 결론지어, 유식(唯識)의 심오함을 찬탄하고 붓다를 예경(禮敬)한다.

논 **유식의 이치는 품류(品類)의 차이를 간택함이 한량없어 건너기가 어렵고 매우 심오하다.** [1009a08]

술기 이하는 두 부분으로 구성된다. 첫째는 요약하여 총괄적으로 심오함을 찬탄하고 붓다를 예경(禮敬)한다. 이후 개별적으로 자세하게 논의된 것들을 결론짓고, 심오함에 대한 예경을 드러낸다.

첫 번째 가운데 먼저 심오함을 찬탄하고 이후에 붓다를 찬탄한다.

지금 이것이 그 첫 번째이다.

'이치(理)'란 '도리(道理)'를 의미하며, '취(趣)'는 때마침 다다른 곳에

---

392) '釋外所徵 廣破外執'라는 문장은 제2장의 서두에서는 제목명으로 제시되었고, 여기서는 이 장에서 논의된 내용을 서술하여, 명실상부(名實相符)한 구조를 재확인한다.

393) 제1장. 종지의 확립(立論宗大乘三界唯識無境)

394) 제2장. 외도의 주장을 자세히 논파함(釋外所徵 廣破外執)

395) 1부: 근본 종지를 바르게 분별하고 계략을 분쇄하며 난문(難問)을 해명(正辨本宗破計釋難)

396) 2부: 조술한 논서의 결론(結已所造)

도달함이다. '한량없음(無邊)'이란 '끝이 없다(無際)'는 뜻이다. '결택(決擇)'은 각혜(覺慧)로서 결정하고 명료하게 간택하는 것이다. '결(決)'은 염오한 의심을 결정하는 것이고, '택(擇)'은 거짓된 견해를 가려내는 것이다. 거짓된 견해는 결정(決)하지만 가리지(擇) 않으며, 의심은 가리지만 결정하지 못한다. 이제 지혜에 의해 입증된 인식존재는 사견(邪見)이나 의심(疑)과는 다르게 현행하는 경계임을 드러내기 때문에 결택(決擇)이라고 한다. '품류(品類)'란 이것과 동일한 등류(等流)를 말한다. '차별(差別)'은 본체에 차이가 있음을 뜻한다. 매우 넓기(寬廣) 때문에 '건너기 어렵다(難度)', 더 깊은 것이 없으므로 '매우 심오(甚深)하다'고 한다. 여기에서 설하고자 하는 것은, '유식의 이치는, 만약 그 품류(品類)를 결택한다면, 한량없는 차별이 있어 매우 넓고 건너기 어려우며, 더 깊은 곳이 없을 만큼 깊으므로, [유식(唯識)에는] 한량없이 심오하고 광대한 이치가 있음을 찬탄하는 것이다.

논 붓다가 아니면 누가 능히 상세히 결택할 수 있겠는가? [1009a19]

술기 이것은 붓다를 찬탄하는 것이다. 그와 같이 설해진 유식의 이치는 한량없이 깊고 넓다. '붓다 이외에 누가 능히 이것을 자세히 결택할 수 있겠는가?'는 [세친] 자신이 결택하였지만 자세하게 갖추지는 못하였음을 드러낸다.

vijñaptimātratāsiddhiḥ svaśaktisadṛśo mayā |

kṛteyaṃ sarvathā sā tu na cintyā ||22||

유식의 증명이 나 자신의 능력에 어울리는 방식으로
행해졌다. 그러나 그것들은 모든 방식으로 [완전하게] 사유될 수 있는 것이 아니다.

sarvaprakārā tu sā mādṛśaiś cintayituṃ na śakyate |tarkāviṣayatvāt | kasya punaḥ sā sarvathā gocara ity āha|

그러나 그 모든 종류들이 나와 같은 자에 의해서는 사유될 수 없다. 그것들은 논리적 사유의 대상이 아니기 때문이다. 그렇다면 그것들은 누구에 의해 완전하게 사유되는 인식영역인가? 라고 하면,

=

「頌曰:

我已隨自能, 略成唯識義,

此中一切種, 難思佛所行. (21)

論曰: 唯識理趣品類無邊, 我隨自能已略成立. 餘一切種非所思議, 超諸尋思所行境故.」(T31, 77b1-6)

논 **게송 21**

나는 이미 나 자신의 능력에 따라 유식을 성립시키는 의미를 간략히 설명하였다. 여기서 일체종(一切種)은 붓다의 인식영역이라 사유하기 어렵다. [1009a22]

술기 이하 개별적으로 자세히 결론을 드러내고, 심오함을 찬탄한다. 게송 가운데 초반은 자신의 능력에 따라 이미 유식의 뜻과 이치가 성립한다는 것을 간략히 설명하고, 후반은 유식의 이치를 개별적으로 드러낸다.

여기에서 밝혀진 것을 제외하고, 그 외의 모든 것은 일체종(一切種)[397]이 각별하여 사유하기 어렵고, 단지 붓다에 의해 알려지는 것이기 때문에 자신의 능력으로 설할 수 있는 것이 아니다. 따라서 여기에서 마땅히 멈추어야 한다.

논 **유식의 이치는 품류(品類)가 한량없지만 나는 자신의 능력에 따라 [유식의] 성립을 간략히 설하였다.** [1009a27]

술기 게송의 상반구를 주석한다.

이 유식이 가진 이치는 종류의 차이가 무량하고 한계가 없어서 매우 심오하고 넓다고 찬탄한다. 이제 나는 자신이 볼 수 있는 능력에 따라 이미 [유식의] 성립에 관해 일부의 내용을 소략하게 설명하여, [유식에 관해] 밝혀진 것들에 대해 결론지었다.

---

397) 일체종자식(一切種子識).
cf.『成唯識論述記』卷7:「論. 曰至功能差別.
述曰. 此種子識. 即本識中能生一切有為法種. 各能生自果功能之差別故名一切種」(T43, 494c12-14)

논 **나머지 일체종은 사유될 수 있는 것이 아니다.** [1009b02]

술기 게송의 하반구를 주석한다.

이 유식의 이치에 관해 내가 밝힌 것 이외에 나머지 일체종의 매우 깊은 뜻은 나의 의식으로 사유할 수 있는 것이 아니며 나의 언어로 말하고 논의할 수 있는 것이 아니다. 일체종이란 다양한 의미를 가진 원리(理)이다.

그 까닭은 무엇인가?

논 **모든 논리적 사유를 초월하여 현행하는 대상이기 때문이다.** [1009b07]

술기 이것은 이미 사유하거나 사유될 수 있는 것이 아니라고 주석하였다.

논리적 사유(尋思)란 분별(分別)을 가진 유루(有漏)의 마음 등이거나 혹은 4심사(尋伺)[398]를 말한다. 이 유식의 이치는 반드시 무루(無漏)인 진여(眞如)의 인식을 증득하였을 때 일부를 증득할 수 있으며, 만약 붓다의 지위에 들어가면 완전하고 분명하게 증득한다.

그러나 나 세친은 [10지의 수행단계에서] 첫 단계(初地)의 직전 단계[인 가행위, 즉] 사유를 증진하는 단계(尋思位)에 있었기 때문에 유식의 이치를 여실하게 증득할 수는 없었다. 따라서 그것은 내가 사유할 수 있는 것이 아니다. 이 유식의 이치는 사유(尋思)를 초월한 영역이다.

이상이 게송에 '사유하기 어렵다(難思)'라는 말에 대한 총괄적인 주석이다.

---

398) 심사(尋伺)는 尋 (vitarka)과 伺(vicāra)의 복합어이며, 여기에는 4종의 심사(尋伺), 즉 유심유사(有尋有伺), 무심유사(無尋唯伺), 무사유심(無伺唯尋), 무심무사(無尋無伺)가 있다.

buddhagocaraḥ ||22d||

붓다의 인식영역이다.

buddhānāṃ hi sā bhagavatāṃ sarvaprakāraṃ gocaraḥ sarvākārasarvajñeyajñānāvighātād iti ||

실로 그것들은 모든 종류의 붓다 세존들의 인식영역이다. 모든 형상의 모든 알려지는 대상에 대한 지혜가 방해받지 않기 때문이다.

viṃśatikā vijñaptimātatāsiddhiḥ |

kṛtiriyam ācāryavasubandhoḥ |

유식이십론
아차리아 바수반두 저

=

「如是理趣唯佛所行, 諸佛世尊於一切境及一切種智無礙故.」

『唯識二十論』一卷

(T31, 77b6-8)

논 **그와 같은 이치는 오직 붓다의 인식영역이다.** [1009b14]

술기 이하 게송에서 '붓다의 인식영역(佛所行)'을 주석한다.

설해진 바와 같이 그것은 사유를 초월하는 이치이며 오직 붓다의 인식영역이다. 완전하고 충만한(圓滿) 직접적인 증득은 다른 이들이 알 수 있는 바가 아니다.

무엇 때문에 다른 이들이 할 수 있는 바가 아니고 단지 붓다만이 원만하게 증득할 수 있는 것인가?

논 **모든 불세존들은 일체의 대상(一切境)과 일체종지(一切種智)에 장애됨이 없기 때문이다.** [1009b18]

술기 일체의 대상(一切境)이란 제법(諸法)의 보편상(共相, sāmānyalakṣaṇa), 즉 일체지(一切智)의 대상이다. 일체의 종류(一切種)란 제법(諸法)의 개별상(自相, svalakṣaṇa)으로 일체종지(一切種智)의 대상이다.

지(智)란 이치에 부합하는 지식(如理智)과 인식에 부합하는 지식(如量智)의 2종이 있다. 산스크리트어에 따른다면, 마땅히 일체지(一切智, sarvajñā)라고 해야 할 것이다.

여기에서 요약하여 말하면, 두 대상은 인식대상이고 두 지식(智)[399]은 인식주체이다. 불세존은 이 두 대상이 가진 두 지식(智)으로서 마지막 종자를 끊기 때문에 모든 장애가 없다. 따라서 오직 유식인 일체종의 이

399) 본문의 '一智能緣'은 오기(誤記)이며, '二智能緣'로 바로잡았다.

치를 모두 명료하게 깨달아 안다. 두 장애가 모두 다하였기 때문이고, 유루(有漏)가 없기 때문이며, 지(智)가 원만(圓滿)하기 때문이다.

그러므로 붓다가 아니면 원만(圓滿)하게 현행하고 이치가 다함을 성취할 수 없다. 따라서 나는 지금 단지 일부만을 설한 것이다.

『성유식론』에 따르면,[400]

"모든 보살은

(1) 자량위(資糧位)에서 식(識)의 본성(性)과 형상(相)을 깊이 신해(信解)할 수 있으며,

(2) 가행위(加行位)에서 지각대상(所取)과 지각주체(能取)를 점차 끊어 참된 정견을 일으킬(引發) 수 있으며,

(3) 통달위(通達位)에서 여실하게 통달하고,

(4) 수습위(修習位)에서 보여진 이치와 같이 자주 되풀이 수습(修習)하여 나머지 장애를 끊는다.

(5) 구경위(究竟位)에 도달하면 장애를 벗어나 원만하고 명료하게 되며, 미래에 유정(有情)의 종류로 태어나는 것을 그칠 수 있고, 유식의 형상과 본성을 깨달아 들어가게(悟入) 된다."

『변중변론』에서 호월(護月, Candragupta)[401]의 주석에 따르면,

---

400) 『成唯識論』 卷9: 「云何漸次悟入唯識? 謂諸菩薩 於識相性資糧位中能深信解, 在加行位能漸伏除所取能取引發真見, 在通達位如實通達, 修習位中如所見理數數修習伏斷餘障, 至究竟位出障圓明, 能盡未來化有情類, 復令悟入唯識相性」 (T31, 48b15-20)

401) 호월(護月, Candragupta) 월장(月藏)이라고도 칭한다. 인도 나란다사의 사문이었으며, 호법(護法)과 동시대의 인물이다. 자세한 행적을 알 수 없으나, 『변중변론석』의 주석을 저

무착보살은 먼저 초지(初地) 이전의 가행위에서 증상인(增上忍)일 때, 자씨(慈氏)존자가 이 『변중변론』에 있는 게송을 설하는 것을 듣고 초지(初地)를 증득하여 들어갔다.

세친에 대해 말하자면, 세친보살은 먼저 초지(初地) 이전의 순해탈분(順解脫分) 회향(迴向)의 최종심(終心)에서 무착이 이 미륵의 게송을 설하며 주석을 짓게 하는 것을 듣고, 가행위의 첫 번째 난위(煗位)[402]를 증득하여 들어갔다.

이것은 성자들이 서로 전하여 온 말이다. 그러므로 호월(護月)이 이 말을 하여, 일시적 머묾(逗留)[403]이 없지 않다는 것으로 그 뜻을 삼았다.

진제(真諦)에 따르면, 이것은 10회향 가운데 제2회향 중에서이지만, 세친이 초지(初地) 이전의 가행위에 머물러 있었다는 점은 『성유식론』에서와 같다. 유식의 진실한 도리를 증득하지는 못하였지만, 붓다를 숭앙(崇仰)하고 찬탄하였으며, 이치에서는 의심할 것이 없었다. 비록 10지(地) 단계의 보살에 들어가도록 밀어 올릴 수도 있었지만, 자신은 아직 완전히 장애를 벗어나지 못하였기 때문에, 단지 붓다를 찬탄한 것이다.

집필(執筆)을 함에 따라 감히 [스승 현장의] 지휘(指麾)를 받아, 간략히 이 주석(疏)을 조술하였다. 그 사이에 문장과 내용에 부족하거나 서툰 점(虧拙)이 있다면, 그것은 나의 배움이 부족하고 지혜가 둔하여 생각이 궁한 탓이니, 훗날 여러 학인들이 더욱 상세하게 [읽고 허물을] 다듬는다면 다행일 것이다.

술하였으며, 아뢰아 연기설과 본유종자설을 주장한 것으로 알려져 있다. cf.『佛光大辭典』. p6865

402) 4선근위(四善根位)는 난(煗), 정(頂), 인(忍), 세제일법(世第一法)의 4단계를 말한다.

403) 두류(逗留): 객지에 일정 기간 머물러 묵는다.

참고 문헌

『유식이십론』

Sylvain Levi. (1925) Vijñaptimātratāsiddhi, Deux Trites de Vasubandhu: Viṃśatikā et Triṃśikā. Paris (Bibliotheque des Hautes Etudes, Sciences historiques et philologiques, fasc. 245).

『唯識二十論』. 世親菩薩 造. 大唐三藏法師玄奘奉 詔譯. T31, No. 1590.

『大乘唯識論』. 天親菩薩 造. 陳天竺三藏真諦譯. T31, No. 1589.

『唯識論』(一名破色心論). 天親菩薩 造. 後魏瞿曇般若流支譯. T31, No. 1588.

nyi shu pa'i tshig le'ur byas pa＝vimśikākārikā

nyi shu pa'i 'grel pa＝vimśikāvṛtti.(『西藏大藏經」 [南天書局編輯部 編] 第40卷: bsTan 'Gyur. 台北: 南天書局, (1991)).

『이십론』 주석서

『唯識二十論述記』. 翻經沙門基 撰. T43, No. 1834, p.978c6-9.

『成唯識寶生論』 (一名二十唯識順釋論). 護法菩薩 造. 大唐三藏法師義淨奉 制譯. T31, No. 1591.

Vinītadeva(dul ba'i lha). rab tu byed pa nyi shu pa'i 'grel bshad. P5566, vol. 113. Prakaraṇaviṃśakāṭīkā: (Explanation of (Vasubandhu's) Auto Commentary on the "Twenty Stanza Treatise." Derge 171b.7ff (P201b.8ff.)[404]

404) Peking판 제목: rab tu byed pa nyi shu pa'i 'grel bshad slob dpon dul ba'i lhas mdzad pa bzhugs so.

그외 원전과 번역서

『觀所緣緣論』. 陳那菩薩造. 三藏法師玄奘奉 詔譯. No. 1624.

『구사론』. 『아비달마구사론』. 4 Vols. 권오민 역. 서울: 동국역경원

『大般涅槃經義記』. 隋淨影寺沙門釋慧遠述. T37, No. 1764.

『大方廣佛華嚴經』. 東晉天竺三藏佛馱跋陀羅譯. T09, No. 278.

『大乘廣百論釋論』. 聖天菩薩本 護法菩薩釋. 三藏法師玄奘奉 詔譯. T30, No. 1571.

『大乘密嚴經』. 唐天竺三藏地婆訶羅奉 制譯. T16, No. 681.

『大乘百法明門論解』. 天親菩薩造. 唐三藏法師玄奘奉 詔譯. 唐慈恩法師窺基註解. T44, No. 1836.

『大乘法苑義林章』. 基撰. T45, No. 1861.

『大乘阿毘達磨雜集論』. 安慧菩薩糅. 大唐三藏法師玄奘奉 詔譯. T31, No. 1606.

『大乘入楞伽經』. 大周于闐國三藏法師實叉難陀奉 勅譯. T16, No. 672.

『大乘掌珍論』. 清辯菩薩造. 大唐三藏法師玄奘奉 詔譯. T30, No. 1578.

『般若波羅蜜多心經贊』. 沙門 測撰. T33, No. 1711.

『辯中邊論』 世親菩薩 造. 大唐三藏法師玄奘 奉詔譯」 T31, No. 1600.

『佛地經論』. 親光菩薩等造 大唐三藏法師玄奘奉 詔譯. T26, No. 1530.

『攝大乘論』. 無著菩薩造. 真諦三藏譯. T31, No. 1593.

『攝大乘論釋』. 世親菩薩釋. 陳天竺三藏真諦譯. T31, No. 1595.

『成唯識論』. 護法等菩薩造. 三藏法師玄奘奉 詔譯. No. 1585.

『成唯識論述記』 沙門基撰. No. 1830.

『成唯識論掌中樞要』. 大慈恩寺翻經沙門基 撰. T43, No. 1831.

『成唯識寶生論』(一名二十唯識順釋論). 護法菩薩造. 大唐三藏法師義淨奉 制譯. No. 1591.

『勝宗十句義論』. 勝者慧月造. 三藏法師玄奘奉 詔譯. T54, No. 2138.

『十地經論』. 天親菩薩造. 後魏北印度三藏菩提流支等譯」. T26, No. 1522.

『阿毘達磨大毘婆沙論』. 五百大阿羅漢等造. 三藏法師玄奘奉 詔譯. No. 1545.

『阿毘達磨順正理論』. 尊者衆賢造. 三藏法師玄奘奉 詔譯. No. 1562.

『아비달마순정리론』. 권오민 역. 한글대장경.

『阿毘達磨集異門足論』. 尊者舍利子說 三藏法師玄奘奉 詔譯. T26, No. 1536.

『瑜伽師地論』. 彌勒菩薩說 三藏法師玄奘奉 詔譯. T30, No. 1579.

『維摩詰所說經』. (一名不可思議解脫上卷) 姚秦三藏鳩摩羅什譯. T14, No. 475.

『唯識三十論頌』. 世親菩薩造. 大唐三藏法師玄奘奉 詔譯. No. 1586.

『雜阿含經』. 宋天竺三藏求那跋陀羅譯. T02, No. 99.

『長阿含經』. 佛陀耶舍共竺佛念譯. T01, No. 1.

『中阿含經』. 三藏瞿曇僧伽提婆譯 道祖筆受. T01, No. 26.

『婆藪槃豆法師傳』. 陳天竺三藏法師 真諦譯. No. 2049.

『解深密經』. 大唐三藏法師玄奘奉 詔譯. T16, No. 676.

『華嚴經探玄記』. 魏國西寺沙門法藏述. T35, No. 1733.

『大唐西域記』 三藏法師玄奘 奉 詔譯. 大總持寺沙門辯機 撰. T51, No. 2087.

Silk, Jonathan A. (2016) Materials Toward the Study of Vasubandhu's Viṁśikā(I): Sanskrit and Tibetan Critical Editions of the Verses and Autocommentary, An English Translation and Annotations. Harvard Oriental Series; v. 81. MA: Harvard University Press.

Hillis, Gregory A. (1993) An Introduction and Translation of Vinitadeva's Explanation of the First Ten Stanzas of [Vasubandhu's] Commentary on His "Twenty Stanzas," with Appended Glossary of Technical Terms. Ann Arbor, Michigan: University. MA Thesis.

富貴原章信 譯 (1929-1938) 『唯識二十論述記』. 窺基(唐) 撰, 『國譯一切經: 和漢撰述部』. 岩野眞雄 編. 3, 論疏部17. 東京: 大東出版社.

『이십론』 연구 저술 및 논문

Anacker, Stefan (1984) Seven Works of Vasubandhu: The Buddhist Psychological Doctor. Delhi: Motilal Banarsidass.

Frauwallner, Erich, (1951) On the Date of the Buddhist Master of the Law Vasubandhu, Rome: Istituto Italiano per il Medio ed Estremo Oriente.

Kukkamalla, B K. (2020) "Dignga and Dharmakīrti on Fallacies of Inference: Some Reflections." Journal of Indian Council of Philosophical Research 37: 403-419.

Jaini, Padmanabh S. (1958) "On the Theory of Two Vasubandhus." Bulletin of the School of Oriental and African Studies. University of London. Vol. 21, No. 1/3 (1958), 48-53

Kano, Kazuo. (2008) "Two Short Glosses on Yogācāra texts by Vaiorcanarakṣita: Viṁśikāṭīkāvivṛti and *Dharmadharmotāvibhāgavivṛti." In Francesco Sferra, ed., Sanskrit Texts from Giuseppe Tucci's Collection. Part I. Manuscritpa Buddhica 1. Serie Orientale Roma 104. Rome: Istituto Italiano per l'Africa e l'Oriente, 348-380.

Kellner, Birgit, and John Taber (2014) "Studies in Yogācāra-Vijñānavāda Idealism I: The Interpretation of Vasubandhu's Vimśikā." Asiatische Studien / Etudes Asiatiques 68.3, 709-756.

Levi, Sylvain (1925) Vijñaptimātratāsiddhi: Deux Traites de Vasubandhu: Viṁśatikā et Triṁśikā. Levi, Sylvain. Ed. Paris: Libairie Ancienne Honore Champion.

Louis de La Vallee Poussin (1912) "Vimsakakarikaprakarana, Traite des Vingt Slokas, avec le commentaire de l'auteur," Le Museon 13, 53-90.

Mimaki, Katsumi, Musashi Tachikawa, and Akira Yuyama (eds.) (1989) Three Works of Vasubandhu in Sanskrit manuscript. The Trisvabhavanirdesa, the Vimsatika with its Vrtti, and the Trimsika with Sthiramati's Commentary. Tokyo: Centre for East Asian Cultural Studies.

Nagao, Gadjin. (1964) Madhyānta-Vibhāga-Bhāṣya. Tokyo: Suzuki Research Foundation. (MVbh.)

Nagao, Gadjin. (1964) Madhyāntavibhāga-bhāṣya: A Busshit Philosophical Treatise Edited for the first time from a Sanskrit Manuscript. Tokyo: Suzuki Research

Foundation.
Schmithausen, Lambert (1967) "Sautrāntika-Voraussetzungen in Viṁśatikā und Triṁśikā". In: Wiener Zeitschrift für die Kunde Süd- und Ostasiens, 11, 109 - 136. (「「二十論」と「三十論」にみられる經量部的 前提」, (加治洋一 譯), 『佛教學セミナー』 37號(1983), 96 - 73.)
Sharma, T.R. (1993) Vijñaptimātratāsiddhi (Viṃśatikā), with Introduction, Translation and Commentary. Delhi: Eastern Book Linkers.
結城令聞 (1951) 「唯識二十論の背景思想とその製作についての梗概」. 『東洋文化研究所紀要』. 通号2, 203-244(L).
高田仁覚(1948)「唯識二十論の概要」. 『密教文化』. 通号4, 27-38(R).
권오민(2002)『아비달마구사론』. 4 Vols. 서울: 동국역경원.
권오민(2010)「불교철학에 있어 학파적 복합성과 독단성(I):세친의『유식이십론』에서의 외계대상 비판의 경우.『인도철학』제28집, 139-170
권오민(2012)『上座 슈리라타와 經量部』. 서울: 씨아이알.
권오민 (2017) "7세친의 '직접지각의 자각(pratyaksabuddhi: 現量覺)' 이해 - 『유식이십론(唯識二十論)』 제16송과 관련하여 - ". 『동아시아불교문화』. 31권, 63-92.
권오민(2019)『上座 슈리라타의 經量部 사상』. 서울: 씨아이알.
김윤수(2006)『(자은규기의 술기에 의한)주석 성유식론』. 광주: 한산암.
김중섭(2017) "중국 고대 역장(驛場) 제도에 대한 고찰 - 번역의 시스템과 방법을 중심으로." 『언어학연구』. 제22권 2호, 39-54.
那須実秋(1971)「唯識二十論の還梵」『印度学仏教学研究』通号3, 113-114.
那須円照 (2007) 「『唯識二十論』における唯識無境の論理」『印度学仏教学研究』通号113, 94-96(L).
那須円照 (2019) 「『唯識二十論』における他心智の研究」『印度学仏教学研究』 通号147, 110-115(L).
남수영(1998)「『유식이십론』의 극미설 비판」. 『印度哲學』. Vol.7, 197 - 218.

大崎昭子(1971)「唯識二十論におけるarthaについて」.『佛教學セミナ-』, 14號, 34-49.
大崎昭子 (1971) 「唯識二十論におけるarthaについて」.『仏教学セミナー』 通号 14, 34-49(R).
落合俊典(2008)「唯識二十論後序の著者」『印度学仏教学研究』 通号 114, 201-208(R).
박기열 (2014) 「불교 인식론의 전통에서 분별지(kalpanā) 정의」. 『인도철학』. Vol.41, 365-391.
박인석(2012) "道倫의 唯識 五種姓說의 이해와 특징", 『철학사상』, Vol.45 (45), 27-53.
朴仁成 (2008) 「『유식이십론』 게송10에 대한 규기의 해석(1)」, 『韓國佛教學』 Vol.50, 313-350.
박창환(2010)「구사론주 세친의 극미(paramāṇu)실체론 비판과 그 인식론적 함의」 『불교학리뷰』 8권, 221-292.
兵藤一夫 (2006)『唯識ということ: 『唯識二十論』を讀む』. 東京: 春秋社. 김명우 역 (2011)『유식불교, 『유식이십론』을 읽다』. 서울: 예문서원.
寺本婉雅 (1937) 「梵蔵漢和四訳対校世親造・唯識二十論疏」. 日華仏教研究会年報. 通号 2, 153-182.
山口益(1931)「唯識二十釋論注記」in『唯識二十論の對譯研究』. 佐佐木月樵, 山口益 共譯. 東京: 國書刊行會, (再刊, 1977), 1-25.
山口益(1950)「唯識二十論の原典解釈」.『仏教学研究』. 通号 3, 1-45.
山口益(1950)「唯識二十論の原典解釈(承前完結)」.『仏教学研』. 通号 4, 19-58.
森山清徹(2015)「ヴァーツヤーヤナ, ウッディヨータカラと世親の『唯識二十論』『倶舎論』(上)」『仏教学部論集』 通号 99, 1-27(L).
森山清徹 (2015) 「世親の『倶舎論』『唯識二十論』とニヤーヤ学派 (ヴァーツヤーヤナ, ウッディヨータカラ)『大乗仏教と浄土教』 通号 135, 87-113(L).
森山清徹 (2015) 「世親の『倶舎論』『唯識二十論』とヴァーツヤーヤナ, ウッディヨータカラ」『印度学仏教学研究』 通号 135, 148-155(L).
森山清徹(2016)「ヴァーツヤーヤナ, ウッディヨータカラと世親の『唯識二十論』『倶舎論』(下)」『仏教学部論集』 通号 100, 1-27(L).

吳亨根(1975) "心識의 四分說에 대한 小考: 심식의 4분설에 대한 소고". 『硏究論集』. Vol.5, pp.19-30.

玉井広観 (1985) 「唯識二十論に関する一考察」. 『駒沢大学大学院仏教学研究会年報』 通号 18, 9-14(L).

宇井伯壽(1953) 『(四譯對照)唯識二十論研究』. 東京: 岩波書店, (再刊, 1990).

原田和宗 (1999) 「『唯識二十論』ノート (1)－そのテクスト校訂と解釈学上の諸問題－」. 『仏教文化』9, 101-131.

原田和宗(2000) 「『唯識二十論』ノート(2)」『九州龍谷短期大学紀要』. 通号 46, 173-190.

原田和宗(2003) 「『唯識二十論』ノート (3)」. 『九州龍谷短期大学紀要』, 通号 49, 131-188(L).

유리 (2017) "세친(世親) 『유식이십론』 제9게송 논고(論考)－특히, '근은 종자이다' 중심(中心)으로 －." 『동아시아불교문화』, 31권, 139-164.

이규완(2012) "불교에서 믿음과 진리인식의 수단(pramana)에 관한 연구." 『회당학보』 17집, 431-464.

이규완(2017) "유식가 세친의 극미설-극미의 결합방식에 대한 일고찰." 『동아시아불교문화』 제31집, pp.165-197.

이규완(2018) 『세친의 극미론』. 서울: 씨아이알.

이길산(2021) 『유식이십론연구-관념론적 해석을 중심으로』. 서울대학교 박사학위논문.

이복재(2017) 『동아시아 法相宗의 四分說 연구』. 서울: 동국대학교 박사학위 논문.

이종철(2015) 『구사론: 계품, 근품, 파아품』 성남: 한국학중앙연구원출판부.

李鍾徹(2004) 「vijnaptiの語形について」. 『印度學佛教學研究』, Vol.53 No.1 (105), 346-341.

이지수 (2003) 「유외경론자(有外境論者)와 유식론자(唯識論者)의 대론(對論): 『유식이십론(唯識二十論)』 (Viṁśatikā)의 이해를 위하여」. 『인도철학』 Vol.23, 277-314.

이지수(2004) "正理學派의 16주제의 定義－「正理經」 제1편의 譯解-."『印度哲學』 제16집, pp.21-63.

이지수(2014) 『인도 불교철학의 원전적 연구』. 서울: 여래.

조은수 외 (2018) 『불교 과문집』. 서울: 씨아이알.

佐佐木月樵 (1931) 『唯識二十論の對譯研究』. 佐佐木月樵; 山口益 共譯. 東京: 國書刊行會, [1977].

舟橋尚哉 (1986) 「『大乗荘厳経論』(求法品)の原典再考並びに『唯識二十論』の第一偈, 第二偈の原本について」『印度学仏教学研究』通号 69, 22-26.

舟橋尚哉 (1986) 「ネパール写本対照による『唯識三十頌』の原典考並びに『唯識二十論』第一偈第二偈の原本について」. 『仏教学セミナー』通号 43, 15-30.

색인

(ㄴ)

(ㄷ)

(ㅁ)

(ㅂ)

(ㅅ)

(ㅈ)

하운의 유식이십론술기 한글역

초판인쇄 2022년 1월 27일
초판발행 2022년 2월 10일

편 저 자 이규완
펴 낸 이 김성배
펴 낸 곳 도서출판 씨아이알

책임편집 이진덕
디 자 인 박진아, 안예슬
제작책임 김문갑

등록번호 제2-3285호
등 록 일 2001년 3월 19일
주 소 (04626) 서울특별시 중구 필동로8길 43(예장동 1-151)
전화번호 02-2275-8603(대표)
팩스번호 02-2265-9394
홈페이지 www.circom.co.kr

I S B N **979-11-6856-020-8 93220**
정 가 **25,000원**